KB114750

난세에서 인격과 처세를 얻다

고전을 배우는 시간

하

난세에서 인격과 처세를 얻다 - 고전을 배우는 시간 하 -

발행일   2023년 5월 15일

지은이   주세규
펴낸이   손형국
펴낸곳   (주)북랩
편집인   선일영   편집   정두철, 배진용, 윤용민, 김부경, 김다빈
디자인   이현수, 김민하, 김영주, 안유경, 신혜림   제작   박기성, 황동현, 구성우, 배상진
마케팅   김회란, 박진관
출판등록   2004. 12. 1(제2012-000051호)
주소   서울특별시 금천구 가산디지털 1로 168, 우림라이온스밸리 B동 B113~114호, C동 B101호
홈페이지   www.book.co.kr
전화번호   (02)2026-5777   팩스   (02)3159-9637

ISBN   979-11-6836-883-5 04190 (종이책)   979-11-6836-899-6 04190 (세트)
          979-11-6836-884-2 05190 (전자책)

(주)북랩 성공출판의 파트너
북랩 홈페이지와 패밀리 사이트에서 다양한 출판 솔루션을 만나 보세요!
홈페이지 book.co.kr • **블로그** blog.naver.com/essaybook • **출판문의** book@book.co.kr

작가 연락처 문의 ▶ ask.book.co.kr
작가 연락처는 개인정보이므로 북랩에서 알려드릴 수 없습니다.

주세규 지음

난세에서 인격과 처세를 얻다

고전을 배우는 시간

하

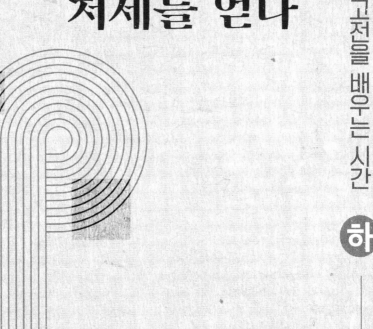

각박하고 혼탁해져 가는 현대 사회,
선인先人들이 남겨놓은 효와 의, 죽음과 삶에 대한 마음가짐을 알아 보고
바람직한 세상살이란 무엇인지 되짚는다!

북랩

차례

나이가 어려도

학문이나 도행(道行)은 나위나 지위로 논하지 않습니다.

스승이 제자보다 어려도 공경하는 마음으로 섬겨야 합니다.

상주(喪主)의 나이가 비록 어려도 예(禮)로써 대해야 합니다.

불후(不朽)한 공덕이 있다면 서른 살에 죽어도 요절한 것이 아닙니다.

제자가 스승보다 먼저 도(道)를 깨달으면 그날부터 제자가 스승입니다.

칙사(勅使)·사신(使臣)·사자(使者) 등의 나이가 어려도 공경스럽게 대해야 합니다.

생명의 소중함을 알아 함부로 생명을 해치지 않는 이는 어려도 어른입니다.

적장자(嫡長子)·종손(宗孫)·종부(宗婦)의 나이가 어려도 예(禮)로써 대해야 합니다.

혼인하기 전에 두 사람의 신분(身分)이나 나이에 차별이 있더라도 부부가 되면 평등한 것입니다. 그러므로 부부는 서로 존댓말을 쓰고 맞절하는 것입니다.

제사 등을 지낼 때, 나이 어린 제주(祭主)나 신분 또는 학식이 보잘 것없는 사람이 앞에 나와 술잔을 올리더라도 제사를 받드는 제관(祭官)은 반드시 두 손으로 엄숙하게 받아야 합니다.

자비심과 공경심을 가진 자는 나이가 어려도 어른이요, 나이는 비록 많아도 자비심과 공경심이 없는 이는 아이입니다.

노인이 개미를 밟아 죽이자 옆에 있던 아이가 죽이지 말라고 말했다면 아이가 어른입니다.

어른들은 아이들을 존중해야 합니다. 그들 가운데 이 나라와 이 세계를 이끌 인재가 있기 때문입니다. 누구는 위대한 과학자 될 것이요, 누구는 뛰어난 음악가가 될 것이요, 누구는 훌륭한 남자의 아내 또는 위대한 자녀의 엄마가 될 것이기 때문입니다.

「(정조는) 묘궁(廟宮; 공자를 모신 사당)에 명을 받아 나간 승지(承旨)와 사관(史官)이 돌아와 아뢸 때는 반드시 일어나 예를 표했다. 일찍이 상(上; 정조를 말함)의 건강이 편치 못하여 약원(藥院; 궁중의 의약에 관한 일을 맡아 보던 관청 또는 그 관리)이 침실에 입시(入侍)하였는데, 이때 상(上)이 피곤하여 기대어 접견하다가 말이 자전(慈殿; 왕의 어머니)의 안부를 묻는 데에 미치자 문득 앉아서 대답하였다.」라는 기록이 〈홍재전서〉에 보입니다.

〈논어〉에 이런 말씀이 나옵니다.

「공자께서는 상복(喪服)을 입은 사람이나 관복(官服)을 갖춰 입은 사람이나 앞을 못 보는 장애인을 보게 되면, 비록 그가 어려도 반드시 표정이 엄숙해지셨고 그들 앞을 지나게 되면 반드시 걸음을 빨리하셨다.」

이는 공자께서 상복(喪服)을 입은 사람은 동정했고 관복(官服)을 입은 사람에 대해서는 경의를 표했으며 장애인들을 대하면 불쌍히 여겼다는 뜻입니다.

〈연려실기술〉에 이런 일화가 나옵니다.

「김굉필(金宏弼)이 일찍이 모친에게 보내려고 꿩 한 마리를 볕에 말리고 있었는데, 지키던 자의 부주의로 고양이가 물고 가버리자 한훤당(寒暄堂; 김굉필의 號)이 흥분한 소리로 지키던 자를 꾸짖었다. 정암(靜庵; 조광조의 號)이 나아가 말하기를, "봉양하는 정성은 비록 간절하나 군자는 말과 기색을 잘 살피지 않을 수 없습니다. 소자가 가만히 의혹이 일어 감히 말씀드리는 바입니다." 하였다. 이에 한훤당이 일어나 조광조의 앞으로 다가와서 손을 잡고 말하기를, "나 역시 바로 뉘우쳤는데, 네 말이 다시 이와 같으니 부끄럽다. 네가 내 스승이지 내가 네 스승이 아니다." 하였다.」

김성일(金誠一)은 고을의 집강(執綱; 里長이나 面長)을 만나면 비록 연소한 자라 하더라도 반드시 예를 표하였습니다. 그리고 고을 수령이 되었을 때 상관(上官)이 올 때마다 반드시 공복(公服)을 입고 관문 밖에서 기다렸습니다.

길재(吉再)는 이웃이 상(喪)을 당하면 비록 미천한 자라 하더라도 죽을 먹었는데, 배부르게 먹은 적이 없었습니다.

조헌(趙憲)은 사문(師門)의 필찰(筆札)을 받을 때마다 반드시 손을 씻은 뒤 예복(禮服)을 입고 향을 사르고 두 번 절한 다음에 읽었고, 심부름을 온 노비에게도 빈례(賓禮)로 대우하였습니다.

불경(佛經)에 다음과 같은 말씀이 있습니다.

「백 살을 먹어도 지혜가 없으면 어린아이고, 어린아이라도 지혜가 있으면 백 세 노인과 다를 바 없다.[百歲無智小兒 小兒有智百歲]」

232.
한마디 말

「엄마가 잘못 들었단다. 미안하지만 다시 말해 주겠니?」

「동준이가 오늘 기분이 안 좋은 모양이구나. 무슨 일 있었는지 선생님에게 말해줄래?」

「대리 기사님 덕분에 편안하게 왔습니다. 정말 감사합니다.」

「이런 몸으로 어떻게 지금까지 일했어요?」

「당신 덕분에 제가 이 세상을 살아갑니다.」

「당신과 같이 있으면 나는 내가 존중받는 느낌이 들어.」

「어르신들께서 열심히 일해 주신 덕분에 저희가 이렇게 편안한 나라에서 살고 있습니다.」

「여보, 당신과 오래오래 같이 살고 싶어. 그러니 담배를 줄이면 어떨까?」

한마디 말이 나를 죽일 수도 있고 나를 살릴 수도 있음을 알게 됩니다. 말이란 이토록 중요한 것인데도 우리는 너무도 경솔하게 말을 내뱉습니다.

세계적인 어느 경영자가 말했습니다.

「'제가 잘못했습니다'라는 말 한마디는 긍정적인 사람들의 말이다. 이 말은 불편한 인간관계로부터 오는 고통을 사라지게 하고 협상을 속행시키며 논쟁을 끝내게 하고 치유가 시작되게 하고 적을 친구로 바꾸게 할 수도 있다.」

233.

당신은 어느 쪽인가

당신은 예의 바른 사람입니까, 아니면 무례한 사람입니까.

당신은 집착하는 사람입니까, 아니면 내려놓는 사람입니까.

당신은 머문 자리에 흔적을 남깁니까, 아니면 남기지 않습니까.

당신은 물고기가 횟감으로 보입니까, 아니면 생명으로 보입니까.

당신은 열린 마음을 가졌습니까, 아니면 닫힌 마음을 가졌습니까.

당신은 앞만 보고 살아가는 사람입니까, 아니면 되돌아볼 줄도 아는 사람입니까.

당신은 성현의 가르침을 의심하는 사람입니까, 아니면 믿는 사람입니까.

당신은 '나[我]'를 내세우는 사람입니까, 아니면 나를 죽이는 사람입니까.

당신은 떼를 지어 가는 개미를 보면 밟아 죽이는 쪽입니까, 아니면 생명에 대한 경외심을 가지는 쪽입니까.

234.
자신을 속이고 남을 속이고 하늘을 속이는 일

진실하게 살지 않고 거짓되게 사는 일
아는 것도 없으면서 남의 스승이 되는 일
덕(德)이나 인격이 볼품없음에도 남의 스승이 되는 일
가족에게는 전도(傳道)하지 못하면서 남을 전도하는 일
도(道)를 얻지 못했으면서 경전을 해석하거나 가르치는 일
큰 죄를 짓고도 자기는 부끄러운 짓을 한 적이 없다고 말하는 일
노력도 하지 않으면서 세상이 자기를 알아주지 않는다고 원망하는 일
〈소서(素書)〉에서 말했습니다.

「자기는 마음대로 행동하면서 남을 가르치려 드는 자는 하늘을 거스르는 것이요, 자기를 바로 한 뒤 남을 교화하는 것은 하늘을 따르는 것이다.[釋己而教人者逆 正己而化人者順]」

절대 얕보지 마라

어느 선인(先人)께서 말했습니다.

「어떠한 사람이라도 얕보지 마십시오. 그가 살인죄를 지은 죄인이든, 홍등가(紅燈街)에서 몸을 팔던 음녀(淫女)든, 나랏돈을 횡령한 공무원이든 얕보지 마십시오. 사람들의 행위가 눈에 거슬리고 꼴도 보기 싫다면 그건 그대의 마음이 더러워져 있기 때문입니다. 그대도 전에는 그런 짓을 저지른 악한(惡漢)이었소. 그러한 못된 사람들이 사실은 나 자신이라오. 또 악행을 짓는 사람들의 상당수가 실은 성인(聖人)의 분신이오. 그렇게 함으로써 우리를 분발시키고 있는 것이지요. 이 세상에 구제받아야 할 인간은 없소. 이미 다 구제받았기 때문이오. 자기가 자기를 구제하니 말입니다. 다른 누가 구제하는 게 아닙니다.」

하늘은 왜 악한(惡漢)들을 태어나게 하는 걸까요? 그 이유를 알기 전까지는 나쁜 인간을 미워해서는 안 됩니다. 이 세상엔 좋은 사람도 필요하지만, 악한 사람은 더더욱 필요하다고 말합니다.

236.

다음 생(生)을 위해서라도

다음 생을 위해서라도 부모님을 잘 섬겨야 합니다.

다음 생을 위해서라도 우리는 착하게 살아야 합니다.

다음 생을 위해서라도 우리는 무엇이든 배워두어야 합니다.

다음 생을 위해서라도 우리는 틈만 나면 복을 지어야 합니다.

다음 생을 위해서라도 남의 눈에 피눈물이 나게 하는 짓은 하지 말아야 합니다.

237.

두 글자

세상의 이치는 무상(無常)이고

수행의 첫걸음은 참회(懺悔)이고

천지에 가득한 것은 음양(陰陽)이고

우주에 가득한 기운은 감응(感應)이고

부처님 가르침의 핵심은 자비(慈悲)이고

살면서 가장 조심할 것은 성욕(性欲)이고

인간이 짓는 가장 큰 죄는 살생(殺生)이고

생명이 생멸(生滅)하는 이유는 인연(因緣) 때문입니다.

살기(殺氣)

어떤 사람이 하도 되는 일이 없어서 어느 스님을 찾아뵈었습니다.

「제가 하도 되는 일이 없고 해서 이렇게 찾아뵈었습니다.」

「살기(殺氣)와 증오심을 먼저 버리시게. 그러면 되네.」

「네?」

「자네 마음이 온통 살기와 분노로 가득 차 있으니 하는 말일세.」

「저는 남을 잘 미워하지도 않고 더욱이 남을 죽이고 싶다는 생각은….」

「자네는 운전을 직업으로 삼고 있지 않은가?」

「네. 그렇습니다.」

「운전하다가 다른 운전자들이 기분 나쁘게 하면 어떤가?」

「그야 욕설이 튀어나오기도 하고, 분노가 치밀기도 하고 그렇습니다.」

「그 이상이지. 저주의 말을 막 쏟아 내기도 하고, 창문을 내린 후 죽일 기세로 상대방을 노려보지 않은가. 직장에 돌아와서도 분이 풀리질 않아 온종일 그 사람을 욕하지 않는가 말일세.」

「…….」

「게다가 인터넷으로 댓글을 달 때 가혹하리만치 섬뜩한 저주와 욕설로 상대방을 난도질하지 않는가. 조금이라도 자기 맘에 안 들면 즉각 화가 치밀어 오르고 상대방을 죽이고 싶은 충동에 휩싸이곤 하지. 늘 이 지긋지긋한 사회를 떠나 아무도 없는 섬이나 산속에 들어가 혼자 사는 게 소원이지 않은가. 그것도 분노라네.」

「그렇군요.」

「세상을 따뜻한 눈으로 바라보시게. 그대는 바탕이 착한 사람일세. 마음을 돌이키면 훗날 큰 복을 받게 될 것이네.」

선인께서 비유를 들어 말씀하셨습니다.

「뱀과 호랑이가 올빼미와 솔개의 천적(天敵)은 아니지만 올빼미와 솔개가 놀라고 두려워하는 까닭은 무엇인가. 뱀이나 호랑이에게 다른 마음[異心]이 있기 때문이다. 까마귀와 갈매기가 소나 염소의 등을 타고 노는 것은 무엇 때문일까. 소와 염소에게 은밀한 속셈[機心]이 없기 때문이다.」

239.
그렇다면

당신 옆에 훌륭한 스승이 없어서 불행하다고 느끼는가. 그렇다면 당신이 다른 사람에게 그런 스승이 되어 주면 되지 않은가.

조상이 음덕을 많이 쌓아야 후손이 잘된다고 하였어. 당신에겐 많은 공덕을 쌓으신 조상님이 안 계셔서 불행하다고 느끼는가. 그렇다면 당신이 지금부터 음덕을 많이 쌓아 당신의 후손들에게 훌륭한 조상이 되어 주면 되지 않은가.

당신 주변엔 당신 얘기에 귀를 기울여 주는 사람이 없어서 불행하다고 느끼는가. 그렇다면 당신이 이제부터라도 다른 사람 얘기에 귀를 기울여 주는 노력을 하면 되지 않은가.

주변에 의지할 만한 어른이 안 계시는가. 그렇다면 당신이 아이들에게 의지할 만한 어른이 되어 주면 되지 않겠는가.

마트에서 일어나는 일들

「마트에 오는 손님들은 다들 화가 나 있는 사람들 같아요. 아주 작은 일에도 화를 버럭 냅니다. 그리고 작은 불편함조차 참지 못합니다. 화가 나면 "여기 사장 나오라고 해!"합니다.」

「우유나 두부처럼 유통기한이 있는 식료품의 경우, 단 하루라도 신선한 걸 가져가려고 굳이 맨 뒤에 있는 걸 꺼내 갑니다. 애써 정리해놓아도 금방 흐트러지고 맙니다. 또 계산대에 서면 기다리는 것을 참지 못합니다. 앞 손님이 조금만 꾸물거리면 얼굴에 불쾌한 표정을 바로 드러냅니다.」

「자기가 사는 아파트에까지 카트를 끌고 가서는 아무 데나 놓아둡니다. 마트에 오는 여자들은 속옷 또는 민망한 옷차림으로, 남자들은 반바지 차림에 슬리퍼를 질질 끌고 옵니다. 할아버지들은 툭하면 반말을 일삼고, 나이 드신 여자분들은 몹시 이기적입니다. 다들 피해의식에 젖어 있는 것 같습니다.」

「여러 마트에서 몇 년을 일했습니다. 마트 사장들은 자기보다 나이가 한 살이라도 어리면 직원들한테 무조건 반말을 하려 합니다. 직원들을 존중해 주는 사장은 거의 본 적이 없습니다. 직원을 마치 종 부리듯 합니다. 뭐든지 함부로 합니다. 인격을 짓밟고 인생을 모독합니다. 그들에게 교양이라든지 예절이라든지 품격 같은 건 찾아보기 힘듭니다. 근로기준법도 그들에게는 무용지물입니다. 그들에게는 오직 돈만 보이는 것 같습니다.」

241.
청각(聽覺)

아래는 어느 언론에 나온 기사입니다.

「의식불명인 상태로 생의 마지막을 맞는 순간에도 사랑하는 사람들의 목소리를 들을 수 있다는 연구 결과가 나왔다. 캐나다 브리티시 컬럼비아대 연구진은 "사망 직전의 환자도 일반인과 똑같이 뇌가 소리에 반응했다." 고 밝혔다.

연구진은 사망 직전의 사람이 청각 반응을 보이는지 알아보는 실험을 처음으로 실시했다. 앞서 유럽 과학자들은 뇌 손상으로 의식불명 상태가 된 사람과 정상인의 뇌 반응을 비교하는 실험을 했다. 캐나다 연구진은 이를 임종 직전의 의식불명 환자로 바꿔 연구했다. 이를 위해 더는 호전이 불가능해 통증 완화 처치만 하는 말기 치료 환자의 가족들에게 동의를 받았다.

먼저 정상인을 대상으로 소리 자극에 뇌가 어떻게 반응하는지 뇌파를 측정했다. 전극 64개가 달린 두건을 쓰고 뇌에 흐르는 전기신호를 포착하는 방식이었다. 다음에는 말기 환자가 아직 의식이 있을 때와 의식불명인 상태에 빠졌을 때 각각 뇌파를 측정했다.

모두 열셋 가족이 실험에 동의했으며, 이 중 다섯 명의 뇌파를 사망 직전에 측정할 수 있었다. 각각의 뇌파를 비교한 결과 정상인과 의식불명의 환자가 소리 자극에 거의 같은 반응을 보였다고 연구진은 밝혔다.

워드 교수는 "사망 직전의 의식불명 상태에서도 뇌가 소리에 반응할 수 있는 것으로 나타났다."라며 "죽음에 이르는 환자에게 가족이나 친구들이 말로 위안을 줄 수 있다는 의미"라고 밝혔다.

그는 다른 의사, 간호사들과 마찬가지로 마지막 순간에 사랑하는 사람이 말을 하면 환자가 긍정적인 반응을 보이는 것을 많이 목격했다고 밝혔다.

갤러거 박사는 "이번 연구는 환자의 생애 마지막 날들이나 시간에 직접 만나거나 아니면 전화로라도 인사를 하고 사랑을 표현하는 것이 의미가 있음을 보여준다."라고 말했다.

가족의 목소리에는 치료 효과도 있다. 지난 2015년 미국 노스웨스턴대의 테레사 페이프 교수는 뇌 손상으로 식물인간 상태가 된 환자들에게 6주에 걸쳐 하루 네 번씩 가족이 그들만 아는 얘기를 하거나 이름을 불러 주는 것을 녹음해 들려주면 회복 속도가 빨라진다고 국제

학술지에 발표했다. 가족의 목소리를 들은 환자는 모두 뇌 반응이 증가했다.」

청각은 엄마 뱃속에서부터 발달하고 태어나면서 기능이 일찍 완성되고, 사람이 죽어 갈 때 가장 늦게 닫힌다는 사실은 과학적으로 무수히 입증된 바 있습니다.

악행을 짓는 사람들

〈한서(漢書)〉에서 말합니다.

「사람들한테 손가락질을 당하면 병이 없어도 죽는다.[千人所指 無病而死]」

장자가 말했습니다.

「만일 사람이 악을 행하여 이름이 세상에 나는 자는 비록 사람이 그를 해치지 않는다 해도 하늘이 반드시 그를 죽일 것이다.」

노자는 말했습니다.

「하늘의 그물은 그물코가 넓지만 인간의 선악을 조금도 놓치지 않는다.」

「흉한 사람은 제명에 죽지 못한다.[凶人不終命也]」라는 말씀처럼 죄는 덜 짓고 살아야 하겠습니다.
　성현께서 말씀하셨습니다.

「사람이 악하면 사람들은 그를 두려워하나 하늘은 두려워하지 않고, 사람이 착하면 사람들은 그를 속이지만 하늘은 속이지 않는다.」

　신라의 최치원(崔致遠)은 이런 말씀을 남겼습니다.

「하늘이 잠깐 나쁜 자를 도와주는 것은 복이 되게 하려는 것이 아니라 그의 흉악함이 쌓이게 하여 벌을 내리려는 것이다.」

　악행을 계속 지으면 패망(敗亡)을 당하지 않는 자는 없습니다. 당대(當代)에 당하지 않는다 하더라도 다음 생에 응보를 받든지 아니면 후손(後孫)이 멸절(滅絶)되어 제사가 끊기기도 합니다.
　죄를 짓고도 떵떵거리며 잘 사는 사람들이 부지기수입니다. 이들은 하늘을 우습게 알고 세상을 만만하게 보며 사람들을 업신여기는 데 익숙합니다. 하늘은 때를 기다리고 있는 겁니다. 이들의 죄가 가득 차기만을 말입니다. 때가 가득 차자마자 하늘은 가혹한 응징을 가할 겁니다. 이때가 되면 모든 게 이미 늦습니다.
　과보는 시차(時差)는 있을지언정 오차(誤差)는 없습니다.

도덕경에 나오는 말씀

〈도덕경〉에 이런 말씀이 있습니다.

「구멍을 막고 문을 닫고 날카로움을 꺾고 어지러움을 풀고 빛을 누그러뜨려 티끌에 동참하니, 이것을 일러 '근본과 합치됨[玄同]'이라 한다.[塞其兌 閉其門 挫其銳 解其分 和其光同其塵 是謂玄同]」

'구멍을 막는다[塞其兌]'는 것은 입을 열지 않는다는 뜻입니다. 입만 열면 도(道)와 어긋나게 되고 불화(不和)를 일으키며 복을 깎아 먹기 때문입니다. 요컨대, 입에서 온갖 재앙들이 나옵니다.

'문을 닫는다[閉其門]'는 것은 입 외의 귀·눈·코·혀·의식 등을 거두어들인다는 뜻입니다. 입이나 귀 등 우리의 감각기관은 욕망을 탐하고 보기 좋은 것만을 보려 하며 싫은 것은 들으려 하지 않습니다. 당신이 만약 어떤 사람을 보고 화를 내거나 두려워하거나 미워하는 마음을 낸다면 눈에 속아 넘어간 것입니다. 남이 당신을 칭찬하는 소리를 듣고 당신이 흐뭇해하거나 남의 충고에 기분 나빠한다면 귀에 속아 넘어간 것입니다.

달콤하고 맛이 기가 막힌 음식에 어쩔 줄 몰라 한다면 당신은 혀에 속아 넘어간 것입니다. 세상일에 담박(淡泊)하고 초연해야 합니다. 작은 일에 마음이 흔들려서는 안 됩니다.

'날카로움을 꺾는다[挫其銳]' 나서지 않는다는 뜻입니다. 세상의 총명함이나 비범함, 문장력, 독서 등은 다 쓸모없는 것들이니, 이런 것들을 함부로 뽐내지 않는다는 겁니다. 오직 성실하고 정직한 사람만이 성공합니다.

'어지러움을 푼다[解其分]'는 것은 마음속의 번뇌와 망상, 욕심 등을 제거한다는 뜻입니다. 여기서 '분(分)'은 '혼란'을 뜻하는 '분(紛)'과 통합니다.

'빛을 누그러뜨려 티끌에 동참한다[和其光同其塵]'는 것은 자신이 도를 깨달았어도 평범하게 행동한다는 것입니다. 같은 책에 나오는 '피갈회옥(被褐懷玉)'과 같은 말입니다.

자신을 자랑하거나 내세우거나 남을 가르치려 하거나 남보다 우월한 존재라고 여기지 않는다는 것입니다. 또한 자기가 도를 얻었어도 세속을 떠나지 않고 오히려 세상으로 들어갑니다. 우리가 사는 이 세상을 혐오하거나 저주해서는 절대 안 됩니다. 이 세상은 결함이 참으로 많기에 오히려 살만한 가치가 있습니다. 고통이 있기에 우리는 성숙해질 수 있습니다. 고난이 있기에 우리는 공덕을 쌓을 수 있는 것입니다.

244.
우리 사회

혼인을 돈으로 거래하는 사회
먼지 대접받으려고 아우성치는 사회
부유층은 있지만 상류층은 없는 사회

지식은 있으나 지성(知性)은 없는 사회

법은 잘 마련되어 있지만 예(禮)는 실종된 사회

정치가 아직도 3류급에 머물러 있는 사회

오만하기 짝이 없는 한국의 지도층 인사들

특권만 누리고 의무는 안중에도 없는 한국의 엘리트

가난을 죄악시하고 천한 일에 종사하는 사람들을 혐오하는 사회

자신의 서열을 남에게 늘 확인시키는 사회

의전(儀典)에 미쳐 돌아가는 나라.

고위직의 집무실이 너무나 화려한 나라

자존심만 있을 뿐 자존감은 없는 사람들로 넘치는 사회

법인카드를 사적인 용도에 쓰면서도 부끄러움을 모르는 사회

아래 사람을 종 부리듯 하는 사람

이해(理解)에는 둔감하면서 이해(利害)에는 예민한 사회

'나와 우리 가족' 외의 다른 공동체에는 일말의 관심조차 없는 사회

검사의 막강한 권력을 사법시험에 합격해서 따낸 권력이라고 여기는 한국의 검사들

의사가 누리는 특혜는 자기들이 공부를 잘해서 누리는 것으로 여기는 한국의 의사들

우리나라 부자들은 오직 '재산'만 많고, 우리나라 학자들은 오직 '지식'만 많고, 우리나라 상류층은 오직 '허세'만 있습니다. 이들에게 공공에 대한 부채 의식은 애초부터 없습니다.

먼저 내가 바로 서야

〈대학〉에서 말합니다.

「자기가 바로 서야만 다른 사람에게 요구할 수 있다.[有諸己而後求諸人]」

어느 고승이 말했습니다.

「자신은 바르지 못하면서 다른 사람을 바로잡으려는 자를 두고 '덕 (德)이 없다'고 하고, 자신은 공순(恭順)하지 못하면서 남에게 공순을 강요하는 자를 두고 '예(禮)를 모른다'고 한다.」

현자께서 말했습니다.

「덕(德)을 진전시키기 위한 수업으로는 자기 자신을 바르게 하는 것 이 최상이다. 자신이 바르게 되면 남도 바르게 되고, 자신이 바르게 되 면 일도 바르게 된다. 자신을 바르게 하는 한 가지 일이 이루어지면 천하의 온갖 변화에 응할 수 있다.」

공자께서 말씀하셨습니다.

「자신을 바르게 하지 못한다면 어떻게 남을 바르게 할 수 있겠는가.」

장자가 말했습니다.

「먼저 자신이 일어선 다음에 남이 일어설 수 있도록 도와준다.」

중국 명나라의 어느 고승이 말씀하셨습니다.

「남을 교화하는 것은 공덕이 없으나 자기 자신을 교화하는 것은 공덕이 있다. 자기 자신이 교화되면 남을 교화하지 않아도 그들이 스스로 교화된다.」

이 세상 모든 일은 먼저 '자기를 바로 하는 데서' 출발합니다. 남을 돕는 일은 부차적인 일입니다. 세상을 교화하지 않아도 되지만 자기 자신만큼은 반드시 교화해야 합니다.

246.
나는 배웠다

한 사물을 보더라도 관점은 서로 다를 수 있음을.
자기가 머문 자리는 흔적 없이 치우고 떠나야 함을.
나의 친절한 행동이 남의 운명을 바꾸어 놓을 수 있음을.
내 처지가 한순간에 갑(甲)에서 을(乙)로 바뀔 수 있음을.
내게 분노할 권리는 있으나 남을 잔인하게 대할 권리는 없음을.

다 알고 있으면서 밖으로 표현하지 않는 사람들이 많다는 것을.

나의 사소한 행동이 남에겐 큰 도움 또는 큰 피해를 줄 수 있음을.

이 순간이 마지막이 될지 모르기에 언제나 사랑한다는 말을 남겨놓고 떠나야 한다는 것을.

247.

화가 나면

화가 나면 말을 하지 않습니다.

화가 나면 술을 마시지 않습니다.

화가 나면 문자를 보내지 않습니다.

화가 나면 다른 사람을 만나지 않습니다.

화가 나면 중요한 결정을 내리지 않습니다.

화가 나면 우선 그 자리를 빨리 벗어납니다.

화가 나면 즉시 숨을 깊이 들이마십니다.

화가 나면 밖으로 나가 무작정 걷습니다.

248.

싸우더라도

부부가 싸우더라도 자녀가 없을 때 싸우는 것이 예의입니다.

싸우더라도 상대에게 우환이 생겼을 때는 싸움을 중단하는 것이 예의입니다.

대통령이 해외에 나가 있을 때 야당(野黨)은 대통령을 비방하지 않는 것이 예의입니다.

싸움의 상대가 죽었을 때는 조의(弔意)를 표하고 칭찬의 말만 하는 것이 예의입니다.

상대가 잘못을 진정으로 인정하고 용서를 구할 때는 비난을 멈추는 것이 예의입니다.

조직 내에서 일어난 분쟁은 가능한 한 내부에서 해결하는 것이 좋습니다. 특히 교회나 사찰 등 종교기관에서 일어난 내분을 세속의 사법기관에 제소(提訴)하는 것은 추태이자 죄악입니다.

성직자들이 신도들을 상대로 고소를 하거나 손해배상을 청구하는 일은 정말로 못난 일입니다.

249.

잔인함

날아가는 새를 쏘아 맞히고

도망가는 짐승을 뒤쫓아 가 잡고

꿈틀거리는 벌레를 밟아 죽이고

기어가는 개미를 손으로 누르고

놀라 피하는 물고기에 돌을 던지고

겨울잠 자는 동물을 깨워서 잡고

어미 마중 나온 새끼를 잡아 죽이고

이제 막 태어난 새끼를 집으로 가져오고

덫을 놓아 산짐승을 잡고

벌집을 부수어 살 곳을 없애버리고

굴에 고약한 연기를 들여보내고

땅 구멍에 뜨거운 물을 붓고

소에게 고기를 먹이고

개를 평생 묶어서 기르고

돼지가 평생 흙 한번 밟지 못하게 하고

숨이 붙어 있는데도 물고기 배를 가르고

산 물고기를 끓는 물에 던집니다.

공부(工夫)

'공부(工夫)'라는 단어를 보면, 마치 노동이나 노역(勞役)에 종사하는 사람을 지칭하는 것 같습니다. 농부(農夫)·어부(漁夫)·화부(火夫)·마부

(馬夫)·청소부(淸掃夫)·인부(人夫)·배달부(配達夫)·잠수부(潛水夫)·우체부(郵遞夫)의 예에서 보듯이 말입니다.

공부(工夫)는 '배우다[學]'라는 뜻인데, '사람됨을 배우는 것[學爲人]'이 공부입니다. 원래는 '공부(功夫)'였는데 나중에 '공부(工夫)'라는 단어와 혼용되어 광범위하게 쓰였습니다. 참고로 '공부(功夫)'는 조선왕조실록이나 옛 선비들이 남긴 문집에서 흔하게 볼 수 있습니다.

「명종 때, 참찬 조언수(趙彦秀)가 특진관(特進官)으로 경연에 들어갔다. 임금이 묻기를, "공부(功夫)라는 두 자의 뜻이 무엇이오?" 하니, 좌우 사람들이 아무도 대답하지 못했다. 이때 조공(趙公)이 앞으로 나가 말하기를, "공(功)은 여공(女功)이요, 부(夫)는 전부(田夫)입니다. 이 말은 선비가 부지런히 배우는 것은, 마치 여자가 길쌈을 부지런히 하고 전부(田夫)가 농사를 힘써 하는 것과 같이 하라는 뜻이옵니다." 하니, 임금이 이 말을 아름답게 여겼다.」라는 일화가 〈죽창한화(竹窓閑話)〉에 실려 있습니다.

안정복(安鼎福)이 말했습니다.

「공부(工夫)란 (참된 성품을) 보존하여 배양하고[存養], (자신을) 반성하여 살피고[省察], (나쁜 점을) 극복하여 다스리는[克治] 세 가지에 불과하다.[凡工夫 不過存養省察克治三者]」

선인께서 말했습니다.

「외모를 절제하는 것은 속마음을 수양하기 위함이니, 의관을 바르게 하고 걸음걸이를 근엄하게 하는 것이 가장 먼저 손댈 곳이다.[制於

난세에서 인격과 처세를 얻다

外 所以養其中 正衣冠謹步趨 最初下手處也」

선인께서 말했습니다.

「정좌(靜坐)하는 것이 학문에 있어 가장 먼저 해야 할 공부이다.[靜坐是學問最初下工夫處]」

선인께서 말했습니다.

「내가 들으니, 진정한 큰 영웅은 전전긍긍(戰戰兢兢)하여 조심하는 데에서 나온다 하네. 학자가 이처럼 공부하지 않으면 천 길 만 길이 모두 헛것으로 돌아간다.」

선인께서 말했습니다.

「학문이란 착한 일을 한 옛사람을 보면 귀감으로 삼고, 악한 일을 한 옛사람을 보면 경계로 삼는 것이다.[學見古之爲善者以爲鑑 爲惡者以爲戒]」

한나라 양웅(揚雄)이 지은 〈법언(法言)〉에 「백천은 바다를 배워서 바다에 이르지만, 구릉은 (움직이지 않고 가만히 있기에) 산을 배워도 산에 이르지 못한다.[百川學海而至於海 丘陵學山而不至於山]」라는 말씀이 있습니다.
정이(程頤)가 말했습니다.

「무릇 학문이란 환난(患難)과 빈천(貧賤)을 대하는 것을 배워야 하는 법이니, 부귀영달을 대하는 것은 배울 필요가 없다.」

명나라의 방효유(方孝孺)가 말했습니다.

「사람에게 있어서 무엇이 중요한가. 몸이 중요하다. 그렇다면 몸에 있어서는 무엇이 중요한가. 배움[學]이 중대하다. 온전한 천명(天命)과 귀한 천작(天爵)이 마음에 갖추어져 있으니, 몸은 참으로 중요하지 않은가. 배우지 않으면 물(物)과 같게 되고, 배우면 몸을 지킬 수도 있고 백성을 다스릴 수도 있으며 가르침을 세울 수도 있으니, 배움은 참으로 중대하지 않은가. 배우는 것은 성인(聖人)이 하늘을 돕는 것이다. 하늘은 윤서(倫序)를 베풀어 두었는데 배움이 아니면 돈독하게 할 수 없고, 사람에게는 변함없는 질서가 있는데 배움이 아니면 차례를 정할수가 없다. 그러므로 어진 이는 배움을 통해서 명철(明哲)해지고, 어질지 않은 이는 배움을 폐해 버려 혼매(昏昧)하게 되는 것이다. 거장(巨匠)이 집을 지을 때 재목이 앞에 가득 쌓여 있는데도 전혀 헷갈리는 일이 없이 시원시원하게 법도에 따라 취하고 버리는 것은 법도가 평소 정해져 있기 때문이다. 군자는 일에 임해서 우왕좌왕하지 않고 뜻밖의 사태를 당해도 흔들리지 않는데, 배움이 아니면 어떻게 그 마음을 안정시킬 수 있겠는가. 배움이란 군자의 법도이다. 천하를 다스리는 것은 집 한 채를 짓는 것과 같아 마음에서 발한 것이 일에 나타나는데, 나오는 것이 다함이 없고 일은 많지만 문란하지 않다. 배우지 않은 자는 완전히 소경과 같다. 손으로 더듬으면서 가는 것과 같아 어떤 일을 당해도 적절하게 대응할 수가 없다.」

난세에서 인격과 처세를 얻다

허균이 말했습니다.

「대개 명나라 사람은 학문을 애써 쌓아서 문과(文科)에 오른 사람도 등잔불을 켜놓고 새벽까지 글을 읽어 늙어 죽을 때까지 공부하기 때문에 그 시문(詩文)이 모두 혼후(渾厚; 크고 무게 있음)하고 기력(氣力)이 있다. 그러나 우리나라 사람의 경우는 문구(文句)나 잘 꾸며서 과거를 보는데, 과거에 붙게 되면 책 대하기를 원수 대하듯 한다. 우리나라가 예전에는 문헌(文獻; 文은 典籍을, 獻은 뛰어난 인재를 뜻함)으로 일컬어졌는데, 이제는 문헌이 어찌 이다지도 미약하단 말인가. 이 어찌 윗사람이 장려하고 이끌어 성취하지 못해서가 아니겠는가. 아니면 혹 세상이 말세가 되고 풍속이 저속해져서 인재가 옛날에 미치지 못해서인가.」

앞에서도 얘기했지만, 공부는 학문을 배우거나 글을 잘 짓거나 경전을 외우는 것이 아닙니다. 올바른 사람이 되는 것이 바로 공부입니다. 마음이 정직하고 질박하며 행위가 바르며 늘 자신을 단속하고 성찰하는 것이 바로 공부입니다.

성의정심(誠意正心; 誠意는 거짓이 없고 자기를 속이지 않는 것이고, 正心은 용모와 의관을 단정히 하고 마음에 私心이나 邪念이 없는 것임)도 공부요, 계신공구(戒愼恐懼; 경계하고 삼가며 조심하고 두려워함)도 공부요, 수기치인(修己治人; 자기를 닦은 후 남을 다스리거나 교화함)도 공부요, 불천노(不遷怒; 화를 남에게 옮기지 않음)·불이과(不貳過; 같은 잘못을 되풀이하지 않음)도 공부요, 제악막작(諸惡莫作; 어떤 악도 저지르지 않음)도 공부요, 중선봉행(衆善奉行; 모든 선을 받들어 행함)도 공부요, 말을 간단명료하게 하는 것도 공부요, 지어지선(止於至善; 지극한 善에 머무는 것)도 공부요, 신독(愼獨)도 공부요, 구방심(求放心)도 공부입니다.

사람과 짐승의 격차가 천지(天地)로 벌어지는 이유는 공부에 있습니다. 무지하고 어리석은 자에게도 악함과 선함이 섞여 있고, 영리하고 지혜로운 자에게도 악함과 선함이 섞여 있습니다. 그러나 공부만큼은 악함과 선함이 없고 오직 열심히 하느냐 안 하느냐에 따라 상근(上根; 上智)·중근(中根; 中智)·하근(下根; 下智)의 차등이 있습니다.

그렇다면 공부를 한 사람과 하지 않은 사람은 어떤 차이가 생길까요?

일단 다음 생(生)에 큰 영향을 미칩니다. 늘 자신을 단속하고 허물을 줄이려 노력하며 성인의 가르침을 배워 성인을 닮아가려 노력한 사람은 다음 생도 좋을 겁니다. 하지만 공부를 하지 않은 사람은 다음 생도 퇴보(退步)할 것이며 또한 불행할 것이 뻔합니다.

251.
어느 노인의 참회

어느 노인이 고백합니다.

「돌이켜 보니, 나 자신에게 너무 미안합니다. 평생 마음을 잘못 써왔습니다. 나를 단속하지 못하고 넘치는 대로 가만히 두었습니다. 함부로 생각하고 내키는 대로 말하고 거리낌 없이 행동했습니다. 부끄러움을 알지 못했고 남이 하는 일은 무조건 쉬운 일이라 여겼으며 남이 겪는 아픔엔 도통 관심이 없었습니다. 멋대로 사람들을 평가하고 남의 인생을 내 잣대로 바라보았습니다. '역지사지(易地思之)'라는 말은 애당초 내 사전엔 없는 단어였고, 자연을 왜 사랑해야 하는지 그리고 세상에 왜 감사하면서 살아야 하는지를 알지 못했습니다. 자존심만 있었지 자존감은 없었습니다. 나와 우리 가족만 잘 먹고 잘살면 된다고 여겼을 뿐, 그 많은 돈을 가지고도 남을 위해 단 한 푼도 쓰지 않았습니다. 식당에서 직원들에게 팁을 쥐어 주는 친구를 한심한 놈이라 욕했고, 대리운전 기사에게 팁 5,000원을 주려는 아들놈을 나무랐습니다. 가난하게 사는 사람들을 게으른 놈들이라고 손가락질했고, 시간만 나면 골프를 치러 다니거나 해외여행을 다녔습니다.

장사하면서 숱하게 탈세를 하였고 직원들에게는 최저임금 이상의 월급을 줘 본 적이 없었습니다. 어디를 가건 얼굴이 반반한 여자들한테는 성희롱을 해대는 나쁜 버릇은 잠시도 그만둔 적이 없었습니다.」

조선 성리학을 심화·발전시킨 당대 유수(有數)의 성리학자이자 대문장가였던 김창협(金昌協)은 58세에 사망했는데, 그가 53세 때 쓴 글을 소개합니다.

「소강절(邵康節)이 66세에 지은 시에 이르기를, "내가 만일 십 년만 젊어진다면 조금은 성공할 수 있을 테지만 어찌하리. 천지간 이 세상에는 해가 하루에 두 번 뜨는 이치는 없는걸." 하였는데, 이는 깊이 탄식한 것이다. 소강절의 학문은 천하의 일에 대해 이미 통달하지 못한 것이 없었다. 그런데도 그 말이 이와 같았으니, 어찌 이른바 백척간두에서 한 걸음 더 나아가려는 것이 아니겠는가. 나 자신을 생각해 볼 때 나는 올해에 아직도 소강절의 당시 나이보다 13세나 젊으니 진보할 여지가 없지 않다. 그러나 이전에 공부한 것이 전혀 없으니, 만약 열 배의 노력을 경주하지 않는다면 어찌 조금이라도 일을 이룰 가망이 있겠는가. 이것이 두려운 마음으로 깊이 반성해야 할 점이다.」

위백규(魏伯珪)가 말했습니다.

「사람에게는 덕이 있고 행실이 있고 도량이 있고 재능이 있고 언변이 있고 용모가 있고 문장이 있는데, 전부 갖춘 사람은 성인(聖人)이고 그다음은 현인(賢人)이며 그다음은 선인(善人)이다. 용모와 문장만 가지고 있어도 남들에게 버림받는 사람이 되지는 않는다. 어떤 사람은 이들 중 하나도 없으면서 자칭 '사람'이라고 하는데 뭐라고 이야기하겠는가. 자칭(自稱)하는 것은 그래도 괜찮지만 남들도 그를 사람이라고 인정하니 이상한 일이다.」

252.
지혜(5)

관자(管子)가 제(齊)나라 왕에게 간언했습니다.

「임금의 몸으로 편안하기를 바라는 것은 독(毒)입니다. 그것을 절대로 그리워해서는 안 됩니다.」

어느 고승이 말했습니다.

「출가 사문(沙門)은 생사대사(生死大事)를 뼈아프게 여겨 출가하여 머리를 깎고 승복을 입었다. 그러니 머리에 붙은 불을 끄는 것처럼 화급히 하더라도 오히려 시간이 없을 텐데, 편안함에 안주해서야 되겠는가. 게다가 관자(管子)가 말한 독은 그 피해가 한 생의 몸뚱이를 해치는데 지나지 않지만, 우리 선문(禪門)에서 말하는 독은 만겁의 혜명(慧命)을 해친다. 그러니 그 해로움은 서로 비교도 할 수 없다.」

서산(西山) 대사께서 말했습니다.

「출가하여 중이 되는 것이 어찌 작은 일이겠는가. 일신(一身)의 안일(安逸)을 구하려는 것도 아니고 따뜻이 입고 배불리 먹으려는 것도 아니며 명예나 재물을 구하려는 것도 아니다. 생사(生死)를 면하고 번뇌를 끊고 부처님의 지혜를 이어 중생이 삼계(三界)를 벗어나도록 구제하려는 것이다.」

율곡 이이(李珥)가 말했습니다.

「의복은 화려하거나 사치스러움을 추구해서는 아니 되고 추위를 막을 정도면 그만이요, 음식은 달고 맛있기를 추구해서는 아니 되고 굶주림을 면할 정도면 그만이요, 거처는 편안함을 추구해서는 아니 되고 병들지 않을 정도면 그만이다.」

〈임하필기〉에서 말합니다.

「안광직(安光直)이 한미하던 시절에 집이 매우 빈궁하였는데, 모부인(母夫人; 남의 어머니에 대한 존칭)이 대청 밑에 은(銀)이 묻혀 있는 것을 발견하고 다시 덮어버렸다. 날씨가 춥고 먹을 것이 자주 떨어지는 날이면 늘 대청 밑에 묻혀 있는 은에 생각이 미치곤 하였으나 이윽고 생각하기를, '그것을 취하는 것은 상서롭지 못하다.' 하고는, 그날로 집을 팔고 미련을 두지 않았다. 뒤에 집안이 크게 일어나 외손 중에 왕비를 배출하였으니, 안 씨의 복은 실로 여기에서 비롯된 것이다. 소동파(蘇東坡)가 말하기를, "까닭 없이 천금을 얻은 것은 큰 복이 생긴 것이 아니라 반드시 큰 재앙이 생기는 것이다." 하였다. 대저 횡재(橫財)는 큰 재앙이다. 내가 본 바로는, 사대부 중에 복을 누리는 자들은 음관(蔭官; 과거를 보지 않고 조상의 학식·덕망 덕분에 벼슬을 받은 관리)과 시정(市井)에서 들어온 재물을 축적하여 조금 장구한 효과를 볼 수 있을 듯하였지만, 모두 농가에서 부지런히 일하여 모은 재물에는 미치지 못하였다.」

253.
선택

부끄러운 인생을 살 것인가.
떳떳한 인생을 살 것인가.

성공한 인생을 살고 싶은가.
행복한 인생을 살고 싶은가.

그대가 원하는 인생을 살고 싶은가.
부모가 원하는 인생을 살고 싶은가.

남과 같은 인생을 살 것인가.
나만의 인생을 살 것인가.

남이 부러워하는 인생을 살 것인가.
남이 존경할 만한 인생을 살 것인가.

죽을 때 편안히 숨을 거둘 것 같은가.
죽을 때 고통스럽게 죽을 것 같은가.

죽은 후 좋은 곳으로 갈 것 같은가.
죽은 후 나쁜 곳에 태어날 것 같은가.

254.
조심

내가 파렴치한 짓을 하면 사람들은 나뿐만 아니라 내 부모까지 싸

잡아 욕할 겁니다.

　내가 못된 짓을 하면 사람들은 나뿐만 아니라 내 자식까지 비난하고 손가락질할 겁니다.

　내가 부정한 방법으로 재물을 취하면 하늘은 나뿐만 아니라 내 자식과 후손이 받을 복까지 깎을 것이 뻔합니다.

　조선의 영조(英祖)가 말했습니다.

「무릇 범죄를 조사하고 다스릴 때, 아들로 아버지를 대신하고 아우로 형을 대신하는 것은 오히려 좋다. 그러나 아버지로 아들을 대신하고 형으로 아우를 대신하기에 이르며 심지어는 그 어머니까지 미치니, 기강에 어긋나고 풍화(風化)와도 관계가 있다. 이후로는 아버지로 아들을 대신하거나 형으로 아우를 대신하는 일은 일체 엄금한다.」

　어느 선인(先人)이 말했습니다.

「집안의 명성을 보전하여 지키는 방도는 덕에 힘쓰고 학문을 부지런히 하는 것만 한 것이 없다. 물건을 사고팔아 이욕(利欲)을 좇는 것은 비록 일시적으로 자신을 이롭게 하는 경우가 있으나 장차 자손이 번성하지 않거나 혹은 불초한 자손이 패란(悖亂)한 짓을 하여 집안이 기울고 망하는 재앙이 이내 닥친다. 가깝게는 자기 대(代)에서 망하지 않으면 멀어도 한두 대를 넘기지 못하는 것을 내가 많이 보았으니, 이런저런 경우에서 늘 징험할 수 있다. 곤궁하고 영달하는 것은 운명에 달려 있다. 인력(人力)으로 어찌할 수 있는 것이 아니니 조심해야 한다.」

다른 선인(先人)이 말했습니다.

「평소 언행을 조심하면 반드시 죽게 될 상황에서도 죽음을 면할 수 있다.」

방해

당신이 성공적인 인생을 살고 싶다 하여도 하늘이 방해할 겁니다.
당신이 무병장수하고 싶어도 하늘이 훼방을 놓을 겁니다.
당신이 부르지 않았는데도 고통은 당신을 수시로 찾아올 겁니다.
당신이 애타게 기다려도 부귀공명은 당신을 멀리할 겁니다.
당신이 죽으면 좋은 곳보다는 나쁜 곳에 태어날 가능성이 더 큽니다.
당신이 인생을 순탄하게 살고자 하여도 하늘이 그렇게 두질 않을 겁니다.

사이비 신앙

신앙생활을 착실하게 해 오신 어느 분께 누군가가 말했습니다.

「이번 교회 행사 때 화장실 청소 좀 맡아서 해주시면 안 되겠습니까?」

그분이 낯빛을 바꾸면서 이렇게 대답했습니다.

「제가 이 교회에 헌금한 것만 해도 꽤 되고 또 내 체면도 있는데 화장실 청소라뇨? 주차 관리라면 모를까 화장실 청소는 아닌 거 같습니다. 다른 분을 찾아보세요.」

그렇게 말하는 그의 표정이 심하게 일그러졌습니다. 그리고는 한동안 교회에 나타나지 않았습니다.

불교 경전을 줄줄 외우고 3,000배 기도회에 자주 참석하는가 하면 절에 행사가 있을 때마다 앞장서 자원봉사를 하시는 분이 어느 날 버스에 탔습니다. 두 개의 좌석이 붙어 있는 자리에 본인이 앉고 옆 좌석에는 가방을 올려놓았습니다.

몇 정거장을 지나자 승객들이 많이 올라탔습니다. 다들 빈 자리를 찾고 있는데 그분은 그 가방을 자기 무릎 위로 옮기지 않고 그대로 두었습니다. 서 있는 사람들이 끊임없이 그 자리를 쳐다보면서 괘씸한 표정을 지었지만 그는 내릴 때까지 모른 척 가만히 있었습니다.

어느 교회에 카페가 생겼습니다. 저렴한 가격에 신도분들에게 커피나 음료를 판매합니다. 카페가 안정적으로 잘 굴러가고 있던 어느 날 커피를 건네 주는 일을 몸이 불편한 장애인이 맡아서 하게 되었습니다.

표정과 손짓이 부자연스러운 장애인이 건네 주는 커피에 사람들이 불편함을 느끼기 시작했습니다.

「굳이 저런 사람을 써야 하나?」
「그 커피 마시면 병이 전염되는 거 아냐?」

늘 사람으로 북적이던 그 카페는 그 후 조금씩 줄기 시작하였고, 불만이 터져 나오기 시작했습니다. 한 달 뒤 그 장애인은 더는 보이지 않았고 그 카페는 예전처럼 사람으로 북적이기 시작했습니다.

257.
깊숙이 들어가지 마라

삶에 너무 깊숙이 들어간 자는 죽을 때가 되어도 죽지 못합니다. 홀연히 떠나야 할 순간이 다가오면 홀가분히 떠날 수 있도록 그대의 삶을 늘 가볍게 하십시오. 자꾸 버리는 습관을 지니십시오. 어떤 일이든 과도하게 집착은 하지 마십시오. 지난 과거에 얽매이지 말고 오지 않은 미래는 걱정하지 마십시오. 태어날 때는 폭풍처럼 왔지만 떠날 때는 티끌처럼 떠나야 합니다.

258.

침묵

어느 고승이 제자에게 말했습니다.

「스무 해 동안 입을 다물고 아무 말도 하지 않으면 네가 어찌 부처가 되지 못하겠느냐.」

유형원(柳馨遠)이 말했습니다.

「내가 병을 낫게 하는 방법은 열흘 동안 문을 닫아걸고 혼자 지내며 고요히 수양하는 것이다. 그러면 묵은 병이 차츰 나을 뿐만 아니라 뜻과 생각을 전일(專一)하게 한 까닭에 학문에 있어서 자못 얻는 바가 있다.」

어느 구도자(求道者)가 말했습니다.

「세상은 묵상(默想)하지 않기 때문에 길을 잃고 방황한다. 사람은 자신의 영혼 안에 있는 욕망을 얼마만큼 비우느냐에 따라 성장한다. 묵상은 영혼 안에 있는 욕망을 비우게 하는데 강한 무기이다. 거룩한 묵상을 하면서 산다면 헤아릴 수 없는 수많은 악행을 피할 수 있을 것이다. 묵상은 천상(天上)의 가르침의 원천이다.」

한국의 효봉(曉峰) 스님이 말했습니다.

난세에서 인격과 처세를 얻다

「우리가 날마다 해야 할 일은 묵언하는 일이니, 아는 이는 말하지 않고 말하는 이는 알지 못한다. 그러므로 옛사람의 말에 "말이 많고 생각이 많으면 가는 곳마다 걸린다." 하였으니 이 어찌 믿지 않을 것인가.」

조선의 대문장가 장유(張維)가 쓴 시를 보겠습니다.

「온갖 묘함이 나오는 근원, 침묵만 한 것이 없네. 영악한 자 말이 많고 어수룩한 이 침묵하며 조급한 자 말이 많고 고요한 이 침묵하네. 말하는 사람 수고롭고 침묵하는 이 편안하며 말하는 사람 허비하고 침묵하는 이 아껴 쓰며 도(道)는 침묵 통해 성취되고 덕은 침묵 통해 길러지며 정신은 침묵 통해 안정되고 기운은 침묵 통해 축적되며 언어는 침묵 통해 깊어지고 사려는 침묵 통해 터득되며 형식은 침묵 통해 덜어지고 내용은 침묵 통해 불어나며 깨어서는 침묵 통해 태연하고 잠잘 때는 침묵 통해 편안하며 재화(災禍)는 침묵 통해 멀어지고 복록(福祿)은 침묵 통해 모여드네.」

나이를 먹어 갈수록 입처럼 위험하고 쓸모없는 것이 없다는 것을 알게 됩니다.

소박한 소원이 있다면 제 나이 70쯤 되어서부터는 입을 아예 닫고 살고 싶습니다. 입을 열었다 하면 허물이 생기고 천지와의 조화를 깨뜨리니 말입니다. 제가 지금껏 지은 죄악 중 입으로 지은 죄악이 7할은 되는 듯합니다. 침묵은 신(神)의 언어입니다. 침묵과 적막에 익숙해져야 비로소 어른이 됩니다.

259.

여러 마음

다른 사람을 위할 때는 성심(誠心)이 필요하고

일할 때는 진심(盡心:마음과 정신을 다 바침)이 필요하고

밥을 먹을 때는 안심(安心)이 필요하고

잠을 잘 때는 방심(放心:마음을 놓다)이 필요하고

말을 할 때는 세심(細心:세심한 마음)이 필요하고

말을 들을 때는 내심(耐心:참을성)이 필요하고

행동할 때는 직심(直心:거짓이 없는 곧은 마음)이 필요하고

생각할 때는 선심(善心)이 필요하고

배울 때는 허심(虛心:겸허한 마음)이 필요하고

가르칠 때는 애심(愛心)이 필요하고

책을 읽을 때는 전심(專心:집중력)이 필요하고

놀 때는 개심(開心:유쾌한 마음)이 필요하고

혼자 살 때는 혁심(革心:마음을 고치다)이 필요하고

단체생활을 할 때는 첩심(貼心:친밀한 마음)이 필요하고

병이 없을 때는 호심(護心:마음을 단속함)이 필요하고

병이 났을 때는 양심(養心:마음을 닦음)이 필요하고

일이 없을 때는 정심(靜心:마음을 가라앉힘)이 필요하고

일이 있을 때는 정심(定心:마음을 한곳에 모음)이 필요하고

역경을 만났을 때는 관심(寬心:마음을 편하게 가짐)이 필요하고

일이 순조로울 때는 당심(當心:조심하는 마음)이 필요하고

난세에서 인격과 처세를 얻다

자신에게는 신심(信心:나에게 모든 것이 갖추어져 있음을 믿는 마음)이 필요하고

남을 도울 때는 진심(眞心)이 필요하고

가족에게는 관심(關心)이 필요하고

타인에게는 지심(知心:이해하여 주는 마음)이 필요하고

어느 때나 평심(平心:꾸밈도 없고 집착도 없는 마음)이 필요하고

생활할 때는 용심(用心:심혈을 기울이는 마음)이 필요하고

항상 관심(觀心:자신에게 주의를 기울이고 살핌)이 필요하고

일에 종사할 때는 감심(甘心:기꺼이 감당하려는 마음)이 필요하고

부처님을 배울 때는 발심(發心:원대한 뜻을 세움)이 필요하고

염불할 때는 건심(虔心:조심하고 삼가는 마음)이 필요하고

부처님께 절을 올릴 때는 경심(敬心:공경하는 마음)이 필요하고

불경을 외울 때는 항심(恒心:변하지 않는 마음)이 필요하고

복을 지을 때는 호심(好心:친절한 마음)이 필요하고

도를 닦을 때는 무심(無心:집착·분별하지 않는 마음)이 필요하고

자기를 구제할 때는 명심(明心:眞如를 밝힘)이 필요하고

세상을 구제할 때는 비심(悲心:불쌍히 여기는 마음)이 필요하다.

260.

할 수 있겠는가

여자를 가까이해도 문란하지 않을 수 있겠는가.

사람들과 어울려도 파벌을 만들지 않을 수 있겠는가.

화를 내도 상대에게 상처를 입히지 않을 수 있겠는가.

돈을 좋아해도 부정한 돈은 취하지 않을 수 있겠는가.

권세를 손에 넣어도 함부로 행사하지 않을 수 있겠는가.

술을 마셔도 끝까지 자세를 흐트러뜨리지 않을 수 있겠는가.

회사를 그만둘 때 아름다운 모습을 남기며 나올 수 있겠는가.

이혼하더라도 자녀를 기르는 아내에게 자녀 양육비를 줄 수 있겠는가.

실패와 좌절이 닥쳐왔을 때 태연하고 담담하게 수용할 수 있겠는가.

그 사람이 싫다고 해서 그의 장점마저 덮어버리지 않을 수 있겠는가.

261.

스승

중국 송나라 때 태자 교육을 맡게 된 태부(太傅; 정1품)가 있었습니다. 어린 태자가 게으른 데다 열심히 공부하지 않자 태부는 엄하게 훈계하고 거기다가 벌까지 주었습니다.

어린 태자는 교육이 끝난 후 황태후에게 달려가 울면서 일러바쳤습니다.

난세에서 인격과 처세를 얻다

이 말을 들은 황태후는 심히 불쾌해하면서 이렇게 말했습니다.

「됐다. 그 사람에게 그만두라고 하면 되지 무엇 때문에 욕을 얻어먹겠느냐? 그 늙은이가 정말 고약하구나!」

다음 날 태자가 교육장에 나타나지 않자 태부는 황태후에게 가서 물었습니다.
그러자 황태후가 말했습니다.

「어차피 내 아들은 공부해도 황제가 되고 공부를 안 해도 황제가 될 것이오.」

그 태부는 조금도 물러서지 않고 이렇게 말했습니다.

「황태후께서 하신 말씀은 조금도 틀리지 않습니다. 허나 공부를 하면 성군(聖君)이 될 수 있지만 공부를 하지 않으면 혼군(昏君)이 될 것입니다.」

이 말을 들은 황태후는 얼른 말했습니다.

「맞소. 태부께서 한 말씀이 맞소이다. 내가 틀렸습니다.」

그리고는 어린 태자를 보내 스승의 가르침을 따르게 했습니다.

6·25전쟁 당시 어떤 젊은이가 정신적 괴로움을 호소하며 어떤 스님을 찾아뵈었습니다.

「스님, 제 마음이 너무나 괴롭습니다.」

스님이 되물었습니다.

「전쟁과 네 마음 괴로운 것이 무슨 상관이냐?」

배신(裵紳)은 일곱 살에 같은 고을에 사는 김열(金挒)을 사사(師事)하였습니다. 처음에 수학할 때 스승 김열과 그 가족들이 모두 전염병에 걸렸는데, 그가 밤낮으로 약을 달여서 간호하여 모두 완쾌되었습니다. 나중에 스승이 죽을 때 자식들에게 배신을 자신을 섬기듯 섬길 것을 유언하여 그 자식들이 그를 아버지처럼 섬겼습니다.

262.
드문 일

이웃과 사이좋게 지내는 집 드물고
인격이 훌륭한 판검사, 의사 드물고
동료를 인정해 주는 대학교수 드물고
박식하고 예의 바른 성직자 드물고

손님에게 친절하게 하는 식당 드물고

출세한 사람 중 겸손한 사람 드물고

성공한 사람은 많지만 훌륭한 사람 드물고

부유한 사람은 많아도 행복해하는 사람 드물고

노인 공경하는 젊은이 드물고

젊은 사람 말에 귀 기울이는 노인들 드물고

남편의 부모를 존경하는 아내 드물고

아내의 친정까지 사랑하는 남편 드물고

자녀를 예의 바르게 키우는 가정 드물고

가난해도 기죽지 않는 사람 드물고

젊은 나이에 출세한 사람 중 제대로 된 이 드물고

배울 점 많은 어른 더욱 드물고

직원들을 존중해 주는 사장 드물고

자존심 있는 아이는 많아도 자존감 있는 아이는 드뭅니다.

263.

그릇

허목(許穆)이 지은 〈기언(記言)〉에 나오는 세 이야기를 소개합니다.

#1 선조(宣祖) 말년에 간사한 신하들의 건의로 선조(宣祖)의 아버지인 덕흥대원군(德興大院君)을 왕으로 추존(追尊)하려고 하자 이항복

(李恒福)이 말했습니다.

「임금으로서 이 일을 행하였던 사람으로는 한(漢)나라의 애제(哀帝), 안제(安帝), 환제(桓帝) 영제(靈帝)가 있고, 신하로서 이 일을 그르다고 하였던 사람으로는 주자(周子), 장자(張子), 정자(程子), 주자(朱子)가 있습니다. 결국 논의가 중지되었다.」

참고로, 애제(哀帝)·안제(安帝)·환제(桓帝)·영제(靈帝)는 한(漢)나라를 망친 혼군(昏君)들이고, 주자(周子; 주돈이)·장자(張子; 장재)·정자(程子; 정호와 정이 형제)·주자(朱子; 주희)는 송나라의 대유(大儒)들입니다.

조선의 정조(正祖)는 이항복에 대해 이렇게 평했습니다.

「백사(白沙) 이항복(李恒福)으로 말하면, 덕망과 공로와 문장과 절개 중에서 하나만 얻어도 어진 재상이라고 할 수 있는데 하물며 한 몸에 겸하였음에랴. 세상에 전하는 우스개들이 꼭 모두 백사의 일은 아니겠지만 나라 안의 사람들이 지금까지도 아끼고 사모하고 있는 것을 충분히 상상할 수 있다. 임진왜란으로 선조(宣祖)가 파천(播遷)하던 날 밤 궁궐을 지키는 위사(衛士)들은 모두 흩어졌는데 혼자서 손수 횃불을 들고 상(上)을 내전으로 인도하였고, 내부(內附)의 의논이 결정되자 개연히 호종(扈從)하겠다고 자청한 사람은 공 한 사람뿐이었다. 당시의 일을 생각하면 기가 막히는데 '나라가 전복되는 위기에서 참된 신하를 안다'는 말은 백사를 가리키는 말이 아니겠는가. 철령가(鐵嶺歌) 중에서, '누가 고신(孤臣)의 원통한 눈물을 가져다가 구중궁궐에 뿌려 줄까.[誰將孤臣怨淚 灑入九重宮闕]'라고 한 구절은 들을 때마다 나도

난세에서 인격과 처세를 얻다

모르게 눈물을 쏟게 한다. 참으로 충의가 탁월한 사람이 아니라면 어떻게 백 년이 지난 뒤에도 사람을 감동케 할 수 있겠는가.」

#2 노산군(魯山君)과 연산군(燕山君)의 후사를 세우자는 의논이 있어 중종(中宗)이 김안국(金安國)에게 의견을 물으니 김안국이 대답했습니다.

「노산군과 연산군은 비록 폐위(廢位)는 당하였지만, 종친(宗親)의 서열로 본다면 다 선왕의 계통이요, 더구나 모두 한 나라의 임금으로 있었던 분인데 죽은 뒤에 돌아갈 곳도 없으면 그 외로운 혼의 원한이 반드시 재앙을 부를 것입니다. 전하께서 끊어진 후사를 이어 주시려는 뜻은 훌륭한 덕(德)이오니 신하들의 반대가 있더라도 결단하여 시행하소서.」

#3 인조(仁祖)가 편찮으실 때 소현세자의 아들인 세손(世孫)이 미약하다는 이유로 인조의 아들 중에서 세자(世子)를 정하려고 하였는데, 한두 신하가 뜻을 거스르자 왕이 자못 불쾌해하였습니다. 그러자 신하들이 모두 말하기를, 「분부대로 하겠습니다.」하였습니다.
이에 이덕형(李德泂)이 천천히 아뢰기를, 「예로부터 태자(太子)를 바꿀 때는 신하가 목숨을 걸고 쟁론하였는데, 이제 왕의 말씀이 한번 나오자 모두가 '분부대로 하겠습니다.'라고 하니, 전하께서는 저런 신하들을 장차 어디에 쓰시렵니까. 원손(元孫)은 종통(宗統)이 매인 바이고 명위(名位)가 이미 정해져서 민심이 기대하고 있은 지가 오래입니다. 하루아침에 바꾸는 것은 옳지 않습니다. 원컨대, 상(上)께서는 마음을 차분히 가라앉히시고 옛날 성패(成敗)의 일을 깊이 생각하소서.」하였습니다.

아래는 〈연려실기술〉에 실린 이야기입니다.

「김종직(金宗直)이 성종에게 아뢰기를, "성삼문(成三問)은 충신입니다." 하니 성종의 안색이 변하였다. 그러자 공(公)이 천천히 말하기를 "만약 나라에 변고가 있으면 신(臣)은 성삼문이 되겠습니다." 하니 성종의 낯빛이 평온해졌다.」

〈고려사(高麗史)〉에는 「이색(李穡)이 (제자인 정몽주를) 칭찬하며 말하기를, "정몽주의 논리는 횡설수설(橫說竪說; 종횡무진 가로와 세로로 사례를 들어 설명하여 이치에 조금도 어긋나지 않는 조리가 정연한 말을 뜻함)하면서도 이치에 합당하지 않음이 없다."라고 하며 그를 동방 이학(理學; 성리학을 말함)의 비조(鼻祖)로 추대하였다.[李穡亟稱之曰 夢周論理 橫說竪說 無非當理 推爲東方理學之祖]]라는 구절이 나옵니다.

중국 당나라의 현장(玄奘)법사가 인도에 가서 불교 경전을 구해온 이후 당 태종은 이를 받아들였음은 물론 불경 번역을 전폭적으로 지원했습니다. 아울러 당 태종은 도교도 받들었습니다. 당나라의 진정한 국교(國敎)는 도교(道敎)였는데, 조정 문무백관의 서열에서 첫째 자리는 도교였으며 불교는 둘째 자리였지만 대우 면에서는 평등했습니다. 유교에 대해서는 말할 것도 없이 역시 전례대로 받들었으며 이슬람교도 숭배하고 존경했습니다. 옛날의 기독교인 경교(景敎)도 당 태종 때 중국에 들어왔는데, 당 태종은 경교를 위해 비문(碑文)까지 쓰고 광주(廣州)에 예배당을 짓는 일까지 허락했습니다.

264.

한바탕 꿈

아래 이야기는 필자가 고사(故事)에 나오는 이야기들을 모아 가상으로 재구성해 본 것입니다.

「조신(調信) 스님은 멍해졌습니다. 정신을 차리고 마음을 가다듬어 다시 정진하려 해도 가슴만 뛸 뿐 마음의 평정을 찾을 수가 없었습니다.

하루에도 수많은 여인이 절에 기도하러 오지만 그 여인은 남달랐습니다. 그렇게 예쁘고 단아한 여인은 일찍이 없었습니다. 그 여인에게 혼을 빼앗긴 스님은 다음날부터 관세음보살께 간절히 기도했습니다.

"관세음보살님! 소승(小僧)이 출가한 신분으로 욕심을 내었으므로 다음 생에 축생으로 태어날지언정 이번 생에 꼭 저 여인과 부부의 연을 맺게 해주시옵소서. 관세음보살, 관세음보살, 관세음보살…"

스님이 애태우며 기도하는 가운데 몇 개월이 흘렀습니다. 그러던 어느 날, 그 낭자가 혼인을 약속한 듯한 남자와 함께 절에 왔습니다. 그 모습을 본 스님은 미쳐버릴 것만 같았습니다. 스님은 해가 저물도록 향을 피워 놓고 관세음보살상 앞에 꿇어앉아 자기의 소원을 들어주지 않은 관세음보살을 원망하면서 울었습니다.

어느덧 밤은 깊어 파도 소리와 솔바람 소리만 들릴 뿐 주위는 적막한데, 울며 기도하던 스님은 그만 법당 안에서 잠이 들었습니다.

그런데 문득 인기척을 느껴 눈을 떠보니 꿈속에서 그리던 낭자가 바로 옆에 와 있었습니다. 스님은 순간 자신의 눈을 의심했습니다.

"스님, 용서하옵소서. 스님을 처음 뵈온 이래 하루도 잊을 길이 없어 이렇게 왔으니 저를 받아 주옵소서."

"사모(思慕)의 정으로 말한다면 소승(小僧)도 다를 것이 없습니다. 그러나 낭자는 이미 정혼(定婚)한 몸이 아닙니까?"

"부모의 명을 거역하지 못하여 억지로 한 혼사입니다. 이렇게 밤중에 스님을 찾아 왔사오니 속히 이 몸을 데리고 어디로 가주세요."

"어디로 간단 말이오?"

"어디로든 스님과 제가 단둘이만 살 수 있는 곳으로요."

애타는 듯 발을 구르는 낭자를 본 스님은 기뻐 어쩔 줄 몰라 관세음보살을 향해 감사의 절을 세 번 올리고는 같이 떠났습니다.

둘은 머나먼 곳으로 떠나 살림을 차렸습니다. 내외는 서로를 뜨겁게 사랑했기에 잠시도 떨어져 있지 않았습니다. 서로를 공경하고 서로를 자기 목숨보다 더 아꼈습니다. 얼마 안 있어 스님은 환속(還俗)하여 머리를 기르고는 과거시험을 준비했습니다. 머리가 총명했던 스님은 5년 만에 과거에 좋은 성적으로 합격하여 중앙에서 관직 생활을 하게 되었습니다.

난세에서 인격과 처세를 얻다

관직에 발을 들여놓은 지 17년 만에 경조윤(京兆尹; 수도를 다스리는 으뜸 벼슬)이 되었고, 그 후 모두가 부러워하는 한림원(翰林院)에 들어가 황제의 조칙과 외교문서를 작성했습니다. 그리고 곧 절도사(節度使), 태자소사(太子少師), 추밀사(樞密使), 어사대부(御史大夫) 겸 이부시랑(吏部侍郎) 등 고위직에 올라 황제의 총애를 받았습니다. 하지만 후에 황제의 심기를 건드린 상소문 한 장으로 소주자사(蘇州刺使)로 좌천되고 말았습니다.

하지만 2년 후 호부상서(戶部尚書)로 임명되었고 5년 후에는 중서시랑(中書侍郎)에 임명된 후 광국공(匡國公)에 봉해졌고 6,000호(戶)의 식읍(食邑)을 하사받았습니다. 그렇게 조신은 40년간 출세 가도를 달렸으며 슬하에 5남매를 두었습니다.

그런데 어느 해 나라에 큰 반란이 일어났습니다. 황제는 몽진(蒙塵)하였고 수많은 궁궐이 불에 탔으며 그 역시 황제를 따라 먼 길을 가야 했습니다. 칠십만 명이 넘게 죽었고 들판엔 시체들이 산을 이루었습니다. 설상가상으로 역병(疫病)마저 생겨 백만 명이 죽어 나갔습니다. 15세 된 그의 큰아들도 전염병으로 죽었고, 둘째와 셋째는 난리를 피해 도망가다가 배고픔에 죽고 말았습니다.

게다가 조신 내외마저 병을 얻게 되어 열두 살 된 딸아이가 밥을 얻어와 부모를 봉양하는 신세가 되었습니다.

어느 날 딸아이가 구걸하러 갔다가 마을 개에게 물려 다리를 절룩거리며 돌아와 몸져눕게 되자 아내는 오열하다가 기절했습니다. 깨어난 아내는 무슨 결심이나 한 듯 입을 열었습니다.

"여보, 이제 우리 헤어집시다."

"아니 그게 무슨 말이오?"

"내가 처음 당신을 만났을 때는 사모하는 정(情)이 깊어 어떤 고생도 기꺼이 감내할 수 있었지요. 이제는 늙고 병들고 가난에 쪼들려 아이들을 추위와 굶주림에서 구하지 못하다 보니 지난 세월이 그저 무상하기만 합니다. 곰곰이 생각해 보니 부부의 인연이 여기까지인 듯합니다. 만나고 헤어짐이 인력으로 되는 것이 아니오니 제발 지금이라도 헤어집시다."

이 말을 들은 스님은 같은 생각이었는지 그 자리에서 아이를 하나씩 나누고 헤어졌습니다.

"저는 고향으로 갈 터이니 당신은 남쪽으로 가십시오."

부인의 말을 듣고 막 작별을 하려는데 꿈에서 깨어났습니다. 법당 안에는 향이 여전히 타고 있었습니다.」

265.

생각만 해도 끔찍한 일

문학(文學)과 담을 쌓은 검사
성정(性情)이 각박한 판사

난세에서 인격과 처세를 얻다

고생을 모르고 자라난 교사

예술에 문외한인 과학자

문화를 즐길 줄 모르는 정치인

독서를 사갈시(蛇蝎視)하는 행정 관료

문학은 배부른 놈들이나 하는 것이라고 여기는 경영자

학창 시절 줄곧 전교 1등만 차지한 의사

세상 경험이 거의 없는 학자

예체능 분야에는 관심도 취미도 없는 교육감

다른 종교를 불편해하는 성직자

마음의 여유가 조금도 없는 예술가

여가(餘暇)와 휴식을 죄악시하는 경영자

다른 취미에는 일절 관심이 없는 사람

감사 증발

좁은 골목길에서 차를 후진하여 양보해 주었음에도 상대방은 고마움을 표현하지 않고 그냥 지나갑니다. 열의 여덟은 이렇습니다.

회사를 차려 큰돈을 벌어들인 사업가는 회사가 발전한 것이 오직 자기의 능력 덕분이라고 여겨 직원들에게 함부로 합니다.

매끼 비싸고 고급스러운 음식을 먹으면서도 이 음식이 어디에서 왔고 누가 만들었는지 단 한 번도 생각해 본 적이 없습니다.

전세(傳貰)로 들어온 세입자한테 집주인은 거드름을 피우면서 갖은 횡포를 부립니다.

노력해서 성공하여도 조상님이나 부모님에게 그 은덕을 돌리는 사람이 드뭅니다.

환경미화원, 택배 기사, 경비원 등 더럽고 힘들고 남들이 꺼리는 일을 하는 사람들을 멀리하거나 하찮은 시선으로 바라봅니다.

공부해서 큰 학자가 된 사람, 쓴 책이 잘 팔려 부자가 된 작가, 영화를 잘 만들어 스타 감독의 반열에 오른 영화감독, 자동차를 잘 만들어 재벌이 된 회장 등은 세상 사람들이 없었으면 부자가 될 수 있었을까요.

267.

복(福)에도 등급이 있다

1등급 복 : 선(善)을 오래 베풀었음에도 누명을 쓰거나 오해를 받아 비난을 받거나 병에 걸리거나 큰 사고를 겪거나 예전보다 더 가난해졌을 때

2등급 복 : 선(善)을 오래 베풀었는데도 좋아지는 것이 없을 때

3등급 복 : 일이 조금씩 풀리거나 재물이 모이거나 선행 사실이 알려지거나 자녀가 시험에 합격할 때

4등급 복 : 선행 사실이 널리 알려져 언론에 보도되거나 큰 상(賞)을 받았을 때

참고로, 1등급 복이 가장 좋은 복이고 4등급 복이 가장 나쁜 복입니다.

옛 선인이 말했습니다.

「복을 구하는 길은 덕을 쌓는 것만 같지 못하고 덕을 쌓는 법은 무덕(無德)만 같지 못하다. 무덕(無德)이란 무엇인가. 은혜를 베푼 자는 이름이 없고 은혜를 받은 자는 사례하지 않는 것을 무덕(無德)이라 이른다.」

남이 잃어버린 핸드폰을 당신이 주워서 주인에게 돌려주었는데, 그 주인이 당신에게 아무런 성의 표시도 하지 않은 경우가 상(上)의 복이요, 고맙다는 말만 하고 간 경우가 중(中)이요, 고맙다고 말하면서 당신에게 돈까지 주고 갔다면 하(下)입니다.

현자께서 말씀하셨습니다.

「복에는 다섯 등급이 있으니 사람이 택하기 나름이다. 덕을 많이 닦고 재물이 아예 없는 경우가 가장 좋은 복이고, 재물이 넉넉하지는 않아도 조금 있는 경우가 그다음이며, 덕도 많이 닦고 재물도 많은 경우가 또 그다음이고, 덕은 그저 그런데 재물은 넉넉한 경우가 또 그다음이며, 덕은 형편없는데 재물만 많은 경우가 가장 안 좋은 복이다.」

268.

가장 슬픈 일

한평생 고생만 하신 어머니가 치매에 걸려 있는 모습을 보는 일이 가장 슬픕니다.

내 어머니건 다른 사람의 어머니건 고생만 하신 어머니가 치매에 걸려 자식을 몰라보거나 밖에 나가 길을 잃어버리거나 똥을 벽에 바르거나 정신이 오락가락하시거나 하는 모습을 볼 때면 가슴이 무너지고 아파서 눈물이 쉴 새 없이 흐릅니다. 단언컨대, 세상에 이보다 더 슬픈 비극은 없습니다.

치매에 걸리신 어머니들이 모두 속히 나으시기를 기도합니다. 그리고 선진국들은 하루라도 빨리 치매약을 연구·개발하여 이 세상에 내놓기를 바랍니다.

269.

무지(無知)란

내 생각은 늘 옳다.
더는 알고 싶지 않다.
나는 잘못한 것이 없다.
나를 바꾸고 싶지 않다.
나를 반성할 이유가 없다.

더 볼 게 없다

노인이 되어서도 분노를 참지 못한다면 더 볼 것이 없습니다.

노인이 되어서도 툭하면 욕지거리를 달고 산다면 더 볼 것이 없습니다.

노인이 되어서도 행실이 점잖지 못하고 무례하다면 더 볼 것이 없습니다.

노인이 되어서도 걸핏하면 남 비난하길 좋아하는 사람은 더 볼 것이 없습니다.

노인이 되어서도 젊은이들을 욕하고 사회에 불평이 많다면 더 볼 것이 없습니다.

사람을 제대로 보려면

그 자식이 어떤 사람인지

그 아버지가 어떤 사람인지

그가 즐겨 쓰는 말이 무엇인지

그 친구들이 어떤 사람들인지

그가 돈을 어떻게 쓰는지

그가 식당이나 택시 안에서 어떻게 행동하는지

그가 을(乙)의 위치에 있는 사람에게 어떻게 하는지

그가 동물이나 곤충, 벌레, 나무 등을 어떻게 다루는지를 보면 됩니다.

272.
가장 무서운 것

이 세상에서 가장 무서운 것은 '인과(因果)'입니다. 내가 한 행위가 그대로 다시 나에게로 오는 것이 인과입니다. 종교나 신앙은 가지지 않아도 상관없지만, 인과(因果)는 반드시 믿어야 합니다. 인과(因果)를 의심하거나 비방하는 것은 그래서 큰 죄가 됩니다.

형의 집행에도 유예(猶豫)가 있고 채무 상환에도 유예가 있지만 인과에는 유예가 없습니다.

형법에는 공소시효가 있고 민법에는 소멸시효가 있지만, 인과에는 시효(時效)가 없습니다.

이른바 정견(正見)이란 인과(因果), 그것도 삼세인과(三世因果)를 믿는 것을 말합니다.

인(因)이 굽으면 과(果)도 반드시 굽습니다. 좋은 과(果)를 위해선 좋은 인(因)이 필요합니다.

「너에게서 나간 것은 너에게로 돌아온다.[出爾反爾]」고 말씀하신 분은 맹자입니다.

가만히 앉아서 죄짓는 사람들

오토바이가 요란한 소리를 내며 달리면 누군가는 극언(極言)을 내뱉습니다.

「가다가 사고 나서 뒈져라!」

자기가 반대하는 당(黨)의 국회의원이 TV에 나오면 흉한 말을 내뱉습니다.

「저런 놈은 삼족(三族)을 멸해야 해!」

노인들끼리 불미스러운 사건을 저질렀다는 보도에 한마디 합니다.

「우리나라 노인들은 하나같이 배운 데가 없어.」

자기가 믿는 종교가 아닌 종교를 믿는 사람들을 보면 기필코 한마디 내뱉습니다.

「지옥에 떨어질 것들!」

이덕무(李德懋)가 말했습니다.

「한 가지 뜻대로 되지 않은 일로 인하여 격노하여 불평하며 대뜸 내뱉어서는 안 된다. 이를테면 "내가 죽어야지." "저런 놈은 죽어야 해." "세상이 뒤집어졌으면 좋겠다." "나라가 망해라." "거지로 (평생을) 빌어먹어라." 따위이다.」

274.
우린 배우지 못했습니다

우린 묵묵히 참고 기다리는 법을 배우지 못했습니다.

우린 대화로 문제를 풀어나가는 법을 배우지 못했습니다.

우린 약자들을 배려하고 포용해 주는 법을 배우지 못했습니다.

어른이 되면 책임질 줄 알아야 한다는 말을 듣지 못하고 자랐습니다.

우린 공공장소에서 예절과 배려를 지켜야 함을 듣지 못하고 자랐습니다.

우린 자살한 사람의 유족들을 제대로 위로해 주는 법을 배우지 못했습니다.

우린 사고로 가족을 잃은 사람들을 위로하고 보듬어 주는 법을 배우지 못했습니다.

우린 가진 것에 만족하고 감사한 마음으로 살아야 한다는 가르침을 받지 못했습니다.

우리의 교육은 읽을 줄은 알아도 무엇이 읽을 가치가 있는지는 모르는 수많은 사람을 배출해 냈습니다.

난세에서 인격과 처세를 얻다

우리는 새처럼 하늘을 나는 방법을 배웠고 물고기처럼 바다를 헤엄치는 방법은 익혔지만, 함께 살아가는 그 간단한 기술은 배우지 못했습니다.

성숙함의 증거

화가 나 있는 사람에게 덩달아 화를 내지 않습니다.
높은 자리에 오르면 반대 의견을 용납할 줄 압니다.
다들 기뻐할 때 여기에서 소외된 사람들이 없는지 살핍니다.
나와 의견이 다르더라도 일단 그 사람의 주장을 끝까지 듣습니다.
상대방이 나를 초대하면 싫더라도 일단 가서 내 주장을 펼칩니다.
옷차림이나 직업, 생김새 등을 보고 그 사람을 판단하는 일이 없습니다.
허목(許穆)이 말했습니다.

「내 나이 올해 80세다. 삼가 조심하고 두려워하며 허물을 돌아보고 잘못을 반성하며 선을 좇아 날로 새로워지면 행여 치욕을 면할 것인데, 정신이 흐릿하여 늙어 죽을 나이에 후회와 허물이 더 많아진다. 바른 도를 얻고 죽는 것은 옛사람이 힘쓴 일이니 나이가 많다 하여 조금이라도 게을러지지 말아야겠다.」

276.

선(善)과 악(惡)

책을 읽는 것이 선(善)이고 책을 안 읽는 것이 악(惡)입니다.

물러날 줄 아는 것이 선(善)이고 이를 모르는 것이 악(惡)입니다.

나를 바르게 하는 것이 선(善)이고 하늘에 기도하는 것이 악(惡)입니다.

나쁜 사람한테 화를 내는 것이 선(善)이고 이를 참는 것이 악(惡)입니다.

나쁜 사람한테 욕을 먹는 것이 선(善)이고 칭찬을 듣는 것이 악(惡)입니다.

화를 내야 할 때 화를 내는 것이 선(善)이고 이를 참는 것이 악(惡)입니다.

마음이 열려 있는 것이 선(善)이고 마음이 닫혀 있는 것이 악(惡)입니다.

선(善)에 집착하는 것이 선(善)이고 공(空)에 집착하는 것이 악(惡)입니다.

운명을 바꾸는 것이 선(善)이고 운명에 순응(順應)하는 것이 악(惡)입니다.

결단에 능한 자가 선(善)이고 결단에 서툴고 우유부단한 자가 악(惡)입니다.

자식을 고생시키는 것이 선(善)이고 자식을 애지중지 기르는 것이 악(惡)입니다.

행동으로 자식을 가르치는 것이 선(善)이고 말로 가르치는 것이 악(惡)입니다.

하루라도 빨리 참회하는 것이 선(善)이고 차일피일 미루는 것이 악(惡)입니다.

부모에게 안색과 태도를 공손히 하는 것이 선(善)이고 그렇지 못한 것이 악(惡)입니다.

강한 자에게 강하게 구는 것이 선(善)이고 약한 자에게 강하게 구는 것이 악(惡)입니다.

나라가 어려울 땐 유능하나 부패한 자가 선(善)이고 무능하나 청렴한 자는 악(惡)입니다.

악한 행위를 할 수 있음에도 그렇게 하지 않는 것이 선(善)이요, 선한 행위를 할 수 있음에도 그렇게 하지 않는 것이 악(惡)입니다.

277.

왕안석(王安石)

중국 송나라 때의 '왕안석'이라는 인물만큼 그 평가가 극과 극을 달리고 있는 사람도 드뭅니다. 그는 생전에 형공(荊公)에 봉해졌고 죽은 후에는 서왕(舒王)으로 추증되었으며 그 위패가 공묘(孔廟)에 배향되는 영광을 누렸습니다. 또 그는 시와 산문(散文) 그리고 유불도(儒佛道)에 통달했던 당대 최고의 지성(知性)이었습니다. 그런데 그는 또 북송(北宋)을 멸망시킨 원흉으로 지목되어 9백 년 동안이나 만세의 재앙이요, 천고의 죄인으로 매도당하기도 했습니다.

왕안석은 그 기백이 대단했는데, 그가 지은 시는 이렇습니다.

「천변은 두려워할 것이 없고 조종(祖宗; 임금의 역대 선조들)의 법은 본받을 것이 없으며 사람들의 말은 돌아볼 것이 없다.[天變不足畏 祖宗不足法 人言不足恤]」

그가 일생 입은 옷이라고는 다 해진 옷들뿐이어서, 그가 재상이 되었을 때 황제는 그의 목깃에 이[虱]가 있는 것을 보았습니다. 눈은 또 근시(近視)여서 음식을 먹을 때는 오직 눈앞에 있는 것만 보였으며 생활은 검약하고 소박했습니다.

평생토록 오락이나 음주를 즐기지 않았으며 특히 여색은 전혀 가까이하지 않았습니다. 이러한 깨끗한 지조는 그가 사망한 뒤에 정적(政敵)들도 인정했던 그의 품성이었습니다.

하지만 그는 잘 씻지도 않았고 머리를 잘 감지도 않았을 뿐만 아니라 세수조차 제대로 하지 않았습니다. 옷은 더구나 잘 갈아입지 않아서 늘 때가 잔뜩 끼어있는 옷소매로 주변 사람들의 냉소를 자아냈습니다.

하지만 왕안석은 사람을 무시하거나 고집이 센 버릇이 있었는데, 그가 처음 신법(新法)을 행할 적에 조정의 여러 신하를 노려보면서 "그대들은 모두 책을 많이 읽지 못한 흠이 있다."라고 하여 불필요하게 적을 만들어 냈고, 그가 발탁한 관료들은 능력이나 인품에 있어 졸렬한 자들이 많았습니다.

왕안석이 젊어서 사마광(司馬光)과 함께 군목사(群牧司)의 판관(判官)을 지낼 때 당시 군목사사(群牧司使)가 청렴 강직으로 이름난 포청천(包靑天), 곧 포증(包拯)이었습니다.

하루는 군목사에 모란이 활짝 피자 포증이 술자리를 마련하고 왕안석과 사마광 두 판관을 불러 함께 감상하면서 술을 권하였는데, 사마광은 평소 술을 좋아하지 않아도 억지로 마셨지만 왕안석은 숱한 권유에도 끝내 한 잔도 마시지 않았습니다.

〈치평요람(治平要覽)〉에 실린 기록 두 개를 보겠습니다.

「왕안석이 재상에서 파직되고 나서 여러 번 옮겨 사공(司空; 正一品)이 되고 형국공(荊國公)에 봉해져 죽었다. 왕안석은 귀해지기 전에 명성이 서울에 떨쳤는데 성품이 화려한 것을 좋아하지 않았고 자신의 생활을 매우 검소하게 하여 혹은 옷의 때도 빨지 않고 얼굴의 때도 씻지 않았으나 세상에서는 대부분 그 현명함을 칭송하였다. 왕안석의 의논은 고상하고 기발하여 능히 박식함으로 그의 논설을 이루었고 자신의 의견을 쓰는데 과감하였으며 강개하여 세상을 바로잡고 세속을 바꾸려는 뜻을 지니고 있었으므로 신종(神宗)이 여러 사람의 논의를 물리치고 힘써 그를 의지하고 맡겼다. 그러나 왕안석은 성품이 고집스러웠고 일을 만나면 가타부타 말이 없이 자신의 소견만 믿고 뜻을 고집하여 굽히지 않았다.」

「범중엄(范仲淹)이 등용되면 범중엄의 법이 행해지고, 범중엄이 떠나가면 범중엄의 법이 고쳐진다. 왕안석의 몸은 비록 물러났지만, 왕안석의 법이 끝내 바뀌지 않은 것은 어째서인가. 왕안석의 변법(變法)의 죄는 작고 소인(小人)을 등용한 죄는 크니, 변법의 재앙은 한때에 그치지만 소인을 끌어와서 등용한 것은 그 재앙이 무궁해서다.」

〈송사(宋史)〉에 실린 기록 두 개를 보겠습니다.

「왕안석은 문장과 절도 있는 행위로 한 시대에 최고였고 더욱 도덕과 경제를 자기의 임무로 삼았다. 신종(神宗)을 잘 만나서 지위가 재상에 이르렀고 세상에서는 바야흐로 그가 하는 일을 우러러보아 이제(二帝; 요·순 임금)와 삼왕(三王; 하우(夏禹), 은탕(殷湯), 주(周)의 문왕(文王)·무왕(武王))의 성대함을 다시 보기를 기대하였다. 그러나 왕안석은 서둘러 재물에 대한 이익과 전쟁을 급선무로 하였고 흉악한 사람들을 끌어 등용하였으며 충직한 사람들을 물리쳤다.」

「증공(曾鞏; 당송팔대가의 한 사람)이 신종(神宗)을 뵈었더니 신종이 묻기를, "경은 왕안석과 오래된 포의지교(布衣之交)인데 왕안석은 어떤 사람인가."라고 하니 증공이 대답하기를, "왕안석은 문학(文學)과 행의(行義)가 한(漢)의 양웅(揚雄)보다 못하지 않습니다. 그러나 인색함이 고인에 미치지 못합니다."라고 하였다. 신종이 이르기를, "왕안석은 부귀를 경시하니 인색한 사람이 아니다."라고 하니 증공이 대답하기를, "이를 말한 것이 아닙니다. 왕안석은 어떤 일을 하는 데에는 용감하지만 제 허물을 고치는 데에는 인색합니다."라고 하니 신종이 고개를 끄덕였다.」

황정견(黃庭堅)은 왕안석에 대해 「내가 일찍이 그의 풍채를 살펴보았는데, 정말 부귀를 뜬구름같이 여겼고, 재물과 술 그리고 여색에 빠지지 않았으니, 일세의 위인이었다.」라고 말했습니다.

육상산(陸象山)은 왕안석을 두고 「오락이나 여색, 그리고 이익이나 벼슬을 추구하는 습성을 조금도 그 마음에 품지 않았다. 결백한 지조는 얼음이나 눈보다 차갑다.」라고 극찬했습니다.

난세에서 인격과 처세를 얻다

왕안석의 문장과 독서는 수준 높은 경지에 이르렀으며, 이 때문에 훗날 '당송팔대가(唐宋八大家)'의 반열에 올랐습니다. 그 어렵다는 과거시험을 22살에 합격했는데, 30대 후반에 「경전 해석에서는 따라올 자가 없다」라는 평가를 받을 정도로 전 중국에 명망이 널리 퍼져 있었습니다.

주자(朱子)는 왕안석을 비난했음에도 그가 지은 〈송명신언행록(宋名臣言行錄)〉에 왕안석을 명신으로 올려놓았는데, 이 책에 실린 이야기를 하나 소개합니다.

「왕안석이 지제고(知制誥; 외교문서나 황제의 교서 등을 작성하는 고위직)로 있을 때, 아내인 오부인(吳夫人)이 남편을 위해 첩 하나를 샀다. 그 첩을 보고 왕안석이 물었다.

"누군가, 그대는?"
"부인의 지시로 대감을 시중들러 온 사람입니다."
"어떻게 여기에 왔는가?"
"제 남편은 군역(軍役)으로 나라의 쌀을 운반하던 중 배가 침몰하고 말았습니다. 그 손해를 변상하기 위하여 가산을 전부 팔았지만 그래도 모자라서 제가 팔리게 된 것입니다."
"부인이 그대를 얼마에 샀는가?"
"90만 전(錢)입니다."

그 말을 듣자 그는 그녀의 남편을 불러 원래대로 두 사람을 부부로 살게 해 주었고 돈을 더 보태 주었다.」

그의 아들 이름은 왕방(王雱)이었는데 아주 뛰어난 재사(才士)였습니다. 학문이 뛰어나 아버지와 함께 여러 경전에 주석을 달기도 했고, 정치적으로는 동지이기도 했습니다. 그는 방 씨라는 여인과 혼인했습니다. 둘은 사이가 좋았습니다. 그런데 젊어서 폐결핵에 걸려 중태에 빠졌습니다. 왕방이 중태에 빠지자 방 씨는 자연 독수공방을 하게 되었습니다. 왕안석은 아들 왕방도 안타까웠지만, 젊은 나이에 독수공방하는 며느리도 안타까웠나 봅니다. 그는 아들에게 이혼하고 며느리를 개가(改嫁)하도록 하라고 설득합니다. 왕방은 아버지의 설득을 받아들여 이혼합니다. 아들 왕방은 아내 방 씨가 개가하고 3년이 되던 해에 결국 죽었습니다.

송나라 때 찬원(贊元) 선사라는 고승이 있었는데, 그는 왕안석과는 형제처럼 친분이 두터웠습니다. 어느 날 왕안석이 그 선사에게 자기도 도(道)를 배울 수 있느냐고 묻자, 그 선사는 이렇게 대답했습니다.

「자네는 도를 배울 수 있는 조건이 딱 하나 있네. 하지만 세 가지 장애를 영원히 없앨 수 없으니 한 생(生)을 기다릴 수밖에 없네.」
「듣고 싶네. 자세히 얘기해 주게.」
「자네는 타고난 기질이 강하고 이 세상과의 인연이 깊네. 그래서 마음의 평정을 이루기 어려우니 어떻게 도를 배울 수 있겠는가. 자네는 또 성깔이 대단하고 화를 잘 내지. 이것이 도를 배우는 데 장애가 되네. 하지만 자네는 명리(名利)를 중시하지 않고 생활 습관이 담박하여 마치 고행승(苦行僧) 같은데 이건 도에 가깝네.」

왕안석은 불교 경전에도 해박한 지식을 갖고 있었는데, 그가 지은 〈능엄경소해(楞嚴經疏解)〉는 수준 높은 저작입니다.

그는 이렇게 말한 적이 있습니다.

「인신(人臣)은 마땅히 천하의 원망을 피할 것이 아니라 그 원망을 모두 내게 돌아오게 할 것이니, 그런 연후에 나라에 충성을 다하는 것이다.」

조선의 세종은 왕안석을 이렇게 평했습니다.

「재주는 많지만 소인(小人)이다.」

조선의 효종은 이렇게 말했습니다.

「송의 신종(神宗)은 왕안석의 인품을 잘 모르고 국사를 맡길 만한 인물이라고 판단하여 국사를 맡겼다가 끝내 국사를 그르치게 하였다.」

조선의 정조는 이렇게 말했습니다.

「왕안석의 신법(新法)을 혁파한 일은 무엇 때문에 그렇게 서둘렀는가.…왕안석은 고집이 너무 지나쳤지만 그 재주야 어찌 세상에 쓸 만한 것이 없었겠는가.」

정조가 발탁한 남인 재상 채제공(蔡濟恭)은 이렇게 말했습니다.

「사마광(司馬光)과 왕안석은 서로 비교할 수도 없다고 말하는데 이는 정말로 편협한 것입니다… 어찌 사마광의 재간이 왕안석보다 확실히 뛰어난 점이 있겠습니까.」

송시열은 이렇게 말했습니다.

「왕안석은 최고의 인물이지만 기량(氣量)이 편협하고 학문이 얕고 거칩니다. 송조(宋朝) 말기에 이르러 그 당시 대신들이 인심을 진정시키기에만 급급하고 새로운 개혁을 꾀하지 않았는데 왕안석만은 개혁을 하고자 하였습니다. 그리하여 삼대(三代)의 정치를 회복하려는 의도가 있어 당태종(唐太宗)은 법으로 삼을 만한 인물이 못 된다고 하였습니다. 그가 끝내 소인이 되고 만 것은 본래의 뜻이 아닙니다. 왕안석이 항상 세상을 진작시켜 보려고 하였으나 그 당시 노성(老成)한 사람들이 자기의 뜻에 동조해 주지 않으니 울분을 품고 도리어 소인배와 결탁하였습니다. 아마도 자기의 뜻을 펴서 국사를 바꾸어 놓은 뒤에 다시 군자를 등용하려고 했던 것일 것입니다. 그러나 이 어찌 쉬운 일이었겠습니까. 국사가 그르쳐진 것은 당연한 일입니다.」

이익(李瀷)은 이렇게 말했습니다.

「고금을 통하여 군신의 제회(際會)란 가장 만나기 어려운 것이다. 관중(管仲)과 제갈(諸葛)의 뒤에는 오직 왕안석뿐이었다. 진실로 민심을 따르고 고도(古道)를 회복하며 재리(財利)를 버리고 인의(仁義)를 행했다면 당시의 임금은 반드시 이에 따랐을 것이며, 편협한 마음을 바꾸고 많은 인재를 불러 정명도(程明道)·사마온공(司馬溫公)과 같은 이가 조정에 몰려들어 좌우에서 익찬(翊贊; 도와서 올바른 곳으로 인도함)하게 했다면 거의 왕도(王道)가 다시 행하여졌을 것인데, 이 기회를 놓치고 다시 돌이킬 수 없게 되어 다만 어지럽게만 되었다. 대개 법이 피폐한 지가 오래되면 변경하지 않아서는 안 되는 것인데, 다만 왕안석이 한 번 착수하자 사람들은 모두 경계해야 한다는 구실로 단안(斷案)을 만들어, "법은 변경하여서는 안 되고 비록 피폐한 법일지라도 마땅히 지켜야 한다."고 했으니 매우 통석(痛惜)한 일이다.」

하지만 이율곡이나 정도전, 류성룡 등 조선의 사대부들은 왕안석을 소인이라고 비난했는데, 류성룡은 이렇게 말했습니다.

「송나라의 화(禍)는 왕안석이 만들었다.」

신흠(申欽)은 이렇게 말했습니다.

「개보(介甫; 왕안석의 字)는 의리를 모를 뿐만 아니라 이해(利害)에 대해서도 알지 못했다. 여러 군자를 물리치고 소인들에게 일을 맡기다니, 정치를 해보려는 자가 어찌 이럴 수가 있다는 말인가. 그는 고금(古今)에 통했으면서도 이 점은 몰랐으니, 이는 단지 쌀을 까불다가 뉘가 눈에 들어간 나머지 사방을 분간하지 못한 탓이라 하겠다.」

조선의 조광조(趙光祖)와 중국의 왕안석은 실패한 개혁가라는 공통점이 있습니다. 이들에겐 '원칙에만 치우친 이상주의자', '타협을 모르는 독불장군'이라는 낙인이 따라다녔습니다. 게다가 이상하게도 이들이 개혁을 한창 펼칠 때 하늘마저 이들을 도와주지 않았습니다. 조광조가 개혁을 실시할 때는 지진이 일어났고, 왕안석이 개혁을 추진할 때는 가뭄이 자주 일었습니다. 반대파들은 이것을 구실로 삼아 결국엔 이들을 몰아내는 데 성공했습니다.

훗날 역사가들은 이렇게 말하기도 했습니다.

「수양제(隋煬帝), 이후주(李後主; 중국 南唐의 마지막 왕), 왕안석, 송휘종(徽宗)이 문필(文筆)에 종사했더라면 큰 인물이 되었을 텐데 아쉽게도 황제나 재상이 되고 말았다.」

확실한 것은, 왕안석이 재상이 됨으로써 송조(宋朝)는 급격한 몰락의 길을 걷기 시작했다는 점입니다. 이것은 개인 왕안석의 잘못이라기보다는 시대의 추세(趨勢)요, 한 왕조의 운명이라고 볼 수밖에 없습니다.

278.
향원(鄉原)

〈논어〉와 〈맹자〉에 '향원(鄉原)'이라는 말이 자주 나옵니다.

시비선악(是非善惡)을 분명히 가리지 않고 두루뭉술한 태도로 한 고을에서 호인(好人)으로 칭송받는 사람. 남을 기분 나쁘게 하지 않는 사람, 시류(時流)에 편승하여 덕이 없으면서 삼가고 덕이 있는 것처럼 보여 세상에 잘 보이는 사람, 온 고을 사람으로부터 '근신(謹慎)한다'라는 칭찬을 받는 사람이 바로 향원입니다. 향원은 행동에 아무런 흠은 없으나 여러 사람 비위만 맞추고 정작 착한 일은 하지 못하는 사람이므로, 공자는 향원을 일러 '덕을 해치는 적(賊)'이라고 비난했습니다.

맹자(孟子)가 일찍이 향원(鄕原)의 인간 됨을 일러, 「(향원을) 비난하려 해도 들 것이 없으며 꼬집으려 해도 꼬집을 것이 없지만, 유속(流俗)에 동화하고 더러운 세상에 영합하는 자이다. 평소의 생활이 충신(忠信)한 듯하고 행실이 염결(廉潔)한 듯하여 사람들이 모두 기뻐하고 스스로 자신이 옳다고 여기지만 더불어 요순(堯舜)의 도에 들어갈 수는 없는 자이다.」라고 했습니다.

향원은 「이 세상에 태어나 사람들에게 좋은 말을 듣기만 하면 그만이다.」라는 생각을 지닌 사람입니다.

신흠(申欽)이 말했습니다.

「만약 사람에게 배척을 당할까 두려워하며 일마다 모나지 않게 하려고만 한다면 향원 꼴을 면하는 경우가 드물다.」

공자는 〈논어〉에서 '해로운 친구'에 세 종류가 있다고 말했습니다.

「성격이 괴팍하고 별난 사람[友便辟], 남의 뜻에 무조건 따르는 사람[友善柔], 말재주가 좋고 잘 둘러대는 사람[友便佞]」

여기서 '남의 뜻에 무조건 따르는 사람'도 향원의 일종입니다.
공자께서 말씀하셨습니다.

「듣기 좋은 말이나 하고 보기 좋게 태도를 꾸미고 지나치게 공손한 것을 좌구명(左丘明)이 부끄럽게 여겼는데, 나도 부끄럽게 여긴다. 원한을 숨기고 그 사람과 벗하는 것을 좌구명이 부끄럽게 여겼는데, 나도 역시 부끄럽게 여긴다.」

원한이나 증오심을 숨기고 그 사람과 말하고 사귀고 술 마시고 하는 사람들이 이 세상에 정말 많습니다. 그런데 이 세상에서는 이들을 가리켜 '호인(好人)'이니 '가슴이 넓은 사람'이니 하면서 치켜세웁니다.

요컨대, 향원은 구차하게 사는 사람. 남에게 아첨하는 사람. 남에게 '좋은 사람'이라는 말을 들으려 애쓰는 사람, 남의 비위를 맞추는 사람, 세상에 몰래 아첨하는 사람, 시속(時俗)과 대중에 영합하는 사람, 행동에 아무런 흠은 없으나 여러 사람 비위만 맞추고 정작 착한 일은 하지 못하는 사람입니다.

당신은 혹시 향원이 아닙니까.

279.
당신에게 복이 따르지 않는 이유

조그만 성공에도 술과 고기를 듬뿍 마련하여 배부르게 먹고 마시고 하찮은 성취에도 교만한 마음을 내어 세상을 얕잡아보면서 거들먹거리고

작은 부귀에도 가난했을 때의 마음을 잊어버린 채 사치와 방탕에 빠지고

어쭙잖은 지식을 얻음에 세상을 다 아는 양 사람들을 무시하기에 바쁘고

어설픈 신앙인 행세를 하면서 성현의 잣대로 다른 이들을 재단하기에 바쁩니다.

자기 잘못에는 한없이 관대하면서 남의 잘못은 조금도 좋게 봐 주는 법이 없습니다.

큰 하천은 소리를 내지 않고 흐르고, 무서운 개는 짖는 법이 없으며, 지혜로운 사람은 말수가 반드시 적은 법입니다.

280.

두 사람의 차이

한 사람은 부유한 집안에 태어나 부족함을 모르고 일생을 살았습니다. 그의 씀씀이는 헤펐으며 절제나 내핍(耐乏)과 같은 말들엔 귀를 닫았습니다. 늘 그러하듯 노동을 꺼리고 세상을 쉽게 생각했으며 오직 편안함과 편리함만 추구했습니다. 일찍이 상류층 생활에 익숙하여 사치 여행이나 고급 파티 등 풍요로운 인생을 누렸습니다.

다른 한 사람도 부유한 집안에서 태어나고 자랐습니다. 하지만 그는 재산을 펑펑 쓰거나 무절제한 삶을 살지는 않았습니다. 어려운 사람들의 처지를 이해하려 했고 실제로 그들을 많이 도와주었습니다. 자

기 절제를 할 줄 알았으며 부끄럽지 않은 인생을 살려고 애썼습니다.

이 두 사람의 인생에는 어떠한 차이가 있는 걸까요?

첫 번째 사람은 자기가 받은 복을 다 써버렸기에 아마 다음 생에는 누릴 복이 없을 겁니다. 천만다행으로 만약 다시 사람으로 태어나더라도 궁벽한 곳에 태어나거나 가난한 집안에 태어나 힘든 생을 이어가야 할 운명입니다.

두 번째 사람은 자기가 받은 복을 다 쓰지 않고 모아 두었고, 추가로 복을 더 지었기 때문에 다음 생에도 복이 여전히 많을 겁니다. 다시 사람으로 태어날 가능성이 큰데, 그러면 부유한 집안에 태어날 수도 있고, 가난한 집안에 태어나더라도 배고픔을 겪지는 않을 것이며 늘 그를 돕는 사람들이 많고 또 지혜로운 사람으로 자라날 겁니다.

281.
오묘하고 불가사의한 말씀

공(空) 자체가 바로 유(有)다.

일체 모든 것이 바로 '인연' 속에 있다.

위로는 추구할 부처가 없고 아래로는 교화할 중생이 없다.

부처를 만나면 부처를 죽이고, 조사(祖師)를 만나면 조사를 죽여라.

중생의 무명(無明)은 모든 여래(如來)의 원각심(圓覺心)에서 생겨났다.

범부(凡夫)는 초범입성(超凡入聖)을 하려 하고, 성인은 초성입범(超聖入凡)을 하려 한다.

난세에서 인격과 처세를 얻다

자기를 구원하는 자는 구원을 받지만, 남에게서 구원을 얻고자 하는 자는 구원을 받지 못한다.

바른 사람이 사법(邪法)을 쓰면 사법도 정법(正法)이 되고, 삿된 사람이 정법을 쓰면 정법도 사법이 된다.[正人用邪法 邪法亦是正 邪人用正法 正法亦是邪]

성인은 마음[眞如]을 찾되 부처는 찾지 않는다. 범부는 부처만 찾고 마음은 찾을 줄 모른다.[聖人求心不求佛 愚人求佛不求心]

유(有)에 집착하는 것이 수미산(須彌山)만큼 커도 되지만, 공(空)에 떨어지는 일이 겨자씨만큼이라도 있어서는 안 된다.

온갖 것은 생겨나지도 않고 소멸하지도 않는 것, 이것이 무상(無常)의 진정한 뜻이다.[諸法畢竟不生不滅 是無常義]

푸르디푸른 대나무 모두가 진여(眞如)요, 성대하게 핀 국화꽃은 반야(般若) 아닌 게 없다.

중생은 원래 성불하였으며 생사(生死)와 열반(涅槃)이 마치 어젯밤의 꿈과 같다.

본래 모든 것에는 생멸(生滅)이 없다. 가고 옴을 보일 뿐이다. 다만 인연으로 말미암아 생멸(生滅)할 뿐이기 때문에 자성(自性)이란 애당초 없다.

종교를 가진 사람들

종교를 갖고 올바른 신앙생활을 하는 사람들의 정신과 태도가 많이 잘못되어 있음을 봅니다. 이들 중 상당수는 교만합니다. 그리고 아상(我相)에 찌들어 있어서 고칠 방법이 영원히 없습니다.

종교를 가지고 오래 신앙생활을 해온 사람들을 만나 보면 존경할 만한 점을 찾기가 매우 힘듭니다. 특히 자기와는 다른 종교를 가진 사람들을 대하는 모습을 보면 정말 안타깝습니다.

부처님을 배운다고 하면서도 소요(逍遙; 自在)를 얻지 못하고 종일 얼굴을 찌푸린다면 무엇을 위하여 부처님을 배우고 도를 배운 겁니까. 부처님을 배울수록 게을러지고 마음의 크기가 좁아진다면 종교가 오히려 독이 된 것입니다.

독실한 신앙생활을 오래 해 왔다는 사람 중 하심(下心)이 몸에 밴 사람을 찾아보기 힘듭니다. 이들은 오랜 기간 채식을 해 왔거나 술을 마시지 않는 등 나름대로 금욕(禁慾) 생활을 해 왔습니다. 하지만 자신이 믿고 있는 종교를 믿지 않는 사람들을 불쌍하게 바라보는가 하면 더 나아가 한심스럽게 여기거나 구제 불능이라고 낙인을 찍어버립니다.

신앙생활을 오래 해 왔다 하더라도 다른 사람들의 행위가 눈에 거슬린다면 문제가 몹시도 심각한 겁니다.

더 나아가 자기는 이미 천국행 티켓을 확보해 놓았다느니, 신통력이 생겨서 사람의 마음이나 앞날을 어느 정도는 알아낼 수 있다느니, 반야심경(般若心經)을 완전히 이해했다느니 하면서 우쭐댄다면 이것을 고칠 방법이 거의 없습니다.

행동으로 돕는다

아프리카를 여행했던 한 여행자가 한 얘기입니다.

「스와질란드에 처음 와서 남아공 시내에서 장을 본 후 카퐁아로 돌아가는 길에 폭우를 만났다. 1미터 앞도 보이지 않을 정도로 엄청난 폭우였다. 설상가상으로 자동차 타이어가 펑크가 나 텅 빈 도로에서 꼼짝할 수 없었다. 그때 어디선가 흑인 청년 3명이 나타났다. 그런데 그들이 힘을 합쳐 타이어를 교체해 주었다. 그리고 아무런 대가도 받지 않고 홀연히 사라졌다.」

어떤 사람은 절에만 가면 화장실 청소를 알아서 묵묵히 합니다. 깨끗이 청소해 놓고 법당에 들어가 108배를 올린 후 흔적도 없이 떠납니다.

누가 말했습니다.

「내가 사는 마을에 굶는 사람이 있다면 그것은 임금이 임금 노릇을 잘못해서도 아니요, 목민관들이 어진 정사를 펴지 않아서도 아니다. 그 마을에 있는 교당(敎堂)이나 절에서는 대체 무엇을 했으며, 그 마을에 있는 부자들은 무엇을 했는지부터 추궁해야 한다.」

284.

큰 복

현자(賢者)의 말씀을 두 개 보겠습니다.

「일이 적은 것보다 더 큰 복이 없고 마음이 분주하고 복잡한 것보다 더 큰 재앙은 없다. 일에 시달려 본 사람이라야 바야흐로 마음 쓸 일이 적은 것이 복임을 알고, 오직 마음 편한 사람이라야 비로소 마음 쓸 일이 많은 것이 재앙임을 알게 될 것이다.」

「실패와 역경과 비방은 모두 사람들에게 항상 있는 일이다. 조용히 이를 진정시키면 저절로 아무 일이 없게 된다. 아무 일이 없을 뿐만 아니라 실패는 다시 일어설 수 있는 계기가 되고 역경은 다시 순조로워질 수 있으며 비방은 도리어 복이 될 것이다. 오직 기운을 가라앉히고 분수를 편안히 여기는 자만이 이렇게 할 수 있다.」

세상 사람들은 부귀영화나 성공을 큰 복으로 여기지만, 지혜로운 자는 이런 것들을 재앙으로 여길 뿐입니다. 몸은 수고롭되 마음에는 일이 없는 것이 큰 복입니다.

가난하더라도 이를 부끄러워하지 않고, 성공을 못 했어도 초조해하지 않으며, 나와 남을 비교하지 않고, 세상이 나에게 베풀어 준 은혜에 감사히 여기는 마음을 갖고 늘 덕을 베풀려 노력한다면 그걸로 충분합니다.

난세에서 인격과 처세를 얻다

나의 소원

나는 당신이 일찍 죽지 않았으면 좋겠습니다.

나는 당신이 늘 공부하는 사람이었으면 좋겠습니다.

나는 당신이 각박한 사람이 되지 않았으면 좋겠습니다.

나는 당신이 '자기혐오'에 빠지지 않았으면 좋겠습니다.

나는 당신이 '열린 마음'을 가진 사람이었으면 좋겠습니다.

나는 당신이 '사람 노릇'을 제대로 하는 사람이었으면 좋겠습니다.

나는 당신이 이 세상에 그냥 왔다 가는 사람이 아니었으면 좋겠습니다.

나는 당신이 주목받지 못하는 사람들에게 관심을 가지는 사람이었으면 좋겠습니다.

이제야 알게 된 것

남에게서 부러움은 샀지만 존경받지는 못했습니다.

평생 마음을 그릇되게 써 왔음을 알았습니다.

자식들에게 좋은 모습을 보여주지 못한 부모였습니다.

성공한 삶을 살았지만 내면은 늘 우울했고 고독했습니다.

공부를 등한시했고 내 마음을 들여다보는 시간을 갖지 않았습니다.

늘 남을 깔보았고 가난한 사람이나 불우한 사람들을 경멸했습니다.
말로써 남에게 상처를 입히는 짓을 많이 했습니다.
자연이 베푼 은혜, 타인의 노고를 당연시하며 살았습니다.
내가 행복해할 때 어디선가 슬피 우는 사람의 울음소리를 듣지 못
했습니다.

287.

이렇게 살고 싶다

알아도 모른 척하고
남의 허물은 내가 먼저 숨겨 주고
지혜가 있어도 없는 듯하고
공로가 있어도 한없이 자신을 낮추고
총명해도 어리석은 것처럼 행동하고
천하의 갑부라도 부자티를 내지 않고
하고 싶은 말의 3분의 1만 내뱉고
남의 아름다운 점은 내가 나서서 드러내 준다.

경계해야 하는 이유

학문이 높을수록 번뇌는 깊어만 갑니다.

재물이 많을수록 탐욕과 교만은 커집니다.

몸이 편안할수록 우환과 고통이 많습니다.

비싼 음식을 먹을수록 몸에 병이 많아집니다.

수행을 오래 할수록 마음이 편안치 못합니다.

신앙생활을 오래 할수록 도(道)에서 멀어집니다.

지위가 높아질수록 정신이 이상해져 갑니다.

당신 때문입니다

당신은 아마 직장에서 갑질을 하는 사람일 겁니다.

당신은 아마 자기밖에 모르는 지독한 이기주의자일 겁니다.

당신은 매일 매일 무의미한 삶을 살아가고 있을지 모릅니다.

당신은 운전할 때 다른 운전자들을 짜증스럽게 하는 사람일 겁니다.

당신은 이 세상을 혐오하고 얕잡아보는 사람 중의 하나일지도 모릅니다.

당신은 겉으로는 여성을 배려하는 남자 같지만 실은 고약한 남성 우월주의자일 겁니다.

이 세상이 갈수록 살기 힘들어지는 이유는 아마 당신 같은 사람들이 많아서일지 모릅니다.

당신은 겉으로는 과묵하면서 침착하고 수양이 몹시 높은 듯이 보이지만, 실제로는 교활하고 간사한 사람일 겁니다.

당신은 겉으로는 호인이요, 마음 넓은 사람인 것처럼 보이지만 실은 고약하고 각박한 심보를 가진 사람일지도 모릅니다.

당신은 배우자를 사랑하고 존중하는 모습을 자녀들에게 거의 보여주지 못한 못난 부모일 겁니다.

290.

착한 일

남의 그림자를 밟지 않습니다.

나뭇가지를 함부로 꺾지 않습니다.

땅 위를 기어 다니는 벌레를 밟지 않습니다.

어려움을 겪는 사람을 보면 안타까운 마음을 냅니다.

을(乙)의 처지에 있는 사람들을 함부로 대하지 않습니다.

남의 슬픔을 보면 그가 내 원수라 하더라도 웃지 않습니다.

의로운 일을 행한 사람을 보면 내 일처럼 기뻐하고 칭찬합니다.

남이 말을 하고 있을 때는 중간에 가로채는 일이 없도록 합니다.

집이나 식당 등에 출입할 때 남의 신발을 밟거나 넘지 않습니다.

누가 나를 칭찬하거나 깎아내려도 즉각 얼굴에 티를 내를 내지 않습니다.

종일 떠들어도 남의 허물은 입 밖에 내지 않고, 남이 애써서 해낸 일을 함부로 무시하거나 얕보지 않습니다.

요즘 아이들에겐 허락되지 않는 것들

멍하니 있을 자유
땅에서 뒹굴 자유
흙을 실컷 만질 자유
비를 흠뻑 맞을 자유
방을 어지를 수 있는 자유
목욕을 며칠간 안 해도 되는 자유
심심하고 지루하게 하루를 보낼 자유
책을 자기 맘대로 고를 수 있는 자유
책을 읽고 싶은 곳만 읽을 수 있는 자유
친구를 자기 맘대로 골라 사귈 수 있는 권리
가끔 학교 앞에서 파는 불량식품을 먹을 권리

292.

과대망상

책도 읽지 않았으면서 어떻게 남을 거느립니까.

공부도 하지 않으면서 어떻게 높은 자리에 오릅니까.

학문이 깊지도 않으면서 어떻게 강단(講壇)에 서십니까.

부정한 짓거리를 수도 없이 했으면서 어떻게 장관직 제의를 수락합니까.

지금껏 공덕을 하나도 쌓지 않았으면서 인기가 오래 갈 것이라고 봅니까.

고난을 실컷 겪어보지도 않았으면서 어떻게 인생을 말하고 죽음을 논하십니까.

남의 눈에 피눈물을 흘리게 하고, 남의 가슴에 대못을 박는 짓을 수 없이 했으면서 당신 자식은 출세하기를 바라십니까.

293.

인생(2)

삶은 짧아서 아쉽고 죽음은 예고가 없어서 두렵습니다.

가난은 늘 있는 일이고 질병에 안 걸리는 사람 하나도 없습니다.

단 하루도 고통이 없는 날이 없고 몸 성한 데가 없어 매일 아픕니다.

인생은 지독하게 쓰디쓰고 나를 포함하여 사람들은 다들 불쌍하기만 합니다.

이 세상은 원래 결함이 많은 곳이고 사람들은 처음부터 이기적인 존재입니다.

남이 잘되면 질투가 나고, 내가 잘되면 이 성공이 오래 못 갈까 봐 불안합니다.

인생의 9할은 내 뜻대로 이루어지지 않고, 내가 만나는 사람의 절반은 나를 싫어합니다.

실패와 좌절은 자주 내 방문을 두들기고, 슬픔과 우울증은 나를 잠시도 떠나지 않습니다.

294.
하찮은 일

욕실 타일 시공을 전문으로 하는 회사가 있습니다. 이 회사는 5년 전 직원 3명으로 출발했지만, 지금은 직원이 100명을 넘는 큰 회사로 성장했습니다. 그 비결은 이렇습니다.

욕실에 새 타일을 깔거나 거실에 새 벽지를 바르거나 외벽에 페인트를 칠하게 되면 집주인은 업자들을 불러서 견적을 낸 다음 공사에 들어가게 되는데, 업자들이 소홀히 하는 것이 하나 있다고 합니다. 그것은 바로 깔끔한 마무리입니다. 다른 업자들은 공사가 끝나면 대충 마무리하고 빨리 끝내려 하지만, 이 업체는 청소를 깔끔하게 한 후 떠났다고 합니다.

타일을 새로 깔게 되면 시멘트 가루는 물론 타일을 절단할 때 나오는 가루가 집안 전체로 퍼져나가게 됩니다. 그래서 이 업체는 먼지를 잘 흡입하는 장비를 따로 가지고 다녔고, 공사를 할 때 집안 곳곳을 큰 비닐로 꼼꼼히 덮었으며, 이것으로도 모자라 공사가 다 끝나면 구석구석 깨끗이 쓸고 닦아주었다고 합니다. 심지어 벽에 묻어 있는 미세한 먼지까지도 강력한 바람을 뿜어내는 장비를 이용하여 다 털어냈다고 합니다. 일을 이렇게 해 주니 공사를 맡긴 사람들이 좋아할 수밖에 없지 않겠습니까.

그래서 한 번 공사를 맡긴 사람들은 다음에 다른 공사를 할 일이 생기면 다시 이 업체를 불렀고, 이웃이나 친척 집에도 이 회사를 소개해 주었다고 합니다.

당신이 한 회사의 리더라면, 또는 한 조직을 책임지는 책임자라면, 하찮은 일에 최선을 다하는 직원, 궂은일을 도맡아 하는 직원, 힘든 일에 솔선수범하는 직원, 어려운 일에 먼저 착수하는 직원, 좋은 시작보다 깔끔한 마무리에 정성을 쏟는 직원을 중용(重用)하십시오.

노자가 말했습니다.

「천하의 어려운 일은 반드시 쉬운 일로부터 시작되고, 천하의 큰일은 반드시 작은 일로부터 시작된다.」

난세에서 인격과 처세를 얻다

분에 넘치는 부귀영화

〈추강집(秋江集)〉에 이런 얘기가 실려 전합니다.

「허후(許詡)가 승지(承旨)가 되었을 때 사람들이 모두 와서 축하하는데, 아버지 허조(許慥)는 홀로 근심하는 안색을 띠고 밤새 자지 않았다. 혹자가 물으니 허조가 말하기를, "천도(天道)로 보면 무엇이든지 차면 이지러지기 시작하는 법인데, 내가 지은 공덕도 없이 관품(官品)이 신하로서는 최고인 정승의 자리에 이르렀고, 자식도 승지가 되었으니 허 씨의 화가 얼마 남지 않았다." 하더니 과연 그 말이 들어맞았다.」

조선의 성현(成俔)은 〈신증동국여지승람〉의 편찬자 중 한 사람이었고, 조선의 대표적인 음악이론서인 〈악학궤범〉을 저술한 만큼 국가에서도 인정을 받은 인물이었습니다.
조선의 대표적인 문장가인 최립(崔岦)은 그의 문집인 〈간이당집〉에서 「국조(國朝)의 문장은 비교적 성대했다고 말할 만하다. 그러나 그 중에서 오직 김종직·김수온·서거정·성현 등 서너 분만이 대가의 대열에 끼인다고 일컬어져 올 뿐이다.」라고 하여 성현을 높이 평가하였습니다.
성현(成俔)이 말했습니다.

「빈한(貧寒)한 선비가 부지런히 글을 읽고도 이름 하나 남기지 못하고 죽는 사람이 많거늘, 나는 이른 나이에 과거에 급제하여 벼슬이 육경(六卿)에 이르고, 밤낮으로 노랫소리 속에 있으니 어찌 나만 이처럼 태평스러운 즐거움을 누리는가.」

그의 고조부였던 성여완(成汝完)은 고려 말에 문하시중(門下侍中; 조선의 영의정에 해당)을 지냈고, 그의 세 아들인 성석린(成石璘)·성석용(成石瑢)·성석인(成石因) 형제들 모두 출세가도를 달렸습니다. 그러나 그 후 성석린과 성석용의 아들들이 모두 사육신(死六臣) 사건과 연루되어 몰락의 길을 걸었습니다. 게다가 죽은 뒤 수개월 만에 갑자사화가 일어나 부관참시(剖棺斬屍)를 당했습니다.

정인지(鄭麟趾)는 대제학으로서 성삼문, 신숙주 등과 함께 훈민정음 창제에 일익을 담당했습니다. 황희(黃喜)가 그의 글을 읽어본 다음 "글의 내용이 극진하여 아무도 따를 사람이 없겠다."라고 칭찬했습니다. 대제학 변계량(卞季良)도 "말이나 얼굴 등 모두가 준수하여 미치지 않은 바가 없다."라며 극찬했습니다.

상왕(上王) 태종이 세종에게 말했습니다.

「나라를 다스림은 인재를 얻는 일보다 더 먼저 해야 할 것이 없는데, 정인지는 크게 등용할 만하다.」

그는 왕명에 따라 〈치평요람(治平要覽)〉을 편찬하여 바쳤고, 안지(安止)·최항(崔恒) 등과 함께 용비어천가를 지어 조선 왕조의 정통성과 조선 건국의 당위성을 뒷받침했고 왕명을 받들어 역법(曆法)인 칠정산내편(七政算內篇)을 완성하였습니다.

하지만 성종실록의 사관(史官)은 그의 졸기(卒記)에서 이렇게 말합니다.

「정인지는 성품이 검소하여 자신의 생활도 매우 박하게 했다. 그러나 재산 늘리기를 좋아하여 여러 만석(萬石)이 되었다. 그래도 전원을 널리 차지했으며, 심지어 이웃에 사는 사람의 것까지 많이 점유했으므로, 당시의 의논이 이를 그르다고 했다. 그의 아들 정승조는 아비의 그늘을 바탕으로 벼슬이 재상에 이르렀으며 재물을 늘리는 데 아비보다 더했다.」

정인지는 단종을 사사(賜死)하자고 주장했으며, 김종서의 며느리와 딸들을 종으로 데려가더니 이번에는 박팽년의 아내를 종으로 삼았습니다.

단종(端宗)이 청령포로 유배되자 단종을 모시던 궁녀들이 따라가서 모시려고 하였는데, 이때 정인지는 궁녀를 단 한 명도 보내줘서는 안 된다고 극렬하게 반대하여 무산시켰습니다. 단종을 사사하는데 가장 앞장섰던 이도 정인지였습니다.

그는 봄에 백성들에게 곡식을 빌려주고 가을에 5할 이상의 이자를 덧붙여 받는 장리(長利)로 부를 축적했습니다. 그의 시신은 연산군 때 부관참시를 당했으며 후손들이 모두 죽어 결국 손자 대에는 후손이 단절되었습니다.

296.

당신은 그러지 않았어요

당신이 아끼던 새 자동차를 내가 처음 몰던 날, 주차하다가 실수로 그만 흠집을 내고 말았어요. 전화로 당신에게 그 사실을 털어놓았을 때, 당신은 「내가 그럴 줄 알았어!」라고 하지 않았어요. 대신 이렇게 말했지요.

「어디 다친 데 없어?」

엄마가 창문에 새 창호지를 발랐어요. 그러던 어느 날 무서운 고모가 오셨는데, 밖에서 무슨 일이 났는지 시끄러웠어요. 방 안에 있던 나는 밖으로 나가 보지는 못하고, 대신 문에 조그만 구멍을 내고 밖을 내다보았지요. 그것을 마침 고모가 보시고는, 엄마에게 저를 혼내라고 종용하셨지요. 그때 엄마는 「너 지금 무슨 짓을 한 건지 알아?」라고 말하지 않았어요. 대신 고모에게 이렇게 말했지요.

「아이가 밖이 궁금하다 보니 그랬겠지요.」

저는 그 이후로 다른 사람이 실수하더라도 야단을 치거나 몰아붙이지 않는 습관이 생겼어요.

초등학교 때 담임선생님이 제게 교무실에 가서 3학년 2반 출석부를 가져오라고 하셨어요. 저는 얼른 뛰어가 출석부를 가져다가 드렸지요.

난세에서 인격과 처세를 얻다

그런데 그만 3학년 1반 출석부를 가져오고 말았어요. 선생님은 저에게 「너, 이럴 줄 알았어」라고 혼내지 않으셨어요.

대신 이렇게 말씀하셨지요.

「누구나 실수할 때가 있단다. 다시 가서 가져올래?」

제가 우울증을 겪으면서 한창 힘들어하고 있을 때, 우리 어머니는 「너보다 힘든 사람들도 많다.」, 「나는 너보다 더 힘들다.」라고 하지 않았습니다. 대신 이렇게 말씀하셨습니다.

「네가 얼마나 힘들었으면…미안하구나.」

힘들 때마다 이 말씀을 위로 삼아 이겨냅니다.

곧 비가 내릴 거니까 우산을 갖고 나가라는 엄마 말을 듣지 않고 기어코 그냥 나갔어요. 1시간 후에 장대비가 쏟아졌고 나는 결국 비를 맞고 귀가했지요.

그때 엄마는 나에게 「내가 뭐랬니? 비가 온다고 했지?」라고 하지 않았어요.

대신 이렇게 말씀하셨어요.

「비 맞아서 감기 걸리겠다. 어서 옷 갈아입으렴. 엄마가 너 좋아하는 부침개 해 주마.」

평생 살아갈 힘을 그날 엄마한테서 받았지요.

297.
문제

악(惡)이 문제가 아니라 악을 멈추지 못하는 것이 문제입니다.
탐욕이 문제가 아니라 탐욕의 결과를 모르는 것이 문제입니다.
게으름이 문제가 아니라 그걸 알고도 내버려 두는 것이 문제입니다.
죄를 지은 것이 문제가 아니라 그것을 늦게 깨닫는 것이 문제입니다.
잡념이 생기는 것이 문제가 아니라 그것을 늦게 깨닫는 것이 문제입니다.

298.
조선의 악법

조선은 여러 악법을 가진 나라였습니다. 신분을 '사농공상(士農工商)'으로 나누어 공업(제조업)과 상업을 천시하고 사무역(私貿易)을 금하였으며, 무관(武官)을 천대하여 조선을 문약(文弱)한 나라로 만들었고, 양반은 군역(軍役)을 불법으로 면제받았으며, 중인(中人; 庶孼·譯官·醫員·畫工·律士·胥吏·鄕吏 등)은 문과에 응시하지 못하게 하였으며, 주자

난세에서 인격과 처세를 얻다

학 외의 학문이나 종교는 철저히 이단시했습니다.

그런 악법 중 으뜸이 바로 '서얼금고법(庶孽禁錮法)'과 '재가녀자손금고법(再嫁女子孫禁錮法)'입니다. 이 두 법은 고려 왕조에서는 볼 수 없었던 악법으로, 조선 왕조가 폐쇄적 국가임을 보여 주는 대표적인 사례입니다.

양반 아버지와 양민(良民)인 첩(妾) 사이에 태어난 이를 '서자(庶子)라' 하고, 양반 아버지와 천민(賤民)인 첩(妾) 사이에 태어난 이를 '얼자(孽子)'라 하는데, 이 둘을 아울러 서얼(庶孽)이라고 합니다. 서얼금고법은 이 서얼들의 문과(文科) 응시를 자자손손(子子孫孫) 제한해 관직 등용을 차단하는 법인데, 경국대전은 「서얼 자손은 문과의 생원·진사시에 응시하지 못한다.」라고 규정했습니다.

당시 양반들은 주로 자신의 노비를 첩으로 삼는 경우가 많았기 때문에 서자보다는 얼자가 압도적으로 많았고 이것이 서얼을 멸시하는 근본적인 원인이 되었습니다.

서얼금고법은 조선 태종 때부터 시행되었습니다.

유형원(柳馨遠)이 지은 〈반계수록(磻溪隨錄)〉에 다음과 같은 내용이 나옵니다.

1. 서얼은 적자(嫡子)를 지극히 섬겨야 한다.
2. 적자와 서얼이 자리할 때 적자 뒤에 서자가 앉고 그 뒤에 얼자가 앉는다.
3. 적자의 나이가 어려도 서얼은 적자에게 '너'라고 부르지 못한다.
4. 적자를 만나면 서얼은 말에서 내려야 한다.
5. 서얼이 적자에게 무례하게 굴면 관에서 벌을 내린다.

서얼 차별에 반대하는 글을 모아 엮은 책인 〈통색촬요(通塞撮要)〉에 나오는 글을 소개합니다.

「오늘날 서얼 부류들은 사람 축에 끼지 못하고 불편한 심기로 미관 말직에 종사하며 군주를 가까이할 수 없으니 군신유의(君臣有義)의 윤리가 끊어졌다. 가계(家系)가 쇠미해질까 염려하여 서자와의 사랑을 끊고 양자(養子)를 들이니 부자유친(父子有親)의 윤리가 무너졌다. 부인의 봉호(封號)는 남편의 직급을 따르는데 남편의 직급을 따르는 일이 간혹 막히게 되니 부부의 윤리가 어그러졌다. 학교(學校)에서나 향회(鄕會)에서 나이가 많아도 아랫자리에 앉으니 장유(長幼)의 차서(次序)를 잃어버렸다. 종[奴]이라 일컫거나 놈[漢]이라 일컬으며 물리치고 사귀려 하지 않으니 붕우(朋友)의 윤리가 깨졌다. 이미 오륜(五倫)이 없고 보니 천지간에 한 죄인이 되어 몸을 옹그리고 억지웃음을 웃으며 치욕을 면하고 노비처럼 아양을 떨고 비굴하게 굴며 동정을 구한다. 배양(培養)하지 않는데 어떻게 인재가 배출되겠는가. 세업(世業)과 노비를 거의 다 잃었고 또한 도움을 받아 다시 얻을 길도 없다. 살림이 빈궁하여 스스로 생활하기도 어렵다. 타협을 모르는 부류들은 혹 비가(悲歌)를 부르며 속세를 등져서 그 치욕을 면하고, 강개(慷慨)한 사람들은 혹 칼을 어루만지고 모여 다니며 그 울분을 푼다. 호방한 기개를 써먹을 데가 없어서 시장에나 나가서 지내고 웅건한 기개(氣槪)를 붙일 데가 없어서 개 잡는 백정 노릇이나 하고 있다.」

조광조(趙光祖)가 중종에게 말했습니다.

「우리 왕조는 인물이 중국에 비하여 적은데, 또 적서(嫡庶)를 분별하는 법마저 있습니다. 무릇 신하로서 충성을 바치고자 하는 마음이 어찌 적자냐 서자냐에 따라 차이가 있겠습니까. 그런데도 인재를 뽑아 쓰는 길이 너무도 편협하니 신(臣)은 그윽이 통탄하는 바입니다. 청하건대, 서얼 중에서도 인재를 가려서 등용하되 직위가 높아진 뒤에 혹 명분을 어지럽히는 죄를 지으면 엄격히 법률을 적용하소서.」

김상용(金尙容)이 왕에게 말했습니다.

「하늘이 인재를 내는 것이 본디 적자와 서자를 차별하지 않는데도 서얼을 금고(禁錮; 관리가 될 자격을 박탈 또는 제한함)하니 이것은 바로 우리나라의 나쁜 법령이요 고금 천하에 일찍이 없던 일입니다. 우리나라는 지역이 협소하고 인재가 적어서 비록 한 시대의 인재를 모두 거두어 등용하더라도 오히려 부족할까 염려해야 할 판인데, 법령이 지나치게 엄격하고 구별이 지나치게 까다로워 하늘이 내준 인재도 오히려 다 쓰지 않고 있습니다. 옛날 국초(國初)에는 서얼을 금고하는 일이 없었는데 서선(徐選)이라는 자가 처음으로 서얼을 현직(顯職)에 등용하지 말자는 의견을 꺼냈고, 그 뒤로 차츰 심해져서 강희맹(姜希孟)에 이르러 더욱 폐고(廢錮)가 심해지게 되었습니다. 천인(賤人)의 자손들은 그래도 더러 벼슬길에 나갈 수가 있는데, 사대부의 서얼은 자손 대대로 한결같이 굳게 금고(禁錮)하여 비록 남다른 재능과 지혜가 있더라도 하류(下流)에 침체되어 평생을 마치니, 그 애석함을 이루 말할 수 있겠습니까.」

연암 박지원(朴趾源)이 정조에게 말했습니다.

「아! 우리 왕조가 서얼의 벼슬길을 막은 지 300여 년이 되었으니, 폐
단이 큰 정책으로 이보다 더한 것이 없습니다. 옛날을 상고해도 그러
한 법이 없고, 예법과 형률을 살펴봐도 근거가 없습니다. 처음에 한 사
람의 감정 풀이에서 나온 것일 뿐 본시 건국 당시에 정한 제도가 아니
었습니다. 서얼로 태어나면 세상의 큰 치욕이 되어버리니 현요직(顯要
職; 지위가 높고 중요한 벼슬)을 금지하여 조정과 멀어지고, 명칭을 제대
로 가리켜 부르지 못하여 가정에서도 핍박을 받습니다. 학교에 가도
나이대접을 받지 못하고 고향 마을에서는 친구마저 끊어져서 처지가
위태롭고 신세가 고독하기 이를 데 없습니다. 그 때문에 큰 부담을 진
듯이 전전긍긍하면 사람들은 천히 여기니, 궁하여도 귀의할 곳 없어
몸 둘 바를 모릅니다. 혹은 자취를 감추어 조용히 지내고자 무리를
떠나 뜻을 높이 가지면 교만하다고 하며, 혹은 어깨를 움츠리고 가련
한 태도를 보이며 무릎을 꿇고 구차히 비위를 맞추면 비루하고 간사하
다 합니다. 무릇 서얼과 적자(嫡子)는 진실로 차등이 있지만, 그 가문
을 따져보면 그들 역시 선비 집안입니다. 저들이 진실로 국가에 대하
여 무슨 잘못이 있다고, 벼슬길을 막고 폐기하여 저들이 벼슬아치의
대열에 끼지 못하게 한단 말입니까.」

또 조선 성종(成宗)은 신하들의 많은 반대에도 불구하고 사족(士族)
인 과부가 개가(改嫁; 재혼)했을 경우 그 여자의 자손은 문과(文科)에
응시하지 못하게 법제화하였으니, '재가녀자손금고법(再嫁女子孫禁錮
法)'이 그것입니다.

효종이 경연에서 송준길에게 말했습니다.

「세종대왕은 동방의 요순(堯舜)이시다. 아름다운 교화와 남긴 풍속이 여러 대가 지나도 보존되어 상사람(양반이 아닌 백성)의 여자까지 남편이 죽으면 재가(再嫁)하지 않고 수절(守節)하다가 죽었다. 조종조(祖宗朝)의 교화가 이와 같았는데 오늘에 이르러서는 인심과 풍속이 끝내 이 지경에 이르렀으니, 그 책임을 맡은 나로서 어찌 개탄하지 않을 수 있겠는가.」

그러자 송준길(宋浚吉)이 효종의 말을 반박했습니다.

「홍귀달(洪貴達)이 개가녀(改嫁女)의 자손을 동반(東班)과 서반(西班)에 등용하지 말도록 건의한 뒤로 드디어 폐습(弊習)이 되어 상사람의 여자까지 젊은 나이에 과부가 되어도 죽을 때까지 수절하니, 성왕(聖王)의 법은 이와 같아서는 안 됩니다. 왕자(王者)의 정치는 법제를 너그럽게 하고 예의를 숭상하여 사람들에게 스스로 바른길로 나아가게 할 뿐이니, 무엇 때문에 금법(禁法)을 만들어 강제로 수절하게 한단 말입니까.」

아무튼 위 두 악법으로 조선은 원한을 품은 사람들을 수도 없이 만들어 냈습니다. 태종과 성종의 조치는 인륜(人倫)을 크게 해쳤으니 그 죄가 만대(萬代)를 가도 다하지 않습니다. 서얼들과 양반 과부들이 품은 원한은 하늘을 울렸고 오뉴월에도 서리가 내리게 했습니다. 그래서일까요? 태종은 세종이라는 걸출한 왕을 낳았지만, 세종은 수많은 질

병과 시련·아픔을 겪어야 했고(태종이 세종의 처가를 도륙냄) 양녕(讓寧)
이라는 희대의 패륜아를 낳았으며 손자인 안평 대군과 금성 대군은
비참하게 죽임을 당했고 그의 손자인 문종(文宗)은 요절했으며 증손
인 단종(端宗)도 죽임을 당했습니다. 태조와 태종과 세종은 또 고려의
남은 왕족들을 찾아내 모조리 죽였으며, 고려 왕들의 어진과 글씨들
을 모두 불태운 만행을 저지르기도 했습니다.

　성종은 38세라는 젊은 나이에 죽었는데, 연산군(31세 요절)이라는 희
대의 폭군을 낳았고, 그 연산군은 두 차례의 사화(士禍)를 일으켜 수
많은 명사(名士)와 준재(俊才)들을 죽음으로 내몰았습니다. 그리고 성
종은 임사홍(任士洪)이라는 천하의 간신(奸臣)을 중용(重用)하였는데,
임사홍과 삼촌지간이었던 이심원(李深源)마저 성종에게 독대를 청하
여 고모부 임사홍의 술수와 비행을 고발할 정도였고, 중종 때 조광조
가 아뢰기를 "이심원(李深源)은 겨우 스물 남짓한 나이에 성종이 임사
홍의 간사함에 빠져서 그를 살피지 못한 것을 보았습니다. 임사홍이
고모부이기 때문에 한 집에 같이 거처하면서 그의 간사한 술책을 다
알았으므로 매우 통분하게 여기고, 성종이 편치 못하실 때 면대하기
를 간절히 청하니 명을 전하기를, '종사에 관계되는 일이 아니면 서둘
러 면대할 필요가 없다.' 한즉 또 아뢰기를, '이것은 종사에 매우 관계
되는 일입니다.' 하니, 즉시 면대를 허락하였습니다. 임사홍의 간사한
형상을 남김없이 진술하기를, '이 사람은 훗날에 나라와 집안을 망칠
사람이니 조정에 용납해 두어서는 안 됩니다.' 하고 눈물을 흘렸습니
다. 나라 위하는 그의 마음은 한결같이 지극한 정성에서 나왔으므로
친척 관계를 헤아리지 않고 아뢴 것입니다. 그런데도 그 후에 성종은

임사홍을 멀리 물리치지 못하고 혼인까지 하여 기미를 막지 못했으니, 만약 천명과 인심이 돌아올 때(중종반정을 말함)가 없었더라면 나라가 거의 멸망했을 것입니다."라고 했는데 성종은 이를 알아차리지 못하였습니다.

게다가 성종의 친형인 월산 대군이 세상을 떠나자 당대의 명필이자 최고의 문장가였던 임사홍에게 월산 대군의 신도비의 비문을 지을 것을 명하기도 했습니다.

또 성종은 그의 이복(異腹) 아들인 중종(中宗)과 함께 임진왜란 때 무덤이 도굴되는 참변을 겪었으니 이것이 과연 우연일까요? 흔히 중종(中宗)과 선조(宣祖)·인조(仁祖)·고종(高宗) 등이 조선의 혼군(昏君)으로 거론되지만 태종과 성종도 이에 못지 않습니다. 태종은 세종이라는 성군(聖君)을 낳고 정치도 훌륭했으나 서얼금고법 제정이라는 오점을 남겼고, 성종은 재가금지법과 임사홍을 발탁함으로써 사대부 여인들의 원한과 연산군 폭정을 일으켰습니다.

299.
정도(正道)

성공하고자 하거든 반드시 말수부터 줄여야 합니다.

지혜를 얻고자 하거든 선행(善行)을 실천하는 일부터 착수해야 합니다.

하늘의 도움을 받고자 하거든 반드시 자기가 먼저 옳은 사람이 되어야 합니다.

좋은 사람이 되고자 하거든 먼저 사람됨의 도리부터 익히면서 자기의 단점을 고쳐나가야 합니다. 그런 후에 남을 이롭게 합니다.

300.
올바른 태도

다른 주장, 다른 사상, 다른 문화 등을 대할 때는 이렇게 합니다.
「존중하되 따르지는 않는다.[尊而不順]」

귀신이나 다른 종교를 대할 때는 이렇게 합니다.
「공경하되 가까이하지 않는다.[敬而不近]」

나쁜 사람에 대해서는 이렇게 합니다.
「소통은 하되 싫은 티는 내지 않는다.[通無倦色]」

못난 사람을 대할 때는 이렇게 합니다.
「미워하지 않되 엄격하게 대한다[不惡而嚴]」

싫은 사람을 대할 때는 이렇게 합니다.
「인연을 맺되 친하게 지내지 않는다.[有緣不親]」

사주, 점, 관상 등에 대해서는 이렇게 합니다.

「참고는 하되 믿거나 즐기지 않는다.[參不信樂]」

성직자(聖職者)는 정치에 관심은 두되 정치에 간여하거나 정계에 진출하지 않습니다.

평생 법관의 길을 걸어온 판사에게 집행권이 있는 실직(實職)은 주지 않습니다.

평생 수사나 기소(起訴)하는 일을 해온 검사에게 사람들을 거느리고 통솔하는 자리는 주지 않습니다.

군인이나 교육자, 판검사를 역임한 사람들에게 상담 업무나 호스피스 일을 맡기지 않습니다.

어느 물리학자가 말했습니다.

「참된 대화는 서로가 자신의 확실성을 기꺼이 보류하는 것이다.」

301.

귀신을 다스리는 비결

단호히 감행하면 귀신도 피합니다.

마음을 비우면 귀신도 감복합니다.

가득 차면 귀신의 시기(猜忌)를 부릅니다.

귀신들은 정직하고 착한 사람을 해코지 못 합니다.

사람이 두려워하는 심리가 있으면 귀신이 달라붙기 쉽습니다.

비록 괴상한 일이 있어도 태연하여 동요하지 않는다면 귀신이 사람을 해칠 수 없습니다.

사람이 두려워하는 심리가 있으면 귀신이 달라붙기 쉽습니다. 그러므로 사람이 정기(正氣)가 있고 두려워하는 마음이 없다면 귀신조차도 그를 어찌하지 못합니다.

302.

부러워하지 마세요

학문이 깊은 사람은 번뇌와 근심이 많습니다.

재산이 너무 많은 사람은 탐욕스럽고 교만합니다.

얼굴이 잘생긴 사람은 우쭐대거나 질투심이 강합니다.

너무 바쁜 사람은 자신을 돌아볼 시간을 갖지 못합니다.

육신이 너무 건강한 사람은 도심(道心)을 내지 못합니다.

머리가 총명한 사람은 세상을 우습게 여기는 고질병이 있습니다.

학벌이 뛰어난 사람은 성인(聖人)의 가르침을 쉽게 받아들이지 못합니다.

문장력이 출중한 사람은 글로써 세상을 조롱하는 병통(病痛)이 있습니다.

난세에서 인격과 처세를 얻다

두 유형의 부모

어리석은 부모는 자녀가 성공하기를 원하지만
지혜로운 부모는 자녀가 행복하기를 원합니다.

어리석은 부모는 자녀에게 어려움을 만나지 않기를 바라지만
지혜로운 부모는 자녀가 어려움을 만났을 때 좌절하지 않는 법을 가르칩니다.

어리석은 부모는 자녀에게 자존심을 길러주고
지혜로운 부모는 자녀에게 자존감을 길러줍니다.

어리석은 부모는 자녀에게 물고기를 먹여주지만
지혜로운 부모는 자녀에게 물고기 잡는 법을 알려 줍니다.

당신은 어떤 부모였습니까?

자녀에게 가르쳐야 하는 것

자괴감이나 자기혐오에 빠지지 않는 법

너는 사랑받기 위해 이 세상에 태어났다는 것

너는 이 세상으로부터 충분히 존중받을 가치가 있다는 것

이 세상은 너 혼자만 살아가는 곳이 아님을 알게 해 주는 것

신(神)은 두려워할 필요가 없으나 인과(因果)는 두려워해야 한다는 것

다른 사람을 존중하는 것과 너 자신을 존중하는 것이 똑같이 중요하다는 것

305.

호칭

「이거 어디에 놓을까요?」

「부장님, 이거 어디에 놓을까요?」

「103동이 어느 쪽이에요?」

「선생님, 103동이 어느 쪽이에요?」

「나 좀 일으켜주세요.」

「간호사님, 나 좀 일으켜 주세요.」

위 사례에서 위쪽보다는 아래쪽이 듣는 사람에게 호감을 준다는 것을 알 수 있습니다. 사람은 누구나 자기의 직함을 자랑스러워합니다. 자기의 능력과 노력으로 그 자리에 올랐기 때문입니다. 고로 남이 자

기의 직함을 불러주면 그 사람에게 호감을 느끼게 됩니다.

인간관계와 커뮤니케이션의 시작은 호칭입니다. 호칭이 주는 무게감, 호칭이 주는 호감은 상상을 초월합니다. 누군가와 빨리 친해지고 싶으면 그 사람을 어떻게 불러야 할지를 빨리 알아내야 합니다.

306.

명언

「인생이란 돌만도 못하나니, 돌은 우뚝이 버티고 서서 무너지는 일이 없네.」

「공(功)은 과(過)를 상쇄하지 못하고, 선(善) 역시 악(惡)을 상쇄하지 못한다.」

「재앙과 복은 땅속에서 나오는 것도 아니고 하늘 위에서 내려오는 것도 아니다. 나에게서 나오는 것이다.[禍福非從地中出 非從天上來 己自生之]」

「술이 없으면 불법(佛法)을 배우고, 술이 있으면 신선을 배운다.[無酒學佛 有酒學仙]」

「의(義)로써 일을 제어(制御)하고 예(禮)로써 마음을 제어한다.[以義制

事 以禮制心]」

「군자는 세상이 잘 다스려질 때 어지러워질까 생각하고, 세상이 편안할 때 위태로워질까 생각하여 끝을 신중히 하기를 처음과 같이하여 천명에 보답한다.[君子 理思亂 安思危 愼終如始 以對天休]」

「우연히 잘살 수는 있지만 우연히 잘 죽을 수는 없다.」

「날 때 모두 한 가지 물건도 가지지 않고 이 세상에 왔으니 가난한들 무슨 손해가 있으며, 죽을 때 모두 한 가지 물건도 가지지 않고 가니 부유한들 무슨 이익이 되겠는가.」

「듣는 것을 절제하면 허(虛)를 기를 수 있고, 보는 것을 절제하면 신(神)을 기를 수 있고, 언어를 절제하면 기(氣)를 기를 수 있다.[儉于聽可以養虛 儉于視可以養神 儉于言可以養氣]」

「어느 한 물건도 하늘의 속성을 지니지 않은 것이 없고, 어느 한 물건도 운명적인 것 아닌 것이 없고, 어느 한 물건도 신령스럽지 않은 것이 없다.[無一物非天 無一物非命 無一物非神]」

「하늘은 사심(私心)으로 덮어 주는 일이 없고, 땅은 사심으로 실어 주는 일이 없고, 성인은 사심으로 인애(仁愛)하는 일이 없다.[天無私覆 地無私載 聖人無私仁]」

「천지는 만물을 생생(生生)하는 것을 마음으로 삼고, 성인은 만물을 이롭게 하는 것을 마음으로 삼는다.[天地以生物爲心 聖人以利物爲心]」

「천지는 무심(無心)하여 온갖 변화를 이루어 내고, 성인은 유심(有心)하여 모든 일에 관여하여 공(功)을 이루되 흔적이나 자랑이 없다.[天地無心而成化 聖人有心而無爲]」

「옛날의 학자들이 남을 위해 학문을 한 것은 도리를 실천함으로써 세상을 이롭게 하는 것이었지만, 오늘날의 학자들이 자기를 위해 학문을 하는 것은 몸을 닦아서 그것으로 벼슬을 구하는 것이다.[古之學者爲人 行道以利世也 今之學者爲己 脩身以求進也]」

「자신이 할 도리를 다하고 죽는 것이 정명(正命)이다.[盡其道而死者 正命也]」

「천하 사람들이 근심하기에 앞서 근심하고, 천하 사람들이 즐거워한 후에 즐거워한다.[先天下之憂而憂 後天下之樂而樂]」

「윗사람이 즐거워하면 반드시 아랫사람에게 걱정이 생기고, 아랫사람에게 걱정이 없으면 윗사람이 반드시 즐거움을 누린다.」

「종일토록 자신의 허물을 발견하지 못하면 성현의 길을 끊는 것이고, 종일토록 남의 허물을 즐겨 말하면 천지의 화기(和氣)를 상하게 하는 것이다.」

「군자의 아름다운 말 속에도 혹 뉘우칠 만한 말이 있고, 착한 행실 속에도 혹 허물이 될 만한 것이 있다. 그러나 책은 일 년 내내 읽어도 뉘우칠 것이 없으며, 백 사람이 따라서 행하더라도 허물이 생기지 않는다.」

「어린애가 글을 읽으면 요망스럽게 되지 않고 늙은이가 글을 읽으면 노망이 들지 않는다. 나는 집이 가난한 이가 글 읽기 좋아한다는 말은 들어봤어도, 부자로 잘 살면서 글 읽기 좋아한다는 말은 들어보지 못했다.」

「책을 대하면 하품도 하지 말고 기지개도 켜지 말고 침도 뱉지 말고 만일 기침이 나면 고개를 돌리고 책을 피하라. 책장을 뒤집을 때 손가락에 침을 바르지 말며 표시를 할 때는 손톱으로 하지 말라.」

「조금이라도 싫어하는 마음과 소홀히 하는 마음이 있으면 어떤 일에 맞닥뜨렸을 때 성내는 마음이 발동되기도 하고 번거로운 일로 인해서 조바심이 생기기도 하니, 이것이 바로 습기(習氣)가 싹트는 곳이며 학문이 힘을 얻지 못하는 곳이다. 이러한 것을 줄이고 또 줄여서 조금 쉬워짐을 깨달았을 때가 바로 힘을 얻는 때이다.」

「세상은 매우 깊고도 험한데 나는 다만 얕고 평이하다. 세상은 매우 기괴한데 나는 다만 평범하다. 세상은 매우 농염(濃艶)한데 나는 다만 담박(淡泊)하다. 세상은 매우 굴곡이 많은데 나는 다만 솔직하다. 진실로 이와 같으면 나를 잃지 않을 뿐만 아니라 세상도 나에게 어찌할 수 없다.」

「하늘이 사람을 이 세상에 낼 적에 먼저 안 사람이 늦게 아는 사람을 깨우치게 하고, 먼저 깨달은 자가 늦게 깨닫는 자를 깨우치게끔 하였다. 나(중국 은나라 伊尹을 말함)는 하늘이 낸 사람들 가운데 먼저 깨달은 사람이다. 따라서 내가 이 도(道)를 가지고 이 사람들을 깨우쳐야 할 것이니, 내가 깨우치지 않는다면 그 누가 하겠는가.[天之生此民也 使先知覺後知 使先覺覺後覺也 予天民之先覺者也 予將以斯道覺斯民也 非予覺之而誰也]」

「어지럽게 되기 전에 어지러울 줄 알아야 하고, 위태롭게 되기 전에 위태로울 줄 알아야 하고, 망하게 되기 전에 망할 줄 알아야 하고, 화가 닥치기 전에 화가 닥칠 줄 알아야 한다.」

「학문에 힘쓰면 날마다 안목·지식이 더해지고, 도(道)를 닦으면 날마다 번뇌·욕심이 줄어든다.[爲學日益 爲道日損]」

「온갖 인연이 화합하여 이루어진 이 몸은 오직 인연이 모였으므로 생겨난 것이요, 이 몸이 소멸하는 것 또한 오직 인연이 흩어지므로 소멸하는 것이다.」

「술 석 잔이면 대도(大道)에 통할 수 있고, 술 한 말이면 자연과 하나가 된다.」

「이 우주 간(間)에 생멸(生滅)은 없고 오직 변화만이 있을 뿐이다.」

「우리는 저마다 이미 모든 것을 다 갖춘 존재인데, 다만 망각하고 있을 뿐이다.」

「부처[佛]는 중생이 자신과 동등하다고 생각하는데 중생은 오히려 부처를 숭배한다.」

「당신이 몸에 병도 없고 빈곤·사고(事故)와 같은 고통도 없으며 번뇌·상실·좌절·모욕과 같은 고난을 겪지 않으면 당신은 학문이건 예술이건 인생이건 수도(修道)건 그 어떤 일도 성취하지 못한다.」

「한 가지 선(善)한 생각에는 길신(吉神)이 따르고, 한 가지 악(惡)한 생각에는 나쁜 귀신이 따른다. 이것을 알면 귀신을 부릴 수 있다.」

「자기에게 훌륭한 면이 있으면 타인과 나누고, 타인에게 훌륭한 점이 있으면 자기를 버리고 남을 따른다.[善與人同 舍己從人]」

「말을 잘하지 못하는 자는 말을 간략하게 해야 한다.」

「천하 사람들이 편안히 앉아 글을 읽을 수 있게 한다면 천하가 무사할 것이다.[使天下之人 安坐而讀書 天下無事矣]」

「권력 있는 자리에 있을 때 벼슬하고 싶은 생각이 없다는 말을 하지 말고, 부귀영화를 누릴 때 속세를 떠나고 싶다는 말을 하지 말며, 혼인해서 자식을 두었거든 독신자가 부럽다는 말을 하지 말라.」

「사람에게 학문이 없으면 안 되는 것은, 몸에 옷이 없으면 안 되는 것과 같고 입에 음식이 없으면 안 되는 것과 같고 질병에 의약(醫藥)이 없으면 안 되는 것과 같다. 몸에 옷이 없으면 추위에 떨고 입에 음식이 없으면 기아에 시달리고 질병에 의약이 없으면 병세가 더욱 심해질 것인데, 이 세 가지 경우 모두 정도가 심해지면 사망에 이르고 말 것이다. 사람에게 학문이 없으면 용렬하고 잡스러운 사람이 될 것이요, 심하면 악인이 되기까지 할 테니 그 재앙이 사망에 이르는 것과 무엇이 다르겠는가. 그러고 보면 학문이 사람에게 있어 어찌 지극히 급한 일이 아니겠는가.[人之不可無學 如身不可無衣 口不可無食 病不可無藥 身無衣則寒 口無食則飢 病無藥則病益深 三者皆甚則至於死 人無學則爲庸雜 甚則至於惡矣 其患與死何異 然則學之於人 豈非至急乎]」

「군자는 자신의 몸을 편안히 한 후 움직이며 자신의 마음을 터놓은 후 말하며 친분을 나눈 뒤에 요구한다.」

「이름을 남겨 두려고 비석에 새기지 마라. 이름을 남길 만한 일을 했으면 오고 가는 사람의 입이 비석이니.[有名不用鑴頑石 路上行人口是碑]」

「하늘은 만물을 덮어주고 땅은 만물을 실어주며 바다는 천강(天江)의 물을 받아주니, 군자는 이를 본받을지어다.[天無不覆 地無不載 海無不容 君子法之]」

「귀와 눈과 입, 이 셋은 꽉 막고 열지 말라. 진인(眞人)은 잠잠하기가 깊은 못과 같다.」

「큰돈은 대범하게 쓰고 푼돈은 아껴 써야 한다. 큰 것을 아끼는 사람은 큰 이익을 도모하지 못하고, 작은 것을 가볍게 여기는 사람은 헛된 낭비를 줄이지 못할 것이니, 이런 점을 깊이 살펴야 한다.」

「공부가 편하게 지내자고 하는 것이겠는가. 공부는 불편함에 익숙해지기 위해서 하는 것이다. 그 불편이 불편하게 생각되지 않아야 비로소 공부할 자격이 있는 것이다. 그러니 공부하는 자는 먼저 자세를 바로 하고 의관을 단정히 해야 한다. 자세를 바로 하면 달아났던 정신이 제자리로 돌아오고, 의관을 단정히 하면 귀신도 어쩌지 못한다.」

「권세가 대단하여 세상을 흔드는 것, 믿는 구석이 있어 교만한 것, 자기 분수에 안주하지 못하는 것, 오로지 남의 허물만 말하는 것, 이 중에 하나라도 있으면 반드시 망한다.」

「마음이 경계에 따라 수시로 바뀌는 것은 범부고, 경계가 마음에 따라 수시로 바뀌는 것은 성현이다.[心隨境轉是凡夫 境隨心轉是聖賢]」

「피해를 보지 않은 자가 피해를 본 자와 똑같이 분노할 때 정의가 실현된다.」

「있다고 다 보여 주지 말고 안다고 다 말하지 말고 가졌다고 다 주지

난세에서 인격과 처세를 얻다

말고 들었다고 다 믿지 마라.」

「무심(無心)으로 망심(妄心)을 쉬는 것이 제1의 선(善)이고, 온갖 선(善)을 닦는 것은 제2의 선(善)이다.」

「앞에서 칭찬받는 것보다는 뒤에서 험담을 듣지 않는 것이 나으며, 이 한 몸 잠시 즐기기보다는 내 마음에 근심이 없는 것이 훨씬 낫다.」

「부모가 비록 돌아가셨으나, 장차 선한 일을 행할 적에는 부모에게 아름다운 명예를 끼침을 생각하여 반드시 결행할 것이요, 장차 선하지 않은 일을 행할 적에는 부모에게 부끄러운 욕을 끼침을 생각하여 반드시 결행하지 말아야 한다.」

「하지 말아야 할 것은 하지 않고, 원하지 말아야 할 것은 원하지 않는다. 이와 같을 뿐이다.」

「중생의 병은 무지(無知)에서 생기고, 성인(聖人)의 병은 대비(大悲)에서 생긴다.」

「어두운 곳에 있는 사람은 밝은 곳을 잘 볼 수 있지만, 밝은 곳에 있는 사람은 어두운 곳을 잘 볼 수 없다.」

「오직 경서(經書)만이 내 뜻[志]을 해치지 않고, 오직 침묵만이 내 허물을 더 늘리지 않으며, 오직 성찰만이 내 업장(業障)을 줄여준다.」

「내 허물은 남과 함께해야 하지만 공은 남과 함께 하지 마라. 공(功)을 함께 누리면 서로 시기하게 된다. 환난은 남과 함께 겪어도 되지만 안락은 남과 함께 누리지 마라. 안락을 남과 함께하면 서로 원수가 된다.」

「마음이 안정된 자는 말이 적다. 마음을 안정시키는 일은 말을 줄이는 것으로부터 시작한다.」

「욕심이 많은 사람은 찬물에서도 끓어오르고 한적한 숲속에서도 고요함을 알지 못한다.」

「마음을 비운 사람은 무더위 속에서도 시원함을 느끼고 시장 한 가운데 있어도 소란스러움을 느끼지 못한다.」

「당신도 옳고 나도 옳다. 다만 다를 뿐이다.」

「믿기만 하고 알지 못하면 무명(無明)만 쌓이고 알고서도 믿지 않으면 사견(邪見)만 늘어난다.[信而不解 增長無明 解而不信 增長邪見]」

「아이는 부모 없이도 성장할 수 있지만, 부모는 아이 없이는 한 치도 성장하지 못한다.」

「자신을 수양하고 남을 꾸짖지 않으면 이로써 난(難)을 면할 수 있다.[修己而不責人則免於難]」

「예의의 시작은 몸을 바르게 하고 얼굴빛을 단정하게 하며 말을 온순하게 하는 데 있다.」

「언제 어디서나 마음이 편하고 생사(生死)에 초연(超然)하다.[安時處順]」

「어떠한 환경을 만나든 편안히 여긴다.[隨遇而安]」

「살아서 덕을 쌓지 못하면 아무리 오래 살았다 한들 누가 그의 삶을 기억할 것이며, 죽더라도 썩지 않을 덕행을 남긴다면 아무리 요절한다 한들 누가 그를 잊겠는가.[生而不淑 孰謂其壽 死而不朽 孰謂其夭]」

「성패(成敗)와 득실(得失)이 마음에 파동을 일으키지 않으면, 그것이 곧 대 지혜이다.」

「작은 일도 빈틈없이 처리하고, 어둠 속에서도 속이거나 숨기지 않으며, 실패하고서도 낙심하지 않는다면, 그는 참으로 뛰어난 사람이라 할 것이다.」

「고생하면서 자란 자녀는 철이 빨리 들고, 풍족한 환경에서 귀하게 자란 자녀들은 사람됨이 더디다.」

「작은 흠 하나로 장점이 많은 사람을 버리지 말고, 작은 원한으로 큰 은혜를 잊지 마라.」

「국량(局量)의 근본은 남을 용서해 주는 데 있다.」

「스스로 높다고 여기는 사람은 남들이 끌어 내리고, 스스로 낮다고 여기는 사람은 남들이 들어 올려준다.[自上者人下之 自下者人上之]」

「욕심은 사악한 생각을 낳고, 허심(虛心)은 바른 생각을 낳는다.[欲心生邪念 虛心生正念]」

「선(善)을 행하지 않았는데도 칭송을 받는 것은 악(惡)을 행하지 않았는데도 비방을 받는 것보다 더 나쁘다.[無善而致人譽 不若無惡而致人毀]」

「덕이 있는 사람은 한마디를 해도 넉넉하고, 도(道)를 알지 못하는 자는 만 마디를 해도 부족하다.[有德之人 一言而有餘 不知道者 萬言而不足]」

「의사(醫師)의 집 문은 결코 닫혀 있어선 안 되고, 목자(牧者)의 집 문은 늘 열려 있지 않으면 안 된다.」

「악행(惡行)보다 편견과 교만이 더 끔찍하고, 악행보다 악견(惡見)이 백 배 더 나쁘다.」

「옛것을 본받는 사람은 과거의 흔적에 얽매이려는 경향이 있고, 새것을 만드는 사람은 규칙을 지키지 않는 문제가 있다. 진실로 옛것을 본

난세에서 인격과 처세를 얻다

받으면서도 변화할 줄 알고 새것을 만들면서도 법도에 맞아야 한다.[法古者 病泥跡 刱新者 患不經 苟能法古而知變 刱新而能典]」

「자존심(自尊心)은 타인을 향한 마음이고, 자존감(自尊感)은 자신을 향한 마음이다.」

「천지의 정기(正氣)를 얻은 것이 사람이고, 한 사람의 몸을 주재하는 것이 마음이고, 사람의 마음이 밖으로 발로된 것이 말이고, 사람의 말 중에 가장 정밀하고 맑은 것이 시(詩)이다. 마음이 바른 사람은 시가 바르고 마음이 바르지 않은 사람은 시가 바르지 않다.[得天地之正氣者 人一 人身之主宰者心一 人心之宣泄於外者言一 人言之最精且淸者詩 心正者詩正 心邪者詩邪]」

「자신이 제일(第一)가는 사람이 된 다음에 일류 사람이 찾아오는 법이므로, 일류 사람을 벗으로 삼고자 한다면 먼저 자신이 제일가는 사람이 되어야 한다. 제일(第一)이라 하는 것도 한 가지가 아니다. 문장의 분야에서 으뜸가는 것도 제일(第一)이고 재주 중에서 으뜸가는 것도 제일이고 기술의 분야에서 으뜸가는 것도 제일이고 풍모 중에서 으뜸가는 것도 제일이고 말을 제일 잘 하는 것도 제일이니 제일인 것은 마찬가지이지만 모두 내가 말하는 제일은 아니다. 내가 말하는 제일은 오직 덕이 제일가는 것과 학문이 제일가는 것이다.[顧己爲第一人 然後第一流至 欲與第一流友 當先使己爲第一人 第一者 亦不一道 文之第一 第一也 才之第一 第一也 技之第一 第一也 貌之第一 第一也 言之第一 第一也 第一 一也 皆非吾所謂第一也 吾所謂第一者 其唯德之第一乎

學之第一乎」

「남이 알지 못하게 하고 싶으면 행위를 하지 않는 것보다 더 좋은 것이 없고, 남이 듣지 못하게 하고 싶으면 말을 하지 않는 것보다 더 좋은 것이 없다. 이 두 구절의 말을 평생 몸에 지니고 왼다면 위로는 하늘을 섬길 수 있고 아래로는 집안을 보존할 수 있다. 천하의 재화(災禍)와 우환(憂患)이나 천지를 흔들며 몸을 죽이고 가문을 뒤엎는 죄악은 모두 비밀리에 하는 일에서 빚어지는 것이니 일을 할 때와 말을 할 때는 부디 깊이 성찰해야 한다.」

307.

1등 인간

티를 내지 않는 사람
매사를 조심하고 삼가는 사람
칭찬이나 비난에 상관하지 않는 사람
죽을 때 남에게 피해를 주지 않는 사람
늘 자신을 되돌아보고 참회하는 사람
조리 있고 간단명료하게 말을 하는 사람
널리 베푸는 일에 소홀히 하지 않은 사람
남이 나의 단점을 지적해 주면 고마워하면서 고치는 사람
단정한 외모와 반듯한 태도 그리고 상냥한 표정을 지닌 사람

난세에서 인격과 처세를 얻다

자신에게는 엄하되 남에게는 관대한 사람

먼저 자신을 바르게 한 뒤 남을 교화하는 사람

무엇을 하든 어디에 가든 흔적을 남기지 않는 사람

고통이 찾아와도 하늘이나 세상을 원망하지 않는 사람

고통이나 질병을 자신의 업장을 줄여 주는 것으로 받아들이는 사람

세상이 장차 변화하려고 할 때 낌새를 알아차리고 먼저 변화하는
사람

못난 인간

항상 자기만 옳다고 여기는 사람

악(惡)에서 벗어나지 못하는 사람

약자(弱者)에게 함부로 하는 사람

남에게 말할 기회를 주지 않는 사람

남의 얘기에 귀를 기울일 줄 모르는 사람

작은 선(善)마저도 하려고 하지 않는 사람

툭하면 세상을 원망하고 매사에 트집을 잡는 사람

모든 것은 운명인데 노력은 해서 뭐하냐고 말하는 사람

고마운 이 세상

#1 이른 아침부터 시끄러운 소리가 들려 잠에서 깨어납니다. 이웃집이 이사를 하나 봅니다. 사다리차가 쉴 새 없이 요란한 소리를 내며 오르락내리락합니다. 이웃에게 피해를 주는 일이지만, 이웃 사람들 그 누구 하나 항의하지 않습니다. 이렇게 본의 아니게 다른 사람들에게 신세를 집니다.

#2 밤 12시에 회사 일이 끝났습니다. 집으로 가는 버스 편이 끊길 시간입니다. 정류장에서 버스를 애타게 기다리는데, 저 멀리서 버스가 오는 모습이 보입니다. 아! 막차입니다. 정말 감사한 일입니다. 내 집은 여기서 버스를 타고 50분을 가야 합니다. 택시를 타면 5만 원이 듭니다.

#3 몹시 배고픕니다. 시골의 외진 곳이라 식당이 보이지 않습니다. 날은 저물고 날씨는 춥습니다. 우선 식사를 하는 일이 급합니다. 점심을 걸렀기 때문입니다. 20분을 돌아다닌 끝에 마침내 허름한 식당을 찾았습니다. 할머니 혼자 하시는 식당입니다. 된장찌개를 주문했는데 때마침 막 지은 쌀밥이 나왔고, 맛난 된장찌개와 굵은 멸치로 버무린 꽈리고추, 묵은 깻잎이 나왔습니다. 아! 행복합니다. 돈 6,000원에 융숭한 대접을 받았습니다.

#4 독서가 취미라서 책을 자주 삽니다. 며칠 전에 우연히 두툼한 책한 권을 알게 되었습니다. 전화로 서점에 주문하니 다음 날 입고되었

다는 연락이 왔습니다. 저녁에 가서 값을 치르고 책을 받았습니다. 읽어보니 저자의 노력과 학식이 물씬 풍깁니다. 10년에 걸쳐 이 책을 준비했다는 저자의 서문을 읽으니 더욱 값지게 느껴집니다. 저자가 수년간 자료를 모으고 여러 저서를 참고하고 번역하느라 고심한 결과물을 저는 단돈 58,000원에 손에 넣었습니다. 세상에 고마워해야 할 일입니다.

#5 감기에 걸려 병원에 들렀습니다. 10분을 기다린 끝에 의사를 만나 상담을 한 후 주사를 한 방 맞고 3일분 약 처방을 받았습니다. 4,500원입니다. 처방전을 들고 약국에 가서 약사에게 보여주니 3일 치약을 내어줍니다. 2,500원입니다. 저는 오늘 7,000원이라는 적은 돈에 병원과 약국을 다녀왔습니다. 세상에! 세상은 이렇게 우리를 도와주고 있습니다.

310.
작은 일들이 쌓여

#1 담배를 피우고는 꽁초를 아무 데나 버렸습니다. 미안함이나 양심의 가책도 없었습니다. 이렇게 한 지 30년이 넘었습니다. 아이들이 보는 앞에서도 버리고 예쁘게 꾸며놓은 화단에다가도 버렸습니다. 그의 인생은 잘 나간다 싶으면 반드시 암초를 만났습니다. 돈을 많이 버는데도 자꾸 새어나가 버립니다.

#2 그는 차선을 바꾸거나 우회전 등을 할 때 방향지시등을 켜는 일이 거의 없었습니다. 뒤차가 알아서 조심할 일이라고 여겼습니다. 초등학교 주변과 같이 서행해야 할 도로에서도 마구 달렸습니다. 이런 곳에서 앞차가 천천히 가면 경적을 크게 울려댔습니다. 그의 인생은 순탄하게 흘러가지 않았습니다.

#3 직장에 여자들이 많습니다. 남자들은 뭐가 그리도 잘났는지 툭하면 여자들에게 막말을 일삼고 성희롱을 해댑니다. 무례한 말들과 버릇없는 행동 탓에 여자들은 가슴에 많은 상처를 안고 살아갑니다. 남자들의 이런 소행이 오래 쌓이고 쌓여 그들의 인생에 크나큰 불행을 가져옵니다.

#4 그는 육식을 좋아합니다. 특히 살아있는 채로 먹는 것을 즐깁니다. 회(膾)나 소의 생간(生肝)을 가장 좋아하고, 오징어나 주꾸미를 산 채로 입에 넣어 씹어 먹는 것도 좋아합니다. 산을 오르다가 뱀을 발견하면 잡아서 그 자리에서 불을 피워 굽습니다. 그리고는 토막을 낸 후 마구 씹어 먹습니다. 이렇게 살아온 지가 20년이 넘었습니다. 그는 지금 하반신이 마비되어 걷지도 못하고 몸은 빠짝 말랐습니다. 자녀 중 하나는 교통사고로 일찍 죽었고, 하나는 암에 걸려 투병 중입니다. 아내는 나이 50도 안 되어 치매에 걸렸습니다.

남의 말 들어주기

#1 어느 나라든지 '생명의 전화'를 운영하고 있습니다. 자살을 결심하고 있거나 극심한 우울증을 앓고 있거나 경제적 빈곤에 시달리거나 삶을 비관하는 사람들이 전화를 걸면 상담사들이 정성을 다해 상담해 줍니다. 그런데 전직 교사나 법조인들은 상담원으로 그다지 선호되지 않는다고 합니다. 그들은 남의 말을 들어주기보다는 말을 앞세우고 지시 또는 충고를 해 주는 일에 익숙하기 때문이랍니다.

#2 그는 초등학교 남자 교사입니다. 얼굴이 잘생긴 것도 아니고, 체격이 볼품 있는 것도 아니며, 말재간이 뛰어난 것도 아닌데 학생들한테 인기는 최고입니다. 그렇다고 그가 강의를 뛰어나게 잘하는 것은 아니라고 합니다. 학생들한테 물어보니, 그 선생님이 유독 학생들의 말을 잘 들어준다고 합니다. 학생들의 눈을 따뜻한 눈으로 바라보면서 '그랬구나.' '얼마나 힘들었을까.' '무슨 일 있니?' '오늘 입은 옷이 잘 어울리는데?' '살이 빠져 보이는구나.' '넌 나중에 잘 될 거야' 등등의 말을 자주 한다고 합니다.

#3 밖에서 사람들을 만나고 귀가하면 늘 아쉬움과 후회만 남습니다. 남의 말을 많이 들어준 날은 후회가 거의 없는데, 말을 많이 하고 들어온 날은 유달리 후회가 많이 남습니다.

「내가 왜 그런 쓸데없는 말을 했을까.」

「그 자리에서 왜 내 자랑을 했을까.」

「내 얘길 듣고 그 사람이 상처를 받진 않았을까.」

312.

추하게 돈 버는 사람들

#1 그 학원은 새 강사가 들어오면 근로계약서부터 작성합니다. 그런데 그 계약서에는 이런 조항이 있었습니다.

「3개월 이내에 그만두면 15일 치 월급을 공제한다.」

3개월 이내에 그만두게 되면 학원 업무에 지장을 초래함은 물론 학부모들에게 학원에 대한 신뢰를 떨어뜨리게 된다는 것이 그 이유였습니다.

그 학원은 원장 부부의 간섭이 심하고 아이들의 성적이 떨어지면 강사를 심하게 다그치는 학원으로 악명이 높았습니다. 그랬기에 3개월도 안 되어 그만두는 강사들이 상당히 많았습니다. 법에도 어긋나는 독소조항을 둔 덕분에 그 학원은 1년에 천만 원이 넘는 부당이득을 챙겼습니다.

#2 A는 유명 브랜드 소파를 배송하는 1인 사업자입니다. 밑에 직원 1명을 두고 있습니다. 소파 배송은 같이 일하는 사람과의 호흡이 중요

합니다. 그런데 그 사장은 버럭 화를 내는 일이 잦았고, 한 달에 5, 6번은 지방으로 소파를 배송했는데, 이날은 새벽 3시부터 오후 6시까지 일을 시켰습니다. 따라서 새로 들어온 사람은 이 일에 적응하지 못하여 그만두는 경우가 많았는데, 이렇게 하루나 이틀 일하고 그만두는 사람들 가운데에는 하루 또는 이틀 치 일당을 포기한 채 그만두는 사람들이 꽤 있었습니다.

그만둔 사람에게 전화해서 계좌번호를 알아낼 수도 있는 일이지만, 그 사장은 그렇게 하지 않았습니다.

#3 어느 작은 회사는 비정규직 직원 3명을 두고 있습니다. 비정규직이라 하더라도 1주일에 15시간 이상 일을 시키고, 직원과 고용주 간에 지시·종속 관계가 인정되며, 1년 이상 근속하게 되면 비정규직이든 아르바이트든 일용직이든 임시직이든 퇴직금을 지급해야 함에도, 이 회사는 3년 넘게 근속한 비정규직 근로자들에게 퇴직금 한 푼도 주지 않았습니다.

그만두는 직원도 자신이 비정규직이기 때문에 당연히 퇴직금을 못받는다고 여겼습니다. 이렇게 해서 그간 회사가 챙긴 부당이득이 5천만 원이 넘습니다.

#4 지입차(持入車; 회사의 화물을 회사 차가 아닌 자기 소유 차로 배송해 주는 사람) 기사의 하루 일당은 대략 14만 원인데, 만약 불가피한 사정이 있어 하루 쉬면 회사는 일당의 두 배가 넘는 30만 원을 월급에서 삭감합니다.

#5 그 회사는 입사한 새 직원에게 이렇게 말합니다.

「3개월 안에 그만두면 월급은 최저임금을 일수(日數)로 계산하여 지급한다.」

예를 들어, 주 5일제 근무이고 월급이 300만 원인데 새 직원이 딱 2달만 근무하고 그만두면 총 600만 원을 지급하는 것이 아니라 실제 근무한 날(45일)에 최저시급(8,720)과 근무시간(8)을 곱한[45×8,720×8] 3,139,200원을 지급했습니다. 그래서 첫 달엔 300만 원을 지급하되 두 번째 달을 다 채우고 그만두면 139,200원만 추가 지급한 후 퇴직 처리해 버립니다. 그동안 많은 직원이 억울함을 품고 이 회사를 떠났습니다.

313.
덕화(德化)

허목(許穆)이 쓴 주세붕(周世鵬)의 신도비명(神道碑銘)의 일부를 발췌하여 게재합니다.

「주세붕은 성품이 담박(淡泊)한 것을 좋아하여 30년간 조정에 나와 벼슬이 재상의 반열에 이르렀으나 의복이 빈한(貧寒)한 선비와 같았고 밥상에 고기반찬을 한 가지 이상 놓지 않았으며 좌석에 털방석이 없었고 마구간에 좋은 말이 없었으며 집을 임차하여 살았다. 봉록이 풍족하였으나 의식에 쓰고 남은 것은 모두 종족(宗族)을 도와주고 손님을 접대하였다.

선생이 항상 말하기를, "나의 분수에 있어서 마땅히 이와 같이 해야 한다."고 하였는데, 선생이 세상을 떠났을 때 집안에 남은 곡식이 한 가마도 없었다. 조정의 사대부 중에 선생을 아는 사람이나 선생을 모르는 사람이나 모두 말하기를, "조정이 한 분의 현인(賢人)을 잃었다."라고 하였으며, 서쪽의 학자들이 합동으로 빈소에 전(奠)을 드린 다음에 선생의 초상화를 그려 가지고 갔다.」

주세붕은 노인을 보면 반드시 말에서 내리고 상복(喪服)을 입은 사람을 보면 반드시 경의를 표하였고, '입을 조심하고 몸을 조심하고 마음을 조심하라.[慎口慎身慎心]'라는 선친(先親)의 가르침을 늘 가슴에 새겼다고 합니다.

인조 때 김육(金堉)이 음성(陰城) 현감을 마치고 떠날 때 백성들이 모두 나와 배웅했고 송덕비를 세워 그의 애민정신을 기렸으며, 효종 때 그가 죽자 대동법 시행에 덕을 본 충청도 백성들은 충청도에 통문(通文)을 돌리고 부의(賻儀)하려 했던 돈으로 비석을 세웠는데 그것이 현재 평택에 있는 '조선국영의정김공육대동균역만세불망비(朝鮮國領議政金公堉大同均役萬歲不忘碑)'라는 공덕비입니다.

「성안공(成安公) 상진(尙震)이 검열(檢閱; 예문관의 정9품 청요직)에서 파직되어 돌아가는 길에 금천(衿川)의 언덕 위에서 말에게 먹이를 먹이고 있었다. 그때 어떤 노인이 두 마리 소에게 꼴을 먹이고 있기에 공(公)이 물었다.

"이보게, 두 마리 중에 어떤 소가 더 좋은가."

노인은 대답하지 않았다. 두세 번 물어도 끝내 대답이 없으므로, 공은 매우 괴이하게 여겼다. 공이 말에 올랐을 때 노인이 수십 보를 뒤따라와서 비밀히 공에게 대답하기를, "아까 묻는 것을 즉시 대답해 올리지 못한 것은 두 소가 노역(勞役)에 종사한 지가 여러 해가 되어 차마 하나를 지적하여 말할 수 없었기 때문입니다. 실은 작은 소가 더 좋습니다."라고 하였다. 공(公)이 말에서 내려 감사하면서 말하였다.

"노인께서는 숨은 군자(君子)이십니다. 나에게 처세법(處世法)을 가르쳐 주셨습니다."

위 일화는 조선의 김시양(金時讓)이 지은 〈부계기문(涪溪記聞)〉에 나옵니다.

아래는 〈한강집(寒岡集)〉에 나오는 일화로 정구(鄭逑)의 제자가 쓴 글입니다.

「젊어서부터 선생(寒岡 鄭逑를 말함)이 밖에 나가 다닐 적이면 사람들이 모두 허둥지둥 신발을 거꾸로 신고 달려나가 맞이하면서 하는 말이란 오직 "우리 선생이 오셨네."였다. 선생이 별세하자 원근의 선생을 아는 자들이나 모르는 자들 할 것 없이 한탄하고 서글퍼 하지 않는 자가 없었는데 부인들과 어린이 중에도 간혹 소반(素飯)을 먹으며 "아, 우리 선생이 돌아가셨다."라고 하는 자가 있었으니, 선생의 덕이 인심을 감복시킨 정도가 이와 같았다. 선생은 고을에서 노인을 노인으로 섬기고 윗사람을 윗사람으로 받드는 등 모든 일에 예모를 갖춘 결과, 어진 사람과 어리석은 사람, 귀한 사람과 미천한 사람을 막론하고 모두 선생을 좋아하여 아무리 사납고 오만한 사람이라 해도 감히 선생에게 예가 아닌 짓을 하지 못하였다. 나는 선생을 종유(從遊)한 30여 년 동안 한 번도 선생이 성내는 모습을 본 적이 없다. 그리고 남의 좋은 점을 들면 감탄하고 권장하면서 오직 드러내지 못하지나 않을까 염려하였고, 통달하지 못한 사람이 있으면 반드시 정성을 다해 깨우치고 인도하여 갖은 방법으로 이끌어 주었다. 그 때문에 제아무리 어리석은 사람이라 해도 선생을 흠모하고 좋아하여 감탄하고 심복(心服)하지 않은 자가 없었다. 그러면서도 선생은 풍도가 중후하고 심원하며 기국(器局)이 높고 단정하여 겉치레를 일삼지 않았으니, 그 용모를 바라보고 그 가르침을 듣노라면 방탕하고 부정한 생각이 자연히 마음속에 싹트지 않았다.」

아래는 〈치문숭행록(緇門崇行錄)〉에 나오는 이야기입니다.

「진(陳)의 법랑(法良) 스님은 선(禪)과 율(律)과 논(論)에 정통하였다. 이름이 널리 알려지자 불법(佛法)을 들으려는 사람들이 구름처럼 모여들었다. 신도들에게 받은 시주는 경전·불상·탑·사원을 조성하는데 사용하거나 가난하고 액난을 당한 사람들에게 주었다. 붙잡힌 짐승을 보면 즉시 사 들고 돌아와 길렀는데, 거위·오리·닭·개가 우리 안에 가득 찼다. 이들은 스님이 잠을 자거나 쉬는 것을 보면 모두가 소리를 내지 않고 있다가 스님이 깨어나 노닐 때는 모조리 일어나 울고 짖는 소리가 북 치고 피리 부는 소리보다 시끄러웠다.」

고려의 나옹(懶翁) 선사가 송(宋)에 갔다가 10년 만에 고려에 귀국했습니다. 오대산 상두암(象頭庵)에 은신해 있다가 공민왕(恭愍王)의 청으로 해주 신광사(神光寺)에 머물면서 제자들을 지도했습니다. 그해 홍건적(紅巾賊)이 침입해 사람들이 모두 남쪽으로 피난을 갔으나 스님만은 대중을 안심시키고 평상시와 똑같이 법(法)을 설하고 정진했습니다. 하루는 홍건적 수십 명이 절에 들어왔으나 너무나 태연자약한 스님 모습에 감화돼 법당에 향을 사르고 스님에게 절을 하고 물러갔습니다. 스님아 계속해서 절을 떠나지 않으니 이후 홍건적이 와도 사람과 물건을 해치지 않았습니다.

지금부터는 〈목민심서〉에 나오는 이야기입니다.

「권목(權穆)은 재물을 가벼이 여겨 베풀기를 좋아하여 급한 처지에 있는 사람을 구제하기 좋아하였고, 굶주린 사람이나 걸인에 대해서도 가인(家人)에게 그들을 도와주도록 당부하여 말하기를, "빈부(貧富)는 무상(無常)하여 저들과 우리가 손바닥 한번 뒤집는 사이에 형세가 바뀐다." 하였다.

함흥에는 본디 관조(官糶; 관에서 빌려주는 곡식)의 적포(積逋; 체납된 세금)가 백성들의 걱정거리가 되었는데, 공(公)이 함흥 통판(通判)이 되

난세에서 인격과 처세를 얻다

어 송포(訟布)와 상세(商稅) 그리고 상평무(常平貿)를 몽땅 털어내서 백성들의 부채 수천 곡(斛)을 대신 갚아주고 그 문권(文券)을 불태워버리니 백성들이 크게 기뻐하여 감복하였다. 사직하고 돌아오는 날에는 행장(行裝)이 쓸쓸하였는데 백성들은 길을 가로막고 부르짖어 울기에 차마 떠나지 못하였으며, 공을 위해 구리를 주조하여 비석을 만들어 세워서 떠난 뒤에 사모하는 마음을 표하였다. 그리고 공이 작고한 수년 뒤에까지 읍민과 관속들이 공의 기일(忌日)에는 고기를 먹지 않는 사람들이 있다.」

「수(隋)나라 신공의(辛公義)가 병주자사(並州刺史)가 되었는데, 부임하자 수레에서 내려 먼저 옥(獄)으로 가서 앉아 죄인을 조사하여 10여 일 만에 모두 판결해 보냈다. 그리고 부(府)에 돌아와서 새 소송을 다루었는데 사건을 모두 즉석에서 판결하고, 옥(獄)에 가둘 자가 있으면 귀가하지 않고 청사에서 숙직(宿直)하였다. 어떤 이가 말하기를, "공사(公事)에는 과정이 있는데 어찌 스스로 고생하는가." 하니 대답하기를, "내가 덕이 없어 백성이 소송을 내는 것을 막지는 못하지만, 사람을 옥에 가두어 두고 어찌 집에서 편히 자겠는가." 하였다. 죄인들이 이 말을 듣고 모두 그 따뜻한 인정에 감복하였다. 그 후 소송하는 자가 있으면 이웃 사람들이 말리며 말하기를, "이는 작은 일인데 어찌 차마 사군(使君; 병주자사를 말함)을 수고롭게 하겠는가." 하니, 소송하는 자들은 이 말을 듣고 두 사람이 서로 양보하여 그쳤다.」

「당나라 최인사(崔仁師)가 청주(靑州)에서 옥사(獄事)를 살피게 되었는데, 체포된 자가 옥에 가득하였다. 최인사가 부임하여 모두 수갑을 풀어주고 음식을 주며 목욕을 시키고, 그 수괴(首魁) 열 명만 처벌하면서 말하기를, "옥을 다스리는 것은 마땅히 인서(仁恕)를 근본으로 삼아야 하는데 어찌 자기만 법을 지켜 책임을 면하고 그 원통함을 알면서도 풀어주지 않겠는가. 내가 만일 잘못 놓아준 자가 있으면 내 한 몸으로 10명의 죄수와 바꾸는 것을 또한 원한다." 하였다.

이에 칙사(勅使)가 이르러 다시 여러 죄수를 신문하니 모두 말하기를, "최공(崔公)은 공평하게 용서하여 잘못이 없으니 우리를 빨리 죽여 달라."라고 청하여 한 사람도 달리 말하는 자가 없었다.」

「위인수(韋仁壽)는 성품이 관후(寬厚)하였다. 그가 촉군사법(蜀郡司法; 지금의 중국 泗川省 지역인 蜀郡의 민·형사와 행정사건을 심판하던 재판관)이 되었는데 논죄한 죄수들이 사형장에 가서도 위인수를 원망하지 않고 오히려 서쪽을 향해 그에게 절한 다음에 죽었다.」

「유관현(柳觀鉉)이 경성판관(鏡城判官)이 되어 을해년(1751) 흉년에 지성으로 기민(飢民; 굶주린 백성)을 구제하였다. 병자년 봄에 사직하고 돌아가자 온 고을의 선비와 백성들이 길을 막아 전별하고 특히 기민으로서 진휼(賑恤; 가난한 백성을 도와줌)을 받은 자들은 각각 한 홉의 쌀을 모아 길옆에 전별연(餞別宴)을 베푸니 걸어갈 수 없을 정도였다. 귀문관(鬼門關)에 이르니 기민 장정 수십 명이 뒤를 따르며 말하기를, "판관님의 은혜를 갚을 길이 없으니 우리를 남여(籃輿; 덮개가 없는 의자형 가마) 메는 군졸에다 넣어주십시오." 하였다. 공이 말하기를, "메는 인부가 따로 있으니 너희들을 수고롭게 하고 싶지 않다." 하였다. 그 기민들이 가마 메는 군졸을 밀어젖히고 앞을 다투어 가마를 멨고, 큰길

난세에서 인격과 처세를 얻다

에 나와서 그가 말에 오른 후에야 눈물을 흘리며 하직하고 갔다.」

「한유(韓愈)가 조주자사(潮州刺史)로 있을 적에 선정(善政)을 베푸니 백성들이 기뻐 복종하였다. 공(公)이 죽은 뒤에 백성들이 사모하여 조주성(潮州城) 남쪽에 사당(祠堂)을 세웠고 음식이 있으면 반드시 제사를 지냈으며 수재·한재가 있거나 질병·질역(疾疫)이 있을 때는 반드시 공(公)에게 빌었다.」

「조예(趙豫)가 송강지부(松江知府)가 되어 아전(衙前)의 수를 줄이고 백성을 쉬게 하였으며 요역(徭役)을 고르게 하고 비용을 절약하였으며 형벌을 덜고 조세(租稅)를 감면해 주었다. 정통(正統) 연간에 9년간의 치적을 고찰하는데, 백성 5천여 명이 서장(書狀)을 바치어 유임해 주기를 빌었다. 순안어사(巡按御史)가 임금에게 아뢰자 품계 두 등급을 더 올려 환임(還任; 그 자리에 재임명함)하였다. 관직에 있은 지 15년 동안에 맑고 고요하기가 하루 같았다. 고을을 떠나자 촌로들과 아이들이 수레를 붙잡고 유애(遺愛)를 기리고자 그의 신 한 켤레를 남겨 두기를 청하였다.」

「김계희(金係熙)가 나주목사(羅州牧使)가 되어 좋은 정치를 베풀고 학교를 크게 일으켰다. 김계희가 간 뒤에 백성들이 사모하더니 그가 죽은 뒤에는 부모를 잃은 것처럼 하였다. 그를 위하여 보(寶; 오늘날의 기금 또는 재단)를 세워 매년 기일(忌日)이 되면 고을 안의 모든 사람이 모두 모여 명륜당(明倫堂)에서 제사를 지냈다.」

「진일(陳鎰)이 섬주(陝州)를 진수(鎭守; 군사상 요지에 군대를 주둔시켜 지킴)할 적에 백성 중에 병이 있는 자가 지원하여 진일의 가마를 메었더니 의약(醫藥)을 쓰지 않고 기도로써 문득 나았다. 한번 출행(出行)하게 되면 사람들이 다투어 가마를 메려 하여 비록 금하여도 그치지 않았다. 진일이 간 뒤에 백성들이 그 초상을 많이 그려 놓고 신(神)과 같이 섬겼다.」

「정언황(丁彦璜)이 안동부사(安東府使)로 있다가 병으로 사직하고 고향으로 돌아갔다. 선비와 아전과 백성이 유임(留任)해 주기를 청하였으나 되지 않았다. 비석을 세워 사모하고 문안(問安)하고 물건을 보내는 일이 수십 년 동안 끊이지 않았다. 공이 죽었다는 소식을 듣고는 부의(賻儀)를 하고 또 제수(祭需)를 보내기를 3년 동안이나 하였다.」

「유정원(柳正源)이 자인현감(慈仁縣監)으로 있을 적에 휴가를 받아 돌아오면서 벼슬을 그만둘 뜻이 있었다. 고을 백성들이 아문(衙門)을 지키고 사흘 동안 밤낮으로 가지 않으므로 그는 식구들을 아문에 머물러 두어 다시 올 뜻을 보였다. 돌아와서는 세 번 사장(辭狀; 사직서)을 올리니 순찰사(巡察使)가 허락하지 않으며 말하기를, "민심이 어머니를 잃은 것처럼 허둥지둥하는데 그대 뜻에 따라 공사(公事)를 폐할 수는 없다." 하였다. 공이 할 수 없이 관에 돌아오니 고을 백성들이 모두 교외에 나와 환영하였다.」

「당나라 이군석(李君奭)이 예천령(醴泉令)이 되어 선정을 베푸니 인심(人心)을 얻었다. 선종(宣宗)이 성(城) 서쪽에서 사냥하다가 차츰 위

난세에서 인격과 처세를 얻다

수(渭水)로 들어갔는데, 부로(父老) 수십 명이 마을 불당(佛堂)에서 재(齋) 올리는 것을 보았다. 선종이 물으니 부로들이 대답하기를, "예천 현령 이군석이 어진 정치를 행하였는데 임기가 이미 찼으므로 백성이 그의 유임(留任)을 소원하여 부(府)에 나아가 교체하지 않기를 청하며 겸해서 부처의 힘을 비는 것입니다." 하였다.」

「진강(陳鋼)이 금양지현(黔陽知縣)이 되어 착한 정사가 많았다. 병을 심하게 앓자 백성들이 앞을 다투어 신(神)에게 고하여 자기 수명을 감하여 진강의 수명에 보탤 것을 기원하였다. 병이 조금 뒤에 나았다. 그 뒤 그는 어머니의 상을 당하여 돌아갔다. 그가 죽은 뒤에 금양 사람들이 사당을 세워 제사를 지냈다.」

「곽은(郭垠)이 담양부사(潭陽府使)가 되어 부역(賦役)과 조세(租稅)를 가볍게 하여 정치하는 것이 맑고 인자하였다. 갑자기 관(官)에서 죽으니 사람들이 다 비통해하면서 술과 고기를 먹지 않고 서로 조상(弔喪)하였으며, 귀장(歸葬)하는 날에 거리에 곡성이 서로 잇달았다. 선비와 백성들이 서로 의논하여 해마다 제삿날이 돌아오면 쌀을 모아 재(齋)를 올려 명복을 빌었다.」

「송(宋)나라 유위(俞偉)가 검주(劍州)의 순창지현(順昌知縣)이 되었다. 앞서 백성들이 자식을 낳아서 3~4명이 넘으면 모두 기르지 않았는데 너무 가난했기 때문이었다. 간혹 아이를 낳을 때 큰 통에 물을 담아 두었다가 낳자마자 물에 넣어 죽이니 이를 일러 '세아(洗兒)'라 하였다. 유위가 자식 죽이는 일을 경계하는 글[戒殺子文]을 지어 깨우쳐주었더니 온전히 살아나게 된 자가 1천 명이나 되었고, 자식을 낳으면 흔히 유(兪; 유위의 姓)를 아명으로 삼았다. 유위가 지현(知縣)을 그만두고 떠났다가 몇 년 뒤 그 고을을 지나는데 아이 수백 명이 교외(郊外)로 나와서 영접하였다.」

「당나라 여원응(呂元膺)이 기주자사(蘄州刺史)가 되었다. 일찍이 죄수를 점검하는 중, 어떤 죄수가 내일이 설인데 부모를 가서 뵙옵지 못한다고 하며 눈물을 흘렸다. 여원응이 측은하게 여겨 수갑을 풀고 돌려보내면서 기약을 어기지 말고 옥(獄)으로 돌아오라고 주의시키니 아전이 불가하다고 아뢰었다.

여원응이 대답하기를, "내가 성의로 사람을 대접하는데 그들이 어찌 나를 저버리겠느냐?"라고 하였다. 과연 도둑 죄수들이 모두 기한 내에 돌아왔으며, 그 후로 다른 도둑 무리가 감격하고 부끄러워서 모두 경계를 넘어 다른 지방으로 가버렸다.」

〈논어〉에 나오는 가르침 세 개를 보겠습니다.

「계강자가 정치에 대해 공자에게 물으면서 말했다. "만약 무도(無道)한 자를 죽임으로써 백성을 올바른 도에 나아가게 한다면 어떻습니까."
공자께서 대답하셨다. "당신이 정사를 행함에 있어 사람을 죽일 필요가 있겠습니까. 당신이 착해지고자 하면 백성도 착해집니다. 군자의 덕이 바람과 같다면 소인의 덕은 풀과 같아서 풀 위로 바람이 불면 풀은 쏠리게 마련입니다."[子爲政焉用殺 子欲善而民善矣 君子之德風 小人之德草 草上之風必偃]

난세에서 인격과 처세를 얻다

「자로가 정치에 관하여 묻자 공자께서 말씀하셨다. "(위정자가) 솔선수범하고 나서 백성에게 일을 시켜라."[先之勞之]」

「자신이 올바르면 명령하지 않아도 제대로 행해지고, 자신이 올바르지 못하면 비록 명령한다 해도 따르지 않는다.[其身正不令而行 其身不正雖令不從]」

군자나 치자(治者) 또는 윗사람이 솔선수범하면 소인이나 피치자(被治者) 또는 아랫사람이 그것을 본받게 된다는 뜻입니다.

안 좋은 일이 생기면

「내 업장(業障)이 이렇게 두터웠는가.」

「이 일을 안 겪었으면 내가 어찌 철들었겠는가.」

「이런 일을 당하는 사람이 이 세상에 나 혼자뿐이 아니었구나.」

「하늘이 내게 이런 고통을 주시니 하늘이 나를 저버리지 않으셨음을 알겠다.」

「이런 일에 좌절하여 주저앉는다면 이보다 더한 일은 어찌 견디고 또 해낼 것인가.」

「매도 일찍 맞는 것이 좋다고 하였는데, 이런 화(禍)를 늙어서 당하는 것보다 지금 당하는 것이 낫지 않겠는가.」

「이 일이 아니었으면 나는 훗날 더 큰 화(禍)를 겪어야 한다. 이 작은 고통으로 더 큰 화를 피하게 되었으니 천만다행이다.」

「이런 일을 겪는 사람이 나뿐이겠는가. 이 일을 겪어보지 않았더라면 다른 이들의 고통을 내 어찌 생각해 볼 겨를이나 있었겠는가.」

「이것도 참아내기 힘든데, 이보다 더한 고통이 닥쳐오면 그땐 어찌 견뎌낼까 생각하니 마음이 숙연해진다.」

「세상엔 이보다 더한 일로 고통을 받은 사람이 부지기수이고, 또 이런 일을 참고 이겨낸 사람 역시 이루 셀 수 없다. 그러니 참지 못해서야 되겠는가.」

「젊은 시절 나쁜 마음을 먹거나 악행을 숱하게 지었더니 이제야 그 벌을 받는구나. 죽어 저승에 가서 그 벌을 받지 않고 지금 받았으니 이 얼마나 다행인가.」

「지난날 내가 지은 죄로 이런 벌을 받은 것이 분명하니, 앞으로는 죄

난세에서 인격과 처세를 얻다

를 짓지 말고 살아야겠다.」

「참회도 살아 있을 때만 할 수 있다. 일단 죽고 나면 참회도 용서도 할 수 없다고 하셨지. 죽기 전에 내 잘못을 깨달아 이렇게라도 나 자신을 되돌아보고 참회할 수 있으니 이 얼마나 큰 천만다행인가.」

처세

정구(鄭逑)는 이단(異端)의 서적도 섭렵하지 않은 것이 없었으나 그것이 이단이 되는 까닭을 탐구하여 알고 난 다음에 더는 보지 않았다는 기록이 있습니다.
어느 선인(先人)이 말했습니다.

「조금이라도 남이 알아주기를 바라는 생각이 있으면 그것은 곧 남의 환심을 사려는 것으로, 그런 사람과는 학문을 함께 할 수가 없다.」

박지원(朴趾源)이 말했습니다.

「내가 본디 말한 선비란 뜻을 세움은 어린애와 같고 모습은 처녀와 같으며 일 년 내내 문을 닫고 글을 읽는 사람을 말한다.[吾所謂雅士者 志如嬰兒 貌若處子 終年閉其戶而讀書也] 어린애는 비록 연약하여도 제가 흠모하는 것에 전념하고 처녀는 비록 수줍어도 순결을 지키는 데에는 굳건하나니, 우러러봐도 하늘에 부끄럽지 않고 굽어봐도 사람에게 부끄럽지 않은 것은 오직 문을 닫고 글을 읽는 일이다.」

신흠(申欽)이 말했습니다.

「몸을 보존하면서도 몸 때문에 누(累)가 되지 않도록 하고, 마음에 작정한 대로 행하면서도 그 마음의 부림을 받지 않게끔 하고, 세상에 어울려 살면서도 세상에 휩쓸리지 않도록 하고, 어떤 일을 행하면서도 그 일에 매이지 않게끔 한다면, 거의 되었다고 하겠다.[存於身而不爲身累 行於心而不爲心役 行於世而不爲世移 行於事而不爲事凝者 其庶矣夫]」

박지원이 또 말했습니다.

「글을 읽어서 크게 써먹기를 구하는 것은 모두 다 사심(私心)이다. 일 년 내내 글을 읽어도 학업이 진보하지 못하는 것은 사심이 해를 끼치기 때문이다.」

기대승(奇大升)이 이황에게 보낸 편지에서 말했습니다.

「처세가 어렵긴 하지만 그럼에도 저의 학문이 지극하지 못한 것이 걱정될 뿐입니다. 저의 학문이 지극해지면 처세에 반드시 어려움이 없을 것입니다.」

150

이황은 이 편지 답서에서 이렇게 말했습니다.

「공(公)을 위한 오늘의 방도는 스스로 처신하는 데 너무 고상한 체하거나 세상을 경륜하는 데 너무 용감하게 하지도 말며 모든 일에 자신의 주장을 너무 지나치게 내세우지 않는 것이네. 출세하여 벼슬할 때는 오로지 국사를 걱정하는 것 외에 항상 한 걸음 물러서고 한 계단 낮추어 학문에 전념하여 "나의 학문이 아직 지극하지도 못한데 어떻게 선뜻 경국제세(經國濟世)의 책임을 맡을 수 있겠는가."라고 할 것이며, 시대와 맞지 않을 때는 외부의 일에 조금도 상관하지 말고 반드시 한직(閑職)을 청하거나 물러나길 도모하고서 학문에 전념하여 "나의 학문이 지극하지 못하니 마음을 안정하여 몸을 닦고 학문을 진전시키는 것, 지금은 바로 이 일을 할 때이다."라고 하게.

오래도록 이처럼 하겠다고 작정하여 한 번 나아가고 한 번 물러나는 데 모두 학문을 주안(主案)으로 삼고 의리의 무궁함을 깊이 알아서 항상 겸손하게 스스로 부족하다는 생각을 지님과 동시에 허물 듣기를 좋아하고 선(善) 취하기를 즐겨 참이 쌓이고 힘이 오래가면 도가 이루어지고 덕이 확립되어 공이 저절로 높아지고 업이 저절로 넓어질 것이니, 이때에야 비로소 위에서 말한 세상을 경륜하고 도를 행하는 책무를 말할 수 있을 것이네.」

조광조의 숙부인 조원기(趙元紀)가 조광조를 경계시킨 글에서 말하기를, "하늘과 땅 사이에 무리 지어 살면서 높게 날거나 멀리 달려서는 안 되니, 반드시 세속과 조금 맞추어야 사람들의 질투를 면할 수 있을 것이다."라고 하였고, 이황은 노소(老少)와 귀천(貴賤)을 막론하고 일체다 공경할 수 있겠는가. 그러나 처음부터 가볍게 여기는 마음이 있어서는 안 된다."라고 하였으며, 조헌(趙憲)은 자기에게 심부름을 온 노비에게도 빈례(賓禮)로 대우하였다고 합니다.

〈회남자(淮南子)〉에 「염려하고 두려워하여 하루하루를 삼가야 한다. 사람들이 큰 산에 걸려서 넘어지는 일은 없으면서 작은 개미집에 걸려서 넘어지곤 한다.」라고 하였습니다.

노자가 말했습니다.

「그칠 줄 알면 위태롭지 않고, 만족한 줄 알면 욕되지 않는다.[知止不殆 知足不辱]」

〈연려실기술〉에 실린 이야기를 보겠습니다.

「유희춘(柳希春)이 북쪽으로 유배 갈 때 김인후(金麟厚)가 찾아가 작별하면서 "그대가 이제 먼 곳으로 귀양을 가니 처자들이 의지할 곳이 없을 것이다. 그대의 어린 아들을 내가 사위로 삼을 것이니 그대는 걱정하지 말라." 하였다. 유희춘의 아들 경렴(景濂)은 똑똑하지도 못했고 또 나이가 자기 딸과 맞지 않는데도 마침내 사위로 삼았다.

예전에 김인후가 과거 보기 전 성균관에 있을 때 전염병에 걸려 위급하였는데 사람들이 전염을 겁내어 감히 돌보는 이가 없었다. 이때 유희춘이 성균관 관리로 있다가 그의 인물이 아깝다고 여겨 자기 숙소에 두고 밤낮으로 간호해서 마침내 살아 일어난 일이 있었는데 유희춘이 귀양 갈 때 김인후가 그렇게 보답하였다.」

　난세에서 인격과 처세를 얻다

아래는 송준길(宋浚吉)의 문집인 〈동춘당집(同春堂集)〉에 나오는 이야기입니다.

「이시백(李時白)이 새로 정승에 제수되니 공(公; 조익을 말함)과 인척(姻戚)이었다. 인척 관계에 있는 사람이 같은 부서에 임명되면 손아랫사람이 물러나는 것이 법도이므로 공이 두 차례 차자(箚子)를 올려 고사(固辭)하기를, "우상(右相)은 새로 제수되었으니 즉시 교체하는 것이 부당하고, 신은 정승으로 있은 지 오래됐고 노쇠와 질병도 이미 심하니 물러나 쉬려던 소원을 이룰 수 있는 때를 얻었습니다."라고 하였으나 상(上)이 허락하지 않았다.」

아래는 〈칠극(七克)〉에 나오는 말씀입니다.

「한 상인이 여러 해 동안 부지런히 재물을 모아 부자가 되었다. 어떤 사람이 무슨 수로 재물을 모았냐고 묻자 그 상인이 대답했다. "의롭지 않은 재물은 내 문에 들어오지 못하게 하였고 오늘 할 수 있는 일은 내일까지 기다리지 않았소. 그리고 내가 혼자 할 수 있는 일은 남에게 맡기지 않았습니다.」

〈채근담〉에 나오는 처세 격언 세 개를 소개합니다.

「잘못은 남과 함께 하는 것이 마땅하지만 공로(功勞)는 남과 함께 하는 것은 옳지 않으니, 공로를 함께하면 서로 시기하기 때문이다. 환난(患難)은 남과 함께 할 수 있으나 편안함과 즐거움은 남과 함께 할 수 없으니, 안락을 함께하면 (훗날) 서로 적이 된다.[當與人同過 不當與人同功 同功則相忌 可與人共患難 不可與人共安樂 安樂則相仇]」

「남이 속이고 있는 것을 알아도 말로 드러내지 않고, 남의 조롱을 받더라도 낯빛이 변하지 않는다면 그 속에 무한한 의미가 있고 또한 끝없는 효용이 있다.[覺人之詐 不形於言 受人之侮 不動於色 此中有無窮意味 亦有無窮受用]」

「원망은 덕으로 인해 드러나니 남들이 내게 고맙게 여기는 것보다 덕과 원망 두 가지 모두 없는 것만 못하다. 원수는 은혜로 인해 생겨나니 남들이 (나의) 은혜를 알게 하기보다 은혜와 원수를 모두 없애는 게 더 낫다.[怨因德彰 故使人德我 不若德怨之兩忘 仇因恩立 故使人知恩 不若恩仇之俱泯]」

조선 선조 때의 인물인 조임도(趙任道)가 말했습니다.

「대저 학문의 길은 반드시 분발하고 단단히 뜻을 세워, 마음을 비우고 뜻을 겸손하게 하여 가르침을 받아들여야 한다. 괴로움을 참고 견디며 공(功)을 쌓아야 하고 용감하게 앞으로 나가 힘써 행하여 도에 이르러야 하고 느긋하게 푹 젖어 덕을 길러야 한다. 조심하고 삼가고 두려워하며 마음을 단속해야 하고 정확하고 치밀하게 일을 처리해야 한다.」

독서(2)

책을 읽지 않고 성인(聖人)의 경지에 오르는 법은 없고, 신선이 되는 데에도 독서가 필요합니다.

마음을 닦는 데에는 욕심을 적게 하는 것과 책을 읽는 일이 가장 먼저이고, 골상(骨相)을 바꾸는 데에도 독서가 제격입니다.

남의 처지에 진심으로 공감(共感)하기 위해서는 독서가 빠져서는 안 되고, 타고난 기질(氣質)을 바꾸기 위해서는 독서가 반드시 수반되어야 합니다.

윤휴가 말했습니다.

「학문은 그만두어서는 안 된다. 배우는 목적이 대개 네 가지가 있는데, 구도(求道)하는 자라면 알아두어야 할 것이다. 첫째가 외천(畏天; 하늘을 두려워함), 둘째가 친민(親民; 백성을 돌보고 보살핌), 셋째가 상지(尙志; 천하를 위한 큰 뜻을 기리고 숭상함), 넷째가 취선(取善; 남의 훌륭한 점을 본받아 행함)이다. 옛 분들은 하늘과 땅을 부모로 여겼기에 흠경(欽敬)의 마음이 생겼고, 사해(四海)를 한 집안처럼 생각했기에 사랑이 베풀어졌고, 성인도 나와 같은 사람이라고 생각했기에 도(道)를 향해 전진하는 용기가 있었고, 천하의 의리가 무궁하다는 것을 알았기에 선을 받아들이는 도량이 넓었다. 이 때문에 참으로 마음을 정성스럽게 하고 자신을 공순하게 할 수 있으며, 모든 것을 사랑하고 극진히 효도할 수 있으며, 무거운 짐을 지고 멀리까지 갈 수 있으며, 날로 발전하여 많은 것을 소유할 수 있게 된다. 그리하여 그 공화(功化)가 이루어지게 되면 그때는 하늘 땅과 동등한 입장이 되어 민물(民物)을 기를 수 있고, 인륜(人倫) 의 표준을 세우고, 천하의 모든 선을 다할 수 있다.」

　좋은 남편이 되기 위해서는 반드시 책을 읽어야 하고, 부모 노릇을 잘하기 위해서는 반드시 책을 읽어야 하며, 자식 노릇을 제대로 하기 위해서는 반드시 책부터 읽어야 하고, 늙어 후회하는 일이 적게 하고 자 한다면 우선 책을 읽는 일부터 시작해야 합니다.
　남 밑에 있는 사람은 책을 안 읽어도 문제가 안 되지만, 남을 거느리 고자 한다면 반드시 책을 읽어야 합니다.
　이덕무(李德懋)가 말했습니다.

「사군자(士君子)가 한가로이 지내면서 할 일도 없을 적에 독서조차 하지 않는다면 다시 무엇을 하랴. 독서 하지 않게 되면 작게는 정신없 이 잠이나 자거나 노름이나 하게 되고, 크게는 남을 비방하는 일이나 돈벌이와 여색에 힘쓰게 된다. 슬프도다. 그러니 나는 무엇을 할 것인 가. 오직 책을 읽을 따름이다.」

　송(宋)의 대학자인 장재(張載)가 말했습니다.

「책은 이 마음을 지켜준다. 잠시라도 그것을 놓으면 그만큼 덕성(德 性)이 풀어진다. 책을 읽으면 마음이 항상 있고, 책을 읽지 않으면 의 리(義理; 경전의 뜻과 이치)를 보아도 끝내 보이지 않는다.[蓋書以維持此 心 一時放下則一時德性有懈 讀書則此心常在 不讀書則終看義理不見]」

기개(氣槪)(2)

 조선 성종(成宗) 9년 새해 벽두부터 흙비[土雨]가 내리고 가뭄과 홍수가 번갈아 이어지는가 하면 이른 봄 메뚜기 떼가 기승을 부리고 가을에는 복숭아와 자두나무에서 꽃이 피는 기현상이 전국에서 일어났습니다.

 성종은 "짐(朕)이 어떻게 하면 흙비가 내리는 재앙을 막을 수 있다는 말인가"하고는 국정 전반에 걸친 반성과 대안을 묻는 구언교(求言敎)를 내렸습니다. 남효온(南孝溫)은 기다렸다는 듯이 '성종 대왕에게 올리는 상서(上書)'라는 제목의 응지소(應旨疏)를 올렸는데, 그 내용은 소릉(昭陵; 성종의 할아버지인 세조가 파헤친 단종의 어머니 묘)을 복위시키고 정창손·한명회 등 훈구(勳舊; 세조가 왕위에 오르는 데 공을 세운 신하들)를 내치는 것이 천심(天心)에 순응하여 변괴(變怪)를 막을 수 있는 유일한 방법이라고 주장하였습니다.

 박세당(朴世堂)의 아들인 박태보(朴泰輔)는 조선 숙종이 비(妃)인 인현왕후를 폐위하자 이에 강력히 반대해 주동적으로 소(疏)를 올렸다가 심한 고문을 당했는데, 심한 고문을 당하면서 숙종 앞에서 이렇게 말했습니다.

「"신은 오늘 죽을 것을 단정하였으나 전하의 지나치신 처사가 이 지경에 이르러 망국(亡國)의 임금이 되는 것을 면치 못할까 두려우니, 이에 깊이 통탄하고 한스럽게 여깁니다." 임금이 이르기를, "내가 망국의 임금이 되는 것이 너에게 무슨 상관이냐." 하고는, 빨리 무릎 누르는 형벌을 쓰게 하니, 두 차례 무릎 누르는 형벌을 시행했는데도 얼굴빛이 변하지 않았고 아프다는 소리도 내지 않았다. 화형(火刑)을 쓰라는 명이 엄하고 급하여 나졸들이 옷으로 불을 붙이고 태보를 거꾸로 기둥에 매달아 지지니 그가 낮은 목소리로 아뢰기를, "신이 듣건대, 무릎을 누르는 형벌이나 화형은 모두 역적을 다스리는 극형이라 하는데, 신에게 무슨 죄가 있기에 역적과 같이 치죄하십니까." 하니 임금이 이르기를, "네 죄는 역적보다도 더하다." 하고는 옷을 벗기고 온몸을 지지기를 두 차례나 거듭했다. 드디어 넓적다리를 불로 지지니 권대운(權大運)이 입으로 말을 할 듯 말 듯 하다가 아뢰기를, "화형은 법에 본래 지지는 부분이 따로 있는데 온몸을 지지는 것은 규례가 아니니 후일 그릇된 전례를 만들까 두렵습니다." 하였다. 임금이 이르기를, "그렇다면 규례대로 하라." 하니 비로소 발바닥을 지졌다. "전하께서 만일 신을 죽이려 하신다면 비록 시장에 끌어내어 송장을 드러내어도 신이 어찌 감히 사양하고 피하겠습니까. 이제 만일 자백한다면 신이 죽어 지하에 돌아갔을 때 형벌을 못 이겨 거짓으로 자백한 귀신 됨을 면치 못하여 여러 귀신에게 손가락질을 당하고 비웃음을 사게 될 것이니, 어찌 매우 부끄러운 일이 아니겠습니까. 신이 살아서 전하를 바른길로 인도하지 못하였으니, 차라리 죽어서 아무것도 모르고 싶습니다. 빨리 사형에 처하소서." 하고, 이로부터 눈을 감고 입을 봉하여 끝내 한마디도 말하지 않았다…(중략)…박세당이 말하기를, "네 이제 다시 살아날 가망이 없으니 어찌하겠느냐. 다만 조용히 죽어서 마지막을 빛나게 하라." 하니 태보가 답하기를, "어찌 감히 가르치심을 좇지 않겠습니까." 하였다.」

난세에서 인격과 처세를 얻다

죽은 뒤 숙종은 곧 후회했고 영의정을 추증했으며 충절을 기리는 정려문을 세워주었습니다.

숙종 때 장옥정(훗날 장희빈)의 어머니가 뚜껑 있는 가마를 타고 대궐 안에 드나들었는데, 지평(持平; 사헌부 정5품 벼슬) 이익수(李益壽)가 보고 가마를 때려 부수고 불태워버렸습니다. 그가 상소로 왕에게 말했습니다.

「신이 그저께 대청(臺廳)에 나아갔다가 장소의(張昭儀; 장옥정을 말함)의 어머니가 팔인교(八人轎)를 타고 대궐을 출입한다는 말을 들었는데, 마침 그 가마가 건양문(建陽門) 안에 있으므로 사헌부의 아전을 보내서 그 종을 잡아 다스리고 아울러 그 가마까지 빼앗아 왔습니다. 신은 생각건대, 소의(昭儀; 후궁에게 내린 정2품 첩지)의 어머니는 곧 하나의 천한 사람인데 감히 가마를 타고 전하의 대궐에 드나드니, 이렇게 무엄할 수가 있습니까. 신은 혹 이런 따위의 일이 한결같이 전하의 교화에 손상됨이 있을까 염려되므로, 이미 본부(本府)를 시켜 징치(懲治)하게 하였습니다. 만일 전하께서 지금부터라도 궁액(宮掖)을 단속함으로써 등급과 한도를 바르게 하여 안팎이 엄숙하고 위와 아래가 뚜렷하게 구별되게 된다면 정치 교화에 도움 됨이 어찌 적겠습니까." 하였다.」

숙종 때 정시한(丁時翰)은 숙종에게 상소를 올렸는데, 일부를 인용하여 소개합니다.

「우리 조정은 너그럽고 어진 것으로 나라를 세워 여러 선왕 때부터 예로써 신하를 대우하고 함부로 죽이지 않았으니, 어찌 여러 번 대신을 죽인 전하의 조정 같은 때가 있었겠습니까. 즉위하신 지 16년에 시사(時事)가 세 번 변했는데, 변할 때마다 오로지 한쪽 사람만 쓰시어 내쫓긴 자들은 한을 품어 뼈에 사무치게 하고 뜻을 얻은 자들은 마음대로 보복을 행하게 하여, 예의와 사양함이 있어야 할 조정이 한 싸움터가 되어 버렸고, 교화의 모범이 되어야 할 벼슬아치들은 한갓 모략과 중상을 일삼습니다. 전하께서도 이들이 하는 대로 맡겨두시고 피차를 융화시켜 인심을 바로잡을 도리는 생각하지 않으시니, 신은 이대로 가다가는 전하의 조정에 싸움이 그칠 때가 없을까 두렵습니다.

하물며 지금같이 인재가 매우 부족한 때가 없었으니 이것은 나라를 둘로 쪼개었기 때문입니다. 옛사람도 말하기를, '편벽되이 한쪽 말만 들으면 간악한 일이 생기고, 한쪽에만 맡기면 혼란하게 된다.' 하였습니다. 전하께서는 사람들을 쓰고 물리치실 때 사람을 좋아하실 때는 무릎 위로 껴안을 것처럼 하다가 내보낼 때는 깊은 못에 밀어 넣는 것처럼 하여 마음이 일정하지 못하고, 주고 빼앗는 것에 번복이 많습니다. 때문에 신하들이 전하를 섬김에 모두 장구한 계획이 없고 각자가 제 몸만 위하고 국가의 일은 생각하지 않아서 조정에 기상이 얕고 촉발하여 질서 없이 뒤숭숭하며 날마다 위태롭고 망하는 지경으로 들어가니, 필경 어느 지경에 이를 것인지 신은 알지 못하겠습니다.

전하께서 즉위하신 이래 을묘년부터 기미년에 이르기까지 어질다고 존경하고 사랑하신 자가 몇 사람인데, 경신년에 이르러 죽이지 않으면 귀양 보내고 귀양 보내지 않으면 내쫓으셨으니, 그 사람들을 어진 사람들이라 하겠습니까. 간사한 사람들이라 하겠습니까. 경신년으로부

난세에서 인격과 처세를 얻다

터 무진년에 이르기까지 또 모두 어질다고 존경하고 사랑하신 자가 몇 사람인데, 기사년에 이르러 죽이지 않으면 귀양 보내고 귀양 보내지 않으면 내쫓으셨으니, 그 사람들을 어진 사람들이라 하겠습니까, 간사한 사람들이라 하겠습니까. 그러고 보면 기사년 이후에도 모두 어질다고 존경하고 사랑하신 자들이 훗날에 과연 어진 사람이 될지 간사한 사람이 될지 신은 알지 못하겠습니다.

전하께서 전 시대의 역사를 보시면 말하는 자를 때려죽인 임금은 과연 어떠한 임금이었습니까. 조정에 가득한 신하 중에 한 사람도 힘써 간(諫)하는 자가 없었으니, 신은 매우 애석하게 여깁니다. 또 전하께서는 듣기 싫은 일은 반드시 먼저 금령(禁令)을 내리시니, 비록 옛날 요순처럼 비방하는 나무를 세우지는 못한다 하더라도 이러한 금령으로 사람들의 말을 막아서야 되겠습니까.

전하께서 일없이 한가하실 때 시험 삼아 16년 동안 행하신 일을 일일이 점검하시기를, '어느 해 어느 신하가 어느 일을 간할 때 내가 그에게 행한 것이 과연 간하는 말을 받아들이는 도리에 합당하였는가.'하고 반성하여 보소서."」

참고로 정시한(丁時翰)은 성리학에도 밝았는데, 훗날 정약용은 정시한의 학덕을 존숭하여 "정구(鄭逑)·장현광(張顯光) 이후로 진정하고 순수한 유학자는 오직 선생 한 분뿐이다."라고 말했습니다.

역시 숙종 때 부제학(副提學)이던 민종도(閔宗道)가 상소를 올렸는데, 일부를 소개합니다.

「승정원에 내리신 하교를 보니, 말씀 가운데 현저히 노기(怒氣)를 드러내셔서 마치 신하들을 억압하고 협박하여 다른 의견을 내지 못하게 하는 것 같았습니다. 지금 조정에서는 강직한 기운이 사라졌고 경연에서는 강직한 말을 들을 수가 없습니다. 이번 배향(配享)하는 일로 인하여 먼저 위협과 성냄을 보이심이 마치 장차 천둥 번개로 나무를 꺾듯 삼만 근의 무게로 새알을 부숴 버릴 것 같았습니다. 아아! 해로움을 피하고 이익을 따르는 것은 사람의 상정(常情)입니다. 임금의 말씀이 한번 전파되면 천하가 모두 듣습니다. 가령 훗날 전하께서 하시는 일이 비록 의리에 크게 부당한 것이 있을지라도 자기의 몸을 돌보지 않는 사람이 아니면 누가 용의 역린(逆鱗)을 건드리고 임금의 면전에서 맞대고 바른말을 하는 이가 있겠습니까." 하였다.」

계사년(1593년)에 선조(宣祖)가 서쪽으로 피난 갔다가 돌아오자 홍가신(洪可臣)은 만언소(萬言疏)를 올려 선조를 비판했습니다.

「전하께서 잘 다스리고자 하였던 즉위 초년의 뜻을 이루지 못하시고 수도를 잃고 파천(播遷)하여 후대에 비판받을 빌미를 제공하셨으니, 망국(亡國)의 군주와 그 치욕이 마찬가지입니다.」

역시 조선 선조 때 승지 강서(姜緖)가 경연 자리에서 임금에게 말했습니다.

「전하께서 여러 신하를 멸시하시고 일세(一世)를 능멸하시는 허다한 병통은 모두 '驕'(교만)에서 오는 것입니다.」

경연 자리에서 영조가 신하에게 「나에게 몇 가지 폐단이 있는가. 각기 소견을 말하라.」라고 하자 참찬관(參贊官; 정3품) 홍경보(洪景輔)가 아뢰었습니다.

「총명을 뽐내고 남을 이기길 좋아하고 자신의 허물을 듣기를 부끄러워하고 변론을 빠르게 해 버리는 것, 이 네 가지를 전하께서 모두 면하지 못하고 계십니다.」

역시 영조 때 부평부사(富平府使)였던 김상성(金尙星)이 구언상소(求言上疏)를 올렸는데, 그 일부를 인용합니다.

「전하께서는 본래 기질이 무척 밝고 순수한데 일찍이 강한 스승의 엄한 보도(輔導)의 도움을 받지 못하여 이미 멋대로 행하고 뜻대로 하고야 마는 병통이 있으며, 마음에 다소 결점이 있어 학문이 깊지 못하고 조절하여 보존하는 데 힘을 쓰지 않으십니다. 이에 천리(天理)는 날로 조금씩 줄어들고 인욕(人慾)은 날로 조금씩 더해져, 단단히 굳어지고 휘감겨 진실과 허위가 서로 뒤섞여 잠깐 성인(聖人)과 같아졌다가 곧 범부(凡夫)처럼 되고 순간 왕자(王者; 덕으로 천하를 다스리는 사람) 같았다가 이내 패자(霸者; 무력이나 권력, 권모술수로써 천하를 다스리는 사람)처럼 되곤 하십니다. 그런데 근래에는 또 거만스레 으스대고 멋대로 성인인 체하여 마치 요순(堯舜)과 같은 정치를 이미 8, 9분이나 차지한 지위에 있는 것처럼 하시니, 바로 급암(汲黯)이 한무제(漢武帝)에게 이른바 속으로는 욕심이 많으면서 겉으로는 인의(仁義)를 베푼다고 말한 것과 같습니다. 그러니 삼대(三代)는 고사하고 또한 어찌 한(漢)이나 당(唐)나라의 보통 임금에게라도 미치겠습니까.」

대사헌이었던 손중돈(孫仲暾)이 중종(中宗)에게 상소를 올렸는데, 일부를 인용합니다.

「지금 전하께서 성심(誠心)으로 부지런히 경연에 나오시어 끊임없는 성의로써 광명(光明)한 데 이르려고 하기를 옛적의 성현과 같이하시니, 학문을 좋아하는 군왕이라 할 수 있습니다. 그러나 강관(講官)들은 책을 들고서 장구(章句)만 읽어갈 뿐 의리는 분석하지 않고, 전하께서는 책에 임하여 글줄만 보아갈 뿐 질문하고 변론하는 말씀은 들어볼 수 없어, 의심나는 데를 질정(質正; 옳고 그름을 따져 바로잡음)하는 일도 없고 의취(意趣)를 귀결짓는 일도 없으므로 상하가 형편대로 구차하게 격식만 갖추고 있습니다. 군신(群臣)들을 대하였을 적에도 오히려 이러하시니, 깊은 궁중과 그윽한 자리에서는 내시와 궁녀들이 좌우로 줄지어 모시게 되어 숙공(肅恭)한 거동을 갖기 어려워지고 태만한 생각이 틈을 타기 쉬운 법인데, 이런 때 전하께서는 학문하는 뜻을 가지시고 건전하게 정진해 가시는지 알지 못하겠습니다.」

이목(李楘)이 경연의 신하로 있을 때 인조(仁祖)에게 말했습니다.

「지금 천재(天災), 시변(時變), 백성의 고통, 변방의 걱정에 대해 모두 말씀드려야 하지만 우선 성상(聖上)의 마음을 바로잡으소서. 성상께서는 오랫동안 경연을 폐하고 항상 궁첩(宮妾)을 가까이하며 사심(私心)을 갖고 기뻐하거나 화를 내고 상벌의 마땅함을 잃었으며 귀에 거슬리는 말을 듣기 싫어하고 오직 자기의 뜻을 따르는 것만 즐거워하시니, 신은 삼가 개탄스럽습니다.」

조선 인조와 효종 조에서는 소현 세자와 그 부인인 강빈(姜嬪)의 옥사 그리고 그 세 아들에 대해 논하는 것 자체를 금했는데, 조경(趙絅)은 달랐습니다.

겨울철에 우레가 치자 그는 인조에게 「소현 세자(昭顯世子)의 세 아들이 무슨 큰 죄가 있어서 해도(海島)에 안치(安置)합니까. 용서하고 데려오소서.」라고 했으며, 겨울에 기내(畿內)에 비린내 나는 안개가 사방에 자욱하게 끼자 효종에게 「김홍욱(金弘郁; 강빈이 억울하게 죽은 일을 아뢰어 장살당한 신하)이 하옥되어 죽은 후로 군도(君道)가 날로 지나치고 국사(國事)는 날로 그릇되며 재이(災異)는 날마다 나타나고 인심은 날로 흩어지고 충언과 곧은 의론은 전하의 뜰에서 끊어져 버렸습니다.」라는 상소를 올렸습니다.

장자(莊子)가 말했습니다.

「온 세상 사람들이 칭찬해도 마음이 움직이지 않고, 온 세상 사람들이 비방해도 꺾이지 않는다.」

임제(臨濟) 선사가 말했습니다.

「모든 부처님이 내 앞에 나타나도 나는 기쁘지 않고, 지옥이 갑자기 나타나도 두렵지 않다.」

옛 선인께서 말씀하셨습니다.

「범과 표범의 새끼는 아직 무늬가 생기기도 전에 벌써 소를 잡아먹을 기상이 있다. 기러기와 고니의 새끼는 깃털과 날개가 온전해지기도 전에 벌써 모든 바다를 날아 건널 마음이 있다.」

기대승(奇大升)이 말했습니다.

「선비가 세상을 살아가는 데는 혹은 세상에 나아가기도 하고 물러나기도 하며, 혹은 때를 만나기도 하고 만나지 못하기도 하지만 그 마지막은 몸을 깨끗이 하고 의(義)를 행할 뿐이요, 화와 복은 논할 바가 아니다.」

318.
악(惡)의 근원

게으른 것
절제하지 못하는 것
남의 고통에 무심한 것
작은 불편함도 참지 못하는 것
담박한 생활에 넌더리를 치는 것
남이 나를 빨리 알아주기를 바라는 것

난세에서 인격과 처세를 얻다

고요하고 적막한 환경을 참아내지 못하는 것
남이 자기를 융숭하게 대우해 주기를 바라는 것

사소한 일

아래는 동문선에서 펴낸 〈태도적 가치〉라는 책에 실린 내용인데, 배울 점이 많아서 그대로 인용합니다.

「서울 여의도에 있던 어느 외국계 보험사에서 있었던 일입니다. 이 회사에 다니던 한국 직원이 임원 승진에서 떨어졌습니다. 그동안 쌓은 실적도 탁월했고 동료들의 평가도 좋았기에 당연히 그가 승진될 것으로 여기는 분위기였습니다. 그런데 그가 임원 승진에서 탈락한 것입니다.

그래서 그는 외국인 지사장에게 올라가 자기가 왜 진급이 안 됐는지를 물었습니다. 그러자 그 지사장이 말했습니다.

"나도 잘 압니다. 당신의 실적이 다른 동료들에 비해 뛰어나다는 것을요. 그런데 말입니다. 내가 평소에 여기 창문을 통해 저 아래를 내다보곤 하는데, 당신이 횡단보도를 건널 때 신호를 무시하고 건너는 것을 여러 번 목격했습니다. 해서 이번 진급 심사에서 당신의 진급을 내가 막았습니다."

"무단으로 횡단보도를 건넌 것과 이번 진급이 무슨 상관이 있습니까?"

"당신이 평사원이라면 그런 일이 대수롭지 않을 수 있습니다. 하지만 책임이 막중한 임원이라면 문제가 다릅니다. 당신이 아무 때고 건널목을 건너거나 운전을 할 때 교통 신호를 지키지 않아 사고를 당한다면 그 피해가 당신 개인한테만 미치는 것이 아닙니다. 당신을 진급시킨다면 우리 회사는 당신 때문에 언젠가 큰 낭패를 볼 것입니다. 안타깝지만 그런 위험을 안고 갈 수는 없습니다."

정조천릉지문(正祖遷陵誌文)에서 정조를 평하여 말합니다.

「어좌(御座) 곁에는 도서와 기물들이 질서 정연하게 일정한 곳에 놓여 있었고, 방안 구석구석도 선을 그은 듯이 정리 정돈이 되어 있어 혼자 계신 곳에서도 처신이 어떻다는 것을 알 수 있었다.」

이덕무가 말했습니다.

「남의 방에 들어갔을 때 아무리 앉기가 거북스럽더라도 코를 가리거나 눈살을 찌푸리거나 금방 나와 버리거나 하지 말라. 이런 정도를 견디지 못하면 이보다 큰 것에는 어떻게 하겠는가.」

난세에서 인격과 처세를 얻다

은혜

부모의 은혜보다 스승의 은혜가 더 크고 스승의 은혜보다 성인(聖人)의 은혜가 더 큽니다.

성인의 은혜가 아무리 크다 한들 중생의 은혜만 못하니, 불쌍한 사람 하나를 돕는 것이 성인이나 신(神)을 숭배하는 일보다 훨씬 더 큰 공덕이 됩니다.

나에게 미안합니다

사람들을 많이 만났지만 나 자신은 만나지 못했습니다.

나를 가장 힘들게 한 것은 바로 나였습니다.

내가 가장 미워한 것도 바로 나였습니다.

나 자신을 가장 못난 사람이라고 여겼습니다.

나 자신을 아껴주지 못했습니다.

나 자신을 사랑하지 못했습니다.

나 자신에게 미안하게 생각합니다.

나 자신에게 참회합니다.

나 자신을 용서합니다.

322.

열린 마음

저는 당신을 중요한 사람으로 생각합니다.

저는 당신의 말을 경청할 준비가 되어 있습니다.

저는 당신의 말을 듣고 제 의견을 바꿀 용의가 있습니다.

저는 당신의 말에 진지하게 귀를 기울일 준비가 되어 있습니다.

323.

비로소 알게 되는 것들

나를 도와주는 사람이 없다면 나 역시 남을 도와준 적이 없었을 겁니다.

자식이 나에게 못되게 굴면 나는 내 부모님에게 어떤 자식이었는지 생각해 봅니다.

나를 힘들게 하는 사람이 많다면 나 역시 남을 함부로 대하고 모진 말을 내뱉고 이기적으로 행동한 적이 많았음이 분명합니다.

나에게 질병이 많이 찾아온다면, 전생 또는 젊었을 적에 성관계를 함부로 했거나 나쁜 식습관을 가졌었거나 생명을 함부로 해쳤을 가능성이 무척 큽니다.

머리가 둔하고 기억력은 형편없으며 지혜가 모자란다면, 전생 또는 젊었을 적에 지식이 좀 있다 하여 남을 우습게 보았거나 지식을 남에게 알려 주는 일에 인색했거나 나보다 지혜로운 자를 헐뜯었거나 선생임에도 제자들을 올바른 길로 인도하지 못했기 때문입니다.

324.

쓰임새

옛 선인께서 말씀하셨습니다.

「들보나 기둥같이 큰 재목은 성벽을 무너뜨리는 데는 유용하지만 작은 구멍을 막는 데는 소용이 없다. 천리마는 하루에 천 리를 달릴 수 있지만 쥐를 잡는 데에는 살쾡이만 못하다. 올빼미는 밤에도 벼룩을 잡고 터럭 끝도 볼 수 있지만 낮에 나와서는 눈을 뜨고 큰 산도 보지 못한다. 이는 재주가 다르고 본성이 다르고 쓰임새가 다르기 때문이다. 만약 이를 무시한다면 이는 하늘은 공경하면서도 땅은 업신여기고 양(陽)은 존중하면서 음(陰)은 무시하며 인간은 높이 여기고 짐승은 낮게 여기는 것과 같은 것이다.」

거울과 창(窓)은 둘 다 유리로 만들었지만 거울은 자신을 보기 위해서 만들어졌고 창은 바깥을 보기 위해 만들어졌습니다.

방패와 창(槍)은 모두 무기이지만 방패는 주인을 지켜주기 위해 만들어졌고 창은 상대방을 죽이기 위해 생겨났습니다.

이 세상은 의사나 판검사도 필요로 하지만 청소나 택배·경비·계산원·

건설 노무자 등 궂은일을 하는 사람도 필요합니다.

　대학교수도 훌륭한 직업이지만 어린이집 교사도 훌륭한 직업이며, 영화배우나 아나운서도 중요한 직업이지만 세탁업이나 대리운전도 중요한 직업입니다.

　책을 저술하는 작가도 필요하지만 책을 디자인하거나 제본하여 인쇄기로 찍어내는 사람도 필요합니다.

　자동차를 만드는 회사도 필요하지만 쓰레기를 태우거나 폐지를 재활용하는 회사도 필요합니다.

　주연급 영화배우나 예쁜 연기자도 필요하지만 단역 배우나 엑스트라 등도 필요합니다.

　비행기 조종사도 필요하지만 택시 기사도 없어서는 안 될 사람입니다.

325.
부끄러운 일

　어느 신학대학교 교수가 말했습니다.

「신학교 동기 목사들을 만나면 화제가 '교회가 몇 평이고, 성도가 몇 명이고, 어느 유명 인사가 자기 교회에 나오고, 어느 목사 자식이 명문대에 갔다.' 하는 말 일색입니다.」

어느 법관이 말했습니다.

「판사들이 판결문을 쓸 때 가장 의식하는 곳은 바로 항소심 재판부입니다. 피고나 언론이 아닙니다. 항소심 재판부를 의식해서 판결문을 쓰기 때문에 판결문이 지나치게 어렵고 긴 겁니다. 어렵고 길게 써야 항소심 재판장들이 좋아하니까요.」

어느 언론인이 말했습니다.

「신문사에서 기사를 작성할 때 누구를 가장 의식할 것 같습니까? 독자요? 아닙니다. 권력이요? 천만의 말씀입니다! 다른 신문사들입니다. 다른 신문사에 비해 기사를 더 잘 쓰는 일을 최우선의 가치로 삼습니다. 그다음이 대기업을 비롯한 광고주들입니다. 이들한테 잘못 보이면 광고가 끊깁니다. 광고가 끊기면 언론사는 죽는 겁니다.」

어느 중소기업 부장이 말했습니다.

「무엇보다 실적이 중요합니다. 직원들의 안전이나 사기(士氣), 만족도, 퇴사, 복지 등은 사실 안중에 없습니다.」

누가 말했습니다.

「월 130만 원을 받으며 1분도 쉴 틈 없는 어린이집 교사가 애들에게 화풀이 안 하는 게 비정상이다. 하루 16시간 운전하고 다음 날 새벽에 또 버스를 몰아야 하는 운전사가 졸음운전을 하지 않는 게 비정상이다. 걸핏하면 자정을 넘겨 퇴근하는 간호사가 의료사고를 내지 않는 게 비정상이다. 대한민국은 몸 쓰는 노동자의 임금 착취로 지탱되는 비정상 사회다.」

326.
선을 넘지 말아야

김수팽(金壽彭)은 조선 영조 때 호조의 서리(胥吏)였습니다. 그가 선혜청(宣惠廳)의 아전으로 근무하는 동생의 집에 갔더니 마당에 큰 물동이가 줄지어 있었습니다. 김수팽이 무엇이냐고 묻자 동생이 말했습니다. 「아내가 염색업을 합니다.」 그러자 김수팽은 불같이 화를 내며 「명색이 관리로 나라에서 녹(祿; 녹봉의 줄임말로, 관리들이 받는 봉급)을 받으면서도 그것으로 만족하지 못하고 염색일을 더 한단 말이냐? 부족하면 부족한 대로 살림을 꾸리면 될 것이지, 녹은 녹대로 받아먹으면서 이런 장사까지 해 먹으면 더 가난한 백성들은 무얼 해서 먹고살란 말이더냐?」 하면서 물동이를 모두 엎어버렸습니다.

중국 노(魯)나라 무공(繆公) 때 벼슬아치였던 공의자(公儀子)가 노나라에서 벼슬살이할 때 부인이 비단을 짜는 것을 보고 화가 나서 부인을 내쫓았으며, 관사에서 아욱과 채소를 기르는 것을 보고 화가 나서 아욱과 채소를 뽑으면서, 「나는 이미 녹봉을 먹는데 또 농부와 아낙들의 이익을 빼앗겠는가.」라고 말했습니다.

국가나 관리가 이익을 놓고 민간 기업과 다투거나, 녹봉을 받고 사는 관리들이 더 많은 돈을 벌고자 백성의 생업에 뛰어드는 일은 후안무치(厚顔無恥)한 짓입니다.

한국에선 집배원이나 환경미화원 등을 채용하는데 대학을 나온 이들이 대거 지원하는 경우를 자주 볼 수 있습니다. 하지만 서구 유럽에서는 이런 일이 지탄의 대상이 됩니다. 배울 만큼 배운 자들이 못 배운 사람들의 영역까지 넘보는 것은 몰염치한 일이라는 겁니다.

교사나 경찰, 군인 등 퇴직 후 나라로부터 죽을 때까지 연금을 받는 사람들이 퇴직 후 패스트푸드점에서 아르바이트를 하거나 폐지를 주우러 다니거나 아파트 경비원 등을 하는 것도 하지 말아야 합니다.

부끄러움(2)

내가 사람들을 만나서 내뱉는 말을 누군가가 녹음해서 들려주거나, 내가 하는 행위들을 누군가가 촬영해서 보여준다면 너무나 부끄러울 겁니다.

사람들을 만난 후 귀가하면 그날 있었던 일들을 떠올리게 되는데, 하나같이 후회스럽거나 실망스럽습니다.

남을 은근히 깔보거나 잘난 척하거나 말을 독점하거나 속어(俗語)를 남발하거나 함부로 행동하거나 우월의식을 드러내거나 술을 지나치게 많이 마시거나 얄밉게 구는 행위들은 본인의 수준이 그것밖에 안 된다는 것을 여실히 보여 줍니다.

'더 자중하고 더 침묵하고 더 배려했어야 했는데, 왜 그리도 못난 행동을 보였을까.' 하는 후회가 밀려올 땐 이미 늦었습니다.

328.
고기를 먹지 않다

옛 선비들의 문집이나 행장(行狀), 묘갈명(墓碣銘) 등을 읽어 보면 다음과 같은 기록들을 자주 보게 됩니다.

「상인(喪人)의 곁에 있을 때는 고기를 먹지 않는다.」

「친척이나 친구가 죽었다는 말을 들으면 고기를 먹지 않았다.」

「사람이 죽었다는 소식을 들으면 친소와 귀천을 가리지 않고 고기를 먹지 않았다.」

「군인들이 전쟁이나 훈련 중에 죽었다는 소식을 들으면 고기를 먹지 않았다.」

「의로운 사람이나 현자가 죽었다는 말을 들으면 고기를 먹지 않았다.」

「국기일(國忌日) 및 옛 성현과 우리 동방 선정(先正)의 기일(忌日)에는 고기를 먹지 않았다.」

「부모나 조상의 기일(忌日)이 다가오면 반드시 그 전부터 재계(齋戒)하여 기일이 될 때까지 열흘 동안 고기를 먹지 않았다.」

「기일(忌日)을 당하면 하루 전에 냄새나는 채소를 먹지 않고 술을 마시지 않으며 고기를 먹지 않는다.」

「복례(僕隷)와 같은 미천한 아랫사람이 죽었을 때도 그를 위해 고기를 먹지 않았다.」

「재계(齋戒)할 때나 상중(喪中)에는 평소와 달리 술과 고기, 매운 음식 등을 먹지 않으며 음악도 듣지 않았다.」

「대제(大祭)를 앞두고 제관(祭官)으로 임명된 관원은 술과 고기를 먹지 않고, 파·부추·마늘 등 매운 것을 먹지 않고, 조상(弔喪)이나 문병을 하지 않고 음악을 듣지 않는다.」

「비록 짐승이라도 죽어가는 소리를 들으면 차마 그 고기를 먹지 않았다.」

「조헌(趙憲)은 한평생 쇠고기를 먹지 않았는데, 하루는 어느 어른이 억지로 먹으라고 하자 선생은 눈물을 글썽이며 말하기를, "우리 아버지께서 임종 시에 이것을 찾으셨는데, 가난해서 사드리지 못했습니다. 그런데 어떻게 차마 먹겠습니까." 하였다.」

「송(宋)나라 때 주수창(朱壽昌)은 아버지에게 버림을 받고 내쫓긴 어머니와 어려서 헤어져 종적을 모르고 지낸 50여 년 동안 하루도 어머니를 생각하지 않은 적이 없고 술과 고기를 먹지 않았다.」

329.
지혜(6)

책만 많이 읽은 사람과는 사귀지 마십시오.
게으른 사람과는 혼인도 교제도 하지 마십시오.
작은 일에 최선을 다하지 않는 사람은 버리십시오.
고생을 해보지 않은 사람을 중용(重用)하지 마십시오.
다른 사람을 깔보는 사람, 교만한 사람은 멀리하십시오.
큰 실패를 겪어보지 않은 사람에게 큰일을 맡기지 마십시오.
모든 사람에게서 두루두루 인기가 있는 사람을 멀리하십시오.
자기 부모에게 함부로 하는 사람과는 절대 동업(同業)하지 마십시오.
음주운전이나 교통법규 상습 위반자에게는 중요한 자리를 주지 마십시오.

선후(先後)

아이를 야단칠 때는 먼저 먹인 다음에 해야 합니다. 또 자갈과 모래를 주고 항아리를 가득 채우라고 하면 먼저 자갈을 넣은 후에 모래를 넣어야 빈틈없이 채워집니다.

이렇듯 모든 일에는 선후(先後)가 있습니다.

〈대학〉에서 말합니다.

「사물에는 근본과 말단이 있고 일에는 처음과 마지막이 있다. 먼저 해야 할 일과 나중에 해야 할 일을 알면 도(道)에 가까워진다.」

임종을 앞에 둔 사람은 만사를 제쳐놓고 '참회'부터 해야 합니다. 상속이나 유언·기증(寄贈) 등은 부차적인 일입니다.

〈좌전(左傳)〉에서 말합니다.

「천도는 멀고 인도는 가깝다[天道遠人道邇]」

이는 먼저 사람 노릇을 잘하고 난 뒤에 학문이나 도(道)나 신앙(信仰)을 닦으라는 뜻입니다.

범중엄(范仲淹)은 '선우후락(先憂後樂)'이라는 만고의 명언을 말했습니다. 세상일을 남보다 먼저 근심하되 즐거움은 나중에 누리겠다는 뜻입니다.

〈논어〉에서 말합니다.

「어려운 일은 남보다 먼저 하고 이익은 남 뒤에 얻는다.[先難後獲]」

공자의 말씀을 더 보겠습니다.

「일을 먼저 하고 이득은 뒤로 미룬다.[先事後得]」

「먼저 자기 일에 책임을 다하고 생계는 뒤로 미룬다.[先敬後食]」

「말보다는 행동을 앞세워라.[先行其言]」

「먼저 부유하게 하고 나중에 가르쳐라.[先富後敎]

사마천(司馬遷)은 공(公)을 먼저 하고 사(私)는 나중에 한다는 '선공후사(先公後私)'를 말했고, 공자의 제자인 자하(子夏)는 믿음을 먼저 얻은 후가 아니면 백성을 수고롭게 해서는 안 된다는 '신이후로(信而後勞)'와, (군주로부터) 믿음을 얻은 뒤에 간(諫)해야 한다는 '신이후간(信而後諫)'을 말했습니다.

자산(子産)은 배운 다음에 벼슬을 한다'는 '학후입정(學後入政)을 말했고, 주자(朱子)는 아는 것이 행(行)보다 먼저라는 '선지후행(先知後行)'을 말했습니다.

또 학문을 시작하는 사람은 경전을 먼저 읽고 사서(史書)는 나중에 봐야 한다는 '선경후사(先經後史)'라는 말도 있습니다.

또, 은혜는 얇은 데서 시작하여 점점 두텁게 베풀어야 사람들이 잊지 않는다는 '자담이농(自淡而濃)'과, (사람을 사귈 때는) 처음엔 담담하게 나중에는 진하게 대하라는 '선담후농(先淡後濃)'은 〈채근담〉에 나옵니다.

선(善)을 행하는 것과 악(惡)을 중단하는 것 중 악을 제거하는 것이 더 시급하다는 '거악최급(去惡最急)', 젊어서 고생하되 늙어서는 안락을 누린다는 '선고후락(先苦後樂)', 사람을 대할 때는 먼저 위엄으로 대하다가 나중에 관후(寬厚)하게 대한다는 '자엄이관(自嚴而寬)', 먼저 마음을 모아 화합한 뒤에 큰일을 도모하라는 '선화후대사(先和後大事)', 일은 남보다 먼저 하고 말은 남보다 뒤에 하라.[先衆人而爲後衆人而言]는 말씀도 있습니다.

「죄가 의심스러울 땐 가볍게 처벌하고, 공(功)이 의심스러우면 무겁게 상(賞)을 주는 쪽으로 한다.[罪疑惟輕 功疑惟重]라는 말씀과, 「법을 어긴 사람은 벌하되 그 자손까지는 미치게 하지 않으며, 상(賞)은 자손 대대로 미치게 하라.[罰不及嗣 賞延于世]라는 말씀이 〈서경(書經)〉에 전합니다.

조선 인조 때의 인물인 정두경(鄭斗卿)이 말했습니다.

「지금 우리나라는 천천히 할 것과 먼저 할 것에 대해 알지 못하고 있다. 그러니 어찌 나라가 위태롭지 않겠는가. 천천히 할 것은 무엇인가. 예문(禮文; 禮樂과 文物)이 바로 그것이다. 급하게 할 것은 무엇인가. 무비(武備; 전쟁 대비)가 바로 그것이다.」

331.

마음의 준비가 되어 있는가

높은 자리에 오른 당신, 책은 많이 읽어 두었는가.

정년퇴직한 당신, 이 세상에 대한 고마움을 갖고 있는가.

창업을 꿈꾸는 당신, 사람들을 끌어들이는 매력이 있는가.

학문 성취가 높은 당신, 무지한 사람들을 업신여기지 않을 수 있는가.

훌륭한 부모를 만난 당신, 못난 부모를 만난 사람들을 보듬어줄 아량은 있는가.

부유한 부모 밑에서 자란 당신, 가난한 부모를 만난 사람들의 마음을 헤아려줄 수 있는가.

332.

신(神)에게 가까이 다가간 사람들

참기 어려운 슬픔을 겪은 사람은 신에게 가까이 다가간 사람입니다.

베풀기를 좋아하고 이를 드러내지 않은 사람은 신에게 가까이 다가간 사람입니다.

좋은 일을 많이 했음에도 욕설이나 비방 등을 많이 당한 사람은 신에게 가까이 다가간 사람입니다.

'나는 어디에서 왔는가.', '나는 누구인가.'라는 질문을 자신에게 끊임없이 하는 사람은 신에게 가까이 다가간 사람입니다.

무엇이든지 쉽게 내려놓고, 집착과 망심(妄心)을 쉬며, 무아(無我)의 이치를 깨달은 사람은 신에게 가까이 다가간 사람입니다.

참을 수 없는 고통이나 치유하기 어려운 질병에 걸린 사람은 신(神)에게 가까이 다가간 사람입니다.

333.

나의 간절한 기도

내 나이 오십이 되면 내가 하고 싶은 말의 3분의 1만 하게 하소서.
내 나이 육십이 되면 내가 하고 싶은 말의 5분의 1만 하게 하소서.
내 나이 칠십이 되면 내가 하고 싶은 말의 8분의 1만 하게 하소서.
내 나이 팔십이 되면 내가 하고 싶은 말의 10분의 1만 하게 하소서.

334.

우리가 사는 이 세상

아래는 '청년 고독사' 방송에 달린 댓글들입니다.

「인생은 고통. 죽음은 그 유일한 탈출구.」

「전쟁 나는 것 말고는 이 나라에 희망이 없다고 봅니다. 」

「나라는 존재가 원래 없었던 것처럼 사라져버렸으면 좋겠다. 너무 지쳤다.」

「산 자보다 죽은 자가 더 좋고, 그보다 더 좋은 것은 태어나지 않은 자이다.」

「세상에서 가장 행복한 사람은 잠들기 전에 아무 고민이 없는 사람 이죠.」

「남들처럼 평범하게 사는 것이 가장 비범한 일이라는 걸 어른이 되고 나서 느낀다. 평범한 집에, 평범한 차에, 사랑하는 사람과 사는 것이 어마어마하게 힘들다. 」

「진짜 자살하고 싶어서 자살하는 사람은 없다. 다들 행복하게 살고 싶어 한다.」

「내 몸을 누일 작은 집 하나 없고, 내 손을 잡아 줄 가족이나 친구 하나 없다.」

「가난하게 태어나느니 부잣집 애완견으로 태어나는 게 더 낫다.」

「내가 태어나기 전, 아예 이 우주에 존재하지 않았던 '무(無)'의 상태

난세에서 인격과 처세를 얻다

로 돌아가고 싶다.」

「내 꿈은 엄마 아빠 돌아가시면 내 손으로 묻어드리고 따라가는 거다.」

「지금까지 사느라 고생했고 잘 버텨줘서 내가 나한테 고맙다.」

「안락사(安樂死) 약을 약국에서 팔아라.」

「요즘 애들은 태어남을 '축복'이라고 하지 않고 '당했다'라고 표현한다.」

「나도 어머니가 안 계셨으면 진즉에 자살했을 것 같다.」

「난 미국에 사는데 미국 젊은이들은 마약에 빠져 사는데, 한국 젊은이들은 자살에 의존하네요.」

「고시원 같은 집 짓지 마라. 누굴 위해 저런 공간을 만들어놨냐? 인간의 탐욕에 분노가 끓어오른다.」

「서민은 자식 낳은 것 자체가 자식에게 죄짓는 것이다.」

「미래를 설계하는 것도, 꿈꾸는 것도 벅차다.」

당신이 오늘 만나는 사람의 35%는 집안에 안 좋은 일이 있는 사람일 겁니다.

당신이 오늘 만나는 사람의 48%는 몸이 아프거나 마음에 상처가 있는 사람일 겁니다.

그러니 당신이 오늘 만나는 상대가 당신에게 친절하게 굴지 않았다고 언짢아하지 마세요. 다들 힘겹게 하루하루를 살아가고 있습니다.

335.

관점

두 사람이 있으면 사물을 바라보는 생각이 두 개 있습니다.

100명의 사람이 있으면 사물을 바라보는 관점이 100개 있는 것입니다.

10,000명의 사람이 있으면 세상을 바라보는 안목이 10,000개 있는 것입니다.

60억 명의 사람이 있으면 60억 개의 세상이 있고, 60억 개의 견해가 있습니다.

336.

풀 한 포기

풀 한 포기에서 누구는 천도(天道)를 보고

풀 한 포기에서 누구는 반야(般若)를 보고

풀 한 포기에서 누구는 무상(無常)을 보고

풀 한 포기에서 누구는 법신(法身)을 보고

풀 한 포기에서 누구는 생명의 경이(驚異)로움을 보고

풀 한 포기에서 누구는 신(神)의 섭리를 깨닫고

풀 한 포기에서 누구는 무위(無爲)의 이치를 알고

풀 한 포기에서 누구는 동체대비(同體大悲)의 안목(眼目)을 얻고

풀 한 포기에서 누구는 심물일원(心物一元)의 이치를 깨닫고

풀 한 포기에서 누구는 여래(如來)의 화신(化身)을 봅니다.

그들의 죽음

세계가 우리나라를 선진국으로 부르고 있지만, 노동 현장을 보면 우리나라는 아직도 전형적인 후진국입니다. 이하에서는 비정규직·파견근로자·하청(下請)·재하청(再下請) 근로자들을 '을(乙)'이라고 부르겠습니다.

기업 경영의 불확실성이 높아지면서 '고용 유연성'이 강조되고 이에 따라 고용 형태가 다양해지면서 비정규직이 증가하는 것은 많은 국가에서 나타나는 공통적인 현상입니다.

우리 사회에서 고도의 위험이 수반되는 일들, 예를 들어 송전탑이나 철탑 위에서 고압선·전선을 설치·수리하거나 지하에서 통신망을 설치·보수하거나 도로·댐·발전소 등을 건설하고 보수하는 일의 대부분은 비

정규직·저임금 노동자·파견근로자·하청(下請)·재하청(再下請) 근로자들에 의해 행해지고 있습니다. 그런데 이들은 대부분 '비숙련' 노동자들입니다.

영원한 갑(甲)인 대기업 또는 KT나 한전(韓電)·발전소와 같은 원청업체 또는 발주(發注)업체로부터 을(乙)들이 받는 차별과 모욕·박탈감·착취·비인간적 대우에서 느끼는 분노와 모멸감은 상상을 초월합니다. 게다가 이들 갑(甲)에게 돈을 상납하지 않거나 향응을 제공하지 않으면 즉각 보복이 뒤따릅니다.

산재 사망자의 90%가 하청 노동자들입니다. 을(乙) 노동자들은 컨테이너 안에서 옷을 갈아입고 한여름 점심시간에 쉴 곳이 없어 그늘을 찾아 헤맵니다. 갑(甲) 근로자들이 누리는 화려한 복지는 오직 갑(甲) 근로자들에게만 허락됩니다.

직장 내에 어린이집이 있어도 을(乙) 노동자들은 이용할 수 없습니다. 왜냐하면 그런 시설은 오직 갑(甲) 노동자들만 이용할 수 있기 때문입니다.

을(乙) 노동자들에게 퇴직금을 안 주려고 3개월 단위로 고용하거나 11개월만 고용하고는 해고한 뒤 다시 재입사시키는 편법이 만연하고, 주 15시간을 고용하면 주휴수당을 줘야 하니 주 14시간 계약만 갱신하고 일들이 비일비재합니다.

을(乙) 노동자들이 받는 월급은 하청 업체 사장들이 중간에서 떼먹고, 퇴직금은 못 받기 일쑤입니다. 이들을 고용한 하청 업체 회사가 자주 폐업하기 때문입니다. 하청 업체에 밉보이면 블랙리스트에 올려져 다른 회사로의 취직이 어렵기에 을(乙) 근로자들은 아파도 병가(病暇)

를 못 내고 일하다 다쳐도 산재(産災) 신청을 내지 못합니다.

우리나라의 노동 현실을 들여다보면 우리 사회가 얼마나 후진적이고 천박한 곳인지 금방 알게 됩니다. 갖은 부조리와 모순·탈법·착취가 횡행하고 이를 당연시하는 사회가 바로 우리 사회입니다.

위험하거나 유해(有害)하거나 더럽거나 힘든 일은 대부분 비정규직이나 하청 근로자들에게 떠넘겨집니다. 산업현장의 산재 사망사고의 희생자는 내부분 하청 업체 소속이거나 단기계약 비정규직 노동자들입니다.

우리나라는 산재(産災) 1위 내지 수위권(首位圈)인 나라입니다. 2017년에 964명, 2018년에 971명, 2019년에 855명, 2020년에 882명, 2021년엔 828명이 작업 도중 숨졌습니다.

게다가 정신 질병으로 인한 산재 신청 건수는 집계된 것만 2017년에 213건, 2018년에 268건, 2019년에 331건, 2020년에 581건 등으로 해마다 늘어나는 추세입니다.

우리 사회의 안전 보안은 비정규직이나 하청 근로자들 손에 맡겨져 있습니다. 우리는 이들에게 큰 빛을 지고 있는 겁니다.

원자력 발전소 내에서 일하는 근로자들의 상당수가 저학력자, 저숙련자, 비정규직, 이주노동자, 하청 업체 소속 근로자들이라고 합니다. 이들을 쓰는 이유는 비용이 적게 들기 때문입니다. 이들은 방사능 피폭(被暴)은 물론이고 사람을 사람으로 여기지 않는 비인간적인 환경, 고위험 작업 환경, 언제 잘릴지 모르는 고용 불안에 내몰린 채 혹사당합니다.

일본의 어느 원자력 발전소에서 일하는 근로자의 얘기를 들어보면 원자력 발전소의 단면(斷面)을 엿볼 수 있습니다.

발전소 내에는 거대한 터빈이 있는데, 이 터빈을 덮고 있는 덮개에는 약 100개 정도의 볼트가 있다고 합니다. 터빈을 손질하거나 보수하려면 이 볼트들을 일일이 풀어야 하는데, 100개의 볼트를 다 푸는데 두 사람이 몇 시간을 매달려야 한다고 합니다. 그런데 볼트가 쉽게 풀리지 않을 때는 그 볼트를 히터로 새빨갛게 달군 후 해머로 내려친다고 합니다. 수리가 끝나면 100개의 볼트를 다시 꽉 조여야 하는데, 해머에 의해 뒤틀려버린 볼트들은 조여지지 않아서 대충 조여 놓고 끝낸다고 합니다.

이렇게 엉성하게 관리되는 시설 장비들이 의외로 많다고 합니다. 원자력 발전소처럼 고도의 정밀한 관리가 요구되는 시설이 이처럼 허술하게 관리되는 이유 중의 하나는 비윤리적인 작업 환경에 있습니다. 싼 임금으로 고용되는 근로자들은 회사로부터 받는 부당한 대우나 비인격적인 대우에 대한 화풀이로 그렇게 한다고 합니다.

이들은 사소한 이유로 해고되고 직업병에 걸리면 보상도 제대로 받지 못한 채 회사에서 나가야 하며 갖은 욕설과 폭력에 시달립니다.

그들이 위험하면 나도 위험해집니다. 그들이 불행하면 나도 불행해집니다. 그들과 나는 단절되어 있지 않습니다.

이 세계는 못 배운 사람, 가난한 사람, 비정규직 노동자들, 이주노동자들, 하청업자들에 의해 굴러가고 있음을 알아야 합니다. 그들을 함부로 대하면 모두가 끝장날 수 있습니다.

구름은 바람이 불어야 움직이고 별이 빛나는 것은 주변이 어둡기 때문입니다.

난세에서 인격과 처세를 얻다

옛 선인의 글에 이런 말씀이 있습니다.

「궁궐 성문에 불이 나면 그 재앙이 연못 물고기에 미친다.[城門失火
殃及池魚]」

부자들이 세상을 위해 끊임없이 베풀어야 하는 이유는, 만약 그렇게
하지 않으면 혁명이나 국가전복·내란 등에 의해 그들까지도 위험해질
수 있기 때문입니다.

338.
역설(逆說)

#1. 우리 부부는 이혼했습니다. 저는 그 후 출가해서 승려가 되었습
니다. 지금 와서 보니 남편은 나의 스승이었습니다. 그가 나를 많이 괴
롭혔던 탓에 지금의 이 길을 걷고 있기 때문입니다.

#2. 아들이 12살 됐을 때 사고로 이 세상을 떠났습니다. 아들은 나
의 스승이었습니다. 아들이 나에게 무상(無常)을 가르쳐주었기 때문입
니다.

#3. 얼마 전 회사에 사표를 냈습니다. 엄한 상사 때문에 늘 괴로워했
지만 퇴직하고 보니 그 상사가 나의 스승이었습니다. 그를 통해 지식

과 기술을 많이 배울 수 있었기 때문입니다.

#4. 고리(高利) 사채를 마침내 다 갚았습니다. 그 고리대금업자는 나의 스승이었습니다. 그 사람 덕분에 나는 이 세상에 대한 미련과 집착을 덜어낼 수 있었습니다.

#5. 두 번째로 취직한 회사에서 나왔습니다. 그 회사의 사장은 나의 스승이었습니다. 그가 나를 무능한 직원이라고 망신을 주지 않았더라면 지금의 이 회사를 차리지 못했을 테니까요.

#6. 나를 속여 내 돈 4,000만 원을 갖고 도망친 사기꾼 덕분에 나는 지금 '사기피해자모임'이라는 단체를 만들어 사기를 당한 피해자들을 돕는 일을 합니다. 이 사회에 나와 같은 사기 피해자들이 이렇게 많은 줄 정말 몰랐습니다. 뜻하지 않은 곤경 덕분에 많은 걸 배웠습니다.

339.
송시열

〈동소만록(桐巢漫錄)〉에 나오는 얘기를 인용합니다.

「만의사(萬儀寺)는 수원에 있는 유명한 사찰이었다. 절에 머무는 승려들은 자못 부유하였는데, 송시열이 매번 사직하면 이 절에 와서 보름이나 한 달쯤 머물곤 하였다. 그가 돌아간 어느 날 밤 돌아다니며 물건을 파는 행상(行商) 차림의 건장한 사내 두 명이 각각 한 짐씩 지고 와서는 숙소를 정하였다. 그런데 갑자기 사방에서 불이 일어나 백여 칸이나 되는 방이 한꺼번에 타버렸으며, 승려들 대부분이 불에 타죽고 말았다.

아침이 되어 주위를 살펴보니 두 남자는 이미 자취를 감추었고, 불이 난 이유는 알 수 없었다. 수개월이 지나 송시열이 부인 묘를 그곳으로 옮겼다. 옮긴 뒤에야 비로소 그곳에 거주하는 승려들이 크게 깨달았다. 그날 밤 두 남자는 송시열의 지시를 받은 자들이었고, 이들이 지고 온 것은 불을 일으키는 초황(硝黃)이었다.

그 뒤 절의 골짜기와 삼보(三寶)의 전지(田地)를 한꺼번에 빼앗겼고, 승려들은 세월이 지나 관에 소송을 제기하였다. 여러 번 소송을 제기했지만 송시열의 위세에 눌려 계속 졌다.

무인(武人) 구성임(具聖任)이 수령으로 부임해서 비로소 억울함을 하소연할 수 있었지만, 수년 뒤 다른 수령이 오자 다시 지고 말았다. 승려들이 힘을 다했지만 현재는 송사(訟事)를 벌이지 않고 있다. 오늘날 그 절은 다른 곳으로 옮겨 갔지만, 송시열 자손들의 포악한 행동은 끝이 없어 이를 감당하지 못하여 절은 텅 비고 말았다. 또한 그곳에 토착해서 살고 있던 승려들은 관의 명령에 따라 잡혀갔다가 돌아왔다. 그 피해가 이웃 친족에까지 미쳐도 감히 송시열 자손을 체포하지 못했다. 절이 우리 동네 부근에 있어서 여러 차례 오가면서 승려들의 말을 많이 들을 수 있었다. 후에 송시열 또한 이곳에 묻혔다가 청주 화양동 근처로 이장했다.」

340.

공(空)

이 세상이 비록 공(空)이라 하나 적선(積善)은 반드시 해야 합니다.

이 세상이 비록 공(空)이라 하나 대비심(大悲心)은 일으켜야 합니다.

이 세상이 비록 공(空)이라 하나 악행은 저지르지 말아야 합니다.

이 세상이 비록 공(空)이라 하나 독서는 반드시 해야 합니다.

이 세상이 비록 공(空)이라 하나 인과(因果)는 공(空)이 아닙니다.

공(空) 자체가 바로 유(有)입니다. 공은 모든 것을 포함하며 일체 만법을 생성할 수 있습니다.

공(空)이 궁극은 아닙니다. 공(空)을 궁극적인 것으로 보게 되면 인과(因果)도 공(空)이요, 지혜도 공(空)이요, 공덕도 공(空)이라고 보기 때문입니다.

동남아시아의 소승불교는 공(空)에 치우친 나머지 공(空)을 구경(究竟)으로 여기는 잘못이 있습니다.

공(空)을 얻으면 붓다가 된다고 여기게 되면 공견(空見)에 빠진 겁니다. 공(空)조차도 내려놓아야 합니다. 그리되면 비로소 진정한 무아(無我)의 경지에 이릅니다. 진정한 무아의 경지에 이른 존재가 바로 붓다입니다. 붓다는 대성자(大聖者)이자 대 자유인(大自由人)이며 대 지혜(大智慧)를 완전히 갖춘 존재입니다.

이 우주가 비록 공(空)이라 하지만 부지런히 유(有)를 행해야 합니다.

유교는 부지런히 유(有)를 행하라고 가르치고 있고, 불교는 공(空)을 보라고 말합니다. 그런데 유(有)에서 공(空)이 나오고 공(空)에서 다시 유(有)가 나옵니다.

금강경에는 '공(空)'이라는 말이 나오지 않는데도 사람들은 금강경이 '공(空)'을 설한 경전이라 말합니다. 오히려 금강경은 복덕(福德)을 지을 것을 누차 강조하는데, 복덕이야말로 유(有)입니다. 금강경은 철저하게 '유(有)'를 강조하는 경전입니다. 다만, '머물지 말라[不住]'고 설합니다.

노자와 장자의 가르침은 '무(無)'로 귀결됩니다. 그런데 무(無)는 유(有)의 근본이 되고 유(有)는 무(無)를 드러내는 것이니, 유(有)와 무(無)가 영원히 상호 작용합니다.

이 우주가 비록 공(空)이라 하지만 인과(因果)는 결코 공(空)이 아닙니다. 따라서 자기가 지은 업(業)은 절대로 공(空)이 되는 일이 없기에 훗날 반드시 그 대가를 받습니다.

생각 생각마다 공(空)으로 돌아가지만 걸음걸음마다 유(有)를 행합니다.

그 어떤 것에도 집착해서는 안 되지만 오직 선(善) 하나만큼은 집착해야 합니다.

일체의 선(善)을 부지런히 닦아야만 비로소 진정한 공(空)을 얻을 수 있습니다.

사람 노릇을 잘하고 일 처리를 할 때도 반드시 무아(無我)가 아닌 '유아(有我)'의 마음으로 해야 합니다.

341.

운전 매너

도로변에서 공사를 하고 있는 사람들 옆으로 지나가면 차 속도를 늦추는 것이 예의입니다.

도로 한쪽으로 자전거를 타고 가고 있는 사람이 있으면 차 속도를 줄이는 것이 예의입니다.

차를 몰고 초등학교 앞 도로를 지나갈 때는 설령 아이들이 안 보여도 천천히 가는 것이 예의입니다.

도로 한쪽으로 군인들이 행군하고 있을 때는 그들과 약간의 거리를 두고 차를 천천히 모는 것이 예의입니다.

차를 운전하다가 상대 차량으로부터 양보를 받았을 때는 차 창문을 내리고 고마움을 표시하는 것이 예의입니다.

옛날 선비들은 말을 타고 가다가도 논두렁에서 식사하는 농부들을 보면 말에서 내려 한참을 걸어갔다고 합니다. 농부들에 대한 고마움을 그렇게 표현한 것입니다.

또, 말을 타고 가다가 왕릉, 서원(書院)이나 사당, 현자(賢者)나 충신의 무덤, 정려문(旌閭門)을 지날 때 반드시 말에서 내려 읍(揖)을 하거나 묵례(默禮)를 한 후 지나갔다고 합니다.

인색하지 않았으면 좋겠어요

당신이 남에게 인색하게 굴지 않았으면 좋겠어요.

당신이 어려운 사람들을 돕는 일에 인색하지 않았으면 좋겠어요.

당신이 열린 마음을 갖는 일에 인색하게 굴지 않았으면 좋겠어요.

당신이 남의 실수를 껴안는 일에 인색하게 굴지 않았으면 좋겠어요.

당신이 자신의 허물을 인정하는 일에 인색하게 굴지 않았으면 좋겠어요.

당신이 남의 수고를 존중하는 데 있어 인색하게 굴지 않았으면 좋겠어요.

빈말이라도 좋으니

거짓말이라도 좋으니 내가 힘들 때 누가 이렇게 말해 주면 좋겠습니다.

「그랬구나.」

「얼마나 힘들었니?」

「넌 참 잘하고 있어.」

「당신 덕분에 내가 살아갑니다.」

「그간 열심히 살아오느라 고생했다.」

「이렇게 망가진 몸으로 어떻게 살아왔어요?」

「세상이 당신 같은 사람을 몰라주다니!」

「오늘은 당신이 하는 얘기만 들을래요.」

「당신을 만나 얘기하면 나 자신이 우대받는 느낌이 들어요.」

「이 세상엔 당신 같은 사람이 많아져야 하는데…」

「머지않아 당신에겐 좋은 일들이 생길 겁니다.」

「당신이 있어 우리 회사가 움직이는 겁니다.」

「네가 고생한 거, 내가 다 알고 있어.」

「당신을 일찍 만났더라면 내 인생이 달라졌을 텐데.」

「당신 부모님은 훌륭하신 분이 틀림없어요. 당신 같은 분을 낳으셨으니…」

난세에서 인격과 처세를 얻다

드러내지 않는다

장자가 말했습니다.

「성인의 다스림은 공로(功勞)가 천하를 덮어도 자기가 하지 않은 듯이 한다.」

〈채근담〉에서 말합니다.

「남이 나를 속이는 것을 깨닫고도 말로 나타내지 아니하고, 남에게 모욕을 당하면서도 낯빛을 바꾸지 않는다.」

박팽년(朴彭年)이 말했습니다.

「지혜로운 이는 바보처럼 마음 깊이 알면서도 아무 말 없네. 어리석지 않으나 어리석은 듯하고 무언가 있는데도 없는 듯하네.」

한비자(韓非子)가 말했습니다.

「현명한 군주는 자신의 희로애락을 겉으로 드러내지 않기 위하여 한 번의 찡그림과 한 번의 웃음도 아껴야 한다.」

공자께서는 「나라에 도(道)가 없으면 자기 몸을 숨기고 드러내지 않는다.[無道則隱其身而不見]」라고 말했습니다.

조선의 윤은필(尹殷弼)이 중종(中宗)에게 말했습니다.

「대저 임금 된 이는 기뻐하고 성내고, 사랑하고 미워하는 것을 경솔하게 말과 얼굴에 드러내서는 안 됩니다. 만약 얼굴빛과 말에 드러낸다면 소인(小人)은 반드시 받들어 그 사사로운 욕망을 성취하게 될 것입니다. 그러니 반드시 거울처럼 환하고 저울처럼 공평한 마음으로 치우치게 사(私)에 얽매이는 마음이 없다면 사람을 감별하고 물건을 저울질하는 데에 무엇이 막히고 가려지겠습니까. 만약 조금이라도 한쪽에 치우치게 얽매이는 마음이 있으면 영합하는 사람이 따라 나올 것입니다.」

술은 끝까지 마셔서는 안 되고 재주는 다 드러내서는 안 됩니다. 자식은 어버이의 과실을 드러내서는 안 되고, 부모는 남 앞에서 자식을 칭찬해서는 안 됩니다. 비록 지식이 많더라도 간직한 채 드러내지 말아야지 겉으로 자랑해서는 안 됩니다.

345.
나이가 들면

참회하는 사람
마음을 넓게 가지는 사람

난세에서 인격과 처세를 얻다

더 지혜로워지는 사람

더 예의 바르게 행동하는 사람

더 배우려고 노력하는 사람

세상에 더 감사하는 사람

과거를 떠올리며 후회하는 사람

말수가 더 적어지는 사람

이들 중에서 나는 맨 마지막 사람이 되고 싶습니다. 오직 그뿐입니다.

때

〈논어〉의 첫 문장인 '학이시습지(學而時習之)'에서 '시(時)'를 보통 '때 때로'로 번역하지만, '때맞추어'로 번역해도 좋습니다.

〈중용〉에 「군자가 중용을 이루는 것은 때에 맞게 하기 때문이다.」라는 문장이 있고, 「지혜가 있어도 시대의 추세를 타느니만 못하고, 좋은 쟁기가 있더라도 농사철을 기다리느니만 못하다.」라는 문장도 있습니다.

맹자는 「벼슬할 만하면 벼슬하고, 그만둘 만하면 그만두며, 오래 머물 만하면 오래 머물고, 빨리 떠날 만하면 빨리 떠났던 이는 공자이시다.」라고 했습니다. 이는 맹자가 공자를 '성지시자(聖之時者)'라고 말했는데, 이는 '진퇴존망(進退存亡)'을 제대로 안다' 또는 '시대에 뒤떨어지지 않고 진보하며 시대에 적응 변화할 줄 안다라는 뜻입니다.

〈주역〉은 「나아갈 것과 물러설 것을 알아서 그 도(道)를 잃지 않는 사람은 오직 성인뿐이다.」라고 하였고, 이순신 장군은「나라에 등용되면 죽음으로써 나라에 보답하고, 쓰이지 아니하면 초야에서 농사짓는 것으로 족하다.」라는 말씀을 남겼습니다.

남에게 은혜를 베풀 때는 때와 상황을 잘 파악해야 합니다. 그렇지 않으면 은혜가 원한으로 바뀔 수 있습니다.

많이 앞서고 있는 상황에서 한 골을 더 넣는 것은 큰 의미가 없지만, 1점 차로 앞서고 있는 상황에서 한 골을 넣는 것은 큰 의미가 있습니다.

적당한 때가 없다면 능력은 하나도 중요하지 않습니다.

용이 얕은 물에서 놀면 새우한테도 조롱을 당하고, 호랑이가 평지로 몰리면 개한테도 업신여김을 당합니다.

때에 맞는 말은 위력을 발휘하지만, 때에 맞지 않는 말은 역효과를 냅니다.

때맞추어 내린 비는 만물을 풍요롭게 하지만, 때에 맞지 않게 내리는 비는 생물을 병들게 합니다.

배움에도 때가 있기 마련이어서 때를 잃어버리면 배움도 그다지 쓸모가 없고, 잘못했다는 말 한마디를 하더라도 때에 맞아야 효과가 큰 법입니다.

착한 사람을 만났을지라도 아직 친숙해지기 전에는 그의 칭찬을 남들에게 해서는 안 됩니다. 간사한 사람이 질투하여 두 사람 사이를 이간시킬까 두렵기 때문입니다. 또 악한 사람인데도 빨리 헤어질 수 없을 때는 미리 남들에게 그 일을 발설하지 말아야 합니다. 그가 버려질 것을 안다면 일을 꾸며 재앙을 가할까 두렵기 때문입니다.

톨스토이가 말했습니다.

「말을 제대로 하지 못한 것을 유감으로 생각한다면 침묵을 지키지 못했던 것에는 백번이라도 후회를 해야 한다.」

정조(正祖)가 말했습니다.

「말하지 말아야 할 때 말하는 것은 그 죄가 작지만, 말해야 할 때 말하지 않는 것은 그 죄가 크다.[未可以言而言者其罪小 可以言而不言者其罪大]」

347.
경험의 중요성

옛 선인께서 말했습니다.

「처리하기 어려운 일을 처리해야 식견(識見)이 자랄 수 있고, 다루기 어려운 사람을 다뤄봐야 성품을 단련할 수가 있다. 그 속에서 배우는 것이 있다.」

어느 프로야구 투수가 상무(尙武)에서 훈련을 받을 때, 핸드볼·사격·레슬링과 같은 비인기종목 선수들이 야구나 축구와 같은 인기종목 선수들과는 비교가 안 될 정도로 혹독하게 연습을 하는 것을 보았다고 합니다. 그런데 사회에 나가면 야구나 축구 선수들이 월등한 대우와 많은 인기를 누리는 것을 알고는 깨달은 것들이 많았다고 고백합니다.

무엇보다 겸손한 마음을 갖게 되었고, 나보다 못한 처지에 있는 사람들의 심정을 알게 되었으며, 자신이 과분한 사랑을 받고 있음을 알았기에 베풀고 도우면서 살아가야 하겠다는 생각을 가지게 되었다고 합니다.

'익숙한 것들과의 결별'이 공부이며, '낯선 것들과의 마주침'이 공부입니다. '새로운 시각을 갖는 것'이 여행이고, 불행과 경험을 많이 겪어 본 자만이 한 조직, 한 국가를 다스릴 자격이 있습니다.

348.
대단한 착각

상대방이 내 마음을 이해해 주기를 바란다.
상대방이 완벽한 사람이기를 바란다.
상대방이 나에게 잘해 주기를 바란다.
상대방이 먼저 나에게 다가오기를 바란다.
상대방이 나를 칭찬해 주기를 바란다.
상대방이 나를 인정해 주기를 바란다.
상대방이 나에게 관심 가지기를 바란다.
상대방이 나와 대화하는 걸 좋아하기를 바란다.

난세에서 인격과 처세를 얻다

상대방이 내 의견에 따라주기를 바란다.

상대방이 마음을 바꿔주기를 바란다.

상대방이 내 마음에 들게끔 행동하기를 바란다.

내가 말을 걸면 상대방이 고마운 마음을 갖기를 바란다.

다른 사람들이 나를 좋은 사람이라고 말해 주기를 바란다.

다른 사람들이 나를 능력 있는 사람이라고 생각해 주기를 바란다.

결단력

제(齊)나라 환공(桓公)이 들에 나갔다가 망한 나라의 옛 성(城)을 보고 어느 촌로(村老)에게 물었습니다.

「이곳은 누구의 땅인가.」

「옛날 곽 씨의 터입니다.」

「곽 씨의 땅이 왜 폐허가 되었는가.」

「그는 선(善)을 좋게 여기고 악(惡)을 미워했습니다.」

「선을 선으로 여기고 악을 악으로 여기는 것은 잘한 일인데, 폐허가 된 까닭이 무엇인가.」

「선을 좋게 여겼어도 행하지 못했고, 악을 미워하면서도 버리지 못했기 때문입니다.」

고려 공양왕 때, 이성계가 말에서 떨어져 거동할 수 없게 되자 정몽주는 이성계 일파를 체포하여 유배 보내고 정도전과 조준 등 핵심 인사를 숙청하려고 했습니다. 정몽주의 공세에 이성계가 속수무책으로 당하고 있을 때 이방원이 정몽주를 격살함으로써 고려 왕조를 무너뜨리고 조선이라는 나라를 건국할 결정적 기회를 잡았습니다. 그 후 태조의 절대적 신임을 얻어 사병(私兵) 혁파, 재상(宰相) 중심 시스템 등을 추구하던 정도전을 급습하여 죽임으로써 대권(大權)을 잡는 데 성공했습니다.

세종대왕이 말했습니다.

「일에 임하면 두려워하고 (맡게 되면) 과단성(果斷性) 있게 처리하라.」

조선 연산군 때의 인물인 김천령(金千齡)에 대해 이런 평이 있습니다.

「공(公)은 외면은 온화하여 남을 용납하고 내면은 강하여 과단성이 있었다. 말을 할 때는 정직하고 일을 맡아서는 결단성이 있었다. 착한 일을 들으면 도와주지 못할까 두려워하고 악한 사람을 보면 미처 제거하지 못할까 두려워하였다. 홍문관에서 매양 나랏일에 대해 말할 때 여러 사람의 논의를 취하는데, 사람마다 각기 뒷일을 염려하고 꺼리어 이러쿵저러쿵할 때 공은 한마디 말로 결관하고 뜬 말에 흔들리지 않았으므로 바른말을 하려는 자들이 공을 믿고 힘을 얻게 되었다.」

과묵하면서도 과단성이 있어야 합니다. 너그럽기만 하고 과단성이 없으면 안 됩니다. 인정에 휩쓸려 과감하게 일을 추진할 줄 모르는 사

난세에서 인격과 처세를 얻다

람에게 높은 자리, 중요한 직책을 맡겨서는 안 됩니다.

사(邪)와 악(惡)을 명확하게 구분하고, 위엄과 형벌을 과단성 있게 행하여야 합니다. 그리하여 착한 일을 하는 자들은 권면하고 악한 일을 하는 자들에겐 두려운 바가 있게 해야 합니다.

일을 맡으면 과단성이 있어서 중론(衆論)에 흔들리지 않아야 합니다. 일을 당하면 머뭇거리지 않고 분명하게 처리하고, 특히 송사(訟事)나 갈등을 처리하는 데에 과단성이 없으면 안 됩니다.

윤휴(尹鑴)가 충무공 이순신을 다음과 같이 평했습니다.

「일을 만나면 과단성 있게 처리하여 조금도 흔들리지 않았고, 사람들에게 형벌을 쓰거나 상을 내리는 데 있어서 일체 귀천이나 친소(親疏) 관계로 인하여 마음속에 경중을 두지 않았으므로, 뭇 아랫사람들이 두려워하면서도 사랑하였다.」

정조가 말했습니다.

「지금 세상에서는 생사를 돌보지 않고 소신대로 곧장 나가는 사람을 본 적이 없다. 대체로 사람들은 두려워 벌벌 떨면서 한 발짝도 나가지 못하고 겉모습만 꾸미며 구차스럽게 요행으로 벗어나기를 바란다. 이런 자들은 비록 백 명이 있다 하더라도 나라에 무슨 이득이 되겠는가.」

350.

인생이란 이런 것

#1 고등학교를 졸업하고 군대에 다녀온 이후로 아들은 내 속을 많이 썩였습니다. '차라리 자식이 없었으면 좋았을 것' 하고 수없이 생각했지요.

어느 날 자식이 사고를 당해 죽었다는 전화를 받았습니다. 차가운 영안실에서 죽어 있는 자식의 얼굴을 본 순간 하늘이 무너져 내렸습니다.

#2 어릴 적 아버지는 무능한 데다 툭하면 엄마를 때렸습니다. 아버지한테서 뭐하나 배울 점이 없었습니다. 그런 아버지를 나는 철저히 증오했습니다.

그런데 어느 날 아버지가 겨울에 약주를 드시고 취하신 채 길에서 주무시다가 돌아가셨습니다.

#3 엄마는 자식들을 사랑으로 키우지 않으셨습니다. 화를 잘 내셨고 술을 좋아하셨으며 남 흉보는 것을 유일한 낙으로 삼았습니다. 엄마 때문에 집안은 늘 시끄러웠고 주변 사람들과 다투는 일이 많았습니다. 툭하면 집을 나갔고 남자들과 밤새 어울려 술을 마셨습니다. 그런 엄마가 얼마 전에 유방암으로 세상을 떠나셨습니다.

아버지는 엄마를 사랑해주지 않으셨고, 엄마의 친정 식구들은 엄마를 나쁘게 생각했습니다. 엄마를 존중하거나 인정해 주거나 따뜻하게 대해 주는 사람이 한 명도 없었습니다. 그렇게 엄마는 외로이 이 세상

난세에서 인격과 처세를 얻다

을 떠나셨습니다. 혼인해서 자식을 낳고 길러보니 엄마가 겪었을 외로움과 고통이 이해가 갑니다.

승화(昇華)

당신이 당한 고통을 스승으로 여기십시오.

당신이 입은 상처를 공감으로 전환하십시오.

당신이 겪은 경험을 지혜로 승화시키십시오.

당신이 당한 고생을 자비로 변모시키십시오.

당신이 쌓은 공덕을 다른 사람들에게 돌리십시오.

살아가면서 겪게 되는 수많은 고통 중에서 잊히지 않거나 씻기지 않는 고통은 잘 간직해서 진주(眞珠)로 만드십시오.

당신이 알면 실망할 것들

국회의원들이 매일 어떤 일을 하는지, 돈을 어디에 어떻게 쓰는지, 그들의 비서나 보좌관들을 어떻게 대하는지 알면 당신은 절망할 겁니다.

부자들이 돈을 어떻게 벌어들였고 돈을 어떻게 쓰고 그들의 인생관이나 가치관이 어떠한지를 당신이 알게 되면 그들을 증오하게 될 겁니다.

대형 교회 목사들이 매달 받는 월급과 판공비의 규모를 알고 나면 당신은 아연실색할 겁니다.

절이나 교회에서 근무하는 직원들이 얼마나 열악한 근무환경에서 일하고 또 얼마나 부도덕한 대우를 받으며 일하고 있는지를 알게 된다면 당신은 성직자들의 위선과 탐욕에 큰 충격을 받을 겁니다.

대학교나 대학원에서 교수들이 그들의 조교나 부교수, 조교수, 강사들에게 어떻게 행동하는지 당신이 알게 된다면 당신은 그들의 부도덕과 위선에 치를 떨 겁니다.

권세를 가진 사람들의 아들들이 군 복무를 제대로 했는지, 했다면 어느 곳에서 복무했는지 당신이 만약 알게 된다면 당신은 이 세상에 환멸을 느낄 겁니다.

높은 자리에 있는 사람들이 공금(公金)을 횡령하거나 유용(流用; 원래의 목적이 아닌 다른 용도로 돌려씀)하는 현실을 알게 되면 당신은 분노할 겁니다.

콜센터에 전화를 거는 남자들이 여성 상담원들에게 어떤 말투와 언어를 쓰는지 당신이 만약 알게 된다면 당신은 아마 큰 회의(懷疑)에 빠지게 될 겁니다.

전관예우로 영입된 전직 판·검사나 국세청·금감원·국방부·경찰청·공정거래위원회·조달청·교육부·방송통신위원회 등에서 고위직을 역임한 퇴직 공무원들이 로펌이나 대기업·대학교 등으로 스카우트 된 후 거액을 받으며 그 대가로 무슨 일을 벌이는지 알게 된다면, 당신은 큰 좌절감을 맛볼 겁니다.

우리나라의 성폭행·성추행·성희롱·성매매·디지털 성범죄·포르노물 제작·불륜 건수가 세계 선두권(先頭圈)이라면 믿어지십니까?

353.
열린 생각

그때는 맞고 지금은 틀립니다.

이쪽에서 보면 맞고 저쪽에서 보면 틀립니다.

작게 보면 맞지만 크게 보면 맞지 않습니다.

가까이서 보면 맞지만 멀리서 보면 맞지 않습니다.

얼핏 들으면 맞지만 자세히 생각해보면 맞지 않습니다.

당시에는 그게 정의였지만 지금은 그게 불의(不義)입니다.

이 나라에선 그게 합법이지만 저 나라에선 그게 불법입니다.

오늘 보면 맞지만 내일 다시 보면 맞지 않습니다.

이 사람 말을 들어도 맞고 저 사람 말을 들어도 맞습니다.

354.

더 중요한 일

사람에게 가장 중요한 것은 노동이 아니라 휴식입니다.
남을 돕는 것보다 더 중요한 것은 나를 돕는 것입니다.
인생에서 가장 중요한 순간은 숨이 끊어지는 순간입니다.
인생에서 가장 중요한 것은 멈추고 뒤를 돌아보는 것입니다.
말을 잘하는 것보다 더 중요한 것은 침묵할 줄 아는 것입니다.
자동차에서 중요한 것은 액셀러레이터가 아니라 브레이크입니다.

355.

평범한 악

#1 뒤차가 실수로 앞차를 살짝 추돌하여 앞차 범퍼에 작은 흠집이 생겼습니다. 앞차 운전자가 허리가 아프다며 병원에 가봐야겠다고 합니다. 그리고 범퍼는 전부 새것으로 교체하겠답니다. 몸이 아픈 거야 어쩔 수 없다지만 눈을 크게 뜨고 봐야만 보이는 작은 흠집은 굳이 교체하지 않아도 될 듯한데 앞차 운전자는 굳이 교체하겠다고 합니다. 며칠 뒤 병원비와 범퍼 수리비를 합쳐 290만 원의 보험금이 앞차 운전자에게 지급되었습니다.

#2 그는 직장에서 1년 3개월을 일하다가 몸이 안 좋아 그만두었습

니다. 1년 넘게 근무했으니 퇴직금을 받아야 하지만, 고용주가 그를 10개월만 고용하기로 계약을 체결한 후 해고하고 다시 채용했기 때문에 그는 퇴직금을 받지 못했습니다.

그가 고용주에게 말했습니다.

「제가 몸이 안 좋아 회사를 퇴직한 게 아니라 회사 사정이 좋지 않아서 회사를 그만둔 것으로 처리해 주시면 안 될까요? 그리 해 주시면 저는 실업급여를 받을 수 있거든요.」

고용주가 흔쾌히 승낙해 줘서 그는 6개월간 총 1,080만 원의 실업급여를 받았습니다.

#3 그는 화를 잘 냅니다. 운전하다가 다른 차가 조금만 마음에 안 들게 운전할라치면 여지없이 욕설이 튀어나옵니다. 특히 운전이 서투른 여성 운전자나 노인 운전자들한테는 그 정도가 심합니다. 다른 운전자와 시비가 붙으면 도로에 차를 세워 놓고 욕설을 퍼부으며 삿대질합니다. 조금만 맘에 안 들면 경적을 크게 울려대고, 밤중엔 앞차를 향해 상향등을 켜서 앞차 운전자들을 짜증 나게 합니다.

356.

훗날 어쩌려고

당신이 전생에 인색했기 때문에 이번 생에 가난한 것인데, 이번 생에도 보시(布施)에 무관심하다면 다음 생은 안 봐도 뻔하지 않겠습니까.

당신이 몹시 이기적이어서 오직 자신의 이익과 편안함만 추구하면서 인생을 살아간다면 이번 생에서조차 당신을 상대해 주는 사람이 없을 텐데 하물며 미래 생에서이겠습니까.

357.

논어의 백미(白眉)

군자는 먹는데 배부름을 구하지 않고, 사는데 편안함을 구하지 않는다.

君子食無求飽 居無求安

〈논어〉 학이(學而) 편에 나오는 위 말씀은 가히 〈논어〉의 백미(白眉)이자 압권(壓卷)이라 할 만합니다. 이 말씀에 바로 이어서 「일에는 민첩하고 말에는 신중하며 도(道)가 있는 곳에 비추어 자기를 바로잡는다. 이렇게 하면 학문을 좋아한다고 말할 수 있다.[敏於事而愼於言 就有道而正焉 可謂好學也已]」라는 구절이 나옵니다.

공자께서 거듭 강조했습니다.

「선비가 도(道)에 뜻을 두었다 해도 나쁜 옷과 나쁜 음식을 부끄럽게 여긴다면, 함께 의논할 상대가 되지 못한다.[士志於道而恥惡衣惡食者 未足與議也]」

나물 뿌리와 같이 거친 음식을 달게 먹는 사람이라면 세상의 그 어떤 일이라도 이룬다는 말이 있습니다.

정조(正祖)가 말했습니다.

「가난해도 원망함이 없고 수고하고도 자랑하지 않으면 '군자다운 사람'이라고 할 수 있다.」

허균(許筠)이 말했습니다.

「마음을 다스리고 성품을 기르는 데는 먼저 세 가지 허물을 범하지 않아야 한다. 즉 좋은 음식을 탐(貪)내는 것, 나쁜 음식을 대하면 성내는 것, 종일 음식을 먹으면서도 음식이 온 곳을 모르는 어리석음이다. 군자가 음식을 대할 때 배부르기를 구하지 않는 것은 이 허물에서 떠나려는 것이다.」

허목(許穆)이 사촌 형인 허후(許厚)에게 일찍이 묻기를, "무슨 일을 힘써 배우십니까" 하였더니 허후가 말하기를, "좋지 않은 옷을 입고 좋지 않은 음식을 먹어도 남들과 함께 지내면서 부끄럽게 여기지 않는 것이다."라고 대답했다는 고사가 〈동국여지지(東國輿地誌)〉에 실려 전합니다.

358.

업력(業力)

업력이란 업(業)의 힘을 말합니다. 어떤 힘일까요? 바로 탐진치(貪瞋癡)의 계박력(繫縛力; 움직이지 못하게 묶는 힘)을 가리킵니다. 탐진치의 계박력이 우리를 단단히 구속하고 있는데, 이것은 중생을 윤회하게 만드는 힘이고 타락하게 만드는 힘입니다. 우리의 업력 엔진은 매우 강력해서 마치 기차처럼 빠르게 움직이는데, 어디를 향해 달려갈까요? 삼악도(三惡道)를 향해 힘차게 달려갑니다.

업력은 매우 강하기 때문에 여기에서 벗어나기란 쉽지 않습니다. 우리 대부분은 평생 이 업력에 질질 끌려다니다가 숨을 거둡니다.

고기를 무척 좋아하는 부모 사이에서 육식을 심하게 거부하는 자식이 나오는 것은 유전력보다 업력이 더 강하다는 걸 방증합니다.

같은 사람이 같은 상태에서 똑같은 치료를 받아도 효과나 반응이 같지 않습니다. 이것도 업력과 관계가 있습니다.

같은 시간, 같은 장소에 있는데 건물이 무너졌을 때 누구는 죽고 누구는 죽지 않습니다. 이것은 업력이 사람마다 다르기 때문입니다.

같은 교육을 10년 넘게 받았는데, 누구는 착한 사람으로 자라나고 누구는 나쁜 길로 빠집니다. 이것 역시 업력의 영향이 큽니다.

같은 양의 책을 읽어도 당신이 대 사상가나 대 문장가가 되지 못하는 것은 전생에 책을 읽지 않아서이니 이런 것도 바로 업력입니다.

현생에 싸우기를 좋아하는 사람은 죽어 다시 사람으로 태어나면 역시 싸우기를 좋아하는 사람이 되고, 현생에 공부하기를 좋아하는 사람은 내생에도 공부하기를 좋아하는 사람이 됩니다. 이것 역시 업력 때문이지 신(神)의 섭리도 아니고 우연도 아닙니다.

어떤 사람은 죽도록 일하여도 부자가 되지 못하고, 어떤 사람은 노력을 조금 했을 뿐인데도 갑부(甲富)가 됩니다.

예전에 우연히 만난 사람이 기억납니다. 그분은 호감(好感)을 주는 얼굴을 가졌고 예의도 바른 데다가 주위 사람을 편안하게 만드는 묘한 매력이 있었습니다. 제법 부유한 가정에서 태어나 대학까지 들어갔으니 이쯤 되면 복이 많은 축에 끼었습니다.

하지만 그분은 무슨 이유에서인지는 몰라도 매일 술을 마셨습니다. 단 하루도 거르지 않고 하루에 소주 5, 6병은 마셨습니다. 그분은 유달리 부지런했는데 새벽에 일어나면 독한 소주 한 병을 안주도 없이 그릇에 따라 한 번에 마셨습니다. 그리고 좀 있다가 다시 한 병을 비웠습니다. 밥은 걸러도 술은 절대 거르는 법이 없었습니다. 혼자서 안주도 없이 술을 마시는 것이 그의 버릇이었습니다. 친구들이나 그를 아끼는 주변 사람들이 술을 좀 줄이라고 권해도 요지부동이었습니다. 그렇게 10년을 살더니 결국 간경화로 죽었습니다. 향년 48세였습니다.

어느 고승이 말했습니다.

「사람이 세상을 살아갈 적에 신명(身命)의 길고 짧음, 가산(家産)과 재산과 공명과 빈부와 귀천은 모두 전생에 닦아서 정해진 것을 금생(今生)에 받아서 쓰는 것이니, 외부에서 오는 것이 아니라 전부 자신이 지어서 자신이 받는 것일 뿐이다.」

359.

나누지 않으면

여럿이 모인 자리에서 말을 독점하면 적이 많아집니다.

쌓아 올린 재산을 남과 나누지 않으면 곧 재앙이 뒤따릅니다.

지은 공덕을 남에게 돌리지 않으면 그 공덕은 절대 커지지 않습니다.

성취한 학문 지식을 남과 나누지 않으면 그 지식은 오래가지 못합니다.

어떤 학자는 공부하는 사람이 책을 끼고 찾아오면 신분이나 성명을 묻지 않고 모두 가르쳐 주었으며, 어느 뛰어난 의원(醫員)은 병자가 찾아오면 신분을 묻지 않고 치료해 주었습니다.

어느 현자께서 말씀하셨습니다.

「하늘이 한 사람을 부자로 만드는 것은 많은 가난한 자들을 그에게 부탁하려는 것이요, 하늘이 한 사람을 귀하게 만드는 것 역시 많은 미천한 자들을 그에게 맡기려는 것이다.」

360.

훌륭한 사람

훌륭한 사람은 자기가 맡은 일을 부지런히 힘써 일하고, 갑작스러운 일을 당해도 조급해하거나 원망하지 않고 일을 대합니다.

훌륭한 사람은 술자리가 길어질수록, 말이 많을수록, 높은 자리에

난세에서 인격과 처세를 얻다

오래 있을수록, 부를 많이 누릴수록 불행이 빨리 찾아온다는 것을 압니다.

훌륭한 사람은 지식보다 경험이 더 중요하고 경험보다는 지혜가 더 중요하며 지혜보다 더 중요한 것은 남을 돕는 마음이고, 남을 돕는 마음보다 더 중요한 것은 자신을 끊임없이 성찰하고 자신의 단점들을 고쳐나가는 것임을 압니다.

훌륭한 사람은 지위가 높아질수록 허리를 낮게 굽히고, 나이가 많을수록 예의를 갖추며, 많이 배운 사람일수록 고개를 숙일 줄 압니다.

훌륭한 사람은 자기가 머물던 곳을 흔적조차 남기지 않고 떠납니다.

훌륭한 사람은 세금을 정직하게 그리고 일찍 납부합니다.

훌륭한 사람은 남한테서 대우를 받을 때 그럴 자격이 있는지 생각합니다.

훌륭한 사람은 자기 자신을 완전하게 죽인 사람입니다.

훌륭한 사람은 내려놓을 줄 알고, 집착하지 않고, 구하지 않고, 어디에도 머무르지 않는 사람입니다.

361.

원망

'원망'과 관련된 공자의 어록을 몇 개 보겠습니다.

「나는 하늘도 원망하지 않고 남도 탓하지 않는다. 낮은 것부터 배워서 높은 것에까지 통달했으니, 나를 알아주는 이는 하늘일 것이다.」

「자기 자신에 대하여 엄중하게 책망하고 남에 대해서는 가볍게 책망한다면, 곧 원망을 멀리하게 된다.」

「이익을 따라서 행동하면 원망이 많아진다.」

「백이와 숙제는 묵은 원한을 생각하지 않았기에 다른 사람들이 이들에 대해 원망하는 일도 드물었다.」

「원망을 숨기고 그 사람과 벗하는 것을 좌구명이 부끄럽게 여겼는데, 나 역시 부끄럽게 여긴다.」

「가난하면서도 (세상 또는 부모를) 원망하지 않기는 어렵다.」

맹자께서 말씀하셨습니다.

「백성을 편안하게 살도록 해 주기 위해 백성들을 부리면 비록 힘들다 하더라도 원망하지 않는다. 또 백성을 살리기 위해 어쩔 수 없이 일부 백성의 목숨을 희생시킨다면, 죽어가는 사람이라도 자신을 죽게 한 사람을 원망하지 않는다.」

억울함을 강하게 호소했던 어느 사형수가 참수당하기 직전 사형 집행관에게 부탁했습니다.

난세에서 인격과 처세를 얻다

「'관세음보살' 성호(聖號)를 열 번만 부르게 해 주십시오.」

집행관이 허락하자 무릎을 꿇고 낮고 고요한 음성으로 '나무 관세음
보살'을 열 번 불렀습니다. 눈을 감고 평온하게 죽음을 기다렸는데, 참
수 후 땅에 떨어진 그 얼굴이 다른 사형수와 크게 달랐습니다.

362.
두 어머니

이번 생의 당신 어머니는 한 분뿐이지만 전생의 당신 어머니는 셀
수 없이 많습니다.

이번 생의 당신 어머니는 웃고 계시지만 전생의 당신 어머니는 어디
선가 울고 계십니다.

당신은 이번 생의 어머니만 생각할 뿐 전생의 어머니는 생각조차 하
지 않는데, 이것은 잘못돼도 크게 잘못된 겁니다.

어찌하여 그대는 이번 생의 어머니께만 효도하려 하고 전생의 어머
니들은 아예 거들떠보지도 않습니까.

이번 생의 어머니께만 효도하는 것은 소효(小孝)요, 전생의 어머니들
에게까지 효도하는 것은 대효(大孝)입니다.

363.

'자신을 존중하라'라는 말의 의미

지켜보는 사람이 없어도 법과 질서를 지키는 것.

혼자 있을 때조차 옷을 단정하고 품위 있게 입는 것.

혼자 있을 때조차 점잖게 행동하는 것.

다른 사람들을 친절하게 대하는 것.

남과 자신을 비교하지 않는 것.

어떠한 경우든 다른 사람을 무시하지 않는 것.

머물던 자리를 깨끗하게 해놓고 떠나는 것.

겸손하되 당당하게 행동하는 것.

함부로 말하지 않는 것.

무엇을 하든 누구를 만나든 예의를 잃지 않는 것.

364.

말

아기들에게 말을 걸지 않으면 열에 일곱은 얼마 못 가서 죽어버린다고 합니다.

태어난 지 1~2년 안에 말을 배우지 못하면 아기들은 언어를 끝내 배우지 못한다고 합니다.

보는 즉시 말하고 듣는 즉시 말하는 것은 큰 허물입니다.

새로 들어온 직원에게 다른 직원들이 말을 걸지 않는 것이 가장 심한 학대입니다.

부모에게서 이야기를 듣는 아기들은 이를 시각화(視覺化)한다고 합니다.

아기들은 분별만 하지 못할 뿐 어른들이 하는 말을 다 알아듣습니다.

늙으신 부모에게 장성한 자녀가 할 수 있는 큰 효도는 말을 자주 걸어주는 일입니다.

중환자실에 누워 있는 환자에게 좋은 말, 기쁜 말을 자주 들려주세요.

말은 치명적인 무기가 되기도 하지만 불가사의한 위력을 갖기도 합니다.

365.

점을 치지 않는 사람들

「역(易)을 잘 아는 사람은 점을 치지 않는다.」라는 말이 전해져 옵니다.

정직한 사람 역시 점치는 일을 하지 않습니다.

덕행을 많이 쌓은 사람 역시 점치는 일을 하지 않습니다.

분수를 알고 분수를 받아들이는 사람 역시 점에 의존하지 않습니다.

마음이 고요한 사람, 이 세상에 담박(淡泊)한 사람, 물욕(物欲)에 초연(超然)한 사람 역시 점치는 일을 하지 않습니다.

반면, 의심이 많은 사람은 점치는 일을 좋아합니다. 마음이 늘 불안하고 조급증이 있는 사람 역시 점치는 일을 좋아합니다. 이기적이고 삐딱하게 사는 사람 역시 점치는 일을 즐겨합니다.

관상이나 사주가 미신은 아닙니다. 과학입니다. 하지만 이것에 의존하는 것은 어리석은 일입니다.

점을 봐주는 사람 중 올바른 인생관을 가진 사람 드물고, 점을 보는 사람 중 올바르게 인생을 사는 사람 역시 드뭅니다.

366.

중음신(中陰身)

중음신이란 죽은 후 다음 몸을 받기까지의 몸을 말합니다. 우리는 보통 그것을 '영혼' 또는 '귀신'이라고 부릅니다.

살아생전에 착한 일을 많이 한 사람은 죽자마자 바로 승천(昇天)하기 때문에 중음신을 갖지 않고, 반대로 악한 짓을 많이 한 사람 역시 숨을 거두자마자 바로 지옥에 떨어지기 때문에 중음신이 없습니다.

아귀(餓鬼)로 태어날 중음신은 그 빛이 마치 물과 같고, 축생(畜生)으로 떨어질 중음신은 수종(水腫; 물혹)의 모습을 하고 있는데, 그 빛이 연기와 같아서 어슴푸레합니다.

인간세계나 낮은 천상세계에 태어날 중음신은 왕왕 황금빛을 띠고 있으며, 더 높은 천상세계에 태어날 중음신은 대단히 선명한 하얀 모습을 하고 있습니다.

숨을 막 거둔 망자(亡者)의 몸 상태만 보고도 그 사람이 어떤 사람이었는지를 알아낼 수 있습니다. 살아생전에 착한 일을 많이 한 사람은 발부터 식기 시작하고, 나쁜 일을 많이 한 사람은 머리부터 식기 시작합니다. 따라서 극락에 태어날 사람은 머리 정수리 부분이 마지막에 식고, 지옥에 떨어지는 사람은 발바닥이 마지막에 식습니다.

중음신은 자신의 전생들을 기억해 내고 볼 수 있습니다. 윤회해 오면서 겪은 일들이 아주 빠른 속도로 스쳐 지나가면서 자신이 했던 수많은 영상을 보게 됩니다. 눈앞에서 영화를 상영하듯이 일생의 모든 행위가 좋은 것이든 나쁜 것이든 선한 것이든 악한 것이든 모두 기억나는데, 그 속도가 대단히 빠릅니다. 텔레비전 장면이 바뀌는 것보다 훨씬 더 빠릅니다. 평생 무의식 속에 억눌러 놓았던 일, 남을 속인 일, 미안한 일, 떳떳한 일, 남을 억울하게 했던 일 등이 모두 나타나면서 선악의 과보가 모두 나타납니다.

중음신의 능력은 인간의 능력보다 몇십 배는 뛰어나고 대단히 영민해서 모르는 것이 거의 없고 깨닫지 못하는 것이 없습니다. 그래서 중음신의 상태에서는 도(道)를 깨닫기가 쉽습니다. 고로 중음신의 상태에 있는 존재에게 진리를 설(說)하여 주거나, 차원 높은 말들을 들려주면 중음신은 우리 인간과 달리 빨리 이해하고 빨리 알아듣습니다.

또 멍청한 사람 또는 어리석은 사람일지라도 숨이 끊어질 때가 되거나 중음신의 상태가 되면 갑자기 총명해집니다. 그래서 살아생전에 자기를 속였거나 괴롭힌 사람을 알아내고, 이들에게 복수할 마음을 갖게 됩니다.

중음신은 산 사람과 달리 다섯 가지의 신통력(神通力)을 갖습니다. 신족통(神足通; 멀리 갈 수 있는 신통력)·천안통(天眼通; 멀리 있는 것을 볼 수 있는 신통력)·천이통(天耳通; 다른 사람이 내는 소리를 들을 수 있는 신통력)·타심통(他心通; 다른 사람의 생각이나 마음을 알아내는 신통력)·숙명통

(宿命通; 전생을 볼 수 있는 신통력)이 그것입니다. 따라서 중음신에게 산하(山河)와 장벽, 시간과 공간은 장애가 되질 않습니다. 그리고 중음신이 움직이는 그 속도는 빛의 속도보다도 더 빠릅니다.

중음신은 몸뚱이는 없어도 모든 것을 볼 수 있고, 모든 소리를 들을 수 있으며 어느 곳에든 갈 수 있습니다. 사람이 죽은 후 중음신으로 변하면 공간적인 장애가 없습니다. 자기의 친척이나 애인이 미국에 있더라도 생각만 하면 즉시 그들 곁으로 갈 수 있습니다. 그리고 미국 친구에게 자신이 이미 죽었으니 괴로워하지 말라고 말하지만 상대방은 듣지 못합니다. 중음신은 우리 살아 있는 사람이 하는 말은 다 알아들을 수 있습니다. 중음신은 당신이 무슨 일을 하든지 수시로 와서 봅니다. 중음신은 마치 살아 있는 것 같아 자신이 몸도 볼 수 있고 볼 수도 들을 수도 있다고 느낍니다. 외국에서 친구가 그를 위하여 울면 다 듣습니다. 그리고 중음신은 살아 있는 사람의 행위에 감응할 줄 아는 능력이 있습니다. 우리는 중음신이 말하는 것을 전혀 들을 수 없지만, 중음신은 우리의 말 생각 등을 완전히 알아듣고 보고 느낄 수 있습니다.

따라서 사람이 죽은 후 유가족이나 친지들은 망자에게 나쁜 말을 해서도 안 되고, 세상에 대한 미련이나 사람에 대한 집착을 가져오는 말, 망자를 분노하게 할 수 있는 말, 망자를 섭섭하게 하는 말들은 절대 안 됩니다. 오직 망자를 축복해 주는 말, 망자를 위로해 주는 말을 해야 하고, 망자를 위해 기도를 하거나 염불을 해 주거나 독경을 해 주거나 망자의 이름으로 선(善)을 행하면 망자는 그 덕분에 좋은 곳에 태어날 수 있습니다.

임종(2)

평생 고생만 하다가 저세상으로 총총히 떠납니다. 인생을 제대로 살지 못했다는 후회, 인생을 제대로 살아보지 못했다는 한탄, 죄만 잔뜩 짓고 살았다는 죄책감만 남습니다.

평생 물질의 노예가 되어 돈만 좇습니다. 늘 남과 비교하고 늘 남을 의식하며 삽니다. 눈·귀·코·혀·몸·마음(생각, 정신, 정서 등)의 육근(六根)에 휘둘리며 사는 건 10년 전이나 지금이나 똑같습니다.

물질과 신체에 끊임없이 부림을 당하고 내 몸뚱이를 진정한 '나'로 착각하며 더러운 몸뚱이를 먹이고 씻기고 치장하고 재우는 데 인생의 3분의 2를 보냅니다.

게다가 몸은 늘 아프거나 아니면 근심 속에 있습니다. 몸이 아프지 않으면 마음이 우울하거나 슬프거나 외롭습니다.

다들 잘난 맛에 인생을 살고 자신만큼은 잘났다는 착각 속에 인생을 살아갑니다. 그리고 허세와 허영으로 인생을 삽니다. 가버린 과거에 매달리고 오지 않은 미래를 걱정합니다.

오래 산다 한들 뭐가 달라질 것이며, 성공을 거둔다 한들 그 기쁨은 잠깐입니다. 기쁨은 우리를 진정 행복하게 만들어주지 못한 채 순식간에 흩어져 버립니다. 이 세상에 태어난 이유를 알지 못하고 죽은 후 어디로 가는지를 알지 못한 채 오직 업(業)만 가지고 총총히 저승으로 떠납니다.

368.

악인(惡人)

성급한 자가 악인입니다.

게으른 자가 악인입니다.

말이 많은 자가 악인입니다.

말을 독점하는 자가 악인입니다.

마음이 산란(散亂)한 자가 악인입니다.

마음을 내려놓을 줄 모르는 자가 악인입니다.

꽉 닫힌 마음을 가지고 사는 자가 악인입니다.

사견(邪見; 삐뚤어진 견해)을 지닌 자가 악인입니다.

참회할 줄 모르는 사람이 악인입니다.

성현의 말씀을 의심하는 자가 악인입니다.

아상(我相)과 분별심이 많은 자가 악인입니다.

남의 말에 귀를 기울이지 않는 자가 악인입니다.

남에게 말할 기회를 주지 않는 자가 악인입니다.

369.

먼저

먼저 다가갑니다.

먼저 인사합니다.

먼저 말을 겁니다.

먼저 마음을 엽니다.

먼저 존댓말을 씁니다.

먼저 고개를 숙입니다.

수명(壽命) 산법(算法)

한바탕 화를 내면 수명이 3년 감소합니다.

즐거운 일이 한 번 생기면 수명이 반년 감소합니다.

집안에 큰 경사가 한 번 나면 수명이 1년 감소합니다.

부유한데 자식마저 성공을 거두면 수명이 5년 감소합니다.

덕 있는 자, 지혜 있는 자를 헐뜯으면 수명이 15년 감소합니다.

남들은 빈궁한데 혼자 부귀공명을 누리면 수명이 15년 감소합니다.

여자의 정절을 훼손하거나 남의 후사를 끊어 놓으면 수명이 30년 감소합니다.

덕(德)도 없으면서 남에게서 절을 함부로 받으면 본인의 복이 크게 훼손됩니다.

오계(五戒)를 받은 사람에게서 예배를 받으면 본인의 수명과 공덕이 크게 줄어듭니다.

청정한 성직자(비구, 비구니, 목사 등)로부터 예배를 받으면 수명과 공덕이 크게 깎입니다.

성인이 과연 모르겠는가

관상(觀相)의 대가는 얼굴만 보고도 그 사람의 성격이나 운명을 정확히 짚어냅니다.

대 문장가(文章家)는 글 한 줄만 보고도 그 사람의 문장력과 인품을 정확히 알아냅니다.

고승(高僧)은 사람을 보지 않고도 그 사람의 전생과 운명을 정확히 내다봅니다.

상의(上醫)는 찰색(察色), 걸음걸이, 목소리만으로도 병자의 병증(病症)을 정확히 맞힙니다.

수사 경험이 풍부한 경찰관은 피의자의 사소한 행동 하나만 보고도 그가 거짓말을 하고 있는지를 여실히 알아맞힙니다.

타고난 땅꾼은 땅만 보고도 그 속에 뱀이 있는지 알 수 있고, 뛰어난 지관(地官)은 산세(山勢)나 지형(地形) 등만 보고도 무덤 안의 상황을 정확히 알아냅니다.

뛰어난 수행자는 상대방의 눈만 보고도 그의 수행 정도를 정확히 읽어냅니다.

야차(夜叉)라는 하급 귀신은 귀도(鬼道)에 존재하는 귀신인데, 사람의 마음을 읽어낼 수 있으며 어떤 사람의 이름만 들으면 그 사람의 이력(履歷)을 정확히 짚어냅니다.

범부(凡夫)의 작은 성취가 이 정도인데, 하물며 성인이겠습니까.

유교와 불교

사서삼경(四書三經)을 비롯한 유교 경전의 가르침은 '입세(入世)'에 치우쳐 있는데, 결국 수신(修身)과 인과(因果)로 수렴됩니다. 수신이란 사람 노릇을 제대로 하는 것 또는 올바른 인간이 되는 것을 말하며, 인과(因果)란 인과응보를 말하는 것이니, 이 둘은 모든 학문과 모든 철학과 모든 종교의 공통된 시작점이자 첫 번째 가르침입니다. 유교 경전은 다른 어떤 경전들보다 특히 사람 노릇[人道]에 치우쳐 있으므로 반드시 공부해야 합니다.

공자께서 제자가 죽음에 관해 묻자, 「삶도 잘 알지 못하는데 어찌 죽음을 알겠느냐.[未知生焉知死]」라고 답한 말씀이나, 공자께서 명(命; 天命)에 대해서는 드물게 말씀하신 것은 공자가 몰라서 그런 게 아님을 알아야 합니다.

불교의 가르침은 '입세(入世)와 출세간(出世間)'에 걸쳐 있는데, 복덕과 지혜를 닦는 것으로 수렴됩니다. 이를 복혜쌍수(福慧雙修) 또는 '지관(止觀)'이라 하는데, 복덕을 닦아 온갖 선(善)을 행하고 온갖 악(惡)을 제거하는 것 또는 마음이 어느 한 곳에 머물러 움직이지 않는 것, 온갖 망념과 분별을 그치고 지극한 선(善)에 머무는 것이 지(止)이고, 지혜를 '관(觀)'이라 합니다. 지(止)는 불교뿐 아니라 모든 학문과 종교에서 볼 수 있고 또 중요시하는 덕목입니다. 지(止)를 일으킨 후 공성(空性, 眞空妙有), 불생불멸(不生不滅), 열반적정(涅槃寂靜), 시심시불(是心是佛), 만법무자성(萬法無自性; 諸法無我), 상락아정(常樂我淨), 불이(不二) 등을 보는 것이 관(觀)입니다. 관(觀)은 불교에만 있는 수행으로 다른 종교에 설령 관(觀)이 있다 해도 불교에서 말하는 관(觀)은 아닙니다.

지관(止觀)이 불교의 두 번째 가르침이며, 불교의 마지막 가르침은 삼계(三界)를 해탈하는 것입니다. 삼계를 벗어나 다시는 윤회하지 않는 겁니다. 하지만 이것이 구경(究竟)은 아닙니다. 이 이상은 이 책의 본령(本領)이 아니니 더는 논하지 않겠습니다.

요컨대, 사람으로 태어나 유교와 불교 경전을 공부하지 않으면 사람 노릇이 어렵고 나의 다음 생이 어찌 될지 아는 일은 더욱 어렵습니다.

373.
그런 사람을 가졌는가

함석헌(咸錫憲) 선생이 지은 시에 이런 구절이 있습니다.

「만 리 길 나서는 길 처자(妻子)를 내맡기며 맘 놓고 갈만한 사람, 그 사람을 그대는 가졌는가.」

위 구절을 이렇게 응용해 보고 싶습니다.

당신이 전부인 사람. 그런 사람을 그대는 가졌는가.

당신에게 고마워하는 사람. 그런 사람을 그대는 가졌는가.

당신을 위해 늘 기도하는 사람. 그런 사람을 그대는 가졌는가.

당신이 잘되기를 늘 바라는 사람. 그런 사람을 그대는 가졌는가.

당신이 죽으면 당신 이름으로 좋은 일을 할 사람. 그런 사람을 그대는 가졌는가.

당신이 죽은 후 당신 생일날에 당신을 떠올릴 사람. 그런 사람을 그대는 가졌는가.

당신이 보고 싶다고 말하면 즉각 달려와 주는 사람. 그런 사람을 그대는 가졌는가.

당신이 떠나면 당신을 아름다운 사람으로 떠올릴 그런 사람을 그대는 가졌는가.

당신이 말하면 당신 얘기에 귀 기울여 주는 사람. 그런 사람을 그대는 가졌는가.

임종(3)

임종 시 찰나의 수행이 백 년간의 수행을 뛰어넘습니다.

임종 순간에 낸 잠깐의 참회는 평생토록 해온 참회보다 뛰어납니다.

1분간의 고요한 임종 순간은 평생 70년의 세월과 동등한 가치를 지닙니다.

임종 순간에 낸 착한 생각 하나가 한평생 지은 악한 업을 모조리 없앨 수 있습니다.

375.

3할(1)

중국 청나라의 어느 문인(文人)이 말했습니다.

「3할은 사람의 몫, 7할은 하늘의 몫 [三分人事七分天]」

삶은 명(命)이 7할이고 운(運; 노력)은 3할이라는 뜻입니다.
「질병의 3할은 몸에서 오고, 7할은 전생에 지은 업(業)에서 온다.」라는 말씀도 있습니다.
중국의 어느 고승은 이런 말씀을 남겼습니다.

「도리삼할(道理三割)」

시비(是非)를 논하거나 일을 처리할 때, 도리(법, 규정, 논리, 합리성 등)는 3할만 쓰고 나머지 7할은 정(情)이나 관습, 전통 등 정리(情理)에 의지하라는 말입니다. 법이나 도리(道理), 합리성(合理性)을 지나치게 내세우면 메마르고 각박해지며 화합에 저해가 되기 때문입니다. 물리적 결합은 도리로 이룰 수 있지만, 화학적 결합은 도리만으로는 안 됩니다. 판결이 도리에 해당한다면, 조정(調停)·화해(和解)·중재(仲裁)는 정리(情理)에 해당합니다.
「최선의 판결보다 최악의 조정(調停)이 낫다.」라는 법언(法諺)은 정리(情理)의 중요성을 말해 줍니다.
〈명심보감〉의 말씀 두 개를 보겠습니다.

「사람을 만나면 십분(十分)의 삼(三)만 말하고 속마음까지 다 털어놓아서는 안 된다.」

「좁은 길에서는 한 걸음 양보하여 다른 사람이 먼저 지나가게 하고, 맛있는 음식은 3할을 덜어서 남과 나누어 먹는다. 이것이 가장 안락하게 세상을 살아가는 한 방법이다.[徑路窄處 留一步與人行 滋味濃的 減三分讓人嗜 此是涉世 一極安樂法]」

정조(正祖)가 말했습니다.

「일할 때 일곱이나 여덟이 좋으면 시작해야 한다. 다 좋기를 바랄 필요는 없다.」

어느 농부는 말했습니다.

「열 개의 씨를 뿌리면 세 개는 내 것이 아닙니다. 나라 세금으로 하나, 새 먹이로 또 하나 그리고 썩어 없어지는 것 또 하나.」

또 이런 말씀들도 있습니다.

「인생의 7할은 자신을 위해 쓰고, 3할은 남을 위하는 데 써라.」

「뱃속의 3할은 늘 비워두어라.」

376.

이타적인 사람

이타적인 사람은 지혜로운 사람입니다.

이타적인 사람은 성공할 가능성이 큽니다.

이타적인 사람은 성숙한 영혼의 소유자입니다.

이타적인 사람은 느리게 가지만 더 빨리 도달합니다.

이타적인 사람은 이기적인 사람보다 성관계 횟수가 더 많다고 합니다.

이타적인 사람은 침이나 정액 색깔, 걸음걸이, 얼굴색과 표정, 뇌 구조, 몸에서 나는 냄새, 심장 박동 수, 아우라(後光) 등 많은 면에서 이기적인 사람의 그것들과는 무척 다릅니다.

이타적인 사람은 과거 생에서도 이타적인 사람이었을 것이고, 내생(來生)에서도 이타행(利他行)을 행하며 살 겁니다. 이기적인 사람은 과거 생에서도 이기적인 존재였을 것이고, 내생은 지금보다 더 불행하고 더 비참한 삶을 살아갈 겁니다.

'사업(事業)'이라는 말은 공자께서 처음 하신 말씀인데, 공자께서 〈주역〉을 풀이하시면서 이렇게 말씀하셨습니다.

「(덕을) 행하여 천하의 백성에게 베푸는 것을 사업(事業)이라 한다.[擧而措之天下之民 謂之事業]」

아래는 어느 영화에서 나온 대사입니다.

「남을 행복하게 해 주는 게 진정한 예술이다.」

거룩한 날

본인의 생일이나 부모님 생신 그리고 부모님 제삿날 등은 '거룩한 날'입니다. 따라서 이날만큼은 좋은 일을 해야 합니다. 1년 중 이날 하루를 '보시(布施)'하는 날로 정합니다. 보시하되 부모님 이름으로 합니다. 보시가 아닌 방생(放生)을 해도 좋습니다. 죽을 위기에 처한 동물이나 물고기를 살려 준 후 이렇게 기도합니다.

「이 공덕을 (돌아가신) 우리 부모님께 돌립니다.」

많은 이들이 돌아가신 부모님을 위해 눈물만 흘릴 뿐 그 외에는 손을 놓고 있는데, 이것은 자식 된 도리가 아닙니다. 부모님을 위해 공덕을 쌓으면 그 공덕의 일부가 반드시 돌아가신 부모님께로 갑니다. 이것은 미신도 아니요, 거짓도 아니요, 우상(偶像)은 더더욱 아닙니다.

맹자께서 말씀하셨습니다.

「살아 계신 부모를 잘 봉양한 것은 큰일을 떠맡았다고 하기엔 부족하다. 장례를 잘 모셔야 큰일을 감당했다고 할 수 있다.[養生者不足以當大事 惟送死可以當大事]」

378.

나이를 먹게 되니(1)

젊었을 적엔 조급증 때문에 힘들었는데 늙게 되니 허무함 때문에 힘이 듭니다.

젊은 사람들에겐 오직 미래만 있는 듯하고 늙은 사람들에겐 오직 과거만 있는 듯합니다.

젊었을 적엔 근거 없는 자신감으로 충만했지만 늙게 되니 근거 없는 불안감이 짓누릅니다.

젊었을 적엔 성욕을 억제하지 못하였는데, 나이를 먹게 되니 분노를 억제하는 일이 가장 힘듭니다.

젊었을 적엔 건강한 육체가 최우선이었지만, 나이를 먹게 되니 마음 편안한 것이 제일입니다.

젊었을 적엔 앞에서 다가오는 두려움이 크지만, 나이를 먹게 되니 뒤에서 덮치는 두려움이 큽니다.

젊었을 적엔 불안이나 두려움이 나를 괴롭혔지만, 나이를 먹게 되니 후회가 나를 괴롭힙니다.

젊었을 적엔 유능한 사람, 똑똑한 사람에게 끌렸지만 늙게 되니 나를 치켜세워 주는 사람, 내 말에 귀를 기울여 주는 사람에게 끌립니다.

젊었을 적엔 말을 잘하는 사람, 글을 잘 짓는 사람에게 끌렸는데 나이를 먹게 되니 이 두 가지야말로 사람을 망치게 하는 근본임을 알게 됩니다.

젊었을 적엔 내가 부모에게서 받은 상처만 보이더니 나이를 먹게 되자 부모님이 조부모님으로부터 받았을 상처가 보였습니다.

임종(4)

곧 임종을 앞둔 분에게 이렇게 물으십시오.

「존엄사(尊嚴死)를 원하시나요?」

「반려동물은 어떻게 할까요?」

「꼭 하실 말씀이 있으신가요?」

「혹시 상조회사에 가입하셨나요?」

「수의(壽衣)는 어떤 옷으로 해 드릴까요?」

「임종을 어디에서 맞이하고 싶으신가요?」

「돌아가시면 시신은 어떻게 해 드릴까요?」

「당신의 죽음을 꼭 알아야 할 분이 계신가요?」

「가족이 모르는 재산이나 채무가 있으신가요?」

「장례식 때 꼭 와주셨으면 하는 분이 계신가요?」

「장례를 맡아서 봐주었으면 하는 분이 계신가요?」

「돌아가시기 전에 보고 싶은 사람이 있으신가요?」

380.
금강경 한 구절

「불취어상 여여부동 [不取於相 如如不動]」

위 말씀은 〈금강경(金剛經)〉에 나옵니다.

불취어상(不取於相)은 '상(相)에 사로잡히지 말라'라는 뜻입니다. '상(相)'이란 주관적인 관념이나 견해, 사상 등을 말합니다. 상(相)에는 아상(我相)·인상(人相)·중생상(衆生相)·수자상(壽者相)·법상(法相) 등이 있고, 신견(身見)·변견(邊見)·사견(邪見)·견취견(見取見)·계금취견(戒禁取見)도 있습니다. 불취어상(不取於相)이라는 말은 이런 상(相)이나 견(見)에 사로잡히지 말라는 뜻입니다.

〈금강경〉에 「일체의 상(相)을 떠난 것을 부처라 한다.[離一切諸相 即名諸佛]」라는 말씀이 있는데, 상(相)에 집착하지 않으면 곧 부처라는 뜻입니다.

온갖 상(相)들은 인연에 의해 잠시 모인 허망한 상(相)에 불과합니다. 곧 모든 상(相)은 비상(非相)이요, 가상(假相)이며 궁극은 무상(無相)입니다. 무상(無相)이 실상(實相)입니다.

무언가를 구하지 않습니다. 무언가를 얻으려고 하지 않습니다. 오직 하나의 법만이 불법(佛法)이라고 믿지 않습니다. 유(有)에도 집착하지 않고 공(空)에도 집착하지 않습니다. 또한 불유(不有)에도 집착하지 않고 불공(不空)에도 집착하지 않습니다.

일체를 놓아버립니다. 이것도 없고 저것도 없고 중간도 없습니다. 공(空)을 구경(究竟)이라고 여기지 않습니다. 얻을 법이 있다고 생각하지 않습니다. 선(善)도 악(惡)도 생각하지 않습니다.

상(相)에 사로잡히지 않으면 마(魔) 역시 부처이고, 상(相)에 집착하면 부처 역시 마(魔)입니다.

상(相)을 떨쳐내면 그것이 바로 무상(無相)입니다. 상(相)에 집착하지 않으면 그것이 바로 무상(無相)입니다.

어떤 종교든지 우상(偶像)을 반대합니다. 우상이란 상(相)에 집착하는 것을 말합니다. 무턱대고 믿는 것도 우상입니다. 진정한 상(相)은 무상(無相)입니다. 아래에 나오는 시처럼 말이지요.

「허공은 의지하는 데가 없고 바람은 머무는 데가 없다. 못에 돌을 던져도 물결은 곧 가라앉고 눈 위에 남긴 발자국은 흔적조차 없네.[虛空無所依 風而無所住 投石淵波沈 雪上迹無痕]」

'여여(如如)'란 도(道), 실상반야(實相般若), 공(空), 적멸(寂滅), 자성(自性), 진여(眞如), 법신(法身), 무위(無爲), 열반(涅槃) 등과 같은 말입니다. 유교에서는 이를 명(命) 또는 천명(天命) 또는 성(性)이라 하고 철학에서는 이를 본체(本體)라 하는데, 일체 생명의 근원이자 우주 만유의 근본입니다.

'여여부동'이란 움직이지 않는다는 뜻이 아닙니다. 움직이지 않는 것처럼 보일 뿐입니다. 움직인다고 할 수도 없고 움직이지 않는다고 할 수도 없습니다. 오지도 않고 가지도 않습니다. 나지도 않고 없어지지도 않는 것[不生不滅], 중도(中道) 즉 공(空)도 아니고 유(有)도 아니고 그렇다고 불공불유(不空不有)도 아니며 즉공즉유(卽空卽有)도 아닌 것, 법상(法相)이 생기지 않는 것[不生法相], 머무는 바가 없는 것[應無所住], 구하지 않는 것[不求], 다르지 않음[不二], 자신의 생각·마음·망상·집착 등을 잘 살피고 지키는 것[善護念] 등을 말합니다.

어떤 일이든 다가오면 응하고 지나가면 붙잡지 않습니다. 일체를 모두 비워버립니다. 일체의 것에 머물지 않습니다. 절을 올릴 때도 요구나 소원 없이 절을 할 수 있다면 이미 여여부동(如如不動)의 경지입니다.

381.

악을 지나치게 미워하다

포숙아(鮑叔牙)의 친구였던 관중(管仲)은 임종 직전 왕에게 이렇게 말했습니다.

「포숙아에게 정치를 맡겨서는 안 됩니다. 그의 사람됨이 선을 좋아하고 악을 미워함이 너무 심하여 하나의 악이라도 보면 죽을 때까지 잊지 않습니다.」

〈논어〉에 「자기의 뜻을 굽히지 않고 자기 몸을 욕되게 하지 않은 이는 백이와 숙제이다.[不降其志 不辱其身 伯夷叔齊與]라는 말씀이 나오는데, 〈맹자〉에는 이런 말씀이 나옵니다.

「백이(伯夷)는 섬길만한 군주가 아니면 섬기지 않았고 벗할 만한 사람이 아니면 벗하지 않았으며 악한 사람이 있는 조정에 서지 않고 악한 사람과는 말하지 않았다.」

「백이(伯夷)는 눈으로는 나쁜 색을 보지 않았고 귀로는 나쁜 소리를 듣지 않았으며 섬길 만한 올바른 임금이 아니면 섬기지 않았고 부릴 만한 올바른 백성이 아니면 부리지 않았다. 세상이 다스려지면 나아가고 혼란하면 물러나 은둔하여, 난정(亂政)이 행해지는 곳과 포악한 백성들이 사는 곳에는 살지 않았으며, 예와 덕이 없는 향인(鄕人)과 같이 있는 것을 마치 조복(朝服)과 조관(朝冠) 차림을 하고 진흙탕과 숯 위에 앉은 것처럼 생각하였다.」

조선의 기묘사화(己卯士禍)는 도학(道學) 정치를 주장한 조광조(趙光祖) 등의 사림파(士林派)가 남곤(南袞)·심정(沈貞)·홍경주(洪景舟) 등의 훈구파들에게 화(禍)를 입은 사건인데, 〈연려실기술〉에 이들 사림파에 관한 기록이 있어 인용합니다.

「기묘년에 공론(公論)을 주장하는 선비들은 착한 것을 칭찬하고 악한 것을 미워하기를 원수같이 하여 그 행실이 효제(孝悌)를 어기거나 인의(仁義)에 맞지 않는 자와는 함께 조정에 서려고 하지 않았다. 이때 남곤과 심정이 심술궂게 남을 해치기를 좋아하는 것으로 사림(士林)에게 죄를 얻었는데, 그들이 입장을 바꿔 청류(淸流)에게 의탁하려 했으나 사림이 끝내 받아주지 않았기 때문에 분함을 품었으나 드러내지 않았다.

남곤과 심정이, 홍경주가 일찍이 찬성(贊成)이 되었다가 논박을 받아 파면되어 항상 분함을 품고 있는 것을 알고 드디어 서로 통하여, 홍경주에게 그의 딸 희빈(熙嬪)을 시켜 "온 나라 인심이 모두 조 씨(趙氏; 조광조를 말함)에게로 돌아갔다."하고, 밤낮으로 임금(중종을 말함)께 말하여 임금의 뜻을 흔들었다. 홍경주가 희빈을 통하여 아뢰기를, "온 나라 인심이 조 씨에게로 돌아갔으니, 이제 공신(功臣)을 삭제하자고 청하는 것은 점차 국가의 우익(羽翼)들을 제거하고자 함이다. 그 뒤에 오직 제 마음대로 하고자 하는 것이다. 또 천과(薦科; 현량과를 말함)를 베풀어서 그 성세를 확장하고 구신(舊臣) 중에 조금만 다른 의견을 세우는 자는 모두 배척해 내쫓아서 입을 열지 못하게 하니, 지금 도모하지 않으면 나중에는 어찌할 수가 없을 것입니다." 하니, 임금이 크게 놀랐다.」

중국 초나라의 시인이었던 굴원(屈原)이 어부에게 말했습니다.

「온 세상이 모두 탁한데 나 홀로 맑고, 사람들이 모두 취했는데 나 홀로 깨어 있소. 이 때문에 추방을 당했소.[舉世皆濁我獨淸 衆人皆醉我獨醒 是以見放]」

조선의 정철(鄭澈)은 성품이 지나치게 준엄하고 결백하여 악(惡)을

원수같이 미워하였고, 정철에 의해 죽임을 당한 최영경(崔永慶) 또한
「악을 미워하여 조금도 용서함이 없었다. 벼슬아치 중에 탐욕스럽고
흉악한 짓을 하는 자가 있었는데, 만나기를 청해도 피하고 만나지 않
았다. 시세를 따라 아부하는 사람들은 흙 묻은 더러운 돼지처럼 보았
다.」라는 기록이 있습니다.

　조선 중종 때 인물인 한충(韓忠)은 지조가 바르고 강직하여 의(義)
에 달려가기를 미친 것처럼 하고 악을 미워하기를 원수같이 하였는데,
그가 남곤(南袞)·이자(李耔)와 함께 종계개정주청사(宗系改正奏請使)
로 북경에 갔을 때 남곤이 병에 걸렸습니다. 한충이 치료할 생각이 없
어 말하기를, "저놈이 죽지 않으면 훗날 반드시 선비들의 씨를 없애고
말 것이다." 하였고, 이자(李耔)는 스스로 도와서 지성껏 간호하면서
말하기를, "이 간인(奸人)이 죽는 것은 애석할 것이 없으나 만리타국에
함께 와서 어찌 죽어가는 것을 앉아서 보고만 있겠는가." 하였습니다.
훗날 신사사화(辛巳士禍) 때 한충이 무고당한 것을 알고 왕이 보방(保
放)을 명하였는데, 남곤이 옥졸을 시켜 옥(獄)에 들어가 왕명이라고
속이고 한충의 목을 졸라 죽였지만 이자(李耔)는 쫓아내기만 했을 뿐
죽이지는 않았습니다.

　필자(筆者)의 조상이기도 한 주열(朱悅; 송나라 朱熹의 6세손)에 관한
기록에 〈고려사〉에 실려 전하는데 소개합니다.

「주열은 성품이 강직해 세상의 추이(推移)를 따르지 않았고 악하게
구는 자를 원수처럼 미워하여 반드시 매서운 소리로 크게 꾸짖었다.
사람다운 사람이 아니면 아무리 권세가 있고 벼슬이 높아도 인사를

하지 않았기 때문에 오랫동안 승진이 되지 못했다.

한번은 무슨 일 때문에 상부(相府; 재상이 정무를 보는 관청)로 가서 어느 재상(宰相)과 이야기를 나누었는데, 주열이 앉아 듣는 태도가 매우 거만하자 재상이 부리(府吏)를 시켜 재상이 말할 때는 땅에 엎드려 들어야 한다고 전했다. 그러자 주열은, "재상의 말을 땅에 엎드려 들어야 한다면 임금의 말은 땅을 파고 들어가서 들어야 하는가." 하였다.」

382.
아이러니

부처님을 배운 사람들이 더 교만하며 더 게으릅니다.
예수님을 믿는 사람들이 기독교 신앙을 허물어뜨립니다.
예수님을 믿는 사람들이 더 배타적이고 더 이기적입니다.
부처님을 배운 사람들이 불법(佛法)의 쇠퇴를 재촉합니다.
학문이 높은 사람들은 실제 일이 닥치면 어찌할 바를 모릅니다.
예수님을 믿는 사람들이 예수를 팔아먹고 예수 이름에 먹칠을 합니다.

수행

고통을 없애는 것이 아니라 고통을 받아들이는 것이 수행입니다.

망상을 없애는 것이 아니라 망상을 알아차리는 것이 수행입니다.

무엇을 끊어버리는 것이 아니라 본래 자리로 되돌아가는 것이 수행입니다.

부처님께 비는 것이 수행이 아니라 내 안의 부처를 보는 것이 수행입니다.

남을 돕는 것이 수행이 아니라 자신을 교화(敎化)하고 돕는 것이 수행입니다.

예배를 올리고 염불하고 참선하는 것이 수행이 아니라, 자신의 단점이나 나쁜 심리와 버릇 등을 고치는 것이 수행입니다.

악행을 저지르는 사람을 보면 그를 '나쁜 사람'이 아니라 '아픈 사람'이라고 보는 것이 수행입니다.

나에게 고통을 주는 사람을 보면 과거세(過去世)에 내가 지은 악업을 줄여 주는 고마운 사람이라고 여기는 것이 수행입니다.

생각 생각은 늘 공(空)과 무아(無我)에 머무르되, 손발은 부지런히 유(有)를 행하는 것이 수행입니다.

속세를 싫어하지 않고 오히려 속세에 들어가 사람들과 부대끼며 살되 물들지 않고 집착하지 않는 것이 수행입니다.

편하게 인생을 살려고 하지 않고 자기 뜻대로 만사가 이루어지기를 바라지도 않으며 천명(天命)을 알고 이를 기꺼이 받아들이는 것이 수행입니다.

이율곡이 말했습니다.

「나의 이 몸은 다만 나라를 위할 뿐이다. 만약 이 일로 병이 더 심해져도 이 역시 운명이다.」

조선 성종 때의 인물인 남효온(南孝溫)은 「사람이 사는 것이 곧으면 사람도 속일 수 없는데 하물며 하늘을 속일 수 있으랴.」하고는 드디어 「해와 달은 머리 위에 환하게 비치고, 귀신은 좌우에서 굽어살핀다.[日月昭昭頭上 鬼神鑑臨左右]」라는 12자로 경지재명(敬止齋銘)을 지어 자신을 경계하였습니다.

중국 명나라 때의 대학자였던 왕양명(王陽明)이 임종을 앞두고 있을 때 죽음이 두렵지 않은지 누가 물었습니다. 그는 이렇게 대답합니다.

「내 마음이 광명정대(光明正大)한데 무슨 말을 더하겠는가.」

384.
지혜로운 여인들

〈해동소학(海東小學)〉에 이런 얘기가 실려 있습니다.

「야은(冶隱) 선생은 선산 사람이다. 조선이 개국하자 새 왕조를 섬기지 않는 절의를 지켜 금오산 아래에 은거하니 비복(婢僕)들도 다 감화

난세에서 인격과 처세를 얻다

되었다. 그에게는 한 여종(女從)이 있었는데 나이가 18세였다. 그 남편이 장사를 업으로 하여 잘 되었는데 태풍으로 바다 멀리 밀려 나가 생사를 알 수 없었다. (돌아온다는) 믿음을 간직한 채 10년 동안 개가(改嫁)하지 않았다. 뒤에 그 남편이 일본으로부터 돌아오게 되었는데 집에 도착하니 한밤중이었다.

문밖에서 남편이 부르니 부인이 대답하기를, "말씀과 행동거지가 모두 제 남편과 똑같으시니 비록 다시 살아서 만나는 것은 기쁘지만 밤은 깊고 사람들이 없으니 어찌 쉽게 만날 수 있겠습니까."하고는 끝내 문을 열지 않고 앉아서 아침까지 기다렸다가 집안사람들과 함께 나아가 보니 바로 남편이었다. 이에 다시 백년해로하였다.」

〈동소만록(桐巢漫錄)〉에 이런 얘기가 실려 있습니다.

「박필위(朴弼渭)의 부인 김 씨는 고(故) 대간(臺諫) 김홍복(金洪福)의 딸이다. 남편이 과거에 합격했을 때 집안사람들이 모두 기뻐하였으나 부인만 홀로 즐거워하지 않았다. 시아버지인 박태회(朴泰晦)가 이상하게 여겨 그 이유를 묻자 대답하였다.

"소첩은 유학자 집안의 자녀입니다. 일찍이 집안 어른이 십여 년간 책을 소리 내어 읽었지만 그 이름을 얻기 어려웠습니다. 지금 신랑을 보니 하루에 한 줄도 책을 읽지 않고 날마다 단지 축국(蹴鞠) 놀이를 하거나 비둘기를 희롱할 뿐이었습니다. 그런데 갑자기 큰 명예를 얻게 되었으니 재앙이 생길까 두렵습니다."

온 식구들이 불길한 여자라고 여겼는데, 이윽고 집안에 화(禍)가 생기고 말았다. 사람들이 비로소 앞을 내다보는 현명함이 있다고 하며 감복하였다.」

신흠(申欽)이 죽은 부인을 애도하며 쓴 글에 이런 내용이 나옵니다.

「내가 일찍이 이조(吏曹)와 병조(兵曹)의 참판 직에 있었고, 병조에는 누차 오래 재직하였다. 그래서 간혹 비복(婢僕)들을 통해 뇌물을 가지고 와 나와 교제를 하려는 자가 있었는데 이럴 때마다 부인이 이르기를, "내가 어려서 친정아버지를 섬길 적에 이런 일이 없었으니, 커서 남편을 받드는 데도 아버지 섬기듯이 할 뿐입니다. 그런데 어찌 이익 때문에 우리 집안 규범을 더럽히겠습니까." 하였다. 이 때문에 집안이 날로 정결해졌다. 궁중과 교제를 맺음에 미쳐서는 과분함을 더욱 두려워하여 항상 겸손하여 몸을 낮추는 것으로 몸을 단속하였고, 사사로이 궁중과 알현해서 빌붙으려고 하지 않았다. 내가 사마시(司馬試)에 합격했을 때 부인의 친정어머니께서 동복(童僕)을 주자 부인이 대뜸 사양하며 말하기를, "오라버니들이 사마시에 합격하였을 때는 준 것이 없었는데 계집애만 어찌 감히 받을 수 있겠습니까." 하였다.」

「고려 예종은 김부일, 김부식, 김부철 3형제가 모두 문장가로서 임금에게 시종(侍從)하는 것이 장하다 하여 그 어머니를 대부인(大夫人)으로 봉하고 주관 부서에 명령하여 매년 녹미(祿米; 관리에게 월급으로 주던 쌀)를 주게 하였더니 그의 어머니는 "이미 내 아들이 국록을 받아 나를 봉양하는 이것만 하여도 국가의 혜택이 적지 않은데 어찌 감히 후한 은혜를 더 받겠는가."라고 하면서 마침내 그것을 받지 않았다.」라는 기록이 〈고려사〉에 전합니다.

아래 두 이야기는 〈목민심서〉에 나옵니다.

「중국 후한(後漢) 때 성길(盛吉)이 정위(廷尉; 궁중 사법관)가 되어 옥사(獄事)를 판결하는데 억울하게 체옥(滯獄; 죄수가 오래 갇혀 있음)하는 일이 없었다. 항상 겨울이 되어 죄수를 처단할 때 그의 아내가 촛불을 잡고 성길은 단필(丹筆)로 죄수를 판결하면서 부부가 서로 마주 보고 눈물을 흘렸다. 처가 성길에게 말하기를, "당신은 천하의 집법관(執法官)이 되었으니 함부로 사람들의 죄를 판결하여 그 재앙이 우리 자손에게까지 미치지 않도록 하세요."하였다.」

「준불의(雋不疑)가 경윤(京尹; 수도를 책임지는 최고지방장관직)이 되었는데, 아전과 백성들이 그 위엄을 존경하였다. 항상 현(縣)을 순행·검문하면서 죄수들을 기록하고 돌아오면 그의 어머니는 용서해 준 사람이 얼마냐고 물어준 불의가 "몇 명 있었습니다." 하면 어머니는 기뻐하면서 웃고 혹, "없었습니다." 하면 어머니는 노하여 음식을 들지 않았다. 그러므로 그는 관리가 되어 엄하면서도 잔혹하게 다스리지 않았다.」

아래는 〈해동소학〉에 나오는 이야기입니다.

「홍서봉(洪瑞鳳)의 집은 몹시 가난하여 그의 어머니는 항상 채소로 국을 끓여 먹었는데 그나마도 못 끓여서 굶을 때가 많았다. 하루는 특별히 쓸 일이 있어서 하인을 시켜 고기를 사 오게 하였다. 그러나 하인이 사 온 고기는 색깔이 변해 있었으므로 먹어서는 안 될 것 같았다. 그의 어머니는 하인에게 물었다.

"네가 사 온 것과 같은 고기가 얼마쯤 남아 있더냐?"

하인이 본대로 모두 말하자 그의 어머니는 머리에 꽂혀 있던 비녀를 빼주면서 말하였다.

"너는 당장 가서 그 고기를 모두 사 오너라."

하인은 머리를 갸우뚱하면서 이상하게 생각했지만 시키는 대로 그 고기를 전부 사 왔다. 그러자 그의 어머니는 그 고기를 담장 밑에 묻어버렸는데, 이는 혹시라도 다른 사람이 그 고기를 사다가 먹고 병이 날까 봐 염려했기 때문이었다.」

위 이야기에 나오는 홍서봉은 조선 인조 때 영의정을 지낸 인물인데, 남양홍씨(南陽洪氏)는 조선의 대표적인 명문가로서 무수히 많은 과거 합격자와 정승·대제학·판서를 배출했습니다. 그가 세 살 때 아버지가 돌아가셔서 어머니가 글을 가르쳤는데, 어머니는 아들에게 글을 가르칠 때마다 아들 앞에 병풍을 쳤습니다. 이를 본 마을 사람이 이상하게 여기자, "어머니는 자식한테 아버지처럼 엄격할 수가 없는 법입니다. 이 아이가 너무 영리해서 글을 잘 외는 것을 보면 저도 모르는 사이에 기쁨이 얼굴에 나타나게 될 텐데, 그것이 자칫하면 아이에게 교만과 자만심을 길러 주겠기에 내 얼굴을 못 보게 하는 것입니다."라고 했다는 일화가 전합니다.

삼가 경의를 표합니다

이 세상의 불쌍한 어머니들을 위해 기도합니다.

이 세상을 이롭게 하신 분들의 공덕을 찬탄합니다.

이 세상을 위해 희생하신 분들께 삼가 경의를 표합니다.

인간을 위해 몸을 공양한 축생(畜生)들을 위해 기도합니다.

억울함을 품고 돌아가신 원령(怨靈)들이 좋은 세상에 나기를 염원합니다.

이 세상에 와서 살다 간 셀 수 없는 존재들에게 한량없는 고마움을 표합니다.

대지(大地)와 유정물(有情物)·무정물(無情物)이 베푼 은혜와 성인(聖人)의 교화에 삼가 경의를 표합니다.

아무 일도 없었던 것처럼

놀고 난 자리

머물렀던 자리

음식을 먹고 난 자리

세수나 목욕을 한 자리

화장실에서 일을 본 자리

여관 등에서 묵고 난 자리

렌터카 등을 다 쓰고 돌려줄 때

도서관에서 책을 빌려 본 후 반납할 때

당신은 당신이 머문 흔적을 없애고 떠나십니까.

387.
이렇게 생각하기

나보다 나이가 적은 사람을 보면 나보다 죄를 덜 지었을 것입니다.

나보다 나이가 많은 사람을 보면 나보다 좋은 일을 더 많이 했을 것입니다.

나보다 지혜롭거나 나보다 훌륭한 인격을 지닌 사람을 보면 경의를 표합니다.

나보다 부유한 사람을 보면 나보다 덕을 더 많이 쌓아서 부자가 된 것일 겁니다.

나보다 가난한 사람을 보면 나보다 더 많은 고통을 겪었을 것이니 불쌍하게 여깁니다.

최고의 자리에 오른 사람을 보면 그 자리에 오르기까지 얼마나 노력했을까를 생각합니다.

죄를 지은 사람을 보면 나 역시 그런 상황에 있었더라면 그와 다르지 않았으리라 생각합니다.

사기(詐欺) 공화국

사기·무고·횡령·배임. 이들 범죄의 공통점은 '속임'이 들어가 있다는 것입니다. 이런 속임을 법에서는 '기망(欺罔; 그럴듯하게 속이는 것)'이라 부르는데, 기망(欺罔)이든 기만(欺瞞)이든 편취(騙取)든 사취(詐取)든 모두 남을 속이는 것입니다. 보이스피싱이나 혼인빙자간음(현재 폐지)·위증(僞證)·장물(贓物) 등의 범죄도 그 본령(本領)이 남을 속이는 것입니다.

주식의 내부자거래, 분식회계(粉飾會計), 허위 사실 적시(摘示)로 인한 명예훼손, 금융 다단계, 보험사기, 전세(傳貰) 사기, 취업 사기, 유사(類似)수신행위 사기, 자동차 중고 사기, 부동산 중개 사기, 농수산물 원산지 허위 표기, 자동차 허위 매물, 아파트 등의 허위·과장 광고, 병역 비리, 입시부정, 논문 표절, 사이비 종교, 다단계 판매, 스포츠 승부 조작, 짝퉁, 꽃뱀, 자해 공갈단, 라벨(label) 갈이, 대포차, 도급 택시 등은 물론, 어시장 등에서 횟감 물고기를 속여 팔고, 원산지가 서로 다른 쌀을 섞어 파는 행위 등 대한민국은 '민주공화국'이 아니라 '사기 공화국'이라 할 만합니다.

또 전관예우(前官禮遇)를 이용하여 거액을 벌어들이는 당사자와 이익집단들(법무법인, 세무법인, 방산업체 등)과 이런 전관(前官)들을 방패막이로 삼아 비리와 탈법을 저지르는 재벌들도 결국은 사람들을 속이는 것입니다.

또, 대리 수술이나 유령 수술로 환자와 가족들을 속여 치부(致富)하는 의사들의 만행(蠻行)은 절대 용서할 수 없는 파렴치한 범죄입니다.

또, 프랜차이즈 본사의 가맹점에 대한 갑질과 횡포 등은 상상을 못할 정도로 광범위하고 심각한데, 이러한 더러운 갑질이 아직도 만연하고 있는 것이 바로 우리 사회입니다.

한국은 사기 범죄 1위 국가답게 하루 600여 건의 사기 범죄가 발생하고 있습니다.

세계보건기구가 2013년 발표한 범죄 유형별 국가 순위에 따르면 대한민국은 경제협력개발기구(OECD)의 37개 회원국 중 '사기 범죄율 1위'를 기록했습니다.

대검찰청이 발표한 '2018 범죄 현황'에 따르면 한국도 2014년까지는 절도가 1위를 차지했는데, 2015년 사기 발생 건수가 25만 7620건을 기록하여 절도 발생 건수 24만 6424건을 앞질렀습니다.

사기범의 재범률은 38.8%로 전체 범죄 중 가장 높은데, 살인이나 강도와 같은 강력범죄 재범률의 세 배입니다.

탐욕과 부패와 사기. 이 셋이 우리나라를 병들게 하고 있습니다. 많은 거래가 거짓으로 시작하여 사기로 끝을 맺습니다. 우리나라 국민 10명 중의 1명이 남을 속여 살아간다고 하면 지나친 말일까요?

389.

공덕(功德)

중국의 한 고사(故事)를 인용합니다.

난세에서 인격과 처세를 얻다

「예전에 석광(席匡)이라는 이름을 가진 사람이 있었는데, 점을 잘 본다는 관상가를 만났다. 그 관상가는 그가 모년(某年)에 죽을 것이라고 했다. 석광은 그 말을 듣고 매우 우려했다. 훗날 석광이 어떤 사람이 다른 남녀 간의 추문(醜聞)을 말하는 것을 우연히 듣게 됐다. 그래서 그 사람 앞에서 단정히 앉아 의분(義憤)한 모습으로 말을 하지 않았다. 말한 사람은 마음속으로 매우 부끄러워 다시는 그 말을 하지 않았다. 이 추문은 그래서 감춰지게 되었다.

관상가가 말한 그해가 되었다. 그런데 석광은 죽지 않았을 뿐 아니라 병이나 무슨 재난도 일어나지 않았다. 나중에 석광은 관직에 올랐고 태보(台輔; 재상)에까지 이르렀다.

그 관상가는 나중에 석광의 상황을 알고 말했다. "어느 자리에서 어떤 사람이 다른 사람의 추문을 얘기하는데 앉아 침묵해 그가 계속 이야기하는 것을 멈추게 한다면 이는 말 없이 가르치는 것입니다. 석광은 이 방면에서 우리가 배울 모범입니다. 그의 수명이 길어지고 관직이 올라간 것은 바로 신령의 보답을 받은 것입니다."

아래는 〈역옹패설(櫟翁稗說)〉에 나오는 이야기입니다.

「원(元)나라 군사가 대대적으로 우리나라를 침범하여 경기(京畿)에까지 미치게 되었다. 이때 진양공(晉陽公) 최이(崔怡)가 강화(江華)로 도읍을 옮기려고 여러 중신(重臣)을 청하여 의논하였는데, 문안공(文安公) 유승단(兪升旦)이 말하기를 "작은 나라가 큰 나라를 섬기는 것은 도리이니, 예의로 섬기고 신의로 사귄다면 저들 또한 무슨 명목으로 늘 우리를 괴롭히겠는가. 성곽(城郭)과 종사(宗社)를 버리고 섬으로 도망가 엎드려서 세월만 보내는 사이에 변경의 백성과 장정은 모두 적의 칼날에 쓰러지게 하고 노약자는 모두 잡혀서 노예가 되고 포로가 되게 하는 것은 나라를 위하는 장구한 계책이 아니다." 하였으나 최이(崔怡)는 듣지 않고 자기의 족당을 거느리고 먼저 성남(城南) 경천사(敬天寺)에 이르러 유숙하였다. 이날 진양공을 따라간 자에게는 차례를 따지지 않고 상(賞)을 내렸으며, 고종(高宗)도 마지못하여 따라갔다. 그리하여 수십 년 동안 북방의 주군(州郡)은 모두 폐허가 되었다. 식자(識者)들은 지금까지도 이를 한스럽게 여기고 있다.」

아래는 〈죽창한화〉에 나오는 이야기입니다.

「참판 정협(鄭協)의 자(字)는 화백(和伯)이니 언신(彦信)의 아들이다. 천성이 어질고 두터우며 국량이 크고 원대해서 평생에 덤벙대는 말이나 당황한 기색이 없었고, 사람을 대하고 물건을 접하는 데 있어 일단의 한 덩어리 화(和)한 기운뿐이었다. 어렸을 때 길거리에 비렁뱅이가 춥고 얼어서 거의 얼어 죽게 된 것을 보고 그는 곧 입었던 도포를 벗어서 주었으며, 그의 친구 최인범(崔仁範)이 죽었는데 곤궁해서 장례를 치르지 못하고 있자 그는 아버지의 초헌(軺軒)에 깔았던 호피를 부의(賻儀)로 주어서 관(棺)을 사게 했다. 임진왜란 중에 식구들을 데리고 난리를 피하여 한 나루에 이르렀다. 뱃사공이 높은 뱃삯을 달라고 하는데, 배를 댄 저편 언덕에는 떠도는 사족(士族)이 늙은 부모를 모시고 강변에 앉아 종일 건너지 못하고 있었다. 공은 이것을 보고 불쌍히 여겨 뱃사람을 불러 즉시 행장 속에 있는 옷을 꺼내서 모두 주고, 그 사족의 뱃삯을 대신 지불하여 먼저 그 사족을 건너보낸 뒤에 비로소

난세에서 인격과 처세를 얻다

자기 식구들을 건너게 했다. 뱃사공이 이것을 의리 있게 생각하여 그 값을 도로 주려 했으나 공은 이것을 받지 않았다. 그 사족은 전혀 서로 알지 못하는 처지이고 또 뱃삯을 대신 준 것도 모르다가 뱃사람이 말해서 비로소 놀라고 탄식하여 감읍했다고 한다.」

아래는 〈불가록(不可錄)〉에 나오는 이야기입니다.

「하징(何澄)은 의술로 이름이 높았다. 같은 마을에 사는 손(孫)씨가 오랫동안 병을 앓자 그를 초빙하여 치료를 부탁했다. 그런데 그가 손씨의 집에 당도하자 그 아내가 가만히 이렇게 하소연했다.

"남편의 병이 오래되어 가산을 거의 다 팔아먹었습니다. 원컨대, 제가 몸으로 약값과 치료비를 대신 갚고 싶습니다." 이 말을 들은 그는 정색하고는 부인의 요청을 거절하며 대답했다. "그대는 어찌하여 그런 생각까지 하게 되었소? 마음 푹 놓으시오. 내가 정성껏 치료해 드릴 테니 혹시라도 그런 생각으로 나를 모욕하고 그대 자신을 더럽히는 일이 없도록 조심하시오."

이에 환자의 아내는 한편으로 위로를 받고 감사하면서 한편으로는 내심 몹시 부끄러움을 느끼고 물러 나왔다. 그 날밤 하징은 한 신선이 자기를 인도하여 어떤 관공서에 데려가는 꿈을 꾸었다. 그런데 그 관공서의 장(長)이 그에게 이렇게 말하는 것이었다.

"그대는 의술을 베풀어 공덕이 작지 않은데, 게다가 위급하고 가난한 환자를 치료해 주면서 부녀자의 정절을 어지럽히지 않았으니 정말로 가상하오. 상제(上帝)의 칙명을 받들어 그대에게 녹봉이 5만 전이나 되는 관직 하나를 특별히 하사하겠소."

그 뒤 얼마 안 돼 동궁(東宮: 황태자)이 질병에 걸렸다. 그러자 황제가 특별히 그를 지목하여 치료를 명했는데, 그가 지어 준 약을 먹고 바로 나았다. 그 후 하징은 5만 전의 관직을 하사받았다.」

차 트렁크에 늘 소화기를 넣고 다니는 사람이 있었습니다. 어느 날 도로에서 다른 차가 전봇대를 박은 후 전복되었는데, 그때 불꽃이 일면서 차에 불이 나기 시작했습니다. 멀리서 그 모습을 보던 그는 즉시 소화기를 가져다 차에서 빠져나오지 못하는 운전자와 동승자를 향해 소화기를 분사했습니다. 그 두 사람은 결국 숨졌지만 시신은 불에 타지 않고 온전했습니다.

옛날의 어떤 이는 독사가 빠진 우물을 흙으로 메워서 다른 이들이 이용하지 못하게 했으며, 또 20명으로 구성된 어느 오케스트라는 교도소에 있는 수인(囚人)들을 상대로 매월 한 차례씩 연주회를 여는데 연주를 듣는 수인들, 특히 청소년들의 얼굴을 보면 광명과 자존(自尊)이 깨어나는 것을 매번 느낀다고 합니다.

〈설원(說苑)〉에서 말합니다.

「공자께서 말씀하셨다. "자기가 부유하면서 남을 부유하게 하는 사람은 가난해지고 싶어도 될 수가 없고, 자기가 존귀하면서 남을 존귀하게 하는 사람은 비천해지고 싶어도 될 수가 없으며, 자기가 현달(顯

達)했으면서 남을 현달토록 하는 사람은 곤궁해지고 싶어도 될 수가 없다.[孔子曰 夫富而能富人者 欲貧而不可得也 貴而能貴人者 欲賤而不可得也 達而能達人者 欲窮而不可得也]」

비교(1)

부유한 자의 탐욕은 가난한 자의 탐욕보다 죄가 큽니다.

악한 자가 짓는 악행은 선한 자의 악행보다 허물이 큽니다.

권세 있는 자의 부정은 서민(庶民)의 부정보다 죄가 큽니다.

절에서 수계(受戒)한 사람의 죄는 그렇지 않은 사람의 죄보다 큽니다.

공직에 있는 자의 탈세는 공직에 있지 않은 자의 탈세보다 죄가 큽니다.

공직자의 거짓말은 공직에 있지 않은 자의 거짓말보다 죄가 훨씬 큽니다.

같은 죄를 지어도 빨리 참회하는 사람이 늦게 참회하는 사람보다 허물이 가볍습니다.

자기의 악행이 세상에 알려질까 두려워하는 자는 자기의 선행이 알려지지 않을까 안달하는 사람보다 훌륭한 사람입니다.

391.

나는 누구인가

'나는 누구인가'라는 질문은 동서고금을 막론하고 모든 철학과 종교에서 가장 중요하게 취급하는 제1의 화두(話頭)입니다. 이 문제는 불교 경전에서 답을 찾아야 합니다. 불교 경전이 다른 종교의 경전보다 훨씬 자세하고 깊게 '나[我]'와 '마음[眞如]'에 대해 설하고 있기 때문입니다.

불교에서는 이 '나'는 '업(業)'이 변한 것이라고 말합니다. 이 업은 인연이 무르익으면 생겨납니다. 그런데 이 업은 무명(無明)에서 옵니다. 무명은 미워하고 사랑하는 마음에 의해 쑥쑥 자라납니다. 이 무명이 주재자(主宰者)가 되어 평생 나를 끌고 다닙니다.

내 몸은 부모의 정자와 난자가 결합하고 여기에 중음신(中陰身)이 더해져서 생겼습니다. 부모가 나를 낳았다 하여 부모가 내 몸을 만든 게 아닙니다. 내 부모와 나는 마침 깊은 인연이 있었고 내 업이 그 인연을 따라 부모한테서 나온 것에 불과합니다.

그런데 뜻밖에도 불교에서는 '내가 없다'는 '무아(無我)'를 말합니다. 이 무아(無我)에는 두 가지 뜻이 있습니다.

'나[我]'라고 할 만한 것이 도대체 없다는 것이 그 하나요, 모든 존재에는 영원히 변하지 않는 성질, 즉 '자성(自性)'이 없다는 것[萬法無自性]'이 또 하나입니다.

내 이름도 '나'가 아니요, 내 몸뚱이도 '나'가 아니요, 내 영혼도 '나'가 아닙니다. 이런 것들은 사대(四大; 地水火風을 말함)와 인연이 잠시 모여 있는 것에 불과합니다.

'나'는 '나'가 아닙니다. 내 이름이 '나'일 뿐입니다.

내 육신도 '나'가 아니고, 내 마음 역시 '나'가 아닙니다.

'나'는 일찍이 존재하지 않았습니다.

'나'는 전생의 그 '나'가 아닙니다. 즉 항구 불변의 영원한 실체로서의 '나'는 존재하지 않습니다.

내 육신이 오늘 죽어 없어진다 해도 '나'는 여전히 존재합니다. 모든 존재는 불생불멸(不生不滅)이니까요. 불생불멸! 이것이 실상(實相)이요, 본모습입니다.

거듭 말씀드리지만, 이 세상의 모든 사물과 존재는 오직 인연의 화합체요, 무상(無常)한 존재이므로 영원불변하는 실체가 없습니다. 그 실체가 없음을 '공(空)'이라 부르고, 그 공(空)의 시간적인 측면이 무상(無常)이며 공간적인 측면이 무아(無我)입니다.

이 우주에 존재하는 모든 존재는 시간적으로나 공간적으로나 타자(他者)와의 관계없이 홀로 존재하는 것은 아무것도 없고, 오직 타자와의 상호 관련 속에서만 존재하는 상대적인 존재입니다. 이것을 '연기(緣起)'라 부르는데[法界緣起], 모든 존재는 중중무진(重重無盡; 겹겹이 쌓여 끝이 없음)의 인연 속에서 생멸을 거듭합니다.

이렇게 볼 때 모든 물질은 성주괴공(成住壞空)하고 있으며, 모든 생명체는 생노병사(生老病死)하고 있고, 뭇 중생의 생각은 생주이멸(生住異滅)하고 있습니다. 하지만 무아(無我)만 옳다고 고집하는 것은 옳지 않습니다. 무아(無我)도 옳고 유아(有我)도 옳습니다.

어느 고승이 말했습니다.

「부처와 중생은 다 그대가 지은 헛된 견(見)일 뿐이다. 본심을 알지 못하므로 부질없이 견(見)을 일으키는 것이다. 부처라는 견해를 일으키면 문득 부처라는 장애를 입고, 중생이라는 견해를 일으키면 중생이라는 장애를 입는다. 또한 범부라고 하는 것이나 성인이라고 하는 것, 깨끗하고 더럽다는 등의 견해는 모두 장애이다. 그대 마음에 장애가 있으므로 계속 (번뇌의) 굴림을 받는데, 마치 원숭이가 무언가를 놓았다가 다시 잡았다가 반복하듯이 쉴 기약이 없는 것과 같다.」

　나는 내 몸의 소유자가 아닙니다. 점유자·관리자일 뿐입니다. 1억 원짜리 수표가 더럽혀지거나 찢어졌더라도 그 가치는 변함이 없듯이, 내 몸에는 '진여(眞如)'라는 무가보(無價寶)가 실려 있음을 알아야 합니다. '마음이 곧 부처다'라는 말이 있는데, 여기서 마음은 바로 '진여'를 가리키는 것이지 우리가 흔히 말하는 변덕스럽고 이기적인 그 마음을 가리키는 것이 아닙니다. 우리 각자는 진여(眞如)에서 인연과 업력(業力)을 따라 생겨난 존재입니다.
　〈금강경〉에 이런 말씀이 있습니다.

「만약 무아법(無我法)에 통달한다면, 여래(如來)는 이 사람을 '진정한 보살'이라 이름한다.[通達無我法者 如來說名眞是菩薩]」

　몸을 두루두루 훑어보며 관찰해보면 이 몸은 '나'라고 할 만한 것도 없고 '내 것'이라고 할 만한 것 역시 없습니다. 그런 까닭에 이 몸은 '빈 것[空]'입니다. 빈 것이기 때문에 남자니 여자니 옳으니 그르니 선하니 착하니 부처니 중생이니 번뇌니 보리[菩提]니 하는 온갖 것들은 원래 상(相)이 없는 겁니다.[無相]

　　　　　난세에서 인격과 처세를 얻다

중생은 하나의 '내'가 있다고 생각하고, 하나의 '내 몸'이 있다고 생각하며, 또 '내 마음'이 있다고 생각합니다. 우리의 몸과 마음과 의식과 생각과 영혼 등은 모두 진정한 마음으로부터 일어나는 일시적인 변화 현상일 뿐입니다.

인연 따라서 이루어진 모든 것은 사실은 공(空)입니다. 어째서 공(空)인가. 인연 따라서 이루어진 것은 순간순간 변화합니다. 어느 순간도 머물러 있지 않습니다. 따라서 시간상으로 어느 순간도 머물러 있지 않고 변화무쌍하니 공간상으로도 있을 수가 없습니다.

'나'가 있다고 여기는 사람 또는 이 몸이 '나'라고 생각하는 사람의 특징은 이렇습니다.

다른 사람이 나를 욕하면 화를 냅니다. 내가 있다고 여기기 때문입니다. 이 몸이 '나'라고 여기기 때문입니다. 늙어가면 슬퍼합니다. 이 몸이 '나'라고 보기 때문입니다.

순치제(順治帝)는 청나라 3대 세종(世宗)을 말하는데, 연호를 순치(順治)로 정하였으므로 순치제라 합니다. 그는 재위 18년 만에 불현듯 황위를 버리고 사라졌는데, 국가 기록상으로는 1661년 1월 사망한 것으로 되어 있습니다.

일설(一說)에는, 순치제의 후궁 중 동귀비(董貴妃)가 있었는데 황제가 그녀를 너무나 사랑하여 그 여인이 곁에 없으면 밥도 들지 않았다고 합니다. 그렇게 아끼던 동귀비가 덧없이 죽어버리자 황제는 죽은 동귀비를 황후에 봉한다고 고집을 피우다가 인생의 무상함을 느끼고 옥좌를 내팽개치고 출가하여 산시성의 명찰 오대산(五臺山)으로 들어가 승려가 되었다고 전해집니다. 아무리 조정 대신들이 돌아오기를 간청해도 들은 척을 안 하자 대신들과 황실은 어쩔 수 없이 황제가 병으로 죽었다고 발표했다고 합니다. 그가 남긴 출가시(出家詩) 일부를 보겠습니다.

태어나기 전에는 누가 나인가.[未生之前誰是我]
태어난 뒤에는 나는 누구인가.[我生之後我是誰]
어른이 되어서야 나를 알았지만[長大成人纔是我]
눈 감으면 깜깜하니 또 누구인가.[合眼朦朧又是誰]

우리 모두 (이 세상에) 온 것 같지만 오지 않았고, (죽어 다른 곳으로) 갈 것 같지만 가지 않으며, 현재에조차 머물지 않는 존재입니다. 태어났어도 태어남이 없고, 왔어도 오지 않은 것이나 마찬가지입니다.

392.

역설(3)

많이 배운 사람일수록 번뇌가 많습니다.
나이가 많은 사람일수록 고집이 세고 교만합니다.
오래 사는 사람은 많아도 좋게 죽는 사람은 거의 없습니다.
많이 배운 사람은 많아도 지혜가 있는 사람은 거의 없습니다.
부와 권세를 많이 가진 사람일수록 도(道)를 배우기 어렵습니다.

부귀한 사람들 중 사람 노릇 올바로 하는 사람은 찾아보기 어렵습니다.

393.
아이

어떤 아이가 불상 앞에 절을 올리면서 이렇게 말했습니다.

「부처님, 오래오래 사세요.」

아파트 내에 놀 곳이 마땅치 않아 무료하게 앉아 있는 아이들을 자주 봅니다. 신호 없는 횡단보도를 건너면서 죄인인 양 건너는 아이들을 보면 마음이 참 아픕니다.

골목길이 사라져 버린 삭막한 곳에서 우리 아이들은 자랍니다. 오늘날의 아이들은 편리함을 얻은 대신 자유롭고 신나게 뛰어놀 권리를 박탈당했습니다. 등하교하는 아이들 표정을 보면 다들 우울하고 기가 죽어 있습니다.

예의 바르고 인사성 좋은 아이들이 좋으신가요? 그건 왜곡된 어른의 시각일 뿐입니다. 조용하고 문제를 일으키지 않는 아이들은 위험합니다. 신나게 뛰어놀고 표정이 밝고 개성이 강한 아이들이 건강한 겁니다.

요즘 부모들은 아이들에게 개도 못 만지게 하고 흙도 못 만지게 합니다. 병이 옮을까 걱정해서입니다. 내리는 눈·비도 못 맞게 합니다. 더 럽다 이겁니다. 무균실에서 배양되는 균 같습니다.

394.
불가사의

비가 아무리 많이 내려도 바닷물의 염도(鹽度)는 변하지 않습니다.

강풍이 불어도 나무 위에 지어진 새집은 무너지지 않고 그대로 있습니다.

새들이 날아가는 모습을 보면 일렬종대로 날거나 아니면 V자를 그리며 날아갑니다.

눈이 내린 후 밖에 나가 보면 자로 정확히 잰 듯 일(一)자로 쌓여 있는 것을 봅니다.

비 내리는 소리, 물 떨어지는 소리, 바람 부는 소리, 파도 소리 등을 싫어하는 사람은 없습니다.

인간의 과학 기술이 아무리 발전을 거듭하여도 씨앗 하나, 혈액 한 방울, 나뭇잎 하나조차 만들어 내지 못합니다.

우리 사회의 민낯

2014년 중앙대와 청소 용역업체와의 계약서가 공개된 적이 있는데, 거기에 '콧노래 금지'가 있었습니다. 청소하는 사람은 근무 시간에 콧노래를 불러서는 안 된다는 겁니다.

이와 비슷한 조항으로 근무 시간에 잡담 금지, 화장실 상주(常住) 의무, 얼굴 화장 금지 등이 있었습니다.

대형 마트에서 계산 업무를 담당하는 직원들이 회사가 마련해준 의자에 앉아 계산 업무를 보자 이것을 눈꼴사나워하는 고객들이 항의하여 결국 의자를 치워버리고 예전처럼 서서 일하고 있습니다.

어느 백화점에서 청소일을 하는 여자가 반지와 팔찌를 낀 채 일을 하고 있었는데, 지나가던 고객이 이를 보고 백화점 측에 항의를 한 일이 있었습니다. 청소일을 하는 사람이 어떻게 반지와 팔찌를 낄 수 있느냐는 겁니다. 그날 이후로 청소일을 하는 사람은 누구나 몸에 장신구를 착용할 수 없게 되었습니다.

오만하기 짝이 없는 한국의 엘리트들, '영혼 없는 공무원'이라는 소리를 듣는 한국의 관료들, 성(性)문화가 문란한 나라로 수위권(首位圈)에 드는 한국, 아파트 내에서 경비원들에게 가해지는 기상천외한 갑질들, 전관예우로 빌어먹고 사는 한국의 퇴직 판검사와 고위 공무원들…우리 사회가 곳곳에서 곪아가고 있음을 봅니다.

396.

덕(德)

〈논어〉에는 '덕(德)'이라는 말이 많이 나오는데, 덕(德) 자가 들어간 주요 문장을 발췌해 보았습니다.

「길에서 들은 말을 길에서 그대로 이야기하는 것은 덕을 버리는 것이다.[道聽而塗說 德之棄也]」

「향원(鄕原)은 덕을 해치는 것이다.[鄕原德之賊也]」

「좋은 결과를 바란다면 시작이 좋아야 한다. 그리하면 사람들의 덕이 너그러움으로 돌아갈 것이다.[愼終追遠 民德歸厚矣]」

「군자는 덕을 생각하나 소인은 토지 같은 재부(財富)만을 생각한다.[君子懷德 小人懷土]」

「도덕의 길을 가는 사람은 외롭지 아니하고 반드시 뜻을 함께하는 이웃이 있다.[德不孤 必有隣]」

「일을 먼저 하고 이득은 뒤로 미룬다면 덕을 높이는 것이 아니겠느냐.[先事後得 非崇德與]」

「덕이 있는 사람은 반드시 훌륭한 말을 하지만, 훌륭한 말을 하는

난세에서 인격과 처세를 얻다

사람이 반드시 덕이 있는 것은 아니다.[有德者必有言 有言者不必有德]」

「어떤 사람이 물었다. "덕으로 원한을 갚으면 어떻겠습니까." 공자께서 말씀하셨다. "그러면 덕에는 무엇으로 갚겠느냐? 곧음으로써 원한을 갚고 덕에는 덕으로 갚는 것이다.[或曰 以德報怨何如 子曰 何以報德 以直報怨 以德報德]"

「그럴듯하게 꾸민 달콤한 말은 덕을 어지럽힌다.[巧言亂德]」

「큰 덕의 한계를 넘지 않는다면 작은 덕은 더하고 덜한 게 있어도 괜찮다.[大德不踰閑 小德出入可也]」

「군자의 덕이 바람과 같다면 소인의 덕은 풀과 같은 것이어서 풀 위에 바람이 불면 풀은 쏠리게 마련이다.[君子之德風 小人之德草 草上之風必偃]」

한편 〈노자〉에는 이런 유명한 말씀이 있습니다.

「도(道)를 잃은 뒤에 덕(德)이 생겨났고, 덕(德)을 잃은 뒤에 인(仁)이 생겨났으며, 인(仁)을 잃은 뒤에 의(義)가 생겨났고, 의(義)를 잃은 뒤에 예(禮)가 생겨났다.[失道而後德 失德而後仁 失仁而後義 失義而後禮]」

위 말씀을 보면, 도(道)가 가장 고차원적이고 가장 우위에 있음을 알 수 있습니다. 이어 덕(德), 인(仁), 의(義), 예(禮)의 순입니다. 예(禮)

는 계율·예절·문화·교육 등을 가리키는 말입니다. 예(禮)로도 안 된다면 법(法)이 필요할 겁니다.

도(道)와 덕(德)을 지금은 도덕(道德)이라 해서 붙여 쓰지만, 원래 도(道)와 덕(德)을 따로 썼습니다. 이 둘은 어떻게 다를까요?

노자가 말했습니다.

「도(道)가 낳고 덕(德)이 기르며 물(物)이 형체를 만들고 기세(氣勢)가 이루게 해준다.[道生之 德畜之 物形之 勢成之]」

도(道)는 만물을 태어나게 하고 덕(德)은 만물을 품고 길러내는 것입니다. 도(道)는 하늘과 같고 덕(德)은 땅과 같습니다. 즉, 도(道)는 건(乾)이요, 덕(德)은 곤(坤)입니다. 도(道)는 아버지와 같고 덕(德)은 어머니와 같습니다. 하늘은 높고 땅은 (사람과) 가깝습니다.[天高地卑] 태양과 달과 뭇별들은 모두 하늘에 달려 있고, 땅은 만물을 고르게 품어주고 실어줍니다.

노자가 또 말합니다.

「낳았으되 소유하지 않고 만들었으되 뽐내지 않으며 길렀으되 다스리지 않는 것을 일러 현덕(玄德; 그윽한 덕)이라 한다.[生而不有 爲而不恃 長而不宰 是謂玄德]」

장자가 말합니다.

난세에서 인격과 처세를 얻다

「도(道)란 만물을 덮어 주고 실어 주는 것이다. 무위(無爲)로 행하는 것을 천(天)이라 하고, 무위(無爲)로 말하는 것을 덕(德)이라 한다… 고로 형체는 도가 아니면 생겨나지 못하고 생명은 덕이 아니면 밝아지지 못한다.[夫道覆載萬物者也 無爲爲之之謂天 無爲言之之謂德… 故形非道不生 生非德不明]]

공자께서 〈주역계사전(周易繫辭傳)〉에서 말씀하셨습니다.

「음양(陰陽)이 갈마드는 것을 도(道)라 하고…부유한 것을 대업(大業)이라 하며 나날이 새로워지는 것을 성덕(盛德)이라 한다.[一陰一陽之謂道… 富有之謂大業 日新之謂盛德]」

서로 번갈아 나타나는 것을 '갈마든다'라고 말합니다.
중국 송(宋)의 대학자인 주돈이(周敦頤; 周濂溪)가 말했습니다.

「무극(無極)이 곧 태극(太極)이다. 태극이 움직여 양(陽)을 생기게 하고 움직임이 지극해지면 고요해지고 이 고요함이 음(陰)을 생겨나게 하고 고요함이 지극하여지면 다시 움직이게 된다….음양(陰陽) 이 두 기(氣)가 서로 교감(交感; 서로 감응·반응함)하여 만물이 생겨나니 만물이 끊임없이 생겨나는데 그 변화가 무궁하다.無極而太極 太極動而生陽 動極而靜 靜而生陰…二氣交感 化生萬物 萬物生生 而變化無窮焉]」

양(陽)이 극에 달하면 음(陰)이 생기고, 음(陰)이 극에 달하면 양(陽)

이 생겨납니다. 그리고 세상 만물은 양(陽)만으로는 생겨나지 못하고 음(陰)만으로는 자라나지 못합니다.[孤陽不生 孤陰不長] 양과 음이 서로 번갈아 가면서 작용해야 만물이 생겨나고 자랄 수 있습니다. 천지간에는 해와 달, 하늘과 땅, 남과 여, 밝음과 어둠, 좌우(左右), 찬 기운과 더운 기운, 여름과 겨울, 밤과 낮, 작용과 반작용, 정(正)과 반(反), 선(善)과 악(惡), 강(强)과 약(弱) 등이 작용하면서 질서(균형)와 조화를 이룹니다.

그런데 인간은 식물이나 동물 그리고 바위·흙과 같은 무정물(無情物)과는 다른 점이 있습니다. 인간은 음(陰)과 양(陽), 이 둘의 끊임없는 작용 속에서 살아가지만 이 둘만으로는 부족합니다. 반드시 덕(德), 즉 선행이 추가로 필요합니다. 무릇 염불이나 참선이나 기도 등 그 어떠한 행위도 반드시 덕이 뒤따라야 합니다.

도(道)는 끊임없이 생명을 만들어 내길 좋아하지만 덕(德)이 뒷받침해 주지 않으면 존속하지 못합니다. 이는 마치 하늘이 만물을 주관하지만 땅 없이는 만물을 생성해 내지 못하는 이치와 같습니다. 또 세상을 이롭게 하되 이것이 알려지면 '공(功)'이 되고, 이것이 알려지지 않으면 '덕(德)'이 됩니다. 예로부터 공(功)이 탁월한 군주에게는 조(祖)를, 덕(德)이 출중한 군주에게는 종(宗)을 붙였습니다.

사마광(司馬光)이 〈자치통감〉에서 말했습니다.

「정직과 중화를 일러 '덕'이라 한다.[正直中和之謂德]」

씨앗[道]이 햇빛·공기·물·비료[德]를 만나면 싹[形]을 틔우고 시간[勢]

이 흘러 열매[成]를 맺습니다.

도(道)와 덕(德)의 관계는 마치 인(因)과 연(緣)의 관계와 같습니다. 불교에서 인(因)은 직접적·일차적인 원인을 말하고, 연(緣)은 이차적·간접적·보조적 원인을 말합니다.

윤휴(尹鑴)가 말했습니다.

「덕(德)이란 '얻었다'는 뜻으로, 인(仁)·의(義)·예(禮)·지(智)·신(信)의 성품을 하늘에서 얻은 것이고, 도(道)는 '길'이라는 말과 같은 뜻으로 사람이면 누구나 당연히 가야 하는 부자(父子)·군신(君臣)·부부(夫婦)·형제(兄弟)·붕우(朋友)의 길을 말한다.」

허목(許穆)이 말했습니다.

「덕(德)이란 온갖 선(善)을 마음에 얻은 것이다. 덕을 밝히자면 기미를 잘 살피는 일이 중요하다. 정말이지 기미를 잘 살피지 않으면 덕을 망치는 잘못과 몸을 위태롭게 하는 행실과 자신에게 아주 간절하고 가까이 있는 허물을 몸소 저지르면서도 깨닫지 못하는 자도 있고 경계하지 않고 그렇게 계속 이어 나가서 재앙이 커져서 구제할 수 없게 되는 자도 있다. 매우 두려워해야 할 일이다.[德者萬善得於心者也 明德貴於審幾 苟幾之不審 敗德之愆 危身之行切近之咎 有親蹈而不覺 綿綿不戒 至於禍大而不救者也 甚可懼也]」

397.

한국 남자들의 명예욕

남자 스님이 책을 내거나 신문에 칼럼을 쓴 후 맨 마지막에 자신의 직업을 쓸 때, '비구 ○○'라고 쓰는 경우를 거의 못 보았습니다. 예외 없이 '○○ 스님' 또는 '○○寺 주지 스님' 또는 '대한불교조계종 교육원 장' 또는 '중앙승가대 교수' 등으로 씁니다.

목사가 직업인 자가 역시 책을 내거나 칼럼 등을 쓴 후 자신의 직업을 쓸 때, '목회자 ○○○'라고 쓰는 경우를 거의 보지 못했습니다. 거의 예외 없이 '○○교회 담임목사' 또는 '○○○○○연합회 회장' 등으로 표기합니다. 자기의 직함을 '시인·목사'로 쓴 경우도 보았습니다.

한국 남자들의 직함에 대한 집착은 광적입니다. 어느 회사에는 아버지가 사장이고 직원은 둘인데, 그 직원 중의 하나가 아들입니다. 그런데 그 아들의 직함이 '이사'입니다. 비싸게 보이는 금박 명함에 '이사(理事)'라고 크게 박아놓았습니다.

소설을 쓰는 사람은 자기 직업을 '작가 ○○○' 또는 '소설가 ○○○'라고 하면 좋을 텐데, 굳이 '작가·경기도 문인협회 부회장 ○○○' 또는 '소설가·대한민국예술원 회원'이라고 씁니다.

어떤 신경외과 의사는 '신경외과 전문의·○○대학교 의과대학 외래교수·대한신경외과학회 정회원'이라고 자신을 드러냅니다.

어떤 시인은 글을 신문에 쓰고 나서 맨 마지막에 '전 대구○○초등 교장·시인'이라고 써 놓았습니다. '시인'이라고만 쓰면 어딘가 허전해서였을까요?

국무총리를 역임했던 사람은 여전히 '전(前) 총리'라고 불립니다. 본

인도 그걸 선호합니다.

국회의원을 한 번이라도 한 사람은 현재 무직(無職)이어도 계속 '의원님'으로 불립니다.

조기 축구회에만 가도 회장·부회장·감사·고문·총무 등이 있고, 산악회나 작은 협회 역시 마찬가지입니다. 작은 회사임에도 '회장(會長)'이라는 직책이 있는가 하면, 대표이사라는 호칭보다 회장이라는 호칭을 훨씬 더 선호합니다. ○○조합장이니 ○○조합 감사니 ○○○연합회 고문이니 하는 감투는 널리고 널렸습니다.

대형 교회에서 '장로(長老)'라는 자리를 얻기 위해 벌이는 치열한 암투가 있고, 어느 기독교 단체에는 회장만 해도 대표회장·상임회장·총회장·공동회장의 넷을 두었습니다.

단 하루만 이조판서 자리에 있었더라도 죽을 때까지 그리고 죽고 나서 족보나 신도비·행장·묘갈명·위패 등에 이조판서라는 직함을 쓸 수 있었던 옛 왕조 사회의 잔재가 지금도 강하게 남아 있습니다.

직함에 미쳐 돌아가는 사회가 우리 사회이고, 직함과 서열 그리고 의전(儀典)에 목을 매는 사회가 바로 우리 사회입니다.

398.
지극한 효도

조선의 선비들이 남긴 문집에 보이는 지극한 효도 사례들을 보겠습니다.

「정승우(鄭承雨)는 양주(梁州) 사람이며 왜인(倭人)에게 잡혀가 비전주(肥前州)에서 팔린 몸이 되었다. 그때 어머니가 70여 살이었는데 늘 어머니의 생사를 걱정하여 고기를 먹지 않았다. 왜인이 그 의리에 감화되어 양식을 주어서 돌려보내어 모자(母子)가 서로 만나게 되었다.」

「이관명(李官明)은 청도(淸道) 사람이며 어머니가 밤에 호랑이에게 물려갔다. 때마침 큰 비가 내려 천지가 캄캄하여 이웃이 모두 놀래고 무서워 나오지 못했다. 그가 13세 된 누이동생과 9살 된 조카를 데리고 7, 8리나 뒤쫓아 가서 호랑이를 꾸짖고 어머니의 시신을 빼앗아 왔다.」

「반전(潘腆)은 안음(安陰) 사람인데 여말(麗末)에 왜적이 고을에 처들어와 아버지를 잡아갔다. 반전이 은(銀) 덩어리를 가지고 적중(敵中)에 가서 아버지와 바꾸기를 청했다. 적이 의리가 있다고 하여 허락하였다.」

「임진년에 왜적이 나라에 가득하여 공(公; 鄭榮國)이 어머니를 모시고 산골짜기에 숨었다. 적이 갑자기 닥치자 공은 화가 모친께 미칠까 염려하여 몸을 드러내서 천천히 달아나는 척했다. 적은 공을 급하게 추격했고 이 때문에 어머니께서 벗어날 수 있었다. 공이 마침내 붙잡혔는데 적이 칼을 들어서 내리치려고 하자 공은 안색을 변하지 않고 노모가 있다는 내용의 글을 땅바닥에 썼는데 그 뜻이 참으로 간절하였다. 이에 적장이 감격하여 풀어주어서 모자가 다시 서로 만나게 되었다.」

「병자년에 이명한(李明漢)이 어머니를 모시고 강화도에 들어간 지 겨우 수일 만에 청나라 군사가 벌써 달려들었다. 서로 잡고 걸어서 피하다가 길옆에 흙집이 있는 것을 보고 어머니를 그 안에 모시고 공은 문 앞에 막아 누워 몸으로 가리고 있었는데, 청나라 군사가 활을 당겨 살을 메워 한참 동안 눈여겨보더니 쏘지 않고 가버렸다.」

〈효경(孝經)〉에서 말합니다.

「자기 어버이는 사랑하지 않으면서 다른 사람을 사랑하는 것을 패덕(悖德)이라 일컫고, 자기 어버이는 공경하지 않으면서 다른 사람을 공경하는 것을 패례(悖禮)라고 말한다.[不愛其親而愛他人者 謂之悖德 不敬其親而敬他人者 謂之悖禮]」

〈증일아함경(增一阿含經)〉에서 말합니다.

「부모에게 효순(孝順)하고 공양한 공덕의 과보는 일생보처(一生補處) 보살의 공덕과 같다.[孝順供養父母功德果報 與一生補處菩薩功德一等]」

일생보처 보살은 부처 바로 밑에 있는 보살로서 한 생(生)만 지나면 성불하는 보살인데, 이 보살이 이 반열에 오를 때까지 지은 공덕은 몇 겁(劫)이 다해도 설할 수 없습니다. 그런데 부모에게 지극히 효도하는 사람의 공덕이 이 보살이 무수한 세월 동안 쌓은 공덕과 같다는 겁니다.
공자가 말했습니다.

「효도란 하늘의 경(經)이요, 땅의 의(義)이며, 백성들의 행(行)이다.」

허목(許穆)이 말했습니다.

「어버이를 공경하는 자는 한 걸음을 뗄 때라도 감히 부모를 잊지 말아서 떳떳하지 못한 일을 하여 허물을 초래하지 말아야 하며, 위험한 일을 하여 몸을 위태롭게 하지 말아야 한다. 어버이를 사랑하는 자는 한마디 말을 할 때라도 감히 부모를 잊지 말아서 구차히 남을 헐뜯어 비난을 초래하지 말아야 하며, 구차하게 웃으며 남에게 아첨하지 말아야 한다.」

조선 선조 때의 명신인 소재(蘇齋) 노수신(盧守愼)의 효행이 〈송와잡기(松窩雜記)〉에 나오는데 소개합니다.

「소재(蘇齋)가 부모를 봉양하는데 기쁘게 할 수 있는 일이라면 극진히 하지 않는 일이 없었다. 퇴근하고 집으로 돌아와서는 짧은 옷을 입고 부엌에 들어가 몸소 음식을 맛있게 만들어 바쳤으며, 관직이 높아진 뒤에도 이 일을 그만둔 적이 없었다.」

중국의 허운(虛雲) 선사는 부모님의 극락왕생을 기원하며 보타산에서 오대산에 이르는 장장 4,000km를 폭설과 홍수 등 숱한 죽음의 고비를 넘기면서도 포기하지 않고 3년간 삼보일배를 올리면서 완주했습니다.

선인께서 사친(事親)의 도리를 이렇게 말했습니다.

「마음을 가라앉혀 말소리를 즐겁게 하고, 얼굴빛을 순순히 하고 기쁜 낯을 한다.[下氣愉聲 順色怡顔]」

〈중용〉의 첫 구절

자사(子思)가 지은 〈중용(中庸)〉의 첫 구절은 이렇습니다.

「천명을 일러 성(性)이라 하고, 성(性)을 따르는 것을 도(道)라 하며, 도(道)를 닦는 것을 교(敎)라 한다.[天命之謂性 率性之謂道 修道之謂敎]」

위 구절을 '중용의 수장(首章)'이라 하는데, 가히 〈중용〉의 백미(白眉)이자 대의(大意)라 할 만합니다.

위 구절에 따르면, 천명(天命)=성(性)입니다. 즉 천명이 곧 성(性)입니다. 천명이란 '이 우주를 움직이게 하는 그 무엇'입니다. 이것을 철학에서는 본체(本體)라 하고, 불교에서는 여래(如來)·진여(眞如)·자성(自性)이라고 부릅니다. 천명(天命) 곧 성(性)은 일체 생명의 근원이자 우주 만유의 근본입니다. 그리고 이 성(性)을 보는 것을 '견성(見性)'이라 합니다. 이 '성(性)'은 영원히 적연부동(寂然不動)하고 불생불멸(不生不滅)하고 불구부정(不垢不淨)하며 부증불감(不增不減)합니다.

나이 50세를 가리켜 '지천명(知天命)'이라 하는데, 이는 위 〈중용〉에 나오는 천명을 알았다는 뜻으로 불교로 치자면 견성(見性)이요, 천태종에서 말하는 중관(重關)을 타파한 경지로 견사혹(見思惑)은 물론 진사혹(塵沙惑)까지 끊은 경계입니다.

'성(性)에 따른다[率性]'는 뜻은 피아(彼我)·음양(陰陽)·시비(是非)·선악(善惡)·미추(美醜)·호오(好惡)·정사(正邪)·공(空)과 유(有)·이(理)와 사(事)·진제(眞諦)와 속제(俗諦)·세간(世間)과 출세간(出世間)·유아(有我)와 무아(無我)·심(心)과 물(物; 시간, 공간, 음양, 四大, 色 등)·번뇌와 보리(菩提)·중생과 부처·생사(生死)와 열반·유위(有爲)와 무위(無爲) 등의 분별심이 없어지고 더 나아가 무명(無明)까지 끊은 것을 말하니, 이 불이(不二)의 경지에 이르면 비로소 도(道)라 한다는 겁니다. 그 도(道)를 닦는 것이 바로 수도(修道)이며, 그 수도를 드러내고 밝힌 것이 바로 교(敎), 즉 (성인의) 가르침입니다.

400.
서희(徐熙) 가문

고려 서희의 아버지는 서필(徐弼)이고 할아버지는 서신일(徐神逸)입니다.

〈역옹패설〉에 의하면, 서신일이 신라 말에 은거할 때 사슴 한 마리가 화살에 맞은 채 뛰어들었는데 서신일이 화살을 빼고 숨겨 주니 사냥꾼이 왔으나 보지 못하고 돌아갔습니다. 꿈에 한 신인(神人)이 나타나 감사하며 말하기를 "그 사슴은 내 아들이오. 그대의 도움으로 죽지 않았으니, 그대의 자손은 대대로 재상이 될 것이오."라고 하였는데, 서신일이 80세에 서필을 낳았다고 전해집니다.

「고려 광종(光宗)이 일찍이 재신(宰臣) 왕함민(王咸敏)·황보광겸(皇甫光謙)과 서필에게 금으로 만든 술그릇을 내려 주었는데, 서필만은 받지 않으면서 "신이 외람되이 재상의 자리에 있어 이미 은총을 많이 받았는데, 금 그릇까지 내려 주시니 더욱 분수에 넘쳐 두렵습니다. 신하가 금 그릇을 쓰게 되면 주상께서는 장차 무엇을 쓰시렵니까." 하였다. 왕이 이르기를, "경은 덕을 보배로 여기고 보배를 보배로 여기지 않으니 나는 마땅히 경의 말을 보배로 삼아야 하겠소." 하였다.」라는 기록이 〈고려사절요〉에 나옵니다. 서필이 죽자 그 위패가 광종의 묘정(廟庭)에 배향(配享)되었습니다.

서필에 이어 서희, 서눌, 서정, 서균, 서공, 서순 등 7대가 연속으로 재상이 되었으니, 가히 고려 최고의 문벌 귀족이라 할 수 있습니다.

서희는 알다시피 거란군을 외교담판으로 물리치고 강동 6주를 회복한 고려의 명신입니다. 왕이 친히 군사들을 위로할 때 서희의 막사로 들어가려고 하자 "신의 막사는 지존께서 친림(親臨)하실 곳이 아닙니다."라고 하였고, 또 술을 내오라고 명하자 "신은 바칠 만한 술이 없습니다."라고 하니 왕이 마침내 막사 밖에 앉아 어주(御酒)를 내오게 하여 함께 마시고서 파한 일이 있었는데, 이를 두고 많은 찬사가 뒤따랐습니다.

또 서희가 병이 나서 개국사(開國寺)에 있을 때, 성종(成宗)이 그곳에 행차하여 문병하고 수천 석의 곡식을 그 절에 보시(布施)하였으며, 서희의 수명을 기도하는 데 온갖 방법을 다하였다는 기록이 〈고려사절요〉와 〈동사강목(東史綱目)〉등의 문헌에 보입니다.

관직이 정1품 태보(太保)·내사령(內史令; 내사문하성의 최고 벼슬. 종1품)에 이르렀는데 바른 도리를 지키고 충성을 다하였으며 대신(大臣)의 풍모가 있었고 성종의 묘정에 배향되었습니다.

서희의 맏아들은 서눌(徐訥)인데 병에 걸려 지장사(地藏寺)에 가 있자 왕이 우승선(右承宣) 김정준(金廷俊)을 보내 문병을 하고 곧 어의 두 벌과 곡식 1천 석, 말 2필을 절에 바쳐 복을 빌었으며, 병이 위독해지자 친히 가서 보고 삼중대광(三重大匡; 정1품), 내사령으로 올려주었고 자손에게 영업전(永業田)을 하사했습니다. 그는 성종 때 과거에 급제하여 형부시랑이 되어 송나라에 다녀왔고 국자제주(國子祭酒)에 올랐으며 그의 딸이 왕비(원목 왕후)가 되자 덕종의 검교태사가 되었고 문하시중(종1품, 首相)에 올랐으며 사후 정종(靖宗)의 묘정에 배향되었습니다.

3대가 연이어 왕의 묘정(廟庭)에 배향된 예가 고려와 조선을 통틀어 또 있는지 궁금합니다.

고려 인종 때 서눌의 증손인 서공(徐恭)은 동지추밀원사(同知樞密院事; 종2품)를 거쳐 평장사(平章事; 정2품)에 올랐으며 담력이 크고 지략과 무예에 뛰어나 큰 명성을 떨쳤습니다.

서공(徐恭)은 서희(徐熙)의 현손(玄孫)입니다. 대대로 재상을 지낸 문벌 출신이지만 천성이 겸손하여 문신들의 교만함을 미워하고 무신들

난세에서 인격과 처세를 얻다

을 예우하였는데, 정중부(鄭仲夫)의 난 때 중방(重房)에서 순검군(巡檢軍) 22인을 보내 그의 집을 호위하여 화를 당하지 않았다는 기록이 보입니다.

401.
공부해야 하는 이유

무너지지 않기 위해
자존(自尊)을 지키기 위해
인간으로 태어났기 때문에

402.
늘 해야 하는 질문

어디서부터 잘못된 걸까.
내 목숨은 얼마나 남았는가.
내가 아는 것은 얼마나 되는가.
나는 얼마나 많은 죄를 지었는가.
계속 이대로 살아도 괜찮은 걸까.
'나'라는 존재는 항구(恒久)적인 실체인가.

나는 누구이고 왜 여기에 이렇게 존재하는가.

403.

논어에 보이는 명언들

「부모님이 살아 계시면 먼 곳에 가지 말 것이며, (어쩔 수 없이) 먼 곳에 가게 되면 반드시 편히 지내게 해 드릴 방법이 있어야 한다.[父母在 不遠遊 遊必有方]」

「결과가 좋기를 바란다면 시작이 좋아야 한다.[愼終追遠]」

「강직하여 결단성이 있고 소박하면서도 말주변이 없는 것은 인(仁)에 가까운 것이다.[剛毅木訥近仁]」

「선비이면서도 편안히 살기만을 생각한다면 선비라고 하기에 부족하다.[士而懷居 不足以爲士矣]」

「자신이 어떤 사람을 사랑한다고 해서 그 사람을 수고롭게 하지 않을 수 있겠느냐?
어떤 사람이 자신에게 충성한다고 해서 그 사람을 깨우쳐 주지 않을 수 있겠느냐?[愛之能勿勞乎 忠焉能勿誨乎]」

「때가 맞아야만 말을 했으므로 사람들이 그의 말을 싫어하지 않았고, 남이 즐거워해야만 웃었으므로 사람들이 그의 웃음을 싫어하지 않았으며, 의(義)에 맞는 것만 취했으므로 사람들이 그가 취하는 것을 싫어하지 않았다.

[時然後言人不厭其言 樂然後笑人不厭其笑 義然後取人不厭其取]」

「(안회는) 노여움을 남에게 옮기지 않았고, 같은 잘못을 두 번 저지르지 않았다.[不遷怒 不貳過]」

「훌륭한 사람을 만나면 내 태도를 바꾸어야 한다.[賢賢易色]」

「(자우는) 공무(公務)가 아니면 저의 집에 온 일이 없었습니다.[非公事 未嘗至於偃之室也]」

「진실하지 못하게 살아가는 사람은 요행히 화(禍)나 면하고 있는 것이다.[罔之生也幸而免]」

「(공자께서는) 상(喪)을 당한 사람 곁에서 식사하실 때는 배부르도록 드신 일이 없었다.[食於有喪者之側 未嘗飽也]」

「(세상이) 써 주면 국가와 천하를 위해 일을 하고, 써 주지 않으면 숨어 지낸다.[用之則行 舍之則藏]」

「(공자께서는) 학문을 배우기로 발분(發憤; 가라앉은 마음을 일으킴)하면 밥 먹는 것도 잊고 배워 얻은 바가 있으면 즐거움으로 걱정을 잊으며 늙음이 닥쳐오고 있다는 것조차도 알지 못하였다.[發憤忘食 樂以忘憂 不知老之將至]」

「상대의 좋은 점은 가려서 본받고, 그의 좋지 않은 점은 나 자신을 반성하여 바로잡는 계기로 삼는다.[擇其善者而從之 其不善者而改之]」

「나라에 올바른 도가 행해지고 있는데도 빈천하다면 부끄러운 일이고, 나라가 어지러운데 혼자 부귀를 누린다면 역시 부끄러운 일이다.[邦有道貧且賤焉恥也 邦無道富且貴焉恥也]」

「말보다는 행동을 앞세워라. 그리하면 사람들은 너를 따를 것이다.[先行其言而後從之]」

「(공자는) 조상에게 제사를 지낼 때 (조상님이) 살아 계신 것처럼 하였다. [祭如在 祭神如神在]」

「지향하는 길이 같지 않으면 함께 일을 도모하지 않는다.[道不同不相爲謀]」

「통달한 사람이란 바탕이 정직하여 의(義)를 좋아하고 남의 말을 잘 살피며 남의 태도를 관찰하고 겸손하게 남을 대할 것을 생각하는 사람이다.[夫達也者 質直而好義 察言而觀色 慮以下人]」

「군자는 신뢰를 얻은 후에 백성들을 수고롭게 해야 한다. 그렇지 않으면 백성들이 자신들을 학대한다고 여길 것이다. 또, 신뢰받은 후에 윗사람에게 간(諫)해야 한다. 신뢰받지 못한 상태에서 간(諫)하면 윗사람이 자기를 비방한다고 여길 것이다.[君子 信而後勞其民 未信則以爲厲己也 信而後諫 未信則以爲謗己也]」

「군자는 하류(下流)에 처하기를 싫어하나니, 천하의 악이 모두 그곳으로 돌아가기 때문이다.[君子惡居下流 天下之惡皆歸焉]」

「망한 나라를 일으켜주고 끊어진 후대를 다시 이어 주며 숨어 있는 인재를 등용하니, 천하의 민심(民心)이 되돌아오게 되었다.[興滅國繼絶世擧逸民 天下之民歸心焉]」

「군자는 은혜를 베풀되 힘들이지 않고 백성을 수고롭게 하되 원망을 사지 않으며 바라기는 하되 탐내지 않고 의연하되 교만하지 않으며 위엄이 있되 사납지 않다.[君子 惠而不費 勞而不怨 欲而不貪 泰而不驕 威而不猛]」

「낮은 것부터 배워서 높은 것에까지 통달하다.(人事를 배운 후에 비로소 天理를 배운다)[下學而上達]」

「원한을 숨기고 그 사람과 벗하는 것을 좌구명(左丘明)이 부끄럽게 여겼는데, 나도 부끄럽게 여긴다.[匿怨而友其人 左丘明恥之 丘亦恥之]」

「군자는 누구에게나 평등하게 대하여 차별을 두지 않지만, 소인은 차별을 두어 누구에게나 평등하게 대하지 않는다.[君子周而不比 小人比而不周]」

404.

아첨

자기 조상이 아닌 남의 조상을 제사 지내는 것은 아첨입니다.
부처에게만 공양하고 중생은 거들떠보지도 않는 것은 아첨입니다.
가족을 제쳐두고 남을 먼저 전도(傳道)하는 것은 속이는 것입니다.
자신을 닦지 않고 남을 먼저 제도(濟度)하려는 것은 앞뒤가 바뀐 것입니다.
당신이 자신의 부모에게만 효도하고, 다른 부모들에게는 관심조차 없다면 당신에게는 아부한 죄가 있습니다.
당신과 같은 종교를 믿는 사람들에게만 따뜻하게 대하고 다른 종교를 가진 사람들에게는 배타적인 태도를 지닌다면 당신에게는 아부한 죄가 있습니다.

난세에서 인격과 처세를 얻다

재앙의 싹

마음이 조급한 것
말을 많이 하는 것
사당(私黨)을 짓는 것
남을 얕보는 마음을 갖는 것
모임에 참석하기를 좋아하는 것

헛똑똑이

고기를 먹지 말자고 하면, 그럼 채소도 생명인데 이것도 먹지 말자고 말한다.

방생을 권하면 방생한 물고기는 어차피 다른 고기에게 잡아 먹힐 것이라고 말한다.

개고기를 먹지 말자고 말하면, 그럼 닭고기나 돼지고기도 먹지 말라는 말이냐고 말한다.

동물은 오로지 인간을 위해 존재하거나 인간에게 잡아먹히기 위해 태어난 거라고 말한다.

택배 기사가 과로사했다고 하면, 자기들이 많이 벌려고 그 직업을 스스로 택한 것인데 불쌍하게 생각할 필요가 없다고 말한다.

서울대를 나온 사람이 서울대나 학벌 구조를 타파하자고 하면 그럼 왜 서울대를 들어갔냐고 되묻고, 지방대를 나온 사람이 서울대의 폐해나 학벌 시스템을 개혁하자고 하면 '못난 놈!'이라고 몰아붙인다.

불경을 읽어 보라고 하면, 불교를 믿었음에도 안 좋게 죽은 사람이 무수히 많았다고 말한다.

상사(喪事)를 도와주는 것을 보면 산 사람의 먹고사는 일이 중요하다 하고, 남을 구제하는 것을 보면 궁한 친척을 도와주는 것이 더 급하다고 말한다.

해외 어린이들을 돕자고 하면, 국내에도 불쌍한 사람들이 많은데 왜 굳이 남의 나라 아이들을 도와주냐고 말한다.

좋은 책을 보면, '이 책을 쓴 작가는 과연 이 책대로 살까?'라고 반문한다.

자기가 언제 죽을지 알지 못하고, 죽으면 어느 곳에 태어날지 알지 못하며, 죽고 싶을 때 언제라도 죽지 못하고, 죽고 나서 이 세상에 아무 때라도 올 수 없으며, 정(定; 三昧)에 들고 싶을 때 들지 못하고, 정(定)에서 나오고 싶을 때 나오지 못하면서 죽음에 대해 왈가왈부합니다.

또, 인생 너머 저편의 실상을 조금도 알지 못하면서 사람은 한 번 태어나 한 번 죽는다느니, 영혼 같은 것은 없다느니, 인과응보 같은 것은 미신이라 말합니다. 대롱으로 하늘을 보는 격이며 우물 안에 앉아 세상을 말하는 격입니다.

조익(趙翼)

조익은 최명길과 함께 인조(仁祖) 시대를 대표하는 재상이었고, 김육(金堉)과 함께 대동법 시행에 크게 기여한 경세가(經世家)였습니다.

8세 때 소(疏)를 초안(草案)하여 사정(邪正)을 변론해 놓았는데, 여러 장로(長老)들이 경탄(驚歎)하기를, "그 누가 이 글을 어린아이가 지었다고 하겠는가." 하였고, 이항복(李恒福)은 조익이 쓴 글을 보고 말하기를, "세상에 어찌 이러한 견식(見識)과 문장(文章)이 있단 말인가." 하고 감탄하였으며, 이원익(李元翼)은 "조공(趙公)은 지금 세상 사람이 아니다. 그 경륜(經綸)의 재주를 아는 사람이 드물다."라고 하였습니다.

사헌부(司憲府)가 내수사(內需司; 조선 시대 왕실의 재정 관리를 맡아보던 관청)의 폐단을 논하자 왕이 노하여 꾸짖으므로 공이 간(諫)하기를, "전하께서는 과실 듣기를 좋아하는 정성이 지극하지 못하고 용납해서 받아들이는 도량이 넓지 못하시니, 다스리는 효험이 드러나지 않는 것이 바로 여기에서 기인하는 것입니다." 하였습니다.

일찍이 그의 조상이 왜구를 토벌할 적에 한 사람도 함부로 죽이지 않았다는 기록도 보입니다.

문집 등에 나타난 그의 어록과 행실을 보겠습니다.

「친구의 상(喪)에도 수일 동안 소식(素食)하였고, 심지어 천한 복례(僕隷; 종)가 죽었을 때도 고기를 먹지 않았으며 화려한 주악(酒樂) 자리는 가까이하지 않았다. 의복은 겨우 몸을 가릴 정도였고 밥은 좋은 반찬을 두 가지 이상 들지 않았다. 벼슬한 지 50년 동안에 전택(田宅)

을 조금도 보탠 것이 없었다. 공(公)은 매일 새벽이면 일어나 의관(衣冠)을 정제하고 가묘(家廟)를 참배한 다음 서실(書室)에 물러 나와서 종일토록 단정히 앉아 있었다. 매양 진대(進對; 임금을 뵙고 여러 가지 정사(政事)를 의논하는 일)가 있을 때는 미리 재계(齋戒)하여 마음을 결백하게 하고 공경히 하였다. 수재(水災)나 한재(旱災)가 있을 때는 명을 받들어 기도하면 반드시 당장에 응험이 있었다. 문장(文章)을 짓는 데는 사리(辭理)가 통하면 될 뿐 화려하게 꾸미는 것은 일삼지 않았는데, 붓 가는 대로 아무렇게나 써도 의미가 도도하여 무궁하였다.

장유(張維)가 매양 말하기를, "그의 의리(義理)에 관한 문(文)은 우리가 따르기 어렵다." 하였다. 중용주해(中庸註解)와 대학주해(大學註解) 등을 지어 효종에게 바쳤다. 이 저술들은 주자(朱子)의 장구(章句)를 크게 고친 것이었지만, 사람들은 감히 이를 헐뜯지 못했다고 한다. 성리학의 대가로서 예학에 밝았으며 경학·병법·복술에도 뛰어났다.」

「흉년을 당할 때마다 반드시 평소의 음식을 줄이거나 죽을 끓여 먹기도 하면서 "사람들이 모두 굶주리는 때에 무슨 마음으로 나만 잘 먹겠는가."라고 말하곤 하였다.」

「성인은 환과고독(鰥寡孤獨)을 업신여기지 않고, 호소할 데가 없는 사람들을 모질게 대하지 않는다. 지극히 미천한 하천인(下賤人)이나 지극히 어리석은 사람이라도 사람의 목숨이라는 점에서는 똑같다. 어떻게 그들을 소홀히 하고 박대하여 원한을 품게 할 수 있겠는가.」

그가 쓴 시 두 개를 소개합니다.

「잡념을 없애야 마음이 안정되네. 들뜬 생각 허망하여 마음을 미혹시킨다네. 이로움은 없고 해로움만 있으니 실로 나를 갉아먹는 해충이네. 들뜬 생각 제거해야 마음이 편안해지니 도적처럼 보아 온 마음 기울여 막아내야 하리 어떻게 막아야 하나. 마음에 주인 있으면 들어올 틈 없으리. 어떻게 하면 마음에 주인이 있게 할까. 끊임없이 경계하고 두려워하면 되네.[浮念虛妄 使心迷惑 無益有害 實我賊 須要除去 此心乃安 視如寇盜 一意防閑 閑之如何 有主則實 如何爲主 戒懼不息]」

「안자(顏子)는 사물(四勿)을 실천하려고 노력했고, 증자(曾子)는 세 가지 도(道)를 귀중하게 여겼나니, 오직 이 두 가지야말로 몸을 지키는 보배라고 할지어다. 그렇기에 그들의 학문이 성인의 문하에서 으뜸이 되어 만대에 걸쳐 공경과 앙모의 대상으로 갈수록 더욱더 존경을 받느니라. 늦게 태어난 보잘것없는 나는 옛 가르침을 본받아야 하리. 이 두 가지를 뽑아 실천하면서 잘못됨이 없도록 노력해야 하리.[顏事四勿 曾貴三道 惟此二者 守身之寶 所以其學 冠乎聖門 萬代欽仰 愈遠愈尊 區區晚出 古訓是式 擇玆兩語 庶幾無失]」

408.

오윤겸(吳允謙)

조선 역사에서 선조(宣祖)가 보위에 있었던 시대는 임진왜란이라는 참화(慘禍)와 사림(士林)의 동서(東西) 분열 그리고 정여립(鄭汝立)의 역옥(逆獄)이라는 참혹한 옥사(獄事)가 있던 시대였습니다.

다른 한편으로 이 시대는 우리나라의 최고 인재들이 강둑에 봇물 터지듯 출현했던 찬란한 시대이기도 했습니다. 오죽했으면 이 시대를 가리켜 '목릉성세(穆陵盛世)'라고까지 했겠습니까. 참고로 목릉(穆陵)은 선조가 묻힌 무덤의 이름입니다. 이들 중에는 현자(賢者) 또는 대현(大賢)이라고 불러도 손색이 없는 인물들이 많았습니다. 이중 오윤겸이라는 인물을 소개하고자 하는데, 다른 사람이 남긴 행장(行狀)이나 묘갈명·문집 등에 나타난 그의 행실을 보겠습니다.

평강현감(平康縣監)으로 있다가 떠나자 고을 백성들이 철비(鐵碑)를 세워 떠나간 공을 사모하였다.

경성판관(鏡城判官)으로 있다가 떠나자 백성들이 또 동비(銅碑)를 세워 공을 사모하였다.

안주목사(安州牧使)로 있다가 떠나자 백성들이 또 거사비(去思碑)를 세워 공을 사모하였다.

순안어사(巡案御史)로 있다가 떠나 경성(鏡城)에 이르렀을 적에 어린아이로부터 백발의 노인들까지 공의 옛 덕을 사모하여 경상(境上)까지 나와서 맞이한 자가 줄을 이었고 심지어는 눈물을 흘리는 자도 있었다.

동래부사(東萊府使; 정3품)로 재직 시 동래부(東萊府)의 백성들이 공을 사랑하고 떠받들어 칭송하는 소리가 영외(嶺外)에 비등하였고, 관(館)에 온 왜인 또한 공을 마치 신명처럼 공경하고 두려워하였다. 그가 떠나자 비석을 세워 공의 덕을 칭송하였다.

토정(土亭) 이지함(李之菡)이 어떤 사람 집에서 공(오윤겸)을 만나서

난세에서 인격과 처세를 얻다

한참 동안 눈여겨보고는 주인에게 이르기를, "어디서 이렇게 뛰어난 아이가 왔습니까? 후일에 반드시 세상에 명망 높은 순유(醇儒; 깨끗하고 정직한 선비)가 될 것입니다." 하였다.

마침 오현(五賢)을 문묘(文廟)에 종사(從祀)하자고 청하는 상소문이 공의 손에서 나왔는데, 문장을 잘 아는 이산해(李山海)가 그 상소문을 보고는 대단히 기이하게 여기면서 "지금 세상에 다시 진유(眞儒)를 보았다."라고 하였다.

공(公)이 평강(平康) 현감으로 있을 때, 감사(監司; 관찰사) 정구(鄭逑)가 순찰하기 위해 강릉에 왔는데 부사(府使)에게 말하기를, "내가 평강에 가면 반드시 그 현감을 매질할 것이다." 하였다. 강릉 부사가 "무슨 까닭입니까." 하니, 정구가 말하기를 "이 사람이 스스로 선비라 일컫고서 문서를 기한에 못 마치니 이 때문에 매질하려고 하는 것이다." 하였다. 강릉 부사가 말하기를, "공이 현에 이르시면 옳고 그른 것을 묻지 않고 갑자기 들어가 매질하면 그만이나, 만일 함께 이야기를 붙이면 매질하지 못할 것입니다." 하였다. 정구가 말하기를 "어찌 그럴 수가 있겠는가." 하였다. 정구가 평강현에 이르자 곧 현감을 불러들였는데, 공의 행동이 단아하며 언사가 자상하고 민첩하여 묻는 데 따라 해명하는 것이 물 흐르듯이 하였다. 정구가 자기도 모르게 심복하여 무릎을 맞대고 앉아서 밤새도록 이치를 이야기하였는데, 기뻐서 하는 말이, "참으로 금옥 같은 군자로다." 하였다.

5월에 조정을 하직하고 7월에 바다를 건넜는데, 경유하는 곳마다 왜인들이 모두 공에게 공경을 다하였다.

관백(關白; 천황을 대신해 일본을 실제로 다스리는 최고 권력자)은 심지어 맨발에 칼을 풀어서 성례(誠禮)를 보이기까지 하였고 국서(國書)의 내용도 더욱 경건하였다.

공(公)은 그곳에서 임진·정묘년에 포로가 된 사람들을 찾아서 150여 명을 데리고 돌아왔다. 공이 돌아올 적에는 관공(館供)의 남은 저축만 표하여 두고, 기타 폐백으로 준 금은보화들은 모조리 대마도에 맡겨버렸다.

공이 노역(勞役) 끝에 병이 나서 거의 나을 수 없을 지경이 되자 태의(太醫)가 계속해서 약을 보내오고 병랑(兵郎)이 누차 왔으며, 예부에서는 특별히 아뢰어 해랑(該郎)을 시켜 관소(館所)로 칙서(勅書)를 주고 표리(表裏) 네 벌을 하사하여 포장하였으니, 이는 모두 전에 없던 일이었다.

다음날 조강(朝講)에서 상(上; 여기서는 仁祖를 말함)이 〈시경〉을 수업하였으므로, 공이 학문하는 방법 및 〈시경〉을 읽는 법과 집안을 바르게 하는 일을 극력 진술하고 나아가 진언하기를, "상(上)께서 마음공부를 하시지 않기 때문에 혈기(血氣)의 부림을 받아 희로(喜怒)가 올바름을 잃고 언사(言辭)가 중도에 지나치게 되어 근일에는 신료들을 몹시 꾸짖으면서 노기(怒氣)를 띤 어조의 하교가 있게까지 된 것입니다." 하니 상이 이르기를, "나 역시 학력(學力)이 없어서 그렇게 된 것임을 안다. 다만 나에게 병통이 있어 나는 몹시 당(黨)을 싫어한다. 심중이 이렇다 보니 겉으로 나오는 것이 부득불 그렇게 된다."

"나는 성명(聖明; 어질고 훌륭한 임금)을 만났는데도 세도(世道)를 만회

난세에서 인격과 처세를 얻다

하지 못하여 나라에는 남긴 공(功)이 없고 내 몸에는 덕이 없었으니, 장사를 지내고 나서 한 조각의 돌을 세워 '모관(某官) 아무개의 묘[某官姓名之墓]'라 쓰고 그 뒷면에다 자손들을 차례로 열거하여 써놓으면 족하겠다." 하였다.

병이 위독했을 적에 승지가 오면 반드시 동쪽으로 머리를 두고 조복(朝服)을 몸 위에 덮고서 만나 보았다. 사람들이 약물을 들라고 권하면 그때마다 손을 저어 물리치며 말하기를, "나는 나이와 지위가 이미 극에 이르렀으니, 이제는 바로 조용하게 돌아갈 때이다. 어찌 다시 약물을 일삼겠는가." 하였다.

공이 젊었을 때 과장(科場)에 들어가서 정문(程文)을 막 올리려고 하던 차에 어떤 사람이 넘어지면서 먹물을 튀겨 그 정문을 바칠 수가 없게 되었다.

그 사람이 대단히 부끄러워하면서 사과를 하니 공이 그에게 말하기를, "뜻밖의 실수를 어찌하겠습니까. 나는 기왕 시험 볼 일이 없어졌고, 보아하니 그대는 행묵(行墨)하는 데에 익숙하지 못하니 내가 우선 공을 위해 써주겠다. 공은 오직 걸음걸이를 삼가서 하라." 하였다. 그 사람이 성심으로 감복하고 따랐는데, 공은 태연하여 기색이 종시 변함이 없었다. 마침내 그 사람이 과거에 합격하고 돌아와 그 사실을 남들에게 말하자, 우복(愚伏) 정경세(鄭經世)가 듣고는 바로 공의 집을 찾아와서 공의 손을 잡고 말하기를, "그대는 바로 나의 스승이다." 하고는 마침내 평생의 교우로 정하였다.

공이 평강(平康)에 부임할 적에는 응시만 해두고 발표가 되기 전이었는데, 임소(任所)로 가던 도중에 방목(榜目)을 가지고 지나가는 사람을 만나서 그가 공이 합격하였음을 말해 주었다. 그러나 공은 그 말을 듣고도 마치 못 들은 체하고 기뻐하지 않았으며 또한 그 방목을 가져다 보지도 않았으니, 그 평소의 조망과 국량이 이러하였다.

공은 담박하여 좋아하는 물건이 없었고 조용한 방 하나에 경서(經書) 두어 권만이 책상에 놓였을 뿐이었다

공이 군읍(郡邑)을 다스리고 나면 거사비(去思碑; 공덕비)가 세워졌고, 외국 사신을 접반(接伴)하면 빈려(賓旅; 외국에서 온 여행객)들이 정숙해졌으며, 변방을 지키면 먼 곳의 오랑캐들이 복종하였고, 관찰사로 나가면 곤폐한 백성들이 소생되었으며, 일본에 사신으로 나가서는 사명(使命)을 완수함과 동시에 염절(廉節)이 드러났고, 배를 타고 명나라에 사신 갈 적에는 남들이 꺼리는 그 임무를 조금도 난처하게 여기는 기색이 없었다.

중외(中外)의 사람들이 기뻐하여 복종하고 우러러 바라보았으니, 이는 대체로 동시대의 제공(諸公)들이 견줄 수 있는 것이 아니었다.

사명(使命)을 받들고 일본(日本)에 갔을 적에 집정자(執政者)가 공을 위하여 맨발로 뛰어나오고 검(劍)을 풀어 놓으니 이는 지극히 공경하는 예였으며, 또 포로로 잡혀간 자 150여 명을 되돌려 보낼 것을 허락하였다. 공이 돌아올 적에 관백(關白) 이하가 선물한 재화를 대마도에

모두 두고 왔다.

다음 해 대마도주가 이것을 동래로 보내오자, 광해군이 가져다가 궁궐의 역사(役事) 비용으로 충당하도록 명령하였다. 이에 공은 역관(譯官)에게 당부하여 대마도주에게 사신이 직접 받았다고 아뢰고 절대로 국가를 거론하지 말라고 하였다.

영사(領事) 신흠(申欽)이 아뢰기를, "앞서 신(臣)들에게 재능과 덕망 있는 인재를 추천하라고 하셨는데 신은 반정(反正) 이후로 선왕조의 구신(舊臣)들을 비롯하여 당대 이름 있는 명사들이 다 조정에 모여 있다고 생각합니다. 다만 그들을 적재적소에 써서 자기들 능력을 다하게 할 뿐입니다." 하니 상(上)이 구체적으로 말해 보라고 하여 신흠이 아뢰기를, "문관 재상으로 병사까지 알고 있는 장만(張晩)·서성(徐渻)·이홍주(李弘冑)가 있고, 병사에 능한 무장으로는 이서(李曙)·신경진(申景禛)·구굉(具宏)이며, 재간과 국량으로는 심열(沈悅)·김신국(金藎國)이고, 경학으로는 정경세(鄭經世)·오윤겸(吳允謙), 문장으로는 장유(張維)·이식(李植)·조희일(趙希逸)이 있고, 강직하기로는 김상용(金尙容)·상헌(尙憲)이지만 상헌으로 말하면 문장까지 겸하였고, 또 최명길이 국가를 위해 마음을 다하고 있습니다.

인묘(仁廟; 仁祖를 말함)께서 일찍이 〈논어〉를 강독하시다가 공자가 "젊을 때는 혈기가 안정되지 않았기 때문에 경계할 것이 색(色)에 있고, 장년(壯年)에 미쳐서는 혈기가 한창 강성하기 때문에 경계할 것이 싸움에 있고, 늙음에 미쳐서는 혈기가 이미 쇠하였기 때문에 경계할 것이 탐득(貪得)에 있다."라고 한 부분에 이르러 연신(筵臣)에게 "이 세

가지 중에 어떤 것이 가장 어려우냐?"라고 물으시자, 오윤겸이 "색(色)이 가장 어렵습니다."라고 대답하니, 인묘께서 "그런가? 나의 경우로 보면 탐득이 가장 어렵다."라고 하였다. 이에 오윤겸이 "이른바 색은 반드시 요색(妖色)을 말하는 것이 아니라 부부가 방안에 함께 있는 사이에도 분별의 도리를 다하지 않으면 그 해가 또한 크다는 것을 말한 것입니다." 하자, 인묘께서 용모를 바꾸시며 좋은 말이라고 칭찬하였다.

어느 한 훈신(勳臣; 나라에 공을 세운 신하)이 임금에게 아뢰기를, "중종께서 반정(反正)한 후에 연산 때의 궁인을 공신들에게 나누어 주었으니, 이 제도를 본받아서 시행하심이 옳겠습니다." 하였다. 오윤겸(吳允謙)이 나아가 말하기를, "광해 때의 궁인은 거의 다 광해와 동침(同寢)한 자이며, 오늘의 훈신은 모두 그때 신하로 있던 사람입니다. 위로부터 나누어 주라는 명이 계시다고 하여도 오직 죽음으로 굳이 사양하는 것이 마땅하거늘, 어찌 스스로 아래서 먼저 청할 수 있겠습니까. 윤리가 끊어지고 기강이 허물어진 것이 이보다 더한 것이 없습니다." 하니 임금이 기뻐하며 이르기를, "그대의 말이 옳다." 하였다.

상국(相國) 오윤겸이 경성판관(鏡城判官)이 되었을 때 왕자 임해군(臨海君; 선조의 후궁인 공빈 김씨의 맏아들)이 불법한 짓을 많이 하여 그 포학이 백성들에게 미쳤다. 궁노(宮奴)가 고을에 들어와서 어느 과부를 때려 상처를 내니, 공이 그 종을 즉시 붙잡아 형장을 쳐서 죽게 하였다.

숙종 때의 인물인 남구만(南九萬)이 쓴 '영의정충정오공묘지명(領議政忠貞吳公墓誌銘)'에 다음과 같은 글이 나옵니다.

난세에서 인격과 처세를 얻다

「안에 쌓인 것은 온화하여 아름다운 옥과 같았고 화기애애하여 따뜻한 봄볕과 같았으며, 밖에 나타난 것은 행동거지와 주선(周旋; 進退)이 본받을 만하였고, 말씀과 음성이 즐거워서 자연히 중외의 사람들이 기뻐하여 복종하고 우러러 바라보았으니, 이는 대체로 동시대의 제공(諸公)들이 견줄 수 있는 것이 아니었다.[其蘊於內者 溫乎若良玉 藹乎若春煦 其符於外者 步武周旋之可則 辭令聲氣之可樂 自然爲中外所悅服而顯昂 類非一時諸公所可比云]」

건강할 때 서둘러야 할 일

죽음이 임박하면 당신은 병석에 누워 이렇게 다짐할지도 모릅니다.

"자선단체나 학교 등에 기부 좀 해야겠다."

하지만 당신의 그 바람은 이루어지지 못합니다. 자녀들이 그것을 반대하기 때문입니다. 죽음이 임박했을 때 하는 기부는 사실 상속인의 권리를 침해하는 것입니다. 당신의 그 막대한 재산은 이미 당신의 것이 아니라는 뜻입니다. 아마 당신 자녀들은 당신이 어서 죽기만을 고대하고 있을 겁니다.

이와 마찬가지로 당신이 연명치료를 거부한다고 가족들한테 분명히 밝히고 게다가 '사전연명의료의향서'를 작성해 놓았어도 당신 가족들은 이에 상관치 않고 연명치료를 할 가능성이 매우 큽니다. 그리해야만 가족들은 당신이 죽은 후에 죄책감을 갖지 않을 것이기 때문입니다.

410.
이것이 덕(德)이다

#1 빵 한 조각을 훔친 죄로 19년간 감옥에 있다가 가석방으로 풀려난 그는 세상에 대한 분노와 증오로 가득했다. 그런 그에게 잠자리와 먹을 것을 베풀어 준 성당의 주교에게 감사하기는커녕 은 식기마저 훔쳐 수도원에서 달아났다. 얼마 못 가 경찰에 잡힌 그가 경찰과 함께 성당에 오자 주교는 "왜 내가 준 선물을 다 가져가지 않고 일부만 가져갔소?"라며 남은 은촛대마저 건넸다.

#2 한 비구가 탁발하던 중 구슬 만드는 집에 갔다가 주인이 음식을 가지러 간 사이에 거위가 귀중한 구슬을 삼켜 버렸다. 주인이 비구를 의심하여 고발하였다. 잡혀간 비구는 모진 고문을 당하였으나 바른대로 말하면 거위가 죽을 것이고, 거짓말을 하면 망어죄를 짓게 되니 끝까지 입을 열지 않고 매를 맞았다. 뒤에 거위의 배설물에서 구슬이 나오자 혐의를 벗었다.

#3 여(呂)씨 성을 가진 선비가 진사(進士)에 급제했다. 급제하기 전에 그는 약혼했는데 약혼녀가 갑자기 병으로 실명했다. 그가 급제해 돌아

오자 여자 쪽 가족은 딸이 실명했기에 혼사를 취소하려 했다. 그러나 그는 받아들이지 않고 맹인이 된 약혼녀를 아내로 맞았다. 후에 아들 다섯을 낳았는데 모두 다 진사에 급제했다.

#4 밀(密) 현에 곽달(郭達)이라는 관리가 있었다. 그가 어릴 때 부모는 약혼을 시켰고 신부 측에 약혼 예물도 보냈다. 그런데 약혼녀가 갑자기 실명했다. 곽달이 관직을 얻었다는 말을 듣고 신부 측 가족은 파혼을 상의해왔다. 그러나 곽달은 "내가 그녀를 아내로 맞지 않으면 그녀가 안착할 곳이 어디 있겠습니까."라며 즉시 혼례식을 올렸다. 두 사람은 금실이 좋았고 아들 여섯을 낳았는데 모두 출세했다.

#5 명나라 때 마봉지(馬鳳志)라는 문인(文人)이 있었는데 아들이 약혼했다. 하지만 며칠 안 돼 아들이 갑자기 위증(痿證; 四肢가 나른하고 힘이 없는 질병으로 심한 사람은 손으로 물건을 잡지 못하며 걸을 수가 없음)에 걸리자 여자 측이 불평을 해왔다.

마봉지가 이런 상황을 듣고 즉시 여자 측 가족에게 "제가 어찌 질병이 있는 아들이 귀한 딸의 청춘을 그르치게 하겠습니까"라며 파혼에 동의하고 여자 측에 준 혼인 예물도 받아 가지 않았다. 그런데 파혼 후 아들은 뜻밖에도 매우 빨리 회복했다.

#6 청나라 때 강소성(江蘇省)에 진잠원(秦簪園)이라는 사람이 있었다. 과거를 준비하던 중 아내가 지병으로 세상을 뜨자 후처를 맞았다. 그런데 신혼 첫날밤 신부가 울었다. 진잠원이 이유를 묻자 신부는 "저는 어릴 때 인근 마을 이씨 가문의 아들과 약혼했는데 부모님은 그 가

문이 가난하다고 파혼시키고 제게 재가를 강요하셨습니다. 저는 가난을 이유로 남편을 바꾸는 것은 도리에 어긋난다고 생각해 고통스럽습니다."

그는 놀랐다. "왜 진작 말을 하지 않았소? 하마터면 큰 실례를 할 뻔했구려." 그는 하인에게 이씨 가문 아들을 불러들이라고 했다. 그가 오자 진잠원은 정황을 설명한 후 "오늘 밤 두 분이 누추하나마 저희 집에서 초례를 치를 수 있도록 하겠습니다."라고 하면서 신부를 맞는 데 쓸 재물을 모두 두 사람에게 줬다. 두 사람은 감격해 연거푸 절하며 감사의 뜻을 밝혔다. 진잠원은 훗날 진사에 급제했고 정시(庭試)에 장원급제해 명성을 떨쳤다.

#7 당나라의 이고(李皐)가 온주장사(溫州長史; 종5품)로 있을 때였다. 흉년이 들었는데 관곡(官穀) 수십만 곡(斛)이 있었다. 이고가 그것으로 진구(賑救)하려 하니 이속(吏屬)들이 임금의 명령을 기다리기를 청하였다. 이고가 말하기를, "대체로 사람은 하루에 두 끼니 먹지 않으면 죽는 것이니, 어느 여가에 임금에게 여쭈어서 하겠는가. 만일 내 한 몸을 죽여서 수천 명의 목숨을 살린다면 이로움이 이보다 큰 것이 없다." 하고는 창고를 열어 진휼하고 나서 글을 올려 자핵(自劾; 자기 죄를 들어보이며 책망함)하니, 임금이 가상하게 여겼다.

411.

담박(淡泊)

태연자약(泰然自若)합니다.

부동심(不動心)을 지녔기에 일희일비(一喜一悲)하지 않습니다.

높은 관직에 오르거나 많은 돈을 벌었어도, 기뻐 날뛰거나 자랑을 일삼거나 흥분해서 어쩔 줄 몰라 하는 것은 자신의 수준이 그것밖에 안 된다는 것을 보여줍니다.

나이를 많이 먹은 사람이 파를 먹지 못해도 비웃지 않습니다.

오이 냄새를 싫어하는 사람을 이상한 사람으로 보지 않습니다.

알레르기 때문에 복숭아를 멀리하는 사람을 한심한 사람으로 여기지 않습니다.

아끼고 절약하는 사람을 모자란 사람으로 여기지 않습니다.

행동이 산만하고 어딘가 모자라 보이는 사람을 보아도 불쾌감을 지니지 않습니다.

이기적이고 남을 배려할 줄 모르는 사람을 보아도 개의치 않습니다.

갑자기 궁해져도 의기소침하지 않습니다.

식당이나 마트에 가서 불친절한 대우를 받아도 마음에 담아두지 않습니다.

412.

행복이란

평온한 일상.
조건에 휘둘리지 않는 것.
좋아하는 사람과 함께 음식을 먹는 것.
잠들기 전 걱정이나 고민거리가 없는 것
나를 미워하거나 내가 미워하는 사람이 주변에 없는 것

413.

죄인이 되는 길

책을 함부로 내는 것
자식을 잘못 가르치는 것
강연을 쉽게 생각하는 것
말을 거리낌 없이 하는 것
인과(因果)를 생각하지 않는 것
일해서 번 돈을 사회에 환원하지 않는 것
공부하여 얻은 지식을 혼자만 가지고 있는 것

어떤 물음

어떤 사람이 필자에게 물었습니다.

「세상 사람들에게 말하고 싶은 게 하나 있다면 무엇입니까?」

제가 답했습니다.

「가진 자, 배운 자, 권세 있는 자가 더 베풀고 더 관대해져야 합니다. 어려운 사람들이 궁지에 몰리면 가진 그들마저 위험해집니다.」

나이를 먹게 되니(2)

어느 프로야구 선수가 말했습니다.

「3할 타자는 내 능력으로 가능하지만, 4할 타자는 내 능력 외에 남의 도움이 반드시 있어야 가능합니다.」

나이를 먹게 되니 다른 이들의 노고와 은혜가 비로소 조금씩 눈에 보이기 시작합니다.

나이를 먹게 되니 아파트 경비원이 보이고, 내가 일하는 회사 건물의 미화원이 보입니다.

나이를 먹게 되니 "풀, 흙, 돌, 벌레가 모두 의미 있는 존재들이구나." 하는 생각이 듭니다.

나이를 먹게 되니 도로에서 하수도관을 매설하거나 도색 작업을 하는 노동자들, 쓰레기를 수거해가는 노동자들이 눈에 들어옵니다.

조선의 윤증(尹拯)이 말했습니다.

「나는 죽을 때가 되어 모든 생각이 다 식었는데 아무런 공(功)도 없이 나라의 은혜만 입어서 죽어도 보답하기 어렵습니다. 참으로 천지간에 하나의 좀 벌레와 같아서 남에게 말할 만한 것이 없습니다.」

416.
영혼의 소원

숨이 끊어지기 직전에 있는 사람 또는 숨이 막 끊어진 영혼들은 누군가가 자기를 위해 공덕을 쌓아 주는 것을 가장 바라고 있습니다.

유가족이 망자(亡者)를 위해 공덕을 쌓아주면 그 효과가 망자에게 즉시 전달됩니다. 그 망자가 죽은 지 한 달이 됐건 1년이 됐건 20년이 됐건 50년이 됐건 효력은 똑같습니다.

인간의 병폐

내 나이가 상대보다 많으면 하대(下待)하려는 마음이 생깁니다.

내 지위가 상대보다 높으면 대번에 어깨와 목에 힘이 들어갑니다.

내가 믿는 종교를 상대가 믿지 않으면 안타까워하는 마음이 생깁니다.

내가 모는 승용차가 상대의 그것보다 고급이면 우쭐대고 싶은 마음이 생깁니다.

내가 사는 곳이 상대가 사는 곳보다 나으면 잘난 척하고 싶은 마음이 생깁니다.

내 학벌이 상대보다 낫다는 것을 알게 되면 뻐기고 업신여기는 마음이 생깁니다.

자살의 심각성

다른 사람의 목숨을 빼앗으면 용서받을 수 있지만, 자살은 그렇지 못합니다.

자살은 작게는 부모님과 조상님들을 욕보이는 일이고, 크게는 천지와의 조화를 깨뜨리는 일이며, 가장 크게는 법신(法身)을 해치는 일입니다.

자살은 대승(大乘)의 살생계(殺生戒)를 범하는 일이요, 천리(天理)를 무너뜨리는 일이요, 한 부처[佛]를 죽이는 일입니다.

자살은 지극히 오만한 사람이 범하는 죄이며, 자신을 이 우주에서 전혀 의지할 곳 없는 고아(孤兒)로 만들어버리는 짓입니다.

419.

엄청 중요한 사건

누군가와 만나는 일

누군가가 나에게 다가오는 일

누군가가 나에게 관심을 가지는 일

누군가가 나를 위해 시간을 내주는 일

누군가가 나의 얘기에 귀 기울여 주는 일

누군가가 나를 위해 양보하거나 손해를 감수하는 일

누군가가 내가 세운 회사에서 일하기 위해 이력서를 내는 일

420.

가난한 사람(1)

꿈이 없는 사람

배우지 않는 사람

자포자기하는 사람

성찰하지 않는 사람

속됨을 면치 못하고 죽는 사람

운명의 굴레에 갇혀 사는 사람

세 가지 가르침

어느 선인(先人)께서 자식들에게 간절한 유훈(遺訓) 세 가지를 남기셨습니다.

「부지런해라. 온갖 악은 게으름에서 나온다. 남의 허물을 절대 내뱉지 마라. 온갖 재앙과 난관이 여기서 나온다. 좋은 책을 많이 읽어라. 골상(骨相)을 바꾸고 명(命)을 바꾸고 처세를 배울 수 있는 비결은 오직 독서밖에 없다.」

암담한 사회

#1. 화장실은 대소변을 보는 곳이지만 누군가에게 그곳은 취사(炊

事)를 하거나 채소를 씻거나 옷을 갈아입는 곳입니다. 수많은 간호사들과 경비원들과 백화점 직원들과 비정규직 직원들이 오늘도 화장실이나 좁고 더럽고 구역질 나는 지하실 창고 등에서 밥을 짓고 반찬을 만들고 옷을 갈아입습니다.

#2. 2평짜리 고시원이나 쪽방·옥탑방 등에서 살면서 월세로 3, 40만 원을 내는 젊은이들은 이런 열악한 현실에 절망하고 분노합니다. 옆방의 작은 소리마저 다 들리는 참담한 현실, 선풍기를 틀어도 참을 수 없는 한여름의 열기, 열악한 공중화장실… 기성세대의 탐욕의 끝은 도대체 어디입니까.

#3. 5평도 안 되는 가게의 월세가 처음에는 200만 원이었는데, 언제부터인가 그 주변에 사람들이 몰리고 상가들이 들어서면서 소위 뜨거운(hot) 곳으로 변하자 가게 주인이 세입자에게 월세 350만 원을 요구했습니다. 그리고 1년 후 월세를 450만 원으로 올렸습니다.

#4. 돈에 가장 민감한 나라, 돈이 만물의 척도(尺度)가 되어버린 사회, '이백충'(월급이 200만 원 이하인 사람을 경멸하여 칭하는 말)·'휴거'(휴먼시아, 즉 LH가 지은 임대주택에서 사는 사람을 경멸하여 칭하는 말)·맘충(이기적이고 몰상식한 엄마들을 칭하는 말)과 같은 혐오스러운 말들이 아무렇지 않게 유행하는 사회, 돈만 많으면 무조건 부러움을 사는 사회, 가난한 사람이 곧 불가촉천민(不可觸賤民; 말을 섞어서도 안 되고 같이 있어도 안 되며 만져서도 안 되고 다른 사람들 눈에 띄어서도 안 되는 인도의 최하층 계급)인 사회, 지옥과도 같은 선진국, 이유도 모른 채 오직 한 곳으로만 냅

다 달려가는 사람들, 타인의 관심과 존중 그리고 소속감이 없는 사회, 더럽고 힘든 일을 하는 사람들을 존경하기는커녕 경멸하지 못해 안달이 난 사회, 인간의 존엄성을 어디에서도 확인할 수 없는 사회, 삭막하고 척박한 사막과도 같은 직장 문화, 여유라곤 도무지 찾아볼 수 없는 사회, 차별과 혐오가 일상화된 사회, 위기 때를 제외하곤 연대(連帶)와 공동체에 무관심한 사회… 이런 사회에서 우린 살고 있습니다.

423.

내가 아직 해내지 못한 것들

쉽게 화를 내지 않는 일
매일 새벽 4시에 일어나는 일
가진 자들을 부러워하지 않는 일
세상이나 사람들을 증오하지 않는 일
괴롭거나 우울해도 술을 찾지 않는 일
가난해도 부끄러워하거나 위축되지 않는 일

424.

이유

당신이 오늘 누군가를 쌀쌀맞게 대했다면 당신의 그 불면증은 쉽게 낫지 않을 겁니다.

당신이 오늘 눈살을 찌푸리게 하는 행동을 했다면 당신의 그 불안감은 계속될 겁니다.

당신이 오늘 누군가에게 이기적으로 행동했다면 당신의 그 속 쓰림은 더 심해질 겁니다.

당신이 오늘 누군가에게 악담을 퍼부었다면 당신의 그 우울증은 점점 더 악화할 겁니다.

425.

절망하는 그들

고독사, 1인 가구, 불평등 사회 등 우리 사회를 적나라하게 드러내거나 고발하는 지상파 방송들이 유튜브에 실렸는데, 이 방송들 밑에 달린 댓글들을 소개합니다.

참고로, 이런 댓글들을 읽음으로써 저는 이 세상에 나보다 더 큰 고통을 겪는 이들이 상상외로 많다는 걸 느끼며, 이런 사람들이 어쩌면 이 세상을 움직이게 하는 소중한 존재인지도 모른다는 생각을 하게 되는 불가사의한 소득을 얻게 됩니다.

「이 세상은 사람들로 가득한 무인도(無人島)다.」

「이 세상에 태어나지 않는 게 가장 큰 축복이다.」

「안락사와 총기 소지, 이 두 가지가 우리나라에 허용된다면 자살자 수가 지금보다 5배는 늘어날 것이 분명하다.」

「죽는 것보다 앞으로 살아갈 일이 더 무섭다.」

「죽는 건 무섭지 않다. 다음 세상에 또 태어날까 봐 그게 무섭다.」

「노인 병원이나 요양원 등에 가보면 아주 심각하다. 눈은 초점이 없이 껌뻑껌뻑하고 콧줄로 영양제 넣고 기저귀나 변 주머니 차고 있고 조선족 간병인들한테 짐짝 취급당하고 누워서 변을 보고 그런 대우 받으면서 고가의 치료비 내고…」

「몸을 뉠 작은 집, 가야 할 직장, 내 손을 잡아줄 가족·친구… 이런 작은 것들이 점점 이룰 수 없는 꿈이 된 세상 같다.」

「인생을 살다 보니 타인이 겪는 아픔과 고통에 대해 내가 직접 겪어 보지 않는 이상 함부로 이러쿵저러쿵 말을 하면 안 되겠더라. 나도 그 아픔을 모를 때는 "죽을 힘으로 살라고 말하고 힘내라."라고 말했지만 당사자들에게는 얼마나 힘 빠지고 아무 의미 없는 격려였을지 이제야 깨닫는다.」

「우린 환영받으며 태어났지만 죽을 때는 희미한 연기처럼 떠난다.」

「우리가 바꿔야 해요. 25년을 살면서 언제나 비교당했고 기계같이 획일한 삶, 불행한 삶을 배워 왔지만 이 부조리한 나라를 당연시하지 말고 남의 일이라 생각지 않아야 합니다. 잘못된 일에는 분노하고, 이웃 간에 벽을 허물고, 먼저 손 내미는 것. 이것이 우리가 조금이라도 더 나은 한국을 만드는 방법이 아닐까요.」

「인생은 고통… 죽음은 그 유일한 탈출구.」

「그냥 '나'라는 존재가 원래 없었던 것처럼 사라지고 싶다. 너무 지쳤다.」

「우리는 살아가는 게 아니라 (죽지 못해) 겨우 버티고 있는 것뿐이다.」

「고독사하신 분들… 옆에서 손잡아주지 못해 정말 미안합니다.」

「스스로 죽을 용기는 없지만 남이 나를 죽이려 든다면 저항하지 않을 자신은 있다.」

「산 자보다 죽은 자가 더 좋고 그보다 더 좋은 것은 태어나지 않은 게 더 좋다.」

「산 자가 죽은 자를 부러워하는 시대」

「사는 곳이 신분이고 모는 차가 신분이고 직업이 신분인 시대」

「귀하고 귀한 청년들이 이런 아픔 속에 있다니!」

「안락사와 존엄사 합법화해라. 비참하게 연명하는 것보다 편안하게 눈 감는 게 존엄이다.」

「인간은 어제보다 잘 살아도 남보다 못 살면 불행한 존재」

「사람들은 죽을 용기로 살아보라고 말하지만 괴로움을 견디려면 죽는 것보다 더 큰 용기가 필요하다.」

「삶 자체가 고통인데 그런 삶 속에서 소소한 행복 잠시 느끼기 위해 하루하루 살아가는 것이 인생이다.」

「저는 그냥 이 지구가 지옥이 아닐까 생각이 듭니다.」

「미친 듯이 살아야 보통 사람처럼 살 수 있는 게 이 나라지 않나 싶다.」

「삶은 죽음을 향한 질주다. 지금은 하루살이처럼 산다.」

「30대 후반인 내가 '왜 살아야 할까'를 매일 생각한다.」

「부모님은 나를 위해서 거름이 되어 주셨지만 내가 꽃이 되지 못할까 두렵다.」

「솔직히 지금 누군가가 나한테 고통 없이 쉽게 죽는 법을 알려 준다면 나도 여기서 그만 모든 걸 놓아버리고 싶다. 신(神)을 믿진 않지만 만약 존재한다면 간곡히 요청합니다. 제발 제 목숨을 거두어 주세요.」

「사람들은 세상 둘도 없는 천사였다가 만만해 보이는 사람이 있으면 사이코패스처럼 행동한다.」

「아파트 준공 시 경비초소는 있지만 미화원 휴게실은 없다. 미화원 스스로 지하 기계실에서 주민들이 버린 소파나 의자를 주워다가 생활한다.」

「빌딩경비원 근무 첫날, 책임자가 말했다. "입주사와 고객은 갑, 우리는 무조건 을입니다. 손님이 잘못해도 무조건 '잘못했다'하고 사과하세요."」

「청년만 힘드냐! 나이 든 사람들도 힘들다. 노인들도 막막하다. 오래 살수록 더 힘들다.」

억울함(2)

한국 사회를 지배하고 있는 단어 중의 하나가 바로 '억울함'입니다. 억울함으로 고통받는 약자들로 넘쳐납니다.

과거에는 관(官)의 횡포·억울한 옥살이·가혹한 천재지변과 전염병·전쟁·가난 등으로 생긴 억울함이 대다수였다면, 지금은 을(乙)에 대한 갑(甲)의 횡포·비정규직에 대한 차별·노년 세대에 대한 젊은 세대의 무시·반듯한 직장을 구하지 못하는 데서 오는 자괴감·혼인조차 할 수 없게 만드는 집값 폭등·동료를 그림자 또는 투명 인간 취급하는 회사 분위기·실패자를 바라보는 사회의 차가운 시선·소외된 자들의 울분·성범죄의 사각지대에 놓인 여성들의 불안과 좌절·아직도 요원한 법 앞의 평등·가진 자들의 몰상식과 폭력·부자들의 부동산 투기와 불법적인 재산 증식 등에서 생기는 억울함이 대다수를 차지합니다.

직업병이 분명한데도 산재(産災)로 인정하길 거부하는 국가나 회사, 핸드폰 등을 이용하여 여성의 치부를 몰래 촬영하여 돌려보거나 인터넷 등에 유포하는 남성들 때문에 울부짖는 여성들, 전관예우에 굴복하여 비상식적인 판결을 쏟아 내는 판사들의 그릇된 재판으로 신음하는 사람들로 넘쳐납니다.

누구는 상대 차량의 100% 과실로 교통사고를 당하여 척추와 골반이 부서져 10분만 서 있어도 통증이 생겨 누워 지내야 하는 삶을 1년째 살고 있는데, 가해자는 사과 전화도 없고 보상도 제대로 해 주지 않고 있습니다.

또 누구는 독재 정권 시절에 억울하게 누명을 써서 안기부 직원들한 테 가혹한 고문을 당하였고 법원에서 징역 6년 형을 선고받았습니다. 고문 후유증으로 20년간 하반신이 마비되다시피 하여 인간다운 삶을 누리지 못하고 있지만 가해자들은 모두 집행유예를 선고받아 자유로 운 삶을 누리고 있습니다.

고려의 이곡(李穀)이 말했습니다.

「가령 두 사람이 송사(訟事)를 벌이며 다툴 적에 갑(甲)에게 만약 돈 이 있으면 을(乙)은 문득 죄인이 되고 만다. 그러니 그 백성이 어떻게 원통한 심정을 품고 죽지 않을 수 있겠으며, 그 억울한 기운이 어떻게 화기(和氣)를 상하게 하지 않을 수 있겠는가. 이것이 바로 수재(水災)와 한재(旱災; 가뭄)를 부르는 이유이다.」

이익(李瀷)이 〈성호사설〉에서 말했습니다.

「한(漢)나라 순제(順帝) 때 낭개(郞顗)가 임금에게 아뢰기를, "지금 궐 내(闕內)의 궁인(宮人)의 수는 1천 명이나 되는데, 이들은 어릴 때부터 격리된 생활을 하여 인도(人道: 남녀관계)를 통하지 못하므로 억울한 기 운이 쌓여서 위로 하늘을 감동케 하여 자손이 자라지 못하는 것이니, 폐하께서 자손을 많이 두실 수 있는 방법은 궁녀들을 내보내어 제 마 음대로 시집가도록 하는 것입니다. 이렇게 하면 하늘이 복을 내리고 자손이 많아질 것입니다."라고 하였으니, 이 사람의 말을 거울로 삼는 것이 마땅하다.」

조선의 숙종이 말했습니다.

「대개 원기(冤氣)가 맺혀 위로 하늘에 사무치고 화기(和氣)를 해쳐 재앙과 이변을 초래하는 것이니, 이는 자연의 이치다…(중략)…옥사(獄事)와 송사(訟事)를 결단할 때 청탁과 사심(私心)을 제거하여 세력이 강하고 약한 것으로 판결이 좌우되게 하지 말고 주장이 받아들여지고 무시되는 것이 한결같이 사안의 곡직(曲直)에 따른다면 백성들이 원한이 없게 될 것이다.」

427.

당신에게 묻습니다

가치관은 건강합니까?

고약한 편견은 없습니까?

자신을 늘 점검하고 성찰합니까?

당신이 믿는 신앙은 올바른가요?

세상을 보는 이해의 폭은 넓습니까?

욕망을 능숙하게 제어하는 편입니까?

약자(弱者)를 보는 시선은 따뜻합니까?

세상 걱정, 나라 걱정은 하고 사십니까?

428.

제자

스승의 명성을 듣고 제자가 되겠다고 찾아온 사람을 스승은 모질게 대했습니다. 8년간 아는 체도 하지 않았고 사소한 잘못을 들먹이면서 "너 같은 놈은 사람도 아니다."라는 극언을 퍼부었습니다. 그럼에도 제자는 스승을 떠나지 않았습니다. 그런 제자를 스승은 먼발치에서 몰래 지켜보았습니다. 제자와 스승이 만난 지 20년이 가까워진 어느 날 스승이 말했습니다.

「너는 10년간 묵언해야 한다. 그리고 모든 존재를 네 부모처럼 여겨야 한다. 네가 이것을 지킬 수 있다면 네 도업(道業)이 빠르게 성취될 것이다.」

429.

신중함

허목(許穆)이 지은 〈기언(記言)〉에 다음과 같은 이야기가 실려 전합니다.

「명종(明宗)의 환후가 심상치 않았다. 신하들이 여러 날 지키다가 병세가 조금 호전되자 다른 대신들이 자리를 비웠다. 영의정 이준경(李

난세에서 인격과 처세를 얻다

浚慶)이 혼자 지키고 있었다. 6월 28일, 밤중에 왕의 병세가 갑자기 위중해졌다. 이준경이 들어가 주렴 밖에 서서 인순(仁順) 왕후에게 후사를 누구에게 이을 것인지 물었다. "덕흥군의 셋째 아들 이○○를 후사로 이으시오." 당시 입직(入直)했던 여러 재상 중에 섬돌 위로 올라온 자가 많았다. 이준경이 말했다. "소신(小臣)의 귀가 어두우니 다시 하교해 주소서." 왕후가 모두에게 들리도록 두 번 세 번 또박또박 말했다. 모두가 분명히 들은 것을 확인한 뒤에 한림 윤탁연(尹卓然)에게 전교를 받아적게 했다. 윤탁연이 '제삼자(第三子)'라 적지 않고 '제삼자(第參子)'로 썼다. 이준경이 말했다. "이 자가 누구의 아들인고?" 그의 노숙함을 칭찬한 말이었다.」

아래는 〈임하필기(林下筆記)〉에 나오는 이야기입니다.

「번암(樊巖) 채제공(蔡濟恭)은 영의정에 임명된 후 출행(出行)할 일이 있을 때마다 반드시 택일(擇日)하여 길을 나섰는데 사람들이 그 까닭을 물으니 공(公)이 말하기를, "예전에는 내 운(運)이 통한 때였고 장차 이 벼슬에 오르려는 시기였기 때문에 매사가 순조롭고 유리하였다. 그러나 이제는 오를 데까지 올라서 점차 산에서 내려가는 형세와 같으므로 길기(吉氣)가 사라져 가고 걸핏하면 비방(誹謗)을 얻으니 일이 터지기 전에 계엄(戒嚴)을 해야 할 때이다. 그러므로 이처럼 하는 것이다." 하였다.

공(公)은 임금과 가까운 벼슬에 출입하면서 험하고 궂은일을 겪은 정도가 후진(後進; 後學)이 미칠 바가 아니었는데도 말년의 절개(節介)에 근신(謹愼)하기를 오히려 스스로 이와 같이 하였으니, 정묘(正廟; 정조를 말함)께서 그를 시종 보살피고 가까이하신 것은 참으로 그럴 만한 까닭이 있었던 것이다.」

아래는 정약용의 〈다산시문집〉에 나오는 이야기입니다.

「유의(柳誼) 선생이 홍주목사(洪州牧使; 정3품)로 있을 때, 나는 (홍주목 관할인) 금정찰방(金井察訪; 종6품)으로 임명되었다. 일찍이 공사(公事)차 편지를 보내 그와 의논하였으나 공(公)은 답장을 보내지 않았다. 5~6일이 지난 뒤에 사람을 보내어 재촉하였지만 또 답이 없었다. 그 뒤 내가 홍주에 이르러 그 까닭을 물었다.

공이 말하기를, "내가 임관되어 백성을 다스리면서 일찍이 남의 편지에 답장한 적이 없었다." 하였다. "그거야 그럴 수도 있지만 제가 말한 것은 공사였는데 뜯어보지 않아서야 됩니까?"라고 말하자, "그럼, 왜 (편지 말고) 공문으로 보내지 그랬소?"

그러고는 시중드는 아이에게 상자 하나를 가져오게 하여 그것을 쏟았는데, 그것은 모두 조정의 재상들과 이웃 고을의 군수들이 보낸 편지였다. 그러나 그것들은 모두 뜯어보지 않은 상태 그대로였다.」

고관이 되거나 높은 지방관이 되면 인사 청탁이나 부탁·압력 등이 수없이 많이 밀려오는데, 그때마다 유의(柳誼)는「임금께서 나에게 이곳을 맡기셨는데, 고관의 부탁이 아무리 무겁더라도 어찌 임금의 명령보다 높겠는가.」라고 했다고 합니다.

아데나워 초대 서독 총리는 13년 재임하는 동안 미국 대통령과 수십 차례 정상회담을 치렀습니다. 그러나 회담 상대였던 미국 대통령 그 누구도 그가 능숙하게 영어를 구사한다는 사실을 몰랐습니다. 반드시 통역을 사이에 두고 회담했기 때문이었습니다. 훗날 어느 미국 대통령이 그 이유를 묻자, "자존심 문제가 아닙니다. 내 한마디에 나라 운명이 걸려 있는 상황에서 통역을 둬서 단 몇 분이라도 더 생각할 시간을 벌고 싶었습니다."

그는 외교관으로 30년을 재직했습니다. 기자와 인터뷰할 때 몹시 신중한 태도를 보였습니다. 기자와 만나기 전 물을 내용을 미리 팩스나 이메일로 보낼 것을 요구하였고, 기자가 예정에도 없던 질문을 하면 "그 질문에 대한 답변은 인터뷰 말미에 하겠습니다."라면서 답변을 늦췄습니다.

커피를 좋아하지 않음에도 인터뷰 자리에는 항상 커피가 있어서 기자가 어려운 질문을 하면 반드시 커피 한 모금을 마신 후 답변을 했습니다. 게다가 그는 자주 "다시 한번 말씀해 주시겠습니까?", "죄송합니다만, 질문의 취지가 무엇입니까?" "제가 귀가 어둡습니다. 방금 뭐라고 하셨지요?"라는 말을 함으로써 생각을 정리할 시간을 벌었습니다.

〈논어〉에 다음과 같은 말씀들이 나옵니다.

「많이 듣되 의심스러운 것은 유보하고 그 나머지를 신중히 말하면 허물이 작을 것이다. 많이 보되 판단이 어려운 것은 유보하고 그 나머지를 신중히 하면 후회가 적을 것이다.[多聞闕疑 愼言其餘則寡尤 多見闕殆 愼行其餘則寡悔]」

「군자가 자중(自重)하지 않으면 위엄이 없고 학문도 견고하지 않게 된다.[君子不重則不威 學則不固]」

「공자께서는 종묘와 조정에 계실 때는 분명하고 유창하게 말씀하시되 오로지 신중하게 하셨다.[其在宗廟朝廷 便便言唯謹爾]」

「인자(仁者)는 말을 신중히 한다.[仁者其言也訒]」

〈노자〉에서 말합니다.

「대저 가볍게 승낙하면 믿음이 반드시 적고, 너무 쉽게 여기면 어려움이 반드시 많다.[夫輕諾必寡信 多易必多難]」

정조(正祖)가 말했습니다.

「일은 크거나 작거나 간에 신중하게 하여 함부로 해서는 안 된다. 작은 일을 함부로 하게 되면 큰일도 함부로 하게 된다. 큰일을 함부로 하지 않는 것은 작은 일을 함부로 하지 않는 것으로부터 시작된다.」

말을 신중하게 하는 자는 도(道)에 가깝고, 말을 간략하게 하는 자역시 도(道)에 가깝고, 말을 때[時]에 맞게 하는 자와 욕심이 적은 자역시 도(道)에 가깝습니다.
이수광(李睟光)이 말했습니다.

「작은 일에 차질을 빚는다면 큰일은 알 만하다. 군자가 언동에 대해 비록 소소한 것일지라도 반드시 삼가는 것은 이런 이유 때문이다.」

구하는 마음

부부나 친구나 직장 동료들이 오래 못 가 삐걱대거나 파국으로 치닫는 이유는 뭘까요?

그건 상대에게 '구하는 마음'이 있기 때문입니다. 무언가를 상대에게 기대하고 요구하고 바라기 때문입니다. 상대를 통해 이익을 얻으려 하거나 승진을 하려 하거나 유리한 위치에 서려는 마음은 '구하는 마음'의 대표적인 예입니다. 예쁜 여자나 매력적인 여자들을 남자들이 친절하게 대하는 이유는 '구하는 마음'이 있기 때문입니다. 재산이 많은 부모를 자식들이나 사위나 며느리들이 자주 찾아뵙는 이유도 '구하는 마음'이 있기 때문입니다.

권력자나 인사권자나 부자 등 유력자(有力者)에게 굽실대거나 아부하는 것도 '구하는 마음'이 있기 때문입니다.

'구하는 마음'이 있으면 구차해지고 비굴해집니다. 애초부터 구하는 마음이 없으면 실망도 없습니다. 구하는 마음이 있으면 괴롭습니다. 상대가 자기 뜻대로 해 주지 않으니 서운해하는 마음이 생깁니다. 자기를 바르게 하고 오직 자신에게만 구할 뿐 남에게 구하지 말아야 합니다.

중국의 어느 문인은 이런 말을 남겼습니다.

「사람이 구하는 것이 없으면 품격이 저절로 높아진다.[人到無求品自高]」

〈예기〉는 말합니다.

「군자는 남이 (나에게) 호의(好意)를 다하기를 바라지 않고, 남이 (나에게) 충성을 다 바치기를 바라지 않음으로써 교제를 온전히 한다.[君子 不盡人之歡 不竭人之忠 以全交也]」

그런가 하면 이런 말씀도 있습니다.

「군자는 선(善)도 자신에게서 찾고 악(惡)도 자신에게서 찾는다. 선을 자신에게서 찾기 때문에 오직 날마다 부지런히 힘쓰고, 악을 자신에게서 찾기 때문에 허물이 있으면 바로 고친다. 소인은 선도 남에게서 찾고 악도 남에게서 찾는다. 남에게서 선을 찾기 때문에 남을 책망하는 것이 심하고 남에게서 악을 찾기 때문에 참소와 비방이 늘 일어난다.」

가장 기억에 남는 말씀

「한겨울 엄동설한, 세찬 북풍이 몰아치고 함박눈이 며칠 동안이나 내렸다. 백성들은 추위와 굶주림에 울부짖었고 여기저기 얼어 죽고 굶어 죽은 시신들이 나뒹굴었다. 그날도 경공(景公; 제나라 군주)은 가볍고 포근한 여우 털을 두르고 따뜻한 누각에 앉아 춤과 노래를 즐기고 있었다. 상에는 온갖 산해진미와 향기로운 술이 가득했다. 마침 온몸에 흰 눈을 뒤집어쓰고 들어오는 안영(晏嬰)을 보고 경공이 말했다.

"올해는 참으로 이상하오. 큰 눈이 며칠씩이나 계속 내리는데도 조금도 추운 줄 모르겠소."

그러자 안영이 경공에게 말했다.

"현명한 군주는 자기가 배불리 먹었을 때 마땅히 이 사회에 굶주리고 먹지 못한 사람이 있지나 않은지 생각해야 합니다. 자기가 따뜻하게 지낼 때는 더더욱 마땅히 이 세상에 옷이 없어 추위에 얼어 죽는 사람이 있지나 않은지 생각해야 합니다."」

〈안자춘추〉에 나오는 위 이야기는 필자에게 가장 큰 가르침을 준 일화입니다. 단언컨대, 그 어떤 책도 위와 같은 깊은 울림을 필자에게 주지 못했습니다. 이 가르침은 목마른 자에게 목을 축여 주고 가뭄에 단비를 내려 주는 것과 같습니다.

이익(李瀷)이 말했습니다.

「겹이불과 수탄(獸炭; 짐승 가죽과 숯)으로 거처할 때는 천하에 추위에 떠는 사람이 있는 것을 알아야 하고, 좋은 집에서 맛좋은 음식을 먹을 때는 천하에 배고픔을 참는 자가 있는 것을 알아야 하며, 몸이 안일(安逸)할 때는 천하에 노역(勞役)을 견디지 못하는 사람이 있는 것을 알아야 하고, 마음이 유쾌한 때는 천하에 원통하고 억울한 사람이 있는 것을 알아야 할 것이니, 이것이 백성 부리기를 큰 제사 받드는 것과 같이한다는 뜻이다.[重衾獸炭 知天下有受凍者矣 綺屋豐樽 知天下有忍餓者矣 起居安逸 知天下有不堪勞役者矣 快意任情 知天下有懷抱冤鬱者矣 此使民如祭之說也]」

가톨릭의 어느 신부가 말했습니다.

「(마음이 가난하면 복이 있나니…에서) '마음이 가난하다'라는 것은, 매일 저녁 나의 능력과 특권과 재능과 학식을 가지고 약자들과 가난한 자들을 위해 무얼 했는지를 자문(自問)하는 것입니다.」

내가 배부르고 안락할 때 그렇지 못한 사람이 많음을 알아야 합니다.

내가 따뜻하고 행복할 때 그렇지 못한 처지에 있는 사람을 생각해야 합니다.

내가 부유하고 잘 나갈 때 누군가는 그늘지고 구석진 곳에서 슬피 울고 있습니다.

내가 가족과 함께 맛있는 음식을 먹으며 웃고 떠들 때 어디에선가 대성통곡을 하는 사람이 있습니다.

논어라는 책

주자(朱子)가 말했습니다.

「천하의 책을 모두 읽었는데 논어만큼 뛰어난 책을 보지 못했다.」

정약용이 말했습니다.

「육경(六經)과 여러 성현의 글은 모두 읽어야 하나 오직 논어만큼은 평생 읽어야 한다.」

이익은 〈성호사설〉에서 「사람보다 신령(神靈)한 존재는 없고 성인보다 위대한 사람은 없는데, 성인으로는 우리 공자보다 훌륭한 분은 없으며 가르침으로는 논어보다 잘 갖추어진 책은 없다. 성인의 도(道)가 논어 한 권에 모두 갖춰져 있다. 더구나 논어는 의미가 가장 심오하고 말이 가장 간결하다.[物莫靈於人 人莫大於聖 聖莫盛於吾夫子 而教莫備於論語 聖人之道 論語一書盡之矣 而況論語義最奧語最簡]」라고 하였고, 퇴계 이황은「논어 한 권으로도 도에 들어가는 데 있어 족하다.[論

語一書 旣足以入道矣]라고 하였습니다.

조선의 어느 고승이 말했습니다.

「논어는 성인의 말씀과 행동을 기록한 것으로 만세의 모범이다. 임금에게 충성하고 어버이에게 효도하는 도리와 나라를 다스리고 백성을 부리는 방법이 상세하게 기록되지 않음이 없으니, 책을 읽는 사람은 다른 데서 구할 것이 없다.」

〈논어〉는 예로부터 오경(五經)의 관건(關鍵)이고 육예(六藝)의 요체이며 인류 문명사의 축복이라는 찬사가 따라다녔습니다.

사람 노릇을 잘하려면 유교 경전을 반드시 공부해야 하고, 유교 경전을 공부하려면 반드시 〈논어〉를 공부하는 것에서부터 출발해야 합니다. 〈논어〉는 〈공자가어(孔子家語)〉와 함께 공자의 가르침을 쉽게 배울 수 있는 훌륭한 책입니다. 나이를 먹을수록 〈논어〉의 위대함을 느끼게 됩니다.

정조가 말했습니다.

「대저 논어는 성인의 그림자이다. 도에 들어가는 문호를 첫머리로 하고 도를 전하는 일로 종결을 하면서 그사이에 자기를 겸손히 하고 남을 가르치는 언사와 용모, 위의(威儀; 몸가짐)의 훌륭함과 덕을 닦고 학문을 강론하는 공로와 조정에 나아가고 행동하는 절차를 어느 것이고 삼가 기록하고 해박하게 싣지 아니한 것이 없다. 진실로 육경(六經)의 총집합이며 천덕과 왕도의 대전적(大典籍)이다.[大抵論語者 聖人之影

子也 首之以入道之門 終之以傳道之事 而其間謙己誨人之辭 容貌威儀
之盛 修德講學之功 立朝行己之節 無不謹書而該載之 儘乎其爲六經之
總會 而天德王道之大典也」

조익(趙翼)이 말했습니다.

「논어는 성인의 언행을 기록한 책이고 대학(大學)은 선왕(先王)들이
수기치인(修己治人) 하는 법을 성인께서 말씀해 놓은 책이니, 이 두 책
은 실로 학문과 정치를 하는 만세의 대법(大法)이다. 부자(夫子; 공자)
를 배울 수 있는 방도가 있다면, 그것은 오직 논어를 공부하는 데에
있다고 할 수 있다. 부자(夫子)의 글 중에 가령 대전(大傳)은 주역의 도
리를 밝혔고, 춘추는 포폄(褒貶)의 의리를 드러내었으니 이를 통해서
도 모두 성인의 뜻을 볼 수 있다고 하겠지만 성인이 일상생활 속에서
취한 언행과 동정(動靜)이라든가 사람들을 가르친 미언(微言)이나 학
자가 본받아야 할 것들은 오직 이 논어라는 책 속에만 기재되어 있다.
따라서 공자를 배우는 방도로는 이 책 이외에 다른 길은 없다고 할 것
이다. 이 논어보다 앞선 책으로 주역과 시경(詩經)과 서경(書經)이 있
긴 하지만 학자가 힘을 쓰는 방도의 측면에서는 이 책만큼 절실한 것
이 없고, 이 논어보다 뒤에 나온 책으로 중용과 대학과 맹자와 송나
라 제현(諸賢)의 책이 있긴 하지만 거기에서 학자에게 절실한 말들을
설명한 것을 보면 모두 이 논어에 뿌리를 두고 있다.」

조선의 어느 사대부가 말했습니다.

「육경(六經)이 모두 훌륭하지만 논어야말로 학문을 향상하는 계기가

된다. 대저 논어에 이미 익숙해지면 사서(四書)를 모두 관통할 수 있으며 사서를 관통하면 육경은 절로 골고루 미치게 될 것이다.」

안정복(安鼎福)이 말했습니다.

「공자 문하(門下)에서 사람을 가르치는 도리는 논어 한 책에 갖추어져 있어서 하학(下學)의 공부를 하는 데 실로 의지하는 바가 있다.」

조선 선조 때의 인물인 배용길(裵龍吉)이 〈금역당집(琴易堂集)〉에서 말했습니다.

「내가 논어를 읽고 비로소 나에게 절실한 학문임을 알았다. 그래서 벼슬하려는 생각이 요사이 성글어졌다. 그러나 그 생각이 닷새에 한 번씩 나거나 열흘에 한 번쯤 떠오르곤 한다. 분념(忿念)과 욕념(慾念), 그리고 지난날 함부로 한 행동을 부끄러워하는 생각 같은 것이 마음속에 뒤섞여 번갈아 가며 일어나니, 어느 때에 이런 생각을 말끔히 씻어버리고 밝고 깨끗한 영역에 이르게 될까. 아니면 끝내 이르지 못할 것인가.」

정구(鄭逑)가 말했습니다.

「너는 논어가 어떤 책인지 아느냐? 논어는 배우는 사람이 도(道)에 들어가는 문이다. 논어를 읽으면 자애롭고 선량한 마음이 가득 생겨나니, 자기 몸을 닦으려고 하는 사람이 이 책을 제쳐두고 무엇으로 그

원(願)을 이루겠느냐. 그 때문에 주자(朱子) 문하에서 처음 배우는 이를 가르칠 적에 오로지 이 책을 학문의 나침반으로 삼았다. 논어는 말씀이 정밀하고 뜻이 분명하므로 그 말을 완미(玩味)하여 그 뜻을 풀어낼 수만 있다면 몸과 마음을 다스리는 효과가 있을 뿐 아니라 문리(文理)를 통하는 지름길이기도 하다.」

433.
조심 또 조심

높은 자리에 오를수록 입을 조심하고
이름이 알려질수록 입을 조심하고
학문이 높아질수록 입을 조심하고
사람이 많은 곳일수록 입을 조심하고
나이를 먹을수록 입을 조심하고
부유해질수록 입을 조심하고
공(功)을 쌓을수록 입을 조심하고
도(道)가 높아질수록 입을 조심하고
죽음이 가까워질수록 입을 조심하고
형편이 잘 풀릴수록 입을 조심하고
일이 뜻대로 안 될수록 입을 조심해야 합니다.
누가 말했습니다.

「재능 가운데 가장 소중한 재능은 한 마디면 될 때 두 마디 말하지 않는 재주다.」

당신은 이미 알고 있는 사실을 남이 말하더라도 마치 처음 듣는 것인 양 묵묵히 들으면서 고개를 끄덕일 수 있습니까.

말수가 적을수록 남들이 더 귀를 기울이는 법입니다.

말수가 적으면 어리석음이 지혜로 바뀌는 법입니다.

말수가 적으면 바보도 성자(聖者)로 보이는 법입니다.

말수가 적으면 당신과 마음을 터놓고 얘기하고 싶어 하는 사람들이 늘어날 겁니다.

434.
사소한 일처럼 보이지만

효(孝)는 불가사의한 공덕을 짓는 일인데 왜 하지 않는가.

절[拜]은 예(禮)의 시작인데 무엇이 아까워서 하지 않는가.

임종 직전에 잠깐만 참회해도 그 공덕이 지극한데 왜 그냥 죽는가.

내 몸이 수고로우면 대중은 그만큼 이익을 얻는데, 그래도 수고로움을 꺼릴 텐가.

부처님이 앞에 계신다 생각하면서 절을 올리면 그 공덕으로 일생의 죄가 소멸하는데 왜 하지 않는가.

죽을 위기에 처한 짐승이나 물고기 등을 살려주면 그 공덕이 하늘을 가득 채우는데, 굳이 죽이는 이유는 뭔가.

처신(2)

훌륭한 장수는 은퇴하면 병법(兵法)을 더는 논하지 않습니다.

현명한 관리는 그 자리에서 물러나면 더는 정사(政事)에 대해 말하지 않습니다.

훌륭한 관리는 재직 시에 고향에 가는 일이 없고 조상의 분묘를 고치지 않습니다.

훌륭한 사람은 새 임지(任地)에 갔을 때 전임자를 비난하거나 전임자가 만든 정책을 급히 바꾸거나 그에게 책임을 전가하는 말을 하지 않습니다.

훌륭한 사람은 높은 직에 임명되자마자 인사이동이나 해고를 하지 않습니다.

훌륭한 사람은 자기가 근무하는 곳의 일에 대해서는 비록 부모라도 전혀 들을 수 없도록 합니다.

훌륭한 사람은 요직(要職)에 있는 친지(親知)나 친구를 찾아가지 않거니와, 이들이 찾아오기라도 하면 개인적인 일은 한마디도 언급하지 않습니다.

〈고려사〉에 다음과 같은 기록이 보입니다.

「고려 성종이 병환이 위독해지자 그의 조카 개령군(開寧君) 왕송(王誦)을 불러 왕위를 전하고 거처를 내천왕사(內天王寺)로 옮겼다. 평장사(平章事) 왕융(王融)이 반사(頒赦; 사면)할 것을 청하니 임금이 말하기를, "죽고 사는 것이 하늘에 달렸는데, 어찌 죄수를 풀어주면서까지 목숨을 연장하려고 할 수 있겠는가. 그리고 나의 뒤를 계승한 자가 무엇으로 새 은전(恩典)을 반포하겠는가."라고 하고 윤허하지 않았다. 승하하자 왕송이 왕위에 오르니, 이 사람이 목종(穆宗)이다.」

〈임하필기〉에 다음과 같은 기록이 실려 전합니다.

「조목(趙穆; 조선 명종·선조 때의 인물)은 조정의 이해(利害)와 시정(時政)의 득실에 대하여 비록 말하는 자가 있다 하더라도 반응하지 않았다. 한 조사(朝士)가 와서 시사(時事)를 말하였는데 공이 말하기를, "산 속에서는 산속의 말을 해야 한다." 하였다.」

조선 선조 때의 인물인 김덕함(金德諴)이 말했습니다.

「내가 관직에 있을 때 처음 부임지에 도착하면 비록 불편한 점이 있더라도 우선은 그대로 행하게 놔둔다. 그러다가 1년쯤 지나고 나서 그 일의 이해(利害)관계를 찬찬히 살펴보고, 사람들이 마음속으로 편하게 여기는 가의 여부를 관찰한 다음에 제반 요소를 감안해서 개혁에 착수하곤 한다. 만약 고을에 부임하자마자 즉시 개혁을 의논한다면 번거롭게 소요(騷擾)만 일으킬 뿐 백성들이 실질적인 혜택을 받지 못하게 된다.」

난세에서 인격과 처세를 얻다

조선 영·정조 때의 인물인 윤기(尹愭)가 자신에 대해 이렇게 고백했습니다.

「내가 평생 견지한 지조를 말하면 대략 다음과 같다. 겉은 위엄스러운 체하면서 속은 유약한 사람은 벽을 뚫고 담장을 넘는 도둑에 비견됨을 알았기에 외유내강(外柔內剛)을 몸가짐의 부절(符節)로 삼았고, 자신을 위해 꾀를 내고 남을 배척하는 사람은 반드시 선한 사람이 아니라는 것을 알았기에 남보다 한 걸음 물러나는 것을 사물에 대처하는 요령으로 삼았다. 재리(財利)의 득실을 마음에 담아두지 않았으므로 남과 다투어 본 적이 없었고, 어깨를 치거나 소매를 잡아끌며 장난하는 것을 반가운 인사로 여기지 않았으므로 남들과 농지거리를 해본 적이 없었다. 명예가 외물(外物)인 줄을 알았으므로 명예를 좋아하여 남이 알아주기를 바라지 않았고, 은미(隱微)한 것보다 잘 드러나는 것이 없음을 알았으므로 마음을 속여 밖으로 꾸미지 않았다.

교만이 반드시 망하는 흉덕(凶德)임을 알았으므로 스스로 자부하는 마음을 먹지 않았고, 사치가 막대한 재앙의 빌미인 줄을 알았으므로 (논어에 나오는) '차라리 검소한 것이 낫다는 가르침'을 위반하지 않았다. 자신을 감추고 남을 모함하는 일이 끝내 파탄에 이르는 길임을 알았으므로 함부로 말하지 말라는 경계를 굳게 지켰고, 소문을 통해 전해지는 것이 결국 허황한 것으로 귀결되는 줄 알았으므로 근거 없는 이야기를 믿지 않았다.

환난은 반드시 '궁하면 넘치는 것[窮濫]'에서 생긴다는 것을 알았으므로 감히 분수에 편안하지 못한 세속의 일을 일절 하지 않았고, 비루함은 조급하게 나아가는 것보다 심한 게 없는 줄을 알았으므로 감히 어두운 밤중에 청탁하는 시속의 짓을 전혀 하지 않았다.

말을 경계해야 한다는 것을 알았으므로 스스로 추기(樞機; 군자의 언행을 말함)를 조심하였고, 남들을 두려워해야 한다는 것을 알았으므로 스스로 응대를 신중히 하였다. 그럼에도 매번 후회와 한스러움을 면치 못하였으니, 이는 학문의 힘이 아직 지극하지 못하기 때문이다.

아무리 가난해도 남에게 어려움을 호소한 적이 없었고, 아무리 절박해도 남에게 구걸하는 말을 해본 적이 없었다. 내가 졸렬하고 어눌한 데다 잘 어울리지 못하는 성격이라 사람들이 모두 끼워주지 않는 줄을 알았기 때문에 문을 나가 찾아다녀 본 적이 없었고, 음식 끝에 반드시 말썽이 생긴다는 것을 알았기 때문에 잔치에 참석해 본 적이 없었다.

남의 부탁을 받으면 편지 한 장이라도 반드시 곧바로 써주었고, 미처 써주지 못하면 마치 가려운 곳을 긁지 못한 듯 개운치 않아 했다. 남에게 빚을 지면 한 푼이라도 반드시 얼른 갚아 버렸고, 미처 갚지 못하면 마치 병을 치료하지 않은 듯 불편해했다. 남의 물건을 빌리면 지푸라기 하나라도 반드시 급히 되돌려주고 손실된 것이 없게 하였으며, 남의 선행을 들으면 아무리 작은 일이라도 반드시 흠모하여 닮기를 생각하였고, 남의 허물을 들으면 아무리 사소한 것이라도 반드시 부끄러워하여 속으로 성찰하였다.

책을 읽는 것이 유익한 줄을 알았으므로 눈이 흐려졌다는 핑계로 그만두지 않았고, 마음을 맑게 하는 것이 가장 좋다는 것을 알았으므로 세상일로 (나 자신을) 어지럽히지 않았다. 빈부와 귀천에 정해진 명(命)이 있다는 것을 알았기 때문에 운명을 편안히 여기고 이익을 좇거나 해를 피할 생각이 없었고, 생사와 수명에 정해진 명(命)이 있음을 알았기 때문에 몸을 닦고 기다리며 의심하지 않았다.」

436.
이율배반(2)

친구와의 견해차는 참으면서 낯선 사람과의 견해차는 이단(異端)이
요, 음모로 몰아붙이는 것이 인간입니다.

누구나 솔직함이 미덕이라고 말하지만, 막상 내가 솔직하게 말하면
남들은 거부감을 보입니다.

인간은 자기와 똑같은 사람이 존재하는 것을 끔찍하게 여기지만, 그
렇다고 자기와 다른 사람을 반기지도 않습니다.

같은 핏줄인데 자식이 싼 똥은 더럽게 여기지 않으면서 부모의 대소
변을 받아내거나 목욕을 시켜 드리는 일 등은 넌덜머리를 냅니다.

437.
지식인(1)

고려의 어느 고승이 말했습니다.

「예로부터 유업(儒業)을 닦는 선비들이 미사여구(美辭麗句)와 고사(故

事)를 끌어내 억지로 장구(章句)를 지어내니, 이는 기껏해야 사륙병려 (四六騈儷)의 글 장난일 뿐이다. 또 문집을 저술하여 세상에 요란하게 내보인다 해도 이미 마음은 유탕(遊蕩; 기분 내키는 대로 방탕하게 사는 것) 하고 말은 번지르르하여 그 죄가 작지 않으니, 무슨 보탬이 있겠는가.」

　옛 지식인들은 과거에 합격하여 공명을 얻은 다음에 부귀영화를 누리고 자손들이 대대로 높은 관직에 오르기만을 꿈꿨습니다. 이들의 머릿속에는 경학(經學)과 시사(詩史)가 가득했지만 그들의 학문은 실용적이지도 않았고 현실과 동떨어진 고담준론(高談峻論)과 현학(衒學)이라는 허울뿐이었습니다.

　그들은 명분을 목숨보다 중요시했고 상업과 무역을 천시했으며 화친보다는 전쟁을, 백성보다는 가문을, 실리보다는 명분을 우선시했습니다.

　유학에 종사한다고 하여 절을 불태우고 승려들을 구타하며 비구니를 욕보이고 불상의 목을 잘랐습니다. 그리고 자기가 속한 당(黨)이나 사문(師門)이 아니면 무조건 이단(異端)이나 난적(亂賊)으로 매도하고 배척했습니다.

　경전을 공부함에 의심이 나는데도 물어보지 않고 이치를 깨닫지도 못했으면서 지식인으로 자처하며 옛사람들을 낮춰 봅니다. 다른 학문이나 종교에서는 취할 것이 없다고 단언하고 새로운 학문이나 기술은 무조건 사갈시(蛇蝎視)합니다.

　진정한 지식인이라면 가장 먼저 마음이 열려 있어야 합니다. 그리고 사심(私心) 말고 공심(公心)이 있어야 합니다. 소아(小我)를 버리고 대아(大我)를 우선해야 합니다.

용(勇)

〈논어〉에는 '용(勇)'과 관련된 말씀이 자주 보입니다. 〈논어〉의 맥락을 살피면서 용(勇)의 의미를 확장·재해석해 보았습니다.

용(勇)이란 두려워하지 않는 것입니다.[不懼]

용(勇)이란 악(惡)을 과감히 끊는 것입니다.[斷惡]

용(勇)이란 부끄러움을 아는 것입니다.[知恥]

용(勇)이란 과단성, 결단력이 있는 것입니다.[果敢]

용(勇)이란 의로운 것을 보면 행하는 것입니다.[見義行]

용(勇)이란 안에 인(仁)을 품고 있는 것입니다.[懷仁]

용(勇)이란 일에 임하여 신중한 것입니다.[臨事而懼]

용(勇)이란 밖으로 예(禮)를 잃지 않는 것입니다.[不失禮]

용(勇)이란 매사에 간단명료(簡單明瞭)한 것입니다.

용(勇)이란 나아갈 때와 물러갈 때를 아는 것입니다.[知進退]

용(勇)이란 진퇴(進退)와 출처(出處)를 분명히 하는 것입니다.

〈논어〉를 보겠습니다.

「자로가 말했다. "군자는 용(勇)을 숭상합니까." 공자께서 말씀하셨다. "군자는 의(義)를 첫째로 친다. 군자가 용(勇)만 있고 의(義)가 없다면 난동을 일으킬 것이고, 소인이 용(勇)만 있고 의(義)가 없다면 도둑질을 할 것이다.[子路曰 君子尙勇乎 子曰 君子義以爲上 君子有勇而無義

爲亂 小人有勇而無義爲盜]"

  공자는 용감하되 무례한 사람[勇而無禮者]을 미워한다고 말했고, 용
감하되 예(禮)가 없으면 난폭해진다[勇而無禮則亂]고 했으며, 인(仁)한
사람은 반드시 용기가 있지만, 용기 있는 사람이 반드시 인한 것은 아
니다[仁者必有勇 勇者不必有仁]라고 했고, 의로운 것을 보고도 실천하
지 않는 것은 용기가 없는 것이다[見義不爲無勇也]고 했으며, 용기를
좋아하되 배우기를 좋아하지 않으면 난폭해지는 폐단이 있다[好勇不
好學 其蔽也亂]고 말했습니다.

439.
일 처리

  〈연려실기술〉에 다음과 같은 기록이 나옵니다.

  「원종(元宗; 인조의 아버지)을 추숭(追崇; 왕위에 오르지 못하고 죽은 사람
을 왕으로 칭하는 일)하자는 의논에 공(公; 오윤겸)이 대신(大臣)으로서 옳
지 않다고 힘껏 다투었는데, 원종의 위패를 종묘에 모시는 일에는 공
(公)이 도감(都監; 국가의 중대사를 관장하기 위해 설치하는 임시관청)의 직
책을 맡았다. 사람들이 그 까닭을 물으니 공이 말하기를, "처음에 힘껏
다툰 것은 대신으로서의 책무이나 조정에서 예(禮)가 정해졌으니 명을
받들고 직책에 충실하는 것이 신하의 의리이다." 하였다.」

위 일화는 처세에 있어 대단히 중요한 하나의 원칙을 제시하고 있습니다. 자기가 반대한 일일지라도 일단 논의를 거쳐 결정되었거나 대세가 그러하다면 이의 없이 따라야 한다는 것입니다. 사론(私論)이나 사정(私情)을 중론(衆論)이나 공론(公論)보다 앞세우면 안 된다는 뜻입니다.

　어느 고사(高士)가 말했습니다.

「마음가짐에는 세 가지가 있으니, 일이 생기지 않았을 때 예단(豫斷)하거나 기대하지 말아야 하고, 일에 응할 때 한쪽으로 치우치지 말아야 하고, 이미 지난 뒤에 미련을 갖지 말아야 한다.」

　일을 처리할 때는 무엇보다 사심(私心), 즉 자기를 이롭게 하려는 마음이 없으면 됩니다.

　말마다 모두 옳고 일마다 모두 옳더라도, 조금이라도 자랑하고픈 마음이 있다면 이미 패망(敗亡)의 싹이 튼 것입니다.

　처음도 중요하지만 마무리를 빈틈없이 야무지고 꼼꼼히 하는 것이 더 중요합니다.

　평소의 말투는 낮고 온화해야 하지만 중대한 일은 분명하고 과감해야 결정·추진합니다.

　큰 죄라도 과실로 저지른 것은 용서하고, 작은 죄라도 고의적인 것은 벌을 주어야 합니다.

　큰돈은 아낌없이 쓰되 푼돈은 아낍니다.

　남을 심판하거나 잡아 가두는 일은 겉으로 보면 대단한 권세 같지만, 만약 이를 잘못 쓰면 패가망신은 물론 그 앙화(殃禍)가 자자손손 미친다는 것을 알아야 합니다.

나라를 처음 세웠을 때는 법을 간략하게 적용하고 나라가 평화로울 때는 법을 온화하게 적용하며 나라가 어지러울 때는 법을 엄하게 적용해야 합니다.

법률가들은 대부분 각박하여 법을 적용함에 빈틈이 없고 죄인에게는 아량을 베풀 줄 모르니 대(代)가 끊기거나 역적질하는 후손이 나오는 것입니다.

평생 판결이나 수사만 해온 사람이나 문장력이 뛰어난 사람에게는 집행권이나 결정권이나 예산권과 같은 권력을 부여해서는 안 됩니다. 단, 이들에게 참모나 비서·고문(顧問)·사서(司書)·연설문이나 외교문서 작성과 같은 문한(文翰) 등의 일을 맡기는 일은 가능합니다.

청백리(淸白吏) 후손 중에 훌륭한 인물이 좀처럼 배출되지 않는 이유는 그들이 가족이나 동료들에게 지나치게 요구하거나 각박하게 굴었기 때문입니다.

무능한 사람이나 아첨을 일삼는 사람보다 향원(鄕愿)이나 말 잘하는 사람, 글재주 있는 사람을 더 경계해야 합니다.

사람 보는 안목이 없거나 책을 많이 읽지 않은 사람은 많은 사람을 거느려서도 안 되고 높은 자리에 올라서도 안 됩니다.

인자(仁者)가 불인(不仁)한 자를 보았을 때 마땅히 그를 동정하고 가련히 여기며 어떻게 그를 바로잡아 줄 것인가를 생각해야 합니다.

동고(同苦)는 가능하지만 동락(同樂)은 애당초 불가능합니다. 개국(開國) 공신들은 하나같이 죽임을 당하고, 조강지처(糟糠之妻; 어려울 때 같이 살았던 아내)는 내쫓김을 당하며, 절을 지을 때는 단합이 잘돼

파열음이 생기지 않지만 절이 다 지어진 후엔 온갖 비방과 갈등이 생겨나는 이유입니다.

〈명심보감〉에서 일 처리의 법칙을 말했습니다.

「한 가지 일을 겪지 않으면 한 가지 지혜가 자라지 않는다.[不經一事 不長一智]」

어느 고사(高士)가 말했습니다.

「지위가 높고 돈이 있는 사람이나 그렇지 못한 사람을 똑같이 여기고, 부귀공명과 빈천 사이에 차등을 두지 않고 똑같이 평범하게 보아야 한다. 남에게 구하지 않고 바라는 것이 없으며, 마음이 명리를 탐하지 않아야 한다. 사람됨이 이와 같다면 어찌 훌륭하지 않겠는가.」

정조(正祖)가 말했습니다.

「아무 일 없음을 다행으로 여기는 것이 오늘날 사람들의 큰 병통이다.」

안중근(安重根) 의사가 말했습니다.

「사람이 멀리 생각하지 못하면 큰일을 이루기 어렵다.[人無遠慮 難成 大業]」

이런 얘기가 있습니다.

「우암(尤菴; 송시열)이 큰 병을 얻었다. 이런저런 약을 써 봐도 차도가
없자 아들을 불렀다. "내 병은 미수(眉叟; 許穆을 말함) 대감이 아니면
고칠 수 없다. 너는 지금 대감을 찾아뵙고 내 증상을 말씀드려라. 그
러면 처방을 알려주실 것이다." 아들은 의아했다. "아니 미수 대감은
아버지의 정적(政敵)이 아닙니까. 원수나 다름없는 분께 치료를 부탁
하다니요?" "시끄럽다. 냉큼 다녀오거라."

우암의 아들이 찾아와 상황을 설명하자 미수 대감은 몇 가지를 질
문한 후 약방문을 적어주었다. 그런데 집에 와서 이를 열어본 아들은
깜짝 놀랐다. 미수가 나열한 약재에는 비상(砒霜)을 비롯한 극약이 들
어가 있기 때문이었다. 아들은 분개했다. "이것 보십시오. 이 자가 아
버지를 해치려고 이러는 겁니다." 하지만 우암은 눈 하나 깜짝하지 않
고 미수가 낸 처방 그대로 약을 지어오게 했다. 그리고는 한입에 마셨
다. 그 후 병이 깨끗이 나았다.」

440.
〈중용〉의 백미

「군자는 자기의 위치에서 소박하고 착실하게 처신할 뿐 외물(外物)에
휩쓸려 처음에 세운 뜻을 바꾸기를 원치 않는다.[君子素其位而行 不願
乎其外]」

「부귀한 위치에 있으면 부귀한 환경에 맞게 처신하고, 빈천한 위치에 있으면 (빈천을 편안히 여겨) 빈천한 환경에 맞게 처신한다.[素富貴行乎富貴 素貧賤行乎貧賤]」

「문화가 없는 곳에 살면 거기에서 좋은 사람이 되려 하고, 환난 속에서 살면 그 환경에 따라 처신하면서 거기를 벗어나려 애쓴다.[素夷狄行乎夷狄 素患難行乎患難]」

「군자는 어떤 지위와 환경에 있든 그것에 적응하면서 스스로 즐거움을 얻지 않는 일이 없다. 이런 도리를 알기에 윗자리에 있어도 아랫사람을 업신여기지 않고, 아래 자리에 있어도 윗사람에게 기어오르지 않는다.[君子無入而不自得焉 在上位不陵下 在下位不援上]」

「자기를 바르게 하고 남에게 요구하지 않으니 원망할 일이 없다. 위로는 하늘을 원망하지 않고 아래로는 남을 탓하지 않으니, 고로 군자는 역경(易經)의 도리대로 마음을 바르게 하고 처신을 올바르게 하면서 자연스럽게 다가오는 운명을 기다리고, 소인은 위험을 무릅쓰면서 요행을 바란다.[正己而不求於人則無怨 上不怨天下不尤人 故君子居易以俟命 小人行險以徼幸]」

441.

게을러서는 안 되는 일

부자가 되거나 선거에 당선되거나 일류회사에 들어가거나 명문대에 입학하거나 명문가와 혼인하거나 자식을 낳거나 책을 내거나 해외여행을 가거나 자동차를 사거나 집을 장만하는 것과 같은 일들은 한해를 늦추어도 무방하고 설령 이루지 못한다 해도 괜찮습니다.

하지만, 덕(德)을 쌓는 일은 한시도 늦추면 안 됩니다. 우리가 언제 죽을지 알지 못하거니와 내가 평소에 쌓아 놓은 덕은 훗날 내가 의지할 유일한 자량(資糧; 밑천)이기 때문입니다. 부지런히, 하루라도 일찍, 조금이라도 더 많이, 덕을 쌓아야 합니다.

덕을 쌓는 일의 최우선은 '자기를 닦는[修身]' 일입니다. 먼저 자기의 나쁜 심성이나 버릇이나 성격을 고치는 것입니다. 남을 돕는 일은 제2의 일이요, 신에게 빌고 의지하는 일은 제3의 일이자 가장 하찮은 일입니다.

442.

이런저런 얘기

슬픈 일이 닥쳤을 때 사람들은 "제기랄! 하필이면 왜 이런 일이 나에게 일어났을까."하고 말하지만, 기쁜 일이 생겼을 때 "와! 하필이면 왜 이런 일이 나에게 일어났을까."하고 묻지는 않는다.

수많은 고난과 갖은 경험 그리고 풍부한 연륜이 있어야 평범함이 큰 축복임을 그리고 고통이 가장 큰 자산임을 그리고 지식이 큰 번뇌임을 비로소 알게 된다.

젊을 때는 한 걸음 내딛는 용기가 필요하고, 늙으면 한 걸음 늦추는 지혜가 필요하다.

생명은 하늘로부터 부여받고 목숨은 땅으로부터 부지(扶持)하고 사람은 인연으로부터 살아간다.

하늘의 도(道)는 만물을 생장(生長)케 하지만 만물과 다투지 않고, 세상을 이롭게 하지만 이름을 드러내지 않는다.

종일토록 자신의 허물을 발견하지 못하면 성현의 길을 끊는 것이고, 종일토록 남의 허물을 즐겨 말하면 천지의 화기(和氣)를 상하게 하는 것이다.

현자나 스승 또는 부모 앞에서는 말을 많이 해서는 안 된다.

당신이 살면서 겪는 화복(禍福)은 부르지 않아도 스스로 오고, 쫓아내지 않아도 때가 되면 저절로 떠나간다.

옛날의 현명한 형관(刑官)들은 죄인에게 곤장을 칠 때, 그 죄인이 나이가 많거나 배가 고프거나 몸이 아픈 상태 또는 임신한 상태에 있으

면 곤장의 수를 줄여주었고 더 나아가 후일로 곤장 집행을 미루기도
했다.

어떤 사람이 대도(大道)를 이루기를 바란다면 오직 세속에 들어가서
닦아야 합니다. 세속을 벗어나 닦는 것은 소승법(小乘法)입니다. 세간
에 들어가서 연마하여 닦아내지 않으면 안 됩니다. 세속에 들어가서
연마하여 닦아내야 비로소 대승도(大乘道)를 성취할 수 있습니다.

아내의 자매나 친구의 아내를 자주 만나서는 안 되고, 또 만나더라
도 길게 얘기를 나누거나 다른 사람들과 오래 한자리에 있어서도 안
된다.

자기의 아내를 모임에 자주 데리고 나가거나, 자기 친구들에게 자주
보여주거나 친구들을 자기 집에 자주 초대하는 일들은 모두 불행을
초래하는 일이다.

남의 조그마한 장점과 착한 점을 취하여 나의 몸과 마음에 이익되
게 하지 않고 매양 인격이 완전한 사람이 없다고 탄식하는 사람은 매
우 외로운 사람이다.

이 세상을 절망적으로 바라보고 이 세상을 늘 탄식하면서 때가 되
면 산속이나 섬에 가서 혼자 살아야겠다고 늘 염원하는 사람 역시 매
우 외로운 사람이다.

남과 처음 사귈 때 비록 마음에 든다 해도 얼른 지기(知己)라고 칭해서는 안 되고, 사귄 지 약간 오래된 사이엔 마음에 조금 거슬린다 해서 갑자기 절교를 논해서도 안 된다.

당신의 아뢰야식(阿賴耶識)은 당신이 누구에게 앙갚음을 해야 하는지, 누구에게 은혜를 갚아야 하는지를 정확히 알고 있다.

출산 후 소고기가 들어간 미역국을 며칠간 먹은 아내가 건강을 회복했습니다. 사람이 소고기와 미역을 먹은 것이 아니라 소고기와 미역이 사람을 먹여 살린 겁니다.

비정규직과 정규직이 같은 직장에서 같은 일을 같은 시간 동안 하고 있다면, 비정규직에 더 많은 월급을 줘야 합니다. 비정규직은 정규직보다 복지 혜택이 턱없이 적고 성과급도 적게 지급되며 언제 잘릴지 모르는 불안함 속에서 일하기 때문입니다.

이혼 후 전(前) 배우자의 결점을 다른 사람들에게 말하는 것은 금수만도 못한 천박하고 비열한 짓입니다.

자녀가 이미 혼인을 하였다면, 과거에 사윗감이나 며느릿감으로 거론되었던 이의 흠을 발설하는 것도 천박한 짓입니다.

설령 아내의 잘못으로 이혼하게 되었어도 그간 자식을 낳고 기른 공덕을 고려하여 이혼 시 재산을 두둑하게 줘서 보내야 합니다.

아무리 화가 나는 일이 있더라도 밥상을 대했을 적에는 노기(怒氣)를 가라앉혀 화평한 마음을 가져야 합니다.

산 짐승이나 물고기 앞에서 "잡아먹자", "맛있겠다"와 같은 말 등은 삼가야 합니다.

비싼 술집에서 나온 남자가 술집 여자 세 명한테 5만 원짜리 지폐를 팁으로 뿌립니다. 그러고는 기다리고 있던 대리 기사한테 대리 요금이 얼마냐고 묻고는 비싸다며 5천 원을 깎습니다. 한 술집 여자가 그 말을 듣고는 받은 팁 5만 원을 대리 기사에게 주었습니다.

10km나 되는 비포장길을 오체투지 하며 가는 순례자의 고행보다, 매일 왕복 2시간 반을 출퇴근 시간에 쏟아붓는 직장인들의 고행이 더 크고 무겁습니다.

전쟁 중에 끔찍한 강간과 폭력을 당한 후 보호소에 대피해 있던 아프가니스탄의 어린 소녀들이 불안한 눈빛으로 카메라를 바라보던 모습을 잊을 수 없습니다.

이교도(異敎徒)들이 쳐들어와 그의 네 살배기 아들의 목을 자르고는 그 목을 들고 가버렸습니다. 목이 없는 아들의 시신을 부둥켜안고 오열하던 아버지의 모습 역시 잊히지 않습니다.

경기에서 이긴 승자가 기쁨을 잠시 뒤로 미루고 패자에게 위로를 건네는 모습을 자녀에게 보여 주는 것이 최고의 교육이며, 이것이야말로 최상의 인류애입니다.

전쟁을 겪어보지 않은 사람이 쉽게 전쟁을 말하고, 기업을 경영해 보지 못한 사람이 쉽게 기업의 도산 운운합니다. 전쟁은 애써 키운 자식을 순식간에 죽여버리고, 한 기업의 도산은 수백, 수천, 수만의 실업자들을 만들어 내는데, 이는 가정의 비극으로 바로 연결됩니다.

고용주의 인격이 훌륭하다면 회사를 그만두는 직원을 그토록 서운하게 내보내지는 않을 것입니다. 직원이 추하지 않게 퇴사할 수 있도록 해 주는 회사가 극히 드물다는 사실에서 우리나라의 척박한 기업 문화의 단면을 볼 수 있습니다.

의식주는 걱정하지 않아도 되고 교육의 혜택을 충분히 받았으며 아프면 즉시 병원이나 약국을 저렴하게 이용할 수 있고 국방과 치안이 잘 확보된 나라에 살고 있으며 유교·불교와 같은 고등종교를 원 없이 접하거나 배울 수 있고 인터넷이나 유튜브 등을 통해 학문이나 문화 등을 경험하거나 배울 수 있습니다. 이로써 보면, 당신은 무던히 복이 많은 존재입니다.

올바른 자세로 앉아 책을 읽는 모습을 우리가 좋아하는 까닭은, 그 사람은 적어도 나쁜 사람은 아닐 거라는 믿음이 생기기 때문이요, 옷을 단정하게 입은 사람을 보고 우리가 안심하는 이유는 그 사람은 적어도 함부로 행동하는 사람이 아닐 거라는 믿음이 있기 때문이다.

낯선 곳에 온 것처럼, 살벌한 조직 속에서 일하는 것처럼, 먼 길을 떠나야 하는 여행자처럼, 한겨울 살얼음이 언 강을 건너는 것처럼 세상을 조심조심 살아가십시오.

나보다 어진 사람, 나보다 인격이 훌륭한 사람, 나보다 가난한 사람, 나보다 어려운 처지에 있는 사람, 나보다 약자인 사람 앞에선 무조건 고개를 숙이는 사람이 되게 하소서.

조세환(趙世煥)이 동래부사(東萊府使)가 되었는데, 그가 매우 가난하다는 말을 들은 숙종이 금(金)을 하사하였습니다. 그는 부임하자마자 그 금으로 충신 송상현(宋象賢; 동래부사로 재직 중 임진왜란이 일어나 왜적과 싸우다 전사함)의 사우(祠宇; 훌륭한 사람의 위패나 영정을 봉안해 두는 건물)를 보수하는 한편 노비를 사서 그 사우를 지키게 하였으며, 어떤 지방관은 지방의 어느 훌륭한 선비가 남긴 문집(文集)을 보고는 사비(私費)를 들여 목판본으로 인쇄하도록 하였고, 어느 지방관은 관할 고을에 어진 선비나 거룩한 효자·효부가 있으면 찾아내 명절 때마다 이들에게 쌀과 고기를 보내줌으로써 고을 사람들에게 선(善)이나 도덕을 권하였으며, 어떤 시장(市長)은 돈이 엄청나게 많은 자에게, "당신이 이 도시에 거액을 기부하면 당신 이름이 새겨진 아트홀이나 도서관, 박물관 등을 지어 주겠다."라고 말하여 기부를 유도하였습니다.

몸을 보존하면서도 몸 때문에 누(累)가 되지 않도록 하고, 마음에 작정한 대로 행하면서도 그 마음의 부림을 받지 않게끔 하고, 세상에 어울려 살면서도 세상에 휩쓸리지 않도록 하고, 어떤 일을 행하면서도 그 일에 매이지 않게끔 한다면, 거의 되었다고 하겠다.

허공은 잡으려 해도 잡을 수 없다. 그렇다고 허공이 없는 것이 아니다. 텅 비어 있으나 가득 차 있는 것이 공(空)이다. 고로 공(空)은 온갖 작용을 할 가능성을 가지고 있다. 가능성으로만 있는 상태, 그것이 바로 공(空)이다. 공(空)이란 있는 것도 아니고, 없는 것도 아니고 비유비무(非有非無; 있는 것도 아니고 없는 것도 아님)로서 오직 가능성만 존재한다.

공(空)은 일체 만물에 고정불변의 실체가 없다는 뜻이다. 현상계에 나타나는 모든 사물은 다른 것과의 관계 속에서 생멸하는 존재일 뿐 고정불변하는 실체가 없다. 사물은 단지 원인과 결과로 얽힌 상호의존적 관계에 있기에 결국 무아(無我)이고 연기(緣起)이며 공(空)이다. 다시 말해, 물질적 현상이든 정신적 현상이든 여러 가지 존재가 서로 인(因)과 연(緣)이 돼 일시적으로 가합(假合)된 것이므로 고정된 실체가 없다.

늘 배워야 한다고 말합니다. 왜요? 사람으로 태어났으니까 그렇습니다.

많은 회사에 다녀 보았고 많은 사람을 만나 보았는데, '사람을 존중할 줄 모름'은 어디서나 그리고 누구에게서나 볼 수 있는 공통점이었습니다.

기쁠 때 생각나는 사람이 있고 힘들 때 떠오르는 사람이 있습니다. 당신은 어떤 사람입니까.

뷔페식당에서 본전을 뽑겠다며 배가 터지도록 먹고, 자기가 묵은 여관방을 지저분하게 해놓고 나오고, 식사 때마다 비싸고 화려한 음식을 먹으니 당신에게 복이 오지 않는 겁니다.

습관적으로 방향지시등을 켜지 않고 차선을 변경하는 사람들, 담배꽁초를 습관적으로 길바닥에 버리는 사람들, 남을 무시하는 태도가 몸에 밴 사람들, 노인·장애인만 보면 습관적으로 얼굴을 찌푸리는 사람들, 남에게 말할 기회를 좀처럼 주지 않는 사람들…이런 사람들은 도대체 뭔가.

윗사람이 아랫사람에게 말을 놓아도 되지만, 아랫사람에게 '너' 또는 '야!', '어이!'라고 한다든지 이름만 부른다든지 하는 일은 하지 말아야 합니다.(예컨대, 김 과장! 박 선생! 홍길동 씨! 자네! 등으로 불러야 합니다.)

〈논어(論語)〉의 주제는 '위기(爲己)'이며, 이것의 반대는 '위인(爲人)'입니다.

위기(爲己)란 자기를 충실히 하기 위해 공부하는 것을 말하고, 위인(爲人)이란 남에게 보이기 위해 공부하는 것을 말합니다. 위기(爲己)는 내면을 추구하고 자신을 수양하는 공부이며, 위인(爲人)은 사심(私心)을 품고 자기를 이롭게 하거나 남들의 이목을 끌려고 하는 공부입니다. 자기를 구제해야 비로소 진정한 성공입니다. 자신의 잘못을 발견

난세에서 인격과 처세를 얻다

하자마자 스스로 과감하게 고치는 것이 진정한 학문이요, 진정한 도덕이라고 할 수 있습니다.

의사도 필요하고 판사도 필요하지만 쓰레기를 치워 주는 환경미화원도 필요하고 신문을 배달하는 사람도 필요하며 우울한 노래를 불러 주는 가수도 필요합니다.

역경이 와도 순경으로 받아야 비로소 세상을 즐긴다 말하네.[逆來順受 始名樂天]

평생 숙명에 속박당하고 본능에 이끌리고 이익에 끌려다니고 명예에 사로잡힌 채 살았습니다.

학문은 성취했지만 훌륭한 사람이 되는 것엔 소홀했으니 이깟 학문이 결국 무슨 의미가 있는가. 게다가 내 자손이 어질지 않은데 수십억 재산이 무슨 소용인가.

어느 선인(先人)께서 말했습니다. "내가 죽거든 부의(賻儀) 받지 말고 비석 세우지 말고 멀리 사는 사람에게 알리지 마라."

'덜 가질수록 행복하고 더 나눌수록 행복하다.'라는 말은 적어도 한국 사회에서는 통하지 않습니다.

사람들은 비와 이슬이 만물을 자라게 할 수 있는 것만 알지 서리와 눈이 만물을 자라게 하는 근본임은 모릅니다. 모든 생명에겐 태양도 필요하지만 어둠도 반드시 필요합니다.

구름은 바람 없이 흘러가지 못하고, 석양 노을은 먼지 없이 볼 수 없으며, 별은 어둠이 있기에 볼 수 있다.

뜻을 세우지 않은 것을 근심해야지 집이 가난한 것을 근심해서는 안 된다. 화려한 의복을 걸치지 못함을 근심하지 말고 머리가 텅 빈 것을 부끄러워해야 한다.

부유한 자들은 몹시 냉소적이며 이기적입니다. 그들은 이 사회를 근본적으로 불신하며 자신이 쌓아 올린 거대한 부를 빼앗기지 않을까 늘 노심초사합니다.

우리 사회는 나이가 많다고 학문이 높다고 높은 자리에 있다고 사람됨됨이도 덩달아 훌륭하지 않습니다. 나이를 먹을수록 소위 '진상'이 더 많고, 많이 배운 사람일수록 교활하고 교만한 사람이 더 많으며, 높은 자리에 있는 사람일수록 각박하고 이기적입니다.

기독교인들은 십자가만 보려 할 뿐 십자가를 지려고 하지는 않습니다. 불자들은 부처님께 매달릴 뿐 자신의 나쁜 성격이나 마음을 고치려 하지 않습니다. 그러면서 늘 남을 함부로 평가하고 재단합니다. 이것이 종교를 가진 사람들이 가진 고질적인 병폐입니다.

만물을 아끼면 만물이 당신을 아끼고 보살핍니다. 생명을 해치지 않으면 하늘도 당신을 해치지 않습니다. 사람을 공경하면 후회할 일이 적습니다. 육식을 삼가면 전쟁이나 전염병이 닥치지 않습니다.

자연을 해치는 사람, 을(乙)에게 함부로 하는 사람과는 혼인도 동업(同業)도 교제도 하지 마십시오.

군자는 소인의 죄를 미워할 뿐 소인을 미워하지 않습니다.

독서는 이로움만 있고 해로움은 없다고 하지만 그렇지 않습니다. 오직 단정히 앉아 고요히 입을 다무는 것이야말로 이로움만 있고 해로움은 없습니다.

「김권(金權)이 일찍이 출사하였다가 퇴근하여 돌아가다가 시장 거리에서 외삼촌의 늙은 첩을 만났는데, 남루한 옷을 걸치고서 걸어오고 있었다. 공(公)이 초헌(軺軒; 종 2품 이상의 벼슬아치가 타던 수레)에서 내려 읍(揖)을 하고는 그녀와 더불어 말을 나누니 온 시장 사람들이 보고는 모두 탄복하였다.」라는 기록이 있습니다.

고통받는 사람들이 더 깊은 상처를 받는 것은 '내가 이렇게 아파해도 내 아픔을 이해해 주는 이가 아무도 없다.'라고 생각하기 때문입니다.

의롭지 않은 돈이나 재산을 집에 두면 집안에 좋지 않은 기운이 닥쳐 집안사람이 서서히 병듭니다.

어느 한 물건도 하늘의 속성을 지니지 않은 것이 없고, 어느 한 물건도 운명적인 것 아닌 것이 없고, 어느 한 물건도 신령스럽지 않은 것이 없다.

드러나게 선행을 하면 사람들이 알아서 보답해 주고, 남모르게 선행을 하면 귀신이 보답해 줍니다. 드러나게 악행을 하면 사람들이 알아서 복수해 주고, 남모르게 악행을 하면 귀신이 반드시 해칩니다.

영혼이 맑아질수록 말수가 적어지고 행동은 느려집니다.

떳떳하지 못한 일을 하지 않는 사람이야말로 부모를 공경하는 사람입니다.

내가 잘못한 게 없음에도 남이 나를 비난하는 것은 그래도 괜찮습니다. 그러나 내가 잘한 게 없음에도 남이 나를 칭송하는 것은 부끄럽고 위험한 일이니 경계해야 합니다.

부모 중 한 분이라도 살아 계시지 않는다면, 본인과 부모님의 생일날에 음주가무(飮酒歌舞)나 유흥을 즐겨서는 안 됩니다.

자비심 없는 성인(聖人) 없고 재물에 인색한 대인(大人) 없으며 재주 없는 소인 없다.

한 사람이 대비심(大悲心)을 지녀서 진정으로 언제 어디서나 세상의 어려움을 아파하고 사람들의 고통을 가엾이 여긴다면, 그는 얻지 못하는 복이 없어서 몸도 좋아지고 하늘에서도 그를 보살펴 줄 겁니다.

계율을 엄격하게 지키되 자비심(慈悲心)과 결합하지 않는다면 아직 멀었습니다. 또 시비선악을 분명히 하되 포용심과 결합하지 않는다면 이 또한 문제가 있습니다.

이 몸이 생겨난 것도 오직 인연이 모였으므로 생겨난 것이요, 이 몸이 소멸하는 것도 오직 인연이 흩어지므로 소멸하는 것입니다. 세상 모든 만물은 다 인연 따라 잠시 나타난 것일 뿐 인연이 다하면 소멸합니다. 그 어느 것도 고정된 실체로 영원히 존재하지 않습니다. 그렇기에 우리가 눈과 귀와 코와 혀와 몸과 의식으로 접하는 모든 상(相) 역시 실상(實相)이 아닙니다.

시작을 알 수 없는 먼 옛날에 최초로 일어난 무명(無明)이 있는데, 이것이 '나'를 끌고 다니는 주재자이다.[有無始本起無明 爲己主宰]

진세(塵世)를 벗어날 수는 있지만 세상에는 들어갈 수 없고, 부처의 경계에는 들어갈 수 있지만 마구니의 경계에는 들어갈 수 없다면 이것은 진정한 해탈이 아닙니다.

모든 사람은 각자의 '나'가 실제로 있다고 생각합니다. 그리고 이 '나'를 사랑하고 집착합니다. 그래서 '나'가 아닌 다른 사람 즉, '너'는 미워하고 멀리합니다. 이것이 바로 망상(妄想)인데, 우리의 생명의 최초 시작은 바로 이 '망상'에서 온 것이지 원숭이로부터 진화(進化)한 것도 아니고 절대자가 창조한 것도 아닙니다.

「단산군(丹山君) 이무(李茂)가 죄로 옥에 갇히니 옥관(獄官)이 그의 아들까지 국문하는데, 90대를 맞고도 자복(自服)하지 않았다. 태조(太祖; 이성계를 말함)께서 이를 듣고 이르기를, "이는 묻는 사람의 잘못이다. 아들이 아버지를 위하여 차라리 죽을지언정 어찌 감히 아버지에게 죄가 있다고 증언할 수 있겠는가." 하며 곧 석방하도록 명하였다.」라는 기록이 〈국조보감(國朝寶鑑)〉에 실려 전합니다.

웅변(雄辯)은 인간에게서 배우고 침묵은 신(神)에게서 배워야 한다.

인간은 모자라는 것에 대해 걱정하지만 실은 넘치는 것이야말로 재앙의 원인이 된다.

가게 되면 돌아오게 되고 돌아오면 또 가게 되고 하는 일이 끝이 없이 반복된다. 또 일어나면 소멸하게 되고 소멸하면 또 일어나게 되는 일이 끝이 없이 반복된다. 또 움직이면 조용하게 되고 조용하면 또 움직이게 되는 일이 끝이 없이 반복된다. 춘하추동(春夏秋冬)이 그렇고 생로병사(生老病死)가 그렇고 생주괴공(生住壞空)이 그렇고 흥망성쇠(興亡盛衰)가 그렇다. 이런 변화를 불가(佛家)에서는 무상(無常; 변하지 않는 것은 없음)이니 무주(無住; 머물지 않음)니 공(空)이니 하고 부르고, 유가(儒家)에서는 '역(易)'이라 한다.

한국에 태어난다는 것

저승을 다스리는 대왕에게 한 사람이 끌려 왔습니다. 대왕이 그의 전생 성적표를 보니 그런대로 괜찮습니다. 살아생전 늙어서 좋은 일도 제법 많이 했고 악한 일이라고는 여색(女色)을 밝힌 일이 전부였습니다.

인간세계로 다시 내보내서 기회를 한번 주자는 것이 명부판관(冥府判官) 9명의 의견이었습니다. 대왕은 그럼 어느 나라에 태어나게 할 것인지를 판관들에게 물었는데, 판관들의 의견이 모두 제각각이었습니다. 고심한 끝에 대왕이 판결했습니다.

「이 자를 대한민국에 태어나게 하라. 그 나라 사람들은 욕심이 끝이 없고 만족을 모른다. 재물이 풍족해도 싸우고 권세를 쥐어주면 아랫사람들을 괴롭히길 좋아한다. 학문이 출중하면 남을 쉽게 무시하고 가진 것이 없으면 하늘이 무너진 것처럼 모든 걸 자포자기하여 평생을 우울하게 산다. 남과 비교하기를 좋아하여 자신을 스스로 불행에 떨어뜨리고 남이 잘되면 질투심 때문에 배 아파하여 잠을 이루지 못한다. 이 자를 그 나라에 보내 그가 전생에 쌓은 복덕의 대가를 누리게 하되, 그가 전생에 지은 악행의 대가도 누리게 하라.」

444.

하늘이 미워하는 사람

흉년에 땅을 사 모으는 부자

남은 굶주리는데 혼자 배불리 먹는 부자

이 사회에 공헌한 바가 하나도 없는 부자

회갑연이나 생일잔치를 성대하게 여는 권세가(權勢家)

대리 기사가 기다리는데 한참 동안 나올 생각을 않는 손님

부정한 청탁을 넣어 자식을 요로(要路)에 취업시키는 부모

납품업자에게 지급해야 할 대금을 차일피일 미루는 사업자들

높은 자리에 오를 때마다 뒷말이 무성하고 뒤가 개운치 못한 사람

극악한 죄를 지어 놓고 끗발 센 전관(前官) 출신 변호사를 사는 부자

사정(私情)이나 전관(前官)·인맥(人脈) 등에 좌우되어 판결을 내리는 법관

정론직필(正論直筆)이 아닌 사론곡필(邪論曲筆)을 휘두르는 사이비 언론인들

환자를 마취시켜 놓고 환자 앞에서 차마 입에 담을 수 없는 말을 주고받는 의료진

퇴직한 고위 공직자를 전관(前官)으로 영입한 후 그를 방패막이로 삼아 이권(利權)에 개입하거나 법망을 피하거나 탈법을 자행하거나 공익을 심히 해치거나 더러운 비리를 덮어주고 막대한 돈을 벌어들이는 로펌(law firm)들

판검사 출신 국회의원들

우연히 판검사 출신 국회의원들을 인터넷에서 검색해 보았습니다. 이들의 얼굴을 찬찬히 보니 분노와 슬픔이 동시에 밀려듭니다. 특히 검사 출신 국회의원들이 더욱 그렇습니다.

'검사'라는 자리가 사람을 그렇게 만드는 것인지, 아니면 성정(性情)이 나쁜 사람이 주로 검사라는 직업을 택하는 것인지 도무지 모를 일이며, 또 이들이 국가 발전에 얼마나 공헌을 했는지도 의문입니다. 여야(與野)를 떠나 검사 출신 국회의원 중 존경받는 국회의원이 있기라도 한 것인지 모르겠습니다.

한국은 유독 판검사 출신과 언론인 출신을 우대합니다. 이들 직업이 '문(文)'을 대표해서 그런 걸까요? 이들 직업은 교수라는 직종과 함께 한국에서 가장 과대평가 되어온 직군(職群)입니다. 판검사와 언론인의 공통점은 남의 죄악과 비리를 들춰낸다는 점에 있습니다. 그 과정에서 쾌감을 느끼기도 할 것이고, 자신이 밝혀낸 진실에 의해 처벌받는 사람을 보고 자신의 우월함을 느끼기도 할 것이며, 부정한 청탁을 받기도 할 것이고, 각종 연줄에 휘둘리기도 할 것이며, 금권(金權; 돈과 이권)과 향응의 쾌락에 빠지기도 할 겁니다.

하지만 이들이 저지르는 범죄나 악행은 쉽게 덮입니다. 그들의 동료들이 뒤를 봐주기 때문입니다.

필자는 판검사 출신 국회의원이 많아지는 것에 몹시 비관적입니다. 사회로부터 지탄받거나 뇌물수수·이권(利權)개입·성희롱·부동산 투기·

권력 남용과 같은 중범죄를 저지르거나 막말을 일삼거나 눈살을 찌푸리게 하는 중죄를 지은 국회의원의 상당수가 판검사 출신 국회의원들이었음을 우리는 알고 있습니다. 이들이 헌정사(憲政史)에 끼친 어두운 그림자나 이 사회에 끼친 해악은 너무도 많아서 열거할 수조차 없습니다.

현재 지방자치단체장에게만 있는 '3선 연임제한'을 국회의원에게도 확대 시행하자는 논의가 있는데, 아울러 판검사 출신 국회의원이 국회의원 정원인 300명의 5%(15명)를 넘지 못하게 하는 소위 '법조인 상한제(上限制)'가 법제화되었으면 좋겠습니다.

참고로, 변호사까지 합한 법조인 출신 국회의원이 21대에 15.3%(300명 중 46명)이더군요. 20대 국회는 16.3%, 19대는 14.3%, 18대는 19.7%, 17대는 18%, 16대는 15%였습니다.

'법'이라는 아주 작은 창으로 우물안에 앉아 세상을 멋대로 재단(裁斷)하고 그들에게 권력을 위임한 국민을 우습게 여기며 자기들 마음대로 세상을 쥐락펴락하고자 하는 그들의 특권의식과 교만을 더는 두고 볼 수 없습니다.

한국 사회에서 권력과 인품은 정반비례(正反比例) 합니다. 판검사들은 사법시험에 붙은 것을 법을 위반하는 면허를 취득하였다고 여깁니다. 그들은 근거 없는 교만과 상습적인 거짓말·위선·탈법에 능하며, 승진이나 권력 또는 금력(金力) 앞에 한없이 무기력한 존재들입니다.

있어도 보이지 않는 사람들

새로운 직원이 들어 왔는데 그에게 말을 걸지 않거나 인사를 나누지 않거나 같이 밥을 먹지 않거나 회식 자리에 잘 끼워주지 않는다면, 이는 학대입니다.

어떤 직원이 몸이 아파 이틀간 결근했는데, 그 누구도 관심을 보이지 않는다면 이것 역시 학대입니다.

정규직과 비정규직이 같은 직장에서 일하면 정규직은 비정규직에게 말을 걸거나 밥을 같이 먹지 않습니다.

노조원이 다수인 회사에서 노조원들은 비노조원들에게 말을 걸지도 밥을 같이 먹지도 술을 같이 마시지도 않습니다.

장애인과 비장애인이 같이 버스를 타거나 같은 식당에 있을라치면, 비장애인들은 장애인들과 섞이려 하지 않습니다.

대기업에 지방대 출신이 몇 명 섞여 있으면 지방대 출신들은 투명인간 취급을 당합니다.

대졸 출신과 고졸 출신이 같이 일하면 월급이나 승진 등에 있어 어마어마한 차이가 납니다.

길거리에 장애인들이 보이지 않는 사회, 비정규직은 어깨를 펴지 못하고 죄인처럼 숨죽이고 살아야 하는 회사…우리는 왜 이래야만 합니까?

447.

대면(對面)

황정견(黃庭堅)이 말했습니다.

「날마다 옛사람의 법서(法書; 명필의 글씨)나 명화(名畫)를 대하면 얼굴 위에 가득한 세속의 먼지를 떨어낼 수 있다.」

물(物)에도 이러한 권능이 있는데 하물며 사람은 어떻겠습니까. 어떤 이가 다른 사람을 보고 이렇게 말했습니다.

「내가 불행한 세상에 살고 있지만 그래도 살아가는 것은 그를 알고 있기 때문이다.」

어떤 이가 말했습니다.

「내가 지금 살아 있는 것은 한때 그가 나를 인정해 주었기 때문이다.」

당대(當代) 같은 하늘 아래 같이 존재하고 있는 것만으로도 위안을 얻습니다. 하물며 그의 얼굴을 보았거나 그의 이름을 알고 있는 것은 어떻겠습니까.

어떤 사람이 쓴 글씨를 볼 때마다 눈물이 흐릅니다. 이유는 알지 못합니다. 다만 나와 같은 속물(俗物)이 그의 글씨를 대하니 내 안의 더러움이 씻겨나가서 그런 것이라 헤아릴 뿐입니다.

난세에서 인격과 처세를 얻다

또 오케스트라의 장중한 음악을 들을 때면, 내 안의 자존(自尊)과 거룩함이 강하게 폭발하면서 성취욕과 자비심이 솟아오릅니다.

어떤 이를 만나면 내가 무겁게 존중받는 느낌이 들고
어떤 이를 만나면 나 자신이 부끄럽다는 생각이 들고
어떤 이를 만나면 심지(心志)가 격발(激發)하는 것 같고
어떤 이를 만나면 비루(鄙陋)한 내 인품이 고결(高潔)해지는 것 같고
어떤 이를 만나면 응어리진 마음이 녹으면서 그냥 눈물이 흘러내립니다.

범부(凡夫)도 이럴진대 하물며 범부의 경계를 뛰어넘은 이를 대하면 어떻겠습니까.

성인(聖人)을 만나면 내 업장(業障)을 줄일 수 있고 번뇌가 줄어들며 그의 말씀을 듣는 것만으로도 과(果)를 얻을 수 있습니다.

현자(賢者)를 만나면 덕성(德性)이 싹트고 지혜는 증장(增長)하며 만물에 대한 경외심(敬畏心)이 생겨납니다.

군자를 만나면 마음이 순정(純正)·담박(淡泊)해지며 경안(輕安)을 얻고 속기(俗氣)를 떨쳐낼 수 있습니다.

고사(高士)를 만나면 무릎이 저절로 구부려지고 몸은 한없이 청량해지며 염리심(厭離心; 속세를 싫어하는 마음)이 생겨납니다.

공중산(孔仲山; 仲山은 字)은 중국의 고사(高士)로서 나라의 부름을 받아 수도로 가던 중 어느 정(亭)에 유숙하게 되었는데, 도적들이 그의 말[馬]을 훔쳤다가 나중에 그것이 공중산의 말이라는 것을 알고는 "공중산은 훌륭한 선비다. 어찌 그분 것을 도적질할 수 있겠는가."라고

하면서 말을 돌려보내 사죄하였고, 순임(荀恁) 역시 중국의 고사(高士)였는데 흉노족이 그가 사는 광무현(廣武縣)을 노략질할 때 순임의 명성을 듣고 그의 마을에는 들어가지 말자고 서로 약속하였으며, 임자여(任子旟) 역시 중국의 고사(高士)로 후한(後漢) 말에 황건적의 난이 일어나고 기근이 들어 천하가 어지러웠는데, 도적들이 임자여의 마을인 박창(博昌)에 이르러서는 "임자여는 천하의 현인이라고 들었다. 지금 우리가 비록 도적질을 하고 있으나 어떻게 그 마을에 들어갈 수 있겠는가."라고 하면서 그 마을을 피해 떠났고, 강혁(江革)은 어려서 아버지를 잃고 어머니와 살았는데, 천하가 어지러워져 도적이 여기저기 일어나자 어머니를 업고 피난 다녔습니다. 그러다가 도적을 만나면 그때마다 울며 노모를 봉양하게 해 달라고 애원하여 감동하게 하니 도적이 차마 강혁을 어찌지 못하고 심지어는 다른 도적을 피하는 길을 가르쳐 주기도 하였다고 전하며, 강시(姜詩)는 처와 함께 지극정성으로 어머니를 모셔 효성으로 이름이 났는데, 적미군(赤眉軍; 반란군)이 강시의 마을을 지날 때 "대효(大孝)를 놀라게 하면 귀신의 노여움을 살지도 모른다."라고 하며 병기(兵器)를 내려놓았다고 합니다.

또, 후한(後漢)의 노공(魯恭)이 중모(中牟)의 수령으로 부임하여 선정(善政)을 베풀자 군국(郡國)에 막대하게 피해를 준 명황(螟蝗; 毒蟲)이 그 지역만은 피하고 들어가지 않았고, 범방(范滂)이 안찰사(按察使)로 임명되어 수레에 오르면서 천하를 맑게 다스릴 뜻을 보이니 지방의 탐관(貪官)들이 소문을 듣고 모두 사직하고 돌아갔다고 합니다.

위 일화들은 〈후한서(後漢書)〉와 정사(正史)인 〈삼국지(三國志)〉에 실려 전하는 이야기들입니다.

스승

　도력(道力)이 뛰어난 고승을 스승으로 둔 제자가 있었습니다. 20여 년간 산문(山門)을 나가지 않고 참선을 하고 불경을 공부하더니 이윽고 문리(文理)가 터지고 변재(辯才)를 얻어 법사(法師)로서 손색이 없을 정도로 실력이 쌓였고 혜안(慧眼)도 생겨 부처님의 가르침을 막힘없이 설(說)할 경지에 이르렀습니다. 어느 날 제자가 스승에게 말했습니다.

「산문 밖으로 나가 중생을 교화하고자 합니다.」
「아직 멀었다.」

　스승은 숙명통(宿命通)과 타심통(他心通) 등 신통을 갖춘 분임을 제자는 알고 있었기에 제자는 뭐라 반박할 말이 없었습니다.
　그로부터 15년이 훌쩍 지난 어느 날 제자는 큰 깨달음을 얻었고, 자신이 지은 전생의 무거운 업장(業障)을 보기에 이르렀습니다. 그러고는 말했습니다.

「그때 산문 밖으로 나가 설익은 지혜로 대중을 교화했더라면 나 자신은 물론 대중을 크게 그르칠 뻔했구나.」

449.

덕행(德行)

덕행이 없으면 명당에 묘를 써도 발복(發福)하지 않고

덕행이 없으면 수행을 해도 온갖 마(魔)가 방해하고

덕행이 없으면 부(富)를 쌓아도 오래가지 못하고

덕행이 없으면 선정(禪定)에 쉽게 들지 못하고

덕행이 없으면 지혜가 늘지 않고

덕행이 없으면 남들이 나를 싫어하게 되고

덕행이 없으면 기도를 많이 해도 가피(加被)가 없습니다.

공동규칙을 잘 따르고, 대중과 화순(和順)하고, 궂은일을 먼저 자청하고, 이익은 뒤에 모욕은 먼저 받고, 남의 말을 귀 기울여 들어주고, 좋은 책을 간행하여 세상 사람들을 교화하고, 남의 선행을 널리 알리고, 말수를 줄이고, 성찰을 게을리하지 않고, 늘 무상(無常)을 생각하고, 악(惡)을 과감히 끊고, 모든 인연과 상황에 순응(順應)하고, 고요히 앉아 성인의 가르침을 사유(思惟)하고, 인과(因果)에는 한 치의 오차도 없음을 아는 것 등이 바로 덕행입니다.

〈설원(說苑)〉에서 말합니다.

「자로가 여쭈었다. "가득 채우고도 이를 지키는 방법이 있는지요? 감히 여쭙습니다."

공자께서 대답하셨다. "가득 채우고도 지키는 방법은 덜어내어 양을 줄이는 것이다."

자로가 다시 여쭈었다. "덜어내는 데에는 어떤 방법이 있습니까?"

공자께서 대답하셨다. "높은 자리에 있거든 몸을 낮추며 가득 찼거든 비우며 부유하거든 검소하며 존귀하거든 겸손하며 지혜롭거든 어리석은 듯이 하며 용감하거든 겁내는 듯이 하며 말을 잘하거든 어눌한 듯이 하며 학식이 넓거든 얕은 듯이 하며 명철하거든 어리석은 듯이 하는 것, 이것이 덜어내어 극에 이르지 않게 한다는 것이다.[子路曰 敢問持滿有道乎 孔子曰 持滿之道 挹而損之 子路曰 損之有道乎 孔子曰 高而能下 滿而能虛 富而能儉 貴而能卑 智而能愚 勇而能怯 辯而能訥 博而能淺 明而能闇 是謂損而不極]」

450.
아버지

조선의 연산군(燕山君)이 난정(亂政)을 일삼다가 폐주(廢主)로 전락한 것은 사실 아버지인 성종(成宗) 때문입니다. 성종 때는 신권(臣權)이 몹시 비대해졌는데 성종은 원상(院相)을 비롯한 대신(大臣)들에게 질질 끌려다녔고, 왕이 된 연산군이 이를 못마땅하게 여겨 왕권을 강화하려 하자 사대부들이 이에 반기를 든 사건이 중종반정(中宗反正)입니다.

게다가 성종은 천하의 간신인 임사홍(任士洪)을 신하들의 반대에도 중용하였고, 연산군의 생모를 사사(賜死)하기까지 했는데 이를 미봉(彌縫)한 채 죽었습니다.

선조(宣祖)는 조선 최초의 방계(傍系) 출신 군주였는데, 마침 계비(繼妃)로 들어온 인목 왕후가 영창 대군을 낳자 광해군이라는 세자가 있음에도 영창 대군을 세자로 삼고자 했습니다. 하지만 끝내 영창 대군을 세자로 삼지 못한 채 갈팡질팡하다가 죽었고, 이에 광해군이 즉위하자 일부 신하들은 서자(庶子)이자 선조의 눈 밖에 나 있던 광해군을 왕으로 인정하지 않으려 했습니다. 이들이 바로 서인(西人)인데, 이 서인이 훗날 소론과 노론으로 나뉘게 되었으며 숙종(숙종 역시 말년에 세자를 교체하고자 했으나 이루지 못하고 죽음) 이후로 노론에 의한 일당 독재가 나타났는데 이는 조선을 망하게 하는 근본 원인이 되었습니다.

이들 서인(西人)은 '폐모살제(廢母殺弟; 계모 인목 대비를 유폐시키고 아우 영창 대군을 죽임)'라는 명분을 들어 광해군을 몰아냈고, 그 후 정묘호란과 병자호란이라는 미증유의 대참사를 초래했습니다.

위 사례들은 군왕이 중심을 잡지 못하고 신하들에 의해 흔들리면 어떤 참화(慘禍)를 가져오는지를 여실히 보여줍니다. 마찬가지로 리더가 중심을 잡지 못하면 아래 직원들끼리 반목을 하게 되어 조직은 혼란을 겪게 되고 급기야는 와해(瓦解)되니, 애당초 리더 그릇이 안 되는 사람은 큰 자리나 높은 자리에 올라가지 말아야 합니다.

451.

깨달음

모든 사람이 나 못지않게 고통을 겪고 있음을 깨달았다면, 당신은 성숙한 분입니다.

다른 이의 수고로 내가 살아간다는 것을 깨달았다면, 당신은 높은 인격을 지닌 분입니다.

모든 존재가 다 불쌍한 존재임을 깨달았다면, 당신은 이 세상에 태어난 보람이 있습니다.

세상의 그 어떤 생명이든 죽음을 겁낸다는 것을 깨달았다면, 당신은 고귀한 영혼을 지닌 분입니다.

부모님의 사랑과 은혜가 얼마나 큰가를 비로소 깨달았다면, 당신은 다음 생에 나쁜 곳엔 태어나지 않을 겁니다.

452.
어려운 일(3)

분별이나 집착을 내려놓는 일

감사한 마음으로 음식을 먹는 일

머리가 아닌 가슴으로 사랑하는 일

남의 말에 진정으로 귀 기울이는 일

악을 금하고 선을 받들어 행하는 일

3D 업(業)에 종사하는 사람들이 눈에 보이는 일

나무나 풀, 돌, 벌레가 예사롭지 않게 보이는 일

이와 같은 일들은 다섯 살 먹은 아이도 아는 것이지만 팔십 먹은 노인도 해내기 어려운 일들입니다.

453.
처신(3)

아래는 조선 선조-인조 때의 인물인 정호선(丁好善)에 관한 기록입니다.

「공(公)은 덕과 도량이 크고 깊이가 있어 은혜는 갚되 원수는 갚지 않았으며, 평소에 생활함이 간솔(簡率)하였고 함부로 웃거나 말하지 않았다. 마음이 어질고 너그러워 천한 노복들에 대해서도 욕설을 하지 않았으며, 미물인 벌레들조차도 함부로 죽이지 않았다. 조정에 30년 동안 있으면서 일찍이 승진하려고 조급해하는 뜻이 없었으며, 자신의 뜻과 맞지 않을 경우에는 문득 병을 핑계 대고 사퇴하였다. 아무리 현요직(顯要職)에 있을지라도 문 앞에 사사로이 청탁하는 자들이 없었으며, 성품이 남과 교유하기를 좋아하지 않아 권세 있는 자를 피하기를 마치 똥을 피하듯이 하였다. 또 선(善)을 즐기고 의(義)를 좋아하는 것이 지성(至誠)에서 나와 다른 사람에게 손톱만 한 장점이라도 있으면 반드시 예모(禮貌)를 차리고 대하면서 추켜세워주었다. 일찍이 정월 초하룻날 자식들에게 "희로(喜怒)를 절제하고 언어를 신중하게 하고 사려(思慮; 생각)를 적게 하고 음식을 담박하게 하고 기욕(嗜欲; 욕망)을 적게 하는 다섯 가지가 양생(養生)의 요체이다.[節喜怒 愼言語 少

思慮 淡食飮 寡嗜欲 五者 養生之要]"라는 글귀를 달력에 쓰게 하였다.」

　아래 둘은 〈연려실기술〉에 나오는 이야기입니다.

　「남명(南冥) 조식(曺植)이 일찍이 문인(門人)에게 말하기를, "내가 허다한 인재를 얻어서 허다한 일을 맡기고 물러나 앉고 싶으니 이는 재주가 없기 때문이다. 내 평생에 다만 하나의 좋은 점이 있으니, 죽더라도 구차하게 남을 따르지 않은 것이다. 사군자(士君子)의 대절(大節)은 오직 출처(出處; 진퇴)를 분명히 하는 한 가지 일에 달렸을 뿐이다." 하였다.」

　「양사(兩司; 사간원과 사헌부)에서 좌의정 홍언필(洪彦弼)을 논박하기를, "(홍언필이) 대비(大妃)의 비위에 맞추어 대군(大君; 여기서는 명종을 말함)에게 천연두가 있으니 대행왕(大行王; 여기서는 중종을 말함)의 제사를 폐하라 하였고, 또 요망한 여승을 빈전(殯殿)에 드나들도록 권하였으며, 일이 또 그릇된 것이 많으니 그 직책에 두는 것이 마땅치 않다." 하여 여러 날 아뢰니 인종(仁宗)이 손수 글을 써서 답하기를, "여러 날 아뢰는 것은 반드시 이유가 있을 것이다. 그러나 3년 동안 아버지께서 하시던 일을 고치지 않는다는 옛말이 있으니, 이 사람(홍언필)은 정승의 지위에 있은 지 지금까지 7, 8년인데 선왕이 돌아가신 지 겨우 한 달 만에 갑자기 체직(遞職; 교체)하면 아버지를 죽었다고 생각하지 않는다는 옛말에 어긋날까 두렵고, 늙고 오래된 대신을 대접하는 도리를 크게 잃을 것이니 내 차마 경솔히 체직하지 못하노라." 하였다.」

아래는 〈대산집(大山集)〉에 나오는 이야기입니다.

「전에 은적암(隱寂庵)에서 입정(入定; 三昧에 드는 일)한 지 40년이 된 어떤 노승(老僧)을 보았다. 내가 묻기를, "그대는 어릴 적부터 원래 색념(色念)이 없었는가. 있었다면 어떻게 억제할 수 있었는가?"라고 하니 노승이 대답하기를, "어떻게 없을 수 있겠습니까. 깊은 밤 색념이 일어 억지로 억누를 수 없으면 한 귀퉁이 조용한 곳으로 가서 자신의 이름을 부르면서 '너는 입은 것이 부처이고, 먹는 것이 부처이고, 말하는 것이 부처인데, 이것은 부처를 어기는 것이다. 이것이 무엇이냐?'라고 재삼 중얼거리면 욕정이 점차 사라졌고 오래되니 공부가 차츰 쉬워졌습니다."라고 하였다.」

이덕무가 〈청장관전서(靑莊館全書)〉에서 말했습니다.

「어떤 사람이 혹시 취중에 실수를 범하고 망언을 하거든 괴상하게 여기지 말고 마땅히 마음속으로, '술이 사람을 미치게 하기 때문에 저 사람이 저렇다. 일찍이 보건대, 저 사람이 술에서 깨면 본래 그렇지 않더라.'라고 생각해야 하며, 술에서 깨거든 취했을 때 실수한 일을 조용히 대략 말하면 그가 반드시 후회하고 부끄러워할 것이다. 그리고 그의 취할 때의 일을 다른 사람에게 절대로 말해서는 안 된다.」

아래는 〈묵재일기(黙齋日記)〉에 나오는 이야기입니다.

「광해군이 몸을 피해 서민의 옷으로 바꾸어 입고 민가에 숨었는데,

고발한 자가 있었으므로 잡아다 진선문(進善門) 밖에 가두고 자전(慈殿; 인목 대비)의 처분을 기다렸다.

상(上; 인조)이 곧 가마를 뒤따르게 하고 서궁(西宮)에 이르렀다. 이때 폐동궁(廢東宮; 광해군의 아들인 폐세자)이 또 잡혀 왔기에 한 곳에 유치하고 기다리게 하였다. 상(上)이 서궁에 나아간 후에도 자전은 오히려 노여움을 풀지 않았기 때문에 상(上)이 땅에 엎드려 대죄(待罪)하였는데 밤이 이미 깊었다. 자전이 이때 전국보(傳國寶; 국새)를 들이라고 재촉하였다.

이귀(李貴)가 대답하였다.

"전국보를 여주(女主)께서 장차 무엇에 쓸 것입니까. 신의 머리가 쪼개질지언정 드릴 수 없습니다."

"죄인(罪人)의 부자(父子; 광해군과 그 세자를 말함) 및 모든 당(黨; 광해군을 지지한 大北派를 말함)을 다 효수(梟首)한 다음이라야 마땅히 궁을 떠날 것이다."

"죄인 부자(父子)는 이미 임금으로서 나라를 다스렸으니, 비록 신의 몸을 마디마디 벤다 할지라도 감히 명을 받들 수 없습니다.」

참고로 이귀(李貴)는 인조반정의 주역으로서 정묘호란 때 최명길(崔鳴吉)과 함께 청(淸)과의 화의(和議)를 주장한 인물이며, 그의 아들 이시백(李時白)·이시방(李時昉) 형제는 김육(金堉)이 주도한 대동법 확대에 적극적으로 찬성했습니다.

이귀와 관련된 일화가 〈죽창한화〉에 실려 전하는데, 소개합니다.

「연평(延平) 이귀(李貴)의 자(字)는 옥여(玉汝)로서 기위(奇偉; 뛰어나고 훌륭함)함이 남보다 낫고 기절(氣節)이 활달하여 용감히 말하고 거리낌이 없었으며 조그만 절조에 얽매이지 않았다.

일찍이 한음(漢陰) 이덕형(李德馨)·박경신(朴慶新)·윤군섬(尹君暹)과 같은 마을에서 글동무로 공부했다. 어느 날 한 곳에 모여 점쟁이 이인명(李麟命)에게 운명을 물었다. 인명이 말하기를, "이공(李公)이 제일이요, 한음(漢陰)이 그다음이며, 그 나머지도 역시 과거에 급제는 하지만 모두 보통 운명들입니다." 했다. 이공(李公)은 애써 과거 공부에 노력하지 않았으므로 재명(才名)이 가장 쳐졌다. 박경신이 나이도 가장 젊고 기세도 가장 날카로워서 이 말을 듣더니 갑자기 놀라 일어나 손뼉을 치고 크게 웃으며 말하기를, "옥여(玉汝)를 제일이라고 하다니! 무슨 놈의 인명(麟命)이란 말이냐? 너는 점치는 것을 그만두어라." 했다.

뒤에 한음(漢陰)은 벼슬이 영상에 올랐으나 나이 겨우 53세에 졸했고, 박공은 가선(嘉善; 종2품)으로 감사(監司)가 되어 나이 60세가 지났으며, 윤공(尹公)은 홍문관 응교(應敎)로서 나이 겨우 40세에 전진(戰陣)에서 죽었다. 그러나 이공은 과거에 급제하여 여러 번 승진하여 가선(嘉善)에 이르렀고 나라의 큰 운수를 도와서 정사(靖社)의 원훈(元勳)이 되었다. 그리고 양전(兩銓; 이조와 병조)의 판서를 거쳐 지위가 부원군에 이르는 등 풍운(風雲)을 잘 만나 공명(功名)이 혁연하였고 나이 77세로서 졸했다. 두 아들도 군(君)으로 봉해졌는데 한 아들은 통정(通政; 정3품)이 되었고 자손들이 번성하여 높은 벼슬아치가 문중에 가득하였다. 참으로 세상에 드문 큰 운명이었다.」

난세에서 인격과 처세를 얻다

옛 선인(先人)들은 부모가 사망한 지 3년 안에 높은 관직에 올라 사람들에게 형벌을 가하거나 사형을 선고하면서도 부끄럽게 여기지 않는 자를 불효자라 불렀습니다.

또 국가 정책에 수정을 가하거나 사회에 큰 혼란을 초래할 수 있는 판결을 내린 직후 사퇴하는 법관들이 있는데, 이는 공직자로서 절대 해서는 안 될 행위입니다.

새 리더가 조직에 들어오면 전임 리더가 시행했던 정책들을 3년 내에는 바꾸지 않는 것이 좋고, 전임자를 비난하거나 험담해서도 안 되며, 전임자와 고생을 같이 했던 사람들을 함부로 해고해서도 안 됩니다.

454.
당신이 죄인인 이유

부모가 되면 죄인이 됩니다. 자식을 망쳐 놓기 때문입니다. 자식의 재능을 몰라보는 것도 이미 큰 허물인데, 자기의 욕심을 내세워 자식의 의견이나 재주를 무시하고 더 나아가 자식이 원치 않는 길을 걷도록 강요하는 것은 더욱 큰 허물입니다.

부모가 준 상처 때문에 인생을 우울하게 또는 불행하게 사는 사람들을 너무나 많이 보아 왔습니다. 그 상처는 절대 치유되지 않습니다. 잠복해 있을 뿐입니다. 부모가 설령 죽어도 마찬가지입니다. 한 인간을 불행하게 만든 대가를 어떻게 감당하실 겁니까.

455.

처지 역전

선거 전에는 국민이 갑(甲)이지만, 선거가 끝나면 국민이 을(乙)이 됩니다.

대리운전 전에는 손님이 갑(甲)이지만, 대리운전이 시작되면 손님이 을(乙)이 됩니다.

동물을 잡아먹기 전에는 인간이 갑(甲)이지만, 잡아먹고 나면 인간이 을(乙)이 됩니다.

이번 생에서는 당신이 갑(甲)이지만, 다음 생에서는 당신이 을(乙)이 될지도 모릅니다.

갑(甲)은 영원한 갑(甲)이 아니고, 을(乙) 역시 영원한 을(乙)이 아닙니다. 모든 것이 무상(無常)합니다. 언제든 그 처지가 역전될 수 있습니다. 갑(甲)은 겸손하고 낮은 자세를 가져야 하고, 을(乙)은 실력과 경쟁력을 부지런히 기르되 옛날의 처지를 잊지 않아야 합니다.

456.

자식 그리고 부모

진정한 자식은 위험한 담장 아래에 서 있지 아니하고, 천둥·번개·태풍·지진·폭우가 있을 때 밖에 나가지 아니하고, 과속·음주운전 등을 하지 아니하고, 술·담배·마약을 즐기지 아니하고, 위험한 곳에 가지 아니하고, 위험하거나 과격한 운동·놀이를 즐기지 아니하고, 폐가나 흉가 등에 가지 아니하고, 검증되지 않은 음식이나 위험한 음식(복어나 말벌술 등) 또는 정력제 등을 먹지 않습니다.

이러한 행위들은 몸을 상하게 하거나 망가지게 하거나 불구가 되게 하거나 죽음에 이르게 할 수 있기 때문입니다.

또, 부모님 연세가 많으시거나 병환 중에 계시면 자녀는 외국으로 출장을 가거나 쉽게 귀국하지 못하는 곳에 가서 건설 공사를 하거나 수년씩 걸리는 개발·연구·조사·탐사 등의 업무를 피하는 것이 마땅합니다.

대저 신체를 온전히 하는 것이 효의 시작이자 본령이며, 부모의 임종 자리를 지켜봐 드리는 것도 큰 효도입니다.

〈예기(禮記)〉에 「부모가 나를 온전히 낳아 주셨으니, 자식이 온전하게 살다가 죽는 것이야말로 효라 할 만하다.[父母全而生之 子全而歸之 可謂孝矣]」라는 말씀은 천고의 명언입니다.

〈논어〉에서 공자는 이렇게 말했습니다.

「위태로운 나라에는 들어가지 말고 어지러운 나라에는 살지 마라. 천하에 올바른 도가 행해지면 벼슬을 하고 올바른 도가 행해지지 않으면 숨어서 자기 몸을 닦아라.[危邦不入亂邦不居 天下有道則見 無道則隱]」

허목(許穆)이 말했습니다.

「어버이를 공경하는 자는 떳떳하지 못한 일을 하여 허물을 초래하지 말아야 하며, 위험한 일을 하여 몸을 위태롭게 하지 말아야 한다.」

이덕무(李德懋)가 말했습니다.

「배우는 사람은 몸가짐을 조심해야 한다. 이것은 내 몸을 아껴서가 아니라 부모를 사랑하기 때문이다. 소강절(邵康節)은 매우 추운 날, 몹시 더운 날, 큰바람이 부는 날, 큰비가 내리는 날에는 외출하지 않았다. 이 네 가지 경우에 굳이 외출하지 않는 것은 부모에게 심한 걱정을 끼치기 때문이다.」

부모가 자식이 잘되길 바란다면 남을 모질게 대하지 아니하고, 남에게 상처 주는 말을 내뱉지 아니하고, 생명을 함부로 해치지 아니하고, 늘 손해를 보려 하고, 틈나는 대로 베풀고, 남의 실수를 눈감아주고, 남이 일어설 수 있게 거들어 주고, 국법을 어기지 않고, 힘든 처지에 있는 채무자의 빚을 탕감해 주려 노력하고, 늘 참회해야 합니다.

457.

불편한 진실

닭 사육 현장에서 오래 일했던 사람이 말합니다.

「우리가 먹는 치킨은 ① 한 달 동안 잠을 거의 못 자고 ② 3.3㎡(1평)에서 70마리 이상이 다닥다닥 붙어 지내며 ③ 횃대 한번 올라가 보지 못한 닭으로 만들어집니다. 우리 식탁에 올라오는 닭들은 농장에 들어갈 때와 도계장(屠鷄場; 닭 도살장)으로 이동할 때만 햇볕을 쬐고, 정상적인 닭이 아닌 가슴에 집중적으로 살이 찌게 개량된 '고도비만 병아리'에 가깝습니다.」

그는 계속 말합니다.

「육계 농가에서는 사실상 한 달 내내 불을 켜 둡니다. 그러면 닭들이 낮이라고 착각해 사료를 계속 먹습니다. 그래야 빨리 살을 찌울 수 있죠.」

50g이 되지 않던 병아리가 한 달 내내 잠자지 않고 계속 사료를 먹다 보면 1.5㎏ 이상으로 불어난다고 합니다. 닭의 자연 수명은 8~10년이지만 고기를 얻기 위해 길러지는 육계는 한 달 남짓 숨을 쉰 뒤 치킨이 된다고 합니다.

전 세계에서 생산되는 항생제의 70%가 가축에게 사용되고 있고, 경제 논리 또는 시장 논리에 부합하도록 가축의 꼬리·송곳니·뿔·부리·불알 등이 잔인하게 잘리고 있습니다. 가축들이 자라는 축사나 도살장을 보면 그 잔인함과 비참함에 눈물을 흘리지 않을 수 없습니다.

우린 너무 쉽게 남의 살을 먹고 있습니다. 그리고 인간에게 잡아먹히거나 길러지는 동물들에게 한없는 죄책감을 지녀야 합니다.

458.

상관(相關)

도덕성 높은 아이가 행복지수도 높다고 합니다.

착하게 사는 사람일수록 면역력이 강하다고 합니다.

채식을 자주 하는 사람일수록 전염병에 덜 걸립니다.

자기가 얻은 지식을 남에게 나누어 주는 자는 지혜를 얻습니다.

자기를 인정해 주는 사람이 이 세상에 단 한 명만 있어도 우울증을 앓지 않습니다.

선행을 자주 베푸는 사람은 불면증이나 속 쓰림, 두통 등으로 고통받는 일이 적습니다.

459.

고지(告知)

뜨거운 물이나 음료 등을 누군가에게 건넬 때 "물이 뜨겁습니다."라고 미리 말을 해 주는 것이 예의입니다. 특히나 상대방이 부모·스승·상사·노인·아이인 경우에는 더욱 그렇습니다.

매운 음식이나 독특한 향신료가 들어간 음식, 혐오감을 줄 수 있는 식재료(개고기나 뱀 등)가 들어간 음식 등을 제공할 때는 미리 손님들에게 그 사실을 알려야 합니다.

강사가 강의 시작 전 강의를 몇 분이나 할 것인지, 남은 시간은 얼마인지 등을 알려주면 청중은 강의에 집중하게 됩니다.

의사가 환자를 치료하기에 앞서 환자에게 치료하는 데 시간이 얼마나 걸리는지를 알려주면 환자는 안심하게 됩니다.

의사가 환자를 치료할 때 얼마나 아픈지 또는 깜짝 놀랄 수 있거나 아플 수 있는 약물을 투여할 시에는 미리 알려주어야 하고, 그 외 수술의 난이도(難易度)라든지 이 치료에 어떤 부작용이 있는지 등을 미리 알려야 합니다.

경찰 등 수사기관이 피의자를 체포한 경우에는 체포의 이유와 미란다원칙(묵비권행사 및 변호인의 조력을 받을 권리)을 고지하여야 하며, 체포 사실을 가족이나 보호자 등에게 통보하여야 합니다.

남자가 여자와 만날 약속을 잡을 때는 최소 1~2시간 전에는 알려서 여자가 화장이나 옷차림 등을 꾸밀 시간을 주어야 합니다.

운전자가 차선을 바꿀 때 미리 방향지시등을 켜는 일을 소홀히 하는 운전자들이 정말 많습니다. 미리 방향지시등을 켜주게 되면 다른 운전자들이 '예측 가능성'을 갖게 됩니다.

견인차 운송사업자가 차를 견인하기 전에 차량 소유주에게 사용료를 미리 알려 주는 일, 대부업자가 약정된 대부 기간이 끝나거나 계약이 종료된 이후 담보물을 처분하려 할 때 이를 채무자나 소유자에게 미리 알리는 일, 수사기관 등이 사건의 고소인·고발자·피해자 등에게 수사 진행 상황이나 사건 처분 결과 등을 알리는 일, 채권추심자(債權推尋者; 채권자를 대신하여 채무를 합법적으로 받아내는 사람)가 채무자에게 채권의 소멸시효 기간을 알려 주는 일, 대출자가 1개월 이상 연체하는 경우 보증인에게 알리는 일, 타인의 대출채무에 대해 담보를 제공한 담보 제공자에게도 연체 사실을 알려야 하는 일 등은 모두 법에

규정된 의무 사항입니다.

460.
당신이 알아야 할 것들

당신이 겸손한 이유는 먹고 사는 데 아무런 지장이 없을 만큼의 재산이 있기 때문입니다.

당신이 사람들을 예의로써 대하는 이유는 당신의 얼굴이 세상이 알려져 있기 때문입니다.

당신이 점잖게 행동하는 이유는 당신의 학벌이나 직업이 당신을 커버해 주기 때문입니다.

당신이 사람들 앞에서 화를 잘 내지 않는 이유는 당신의 사회적 지위가 높기 때문입니다.

당신의 다른 사람들의 작은 실수에 꽤 관대한 이유는 당신이 공인(公人)이기 때문입니다.

당신이 정직하고 성실하게 살아가는 이유는 많이 아파 보았거나 크게 실패해 보았거나 된통 당해보았기 때문입니다.

당신이 지금은 음주운전을 안 하는 이유는, 만약 그랬다간 그 사실이 언론에 알려져 대망신을 당할 우려가 크기 때문입니다.

당신의 본성은 그리 착하지 않습니다. 당신을 둘러싼 환경이 당신을 임시로 그렇게 만든 것일 뿐입니다. 그런 좋은 환경이 사라지면 당신의 고약한 본성이 여지없이 되살아날 겁니다.

큰 행복

잠자고 배설하는 데 큰 문제가 없다.

사지(四肢)를 내 맘대로 움직일 수 있다.

몸에 큰 병 없고 마음에 큰 걱정거리가 없다.

몸이 아프면 언제고 병원이나 약국엘 갈 수 있다.

먹고 싶은 걸 언제든 먹을 수 있고, 가고 싶은 곳에 아무 때나 갈 수 있다.

딱한 일

세월에 떠밀려 사는 사람들이 정말 많습니다.

내일이 당연히 올 거라고 믿는 사람들이 많습니다.

살아 있어도 죽은 것처럼 사는 사람들이 많습니다.

자기 생각은 늘 옳다고 생각하는 사람들이 부지기수입니다.

자기가 영원히 갑(甲)인 줄 알고 사는 사람들이 비일비재합니다.

자기보다 불쌍하거나 불행한 사람은 없다고 여기는 사람들이 많습니다.

"늙어서 배우는 것이 무슨 소용이냐"고 말하는 사람들은 정말 딱합니다.

세상을 탓하거나 남을 원망하는 등 울분으로 살아가는 사람들이 많습니다.

돌연사, 고독사(孤獨死), 치매 등은 먼 나라 남의 일처럼 여기는 사람들이 많습니다.

죽으면 '무(無)'로 돌아가 모든 것이 완전히 소멸한다고 믿는 사람들이 널려 있습니다.

본인만큼은 암에 안 걸리고 교통사고도 안 당하고 큰 고난도 닥치지 않을 거라고 여기는 사람들이 많습니다.

463.

위험한 사람(1)

채식하는 사람을 비웃는 사람
남의 수고를 당연시하는 사람
길을 걸으면서 담배를 피우는 사람
개를 안고 야외 식당에서 식사하는 사람
자기가 머문 자리를 더럽게 어질러놓고 떠나는 사람
남을 도와줄 마음도 없고 손해 볼 마음도 없는 사람
남의 인사를 받고도 아무런 반응도 해 주지 않는 사람
골목길이나 아이들이 뛰어노는 길에서 과속하는 운전자
지하철 등에서 사람이 내리지 않았는데 먼저 타는 사람
남의 어깨나 등을 툭 치고 지나가면서 사과하지 않는 사람

많은 사람이 기다리는 횡단보도에서 혼자 무단으로 건너는 사람

상대방의 과실이 많다 하여 많이 다친 사람을 구호하지 않는 운전자

뷔페식당이나 무한 리필 식당에서 본전을 뽑겠다며 지나치게 먹는 사람

야만적인 사회

자살률 세계 1위

노인 빈곤율 세계 1위

사회갈등지수 세계 3위

어린이와 청소년 삶의 만족도 세계 꼴찌

2022년 우리나라의 합계 출산율 세계 꼴찌(0.78명)

남녀 성별 임금 격차 26년째 세계 1위(남성 대비 여성 임금 68.9%)

산재 사망률 세계 1위 내지 선두권(2022년 한해 공식 산재 사망자 882명)

위 지표들은 한국이라는 나라의 수준을 적나라하게 보여줍니다. '한국'이라는 나라에서 살아갈수록 이 사회가 대단히 위험하고 천박하며 야만적인 곳임을 알아가게 됩니다. 우리나라는 가히 '갈등 공화국'이자 '사기 공화국'이며 '갑질 공화국'입니다.

자랑할 게 돈밖에 없는 사회, 돈을 신(神)보다 더 숭배하는 사회, 자기보다 약자로 보이면 여지없이 갑질을 하는 사회, 무식해도 부끄럽지

않은 사회, 공동체에는 일말의 관심도 없는 엘리트들과 부유층, 디지털 기기를 이용한 성범죄의 천국, 막말과 욕설로 자신의 위세와 인기를 공고히 하는 사회입니다.

상대와 타협하면 나약한 사람으로 비추어지고, 기득권을 내려놓지 않으려 안달복달하며, 직업이나 재산·학벌 등 외형적 조건으로 상대를 평가하고, 더 가지지 못해 아우성을 치고, 책임감이나 사명감을 찾아볼 수 없는 판검사 등 고위 공무원들의 행태 등….

차량 블랙박스를 통해 본 한국인들의 몰상식한 운전 행태도 그렇거니와, 떼쓰기와 욕설·고성(高聲)·주먹다짐·혐오·차별·무시 등이 만연하고, 공공장소에서 보이는 볼썽사나운 추태는 어딜 가나 있고, 부유층들이 저지르는 백화점식 불법·탈법 행위는 그칠 줄 모르고, 곳곳에서 가진 자들이 벌이는 야비한 갑질들로 약자들이 질식당하고, 타 종교를 극도로 혐오하는 기독교인들의 작태는 여전하고, 회사나 군대나 학교에서 사람을 존중할 줄 모르는 극도의 무례함이 판치고, 당당한 자존(自尊)과 사명감 등은 보이지 않은 채 굴종과 출세 조급증만 뿜어내는 공직자들의 처세 등은 한국이라는 나라가 얼마나 미성숙하고 비열한 곳인지를 여실히 보여줍니다.

또, 당신이 만약 우리나라의 사법부와 검찰의 실상을 자세히 알게 되면 당신이 받게 될 그 충격과 절망감은 상상조차 못 할 정도로 깊고도 큽니다. 한국의 법관들과 검사들의 사고방식과 인성은 정말 형편없고 졸렬하기만 한데, 게다가 그들의 특권의식과 교만은 하늘을 찌를 듯 높기만 합니다. 그리고 그네들은 큰 죄를 지어도 거의 처벌받지 않습니다.

하루 멀다 하고 터지는 보이스피싱 범죄는 갈수록 진화하고 있는데,

국가에서 의지만 있으면 원천 봉쇄할 수 있습니다. 그럼에도 국가는 수수방관합니다. 또, TV만 켰다 하면 들리는 사기 범죄는 정말이지 그칠 줄 모릅니다.

사생아(私生兒)나 미혼모(未婚母)에 가해지는 인격 모독, 지하철 부정 사용 건수가 적발된 것만 1년에 20만 건인 나라, 밖에 나온 장애인들에게 가해지는 잔인한 시선들, 재산을 부정과 투기와 특혜로 쌓아 올린 부유층들, 먹방 유튜버나 건물주가 되는 것이 꿈인 아이들, 숫자로만 집계되는 노동자들, 산업재해사망률 1위에 빛나는 나라, 가진 재산에 상응하는 사회적 의무에 소홀한 부유층, 삐뚤어진 가치관과 미성숙한 안목을 가진 고위 공직자들, '법 앞의 평등'이 절대 이루어지지 않는 나라, 전관예우(前官禮遇)로 상상할 수 없는 큰돈을 거머쥐는 법조인들, 부패와 무책임이 판치고 독선과 아집만 남은 정관계(政官界), 교만하기 짝이 없는 한국의 엘리트들, '자리'하나 달라고 애걸복걸하는 한국 남자들, 부자 되기에 혈안이 된 사회, 책을 읽지 않는 지도층, 획일성을 맹종하고 다양성을 혐오하는 민족성, 차별과 배제가 일상화한 사회, 거리에 장애인이 보이지 않는 사회, 남의 종교를 도대체 인정할 줄 모르는 종교인들, 소위 '가진 자들'의 추악한 갑질, 간호조무사·요양보호사·어린이집과 유치원 교사·경비원·건물 청소원·비정규직 노동자·중소기업 노동자 등 최저임금 수준의 월급을 받고 일하는 사람들과 그런 최저임금에도 못 미치는 월급으로 생계를 꾸려가는 영업 택시 기사·교회나 절에서 근무하는 근로자·소규모(특히 5인 미만) 영세 사업체 근로자 등이 천만 명에 육박하는 사회…
어느 교수가 한국 사회를 이렇게 진단했습니다.

「대체로 인간에게 온갖 고통에도 불구하고 계속 살아갈 힘을 주는 심적 요소는 바로 타자의 관심과 존중, 그리고 소속감이다. 아무리 가난해도, '나'를 걱정해 주고 나의 존엄성을 인정해 주는 가족이나 친구, 나에게 존재감을 부여해 주는 어떤 집단에 대한 소속감만 있다면, 그것만으로도 극단적 선택을 피하고 버틸 수 있는 사람이 대부분이다. 그러나 이 세 가지 요소의 결핍은, 부유하고 '선진적'인 오늘날 대한민국을 심리적인 '사막'으로, 개개인이 대체로 불행하고 우울한 사회로 만들었다.」

「내가 사람들을 더 알면 알수록 나는 (사람이 아닌) 개를 더 좋아하게 된다.」라고 서양의 어느 철학자가 말했다지만, 이 말은 한국 사회에 정확히 들어맞는 격언입니다.

465.
좋은 일

당신 부모를 치료하는 의사와 간호사의 인격이 볼품없다 하더라도 그들을 진심으로 공경하십시오. 저들의 손에 내 부모의 목숨과 건강이 달려 있으니까요.
당신을 태워다 주는 택시 기사나 대리 기사에게 친절을 베푸십시오. 그들이 운전하는 동안 당신의 목숨이 그들에게 달려 있습니다.
당신의 자녀를 엄격하게 가르치는 선생님이나 태권도 사범이나 학원

강사에게 감사를 표하십시오. 그들의 올바른 지도 덕분에 당신 자녀는 잘못된 길로 걸어갈 확률이 낮아지니까요.

부모님 제삿날이나 생신을 앞두고 시장에서 제수(祭需) 등을 살 때 물건값을 깎거나 물건의 흠을 들추지 마세요. 그리하게 되면 물건 파는 이들이 뒤에서 나를 욕하거나 내 부모를 손가락질하는데, 이것도 불효입니다.

정약용이 말했습니다.

「부모가 병이 들어 의원을 불러 (아랫사람을 시켜) 약을 달일 때 태워 졸아붙어도 눈자위를 시뻘겋게 해서 흘기며 꾸짖어서는 안 된다. 한숨만을 쉬며 그와 함께 걱정할 뿐이다. 만약 중대한 범죄 다스리듯 엄하게 꾸짖는다면 그 이졸(吏卒)이 문을 나가며 저주할 것이니, 부모를 아끼는 자가 차마 이런 일이 일어나도록 해서야 되겠는가. 봄가을로 제물(祭物)을 들여올 때 포(脯)가 얇아 종잇장 같거나 밤[栗]이 좋은 것이 아니어도 흠잡아 물리쳐서는 안 된다. 오로지 경건하고 깨끗하게만 할 것이다. 굳이 엄하게 그를 꾸짖으면 문을 나서며 욕설을 늘어놓을 것이니, 조상을 경건하게 모시는 자가 차마 이런 짓을 하겠는가.」

부모의 생신·회갑·칠순과 같은 잔치는 경사(慶事)이니만큼 이웃이나 경비원·운전기사 등 평소 부모님을 위해 애쓴 분들을 초청하여(단, 이들에게 부의(賻儀)를 받아서는 안 됩니다) 그간의 후의(厚意)나 감사를 표해야 합니다. 이들이 내 부모에게 덕담을 건넨다면 이것도 효도입니다.

부모님이 돌아가실 때가 되면 사정이 어려워 내 부모님에게 돈을 갚지 못하는 채무자들의 채무를 깎아주거나 탕감해 주는 것이 좋습니다.

사람 제대로 보는 법

현대 사회에서 사람을 제대로 보는 법 세 가지를 소개할까 합니다.

첫 번째는 '화'입니다.

화를 언제 내고 화를 어떻게 표출하고 어떻게 자제하며 어떻게 수습하는지를 보면 그 사람을 정확히 알 수 있습니다.

즉, 화를 왜 내는지·화를 얼마나 자제하는지·화를 내고 한 후의 첫 행동이 무엇인지·화를 낸 후 화해의 손길을 먼저 내미는지 등을 유심히 보십시오.

두 번째는 '운전'입니다.

어떤 사람이 운전하는 모습을 보면 그 사람의 인성이나 태도·습관 등이 즉각 그리고 고스란히 노출됩니다. 습관적으로 방향지시등을 켜지 않는 사람, 양보할 줄 모르는 사람, 툭하면 교통 법규를 위반하는 사람, 음주운전을 자주 하는 사람, 자동차와 자신을 동일시하여 고급차를 모는 사람을 흠모·존대하는 반면, 경차나 오래된 차를 모는 사람을 경시·홀대하는 사람은 그 인성이 크게 잘못된 것입니다.

운전만큼 그 사람의 속내와 심성을 그대로 드러내 주는 방편은 어디에도 없습니다.

마지막은 '술'입니다.

술도 운전처럼 그 사람의 인성을 여과 없이 드러내 줍니다. 심성이 좋은 사람이 술을 마시면 관대해지고 주위를 밝게 만들지만, 심성이 나쁜 사람이 술을 마시면 태도가 거칠어지고 각박해지면서 주위를 불안 또는 위험하게 만듭니다.

늘 술을 끼고 사는 사람, 술자리에는 반드시 여자가 있어야 한다고 말하는 사람, 주벽(酒癖)이 있음에도 술을 끊지 못하는 사람, 술만 마시면 소위 '2차(오입질)'를 가는 사람, 술 많이 마시는 것을 자랑하는 사람, 음주운전을 자주 하는 사람 등과는 멀리하는 것이 좋습니다.

지식인(2)

공자가 훌륭한 이유는 그의 학문·도덕·수양이 뛰어났다는 것 외에 두 가지가 더 있습니다.

당시 그는 어느 한 국가의 정권을 뒤엎어버리고 자기가 들어앉을 수 있었지만 그렇게 하지 않았다는 것이 첫 번째이고, 두 번째는 이 세상이 바뀌지 않는다는 것을 알면서도 천하를 고생스럽게 돌아다니며 교화를 하였다는 점입니다.

장자(莊子)는 이런 공자를 툭하면 깎아내리고 욕했지만, 실은 공자를 대단히 존숭하고 떠받들었음을 알아야 합니다. 송나라의 유학자들은 다행히 이점을 알아차렸습니다. 만약 당신이 장자가 공자의 대척점에 선 사상가라고 보았다면, 이는 장자의 현란한 우화에 속아 넘어간 겁니다.

송나라의 유학자인 장재(張載)는 이런 말을 남겼습니다.

「천지를 위하여 마음(큰 뜻)을 세우고 백성을 위하여 사명을 세우고 지나간 성인을 위하여 끊어진 학문을 계승하고 만세를 위하여 태평성대를 연다.[爲天地立心 爲生民立命 爲往聖繼絶學 爲萬世開太平]」

위 말씀은 지식인의 본분과 책무가 무엇인지를 단박에 드러내는 천고의 명언입니다. 그런가 하면 역시 송나라의 유학자이자 대신(大臣)이었던 범중엄(范仲淹)은 이런 명언을 남겼습니다.

「누구보다 먼저 천하를 근심하고 즐거움은 맨 뒤에 누리겠다.[先天下之憂而憂 後天下之樂而樂]」

이런 범중엄을 주자(朱子)는 유사(有史) 이래 공자 다음가는 인물이라 극찬했습니다.

정조(正祖)의 문집인 〈홍재전서(弘齋全書)〉나 윤휴(尹鑴)의 문집인 〈백호전서(白湖全書)〉 그리고 이익(李瀷)의 문집인 〈성호사설〉 등을 보면, 인간이 쌓을 수 있는 지식의 한계가 도대체 어디까지인가를 되묻게 됩니다. 그들은 도대체 얼마나 많은 공부를 했기에 그토록 방대한 지식을 축적했을까 하는 찬탄을 하지 않을 수 없게 됩니다.

하지만 대체로 지식인들은 남을 쉽게 인정하지 않으며 파당(派黨) 짓기를 좋아하고 명분과 공리공담(空理空談)을 즐기는 존재들입니다. 그들은 오직 자기 생각만이 옳다고 여기기 때문에 빨리 타락합니다.

그들은 이 세상과 조국과 사회의 평화와 발전을 위해 거창한 이론이나 사상을 만듭니다. 하지만 그들이 급조한 설익은 이론들은 하나같이 단견(短見)이고 사견(邪見; 삐뚤어진 견해)에 지나지 않습니다. 게다가 그들은 전쟁이 터지면 도망가거나 자살하기에 바빴습니다.

난세에서 인격과 처세를 얻다

그들은 걸핏하면 외국의 문호(文豪)가 쓴 책을 인용하거나 그도 아니면 유불도(儒佛道)의 경전을 자기 입맛에 맞게 칼질하고 편집하는 일에 능합니다. 고금(古今)과 동서양(東西洋)의 일을 논하면서 정작 자기의 독창적인 의견은 하나도 내세우지 못합니다. 그저 황제나 권력자의 입맛에 맞는 명분이나 논리를 개발하는 일이 그들이 하는 일이었습니다. 이것이야말로 곡학아세(曲學阿世)하는 어용(御用) 문인(文人)의 표본입니다.

지식인은 인류나 이 사회를 위해 공헌하는 바가 있어야 합니다. 지식인임에도 자신과 가족만을 위해 살다가 죽는 것은 본분을 크게 망각한 짓입니다.

진정한 사업이란 인류사회의 생존을 위해서 하는 것입니다. 내 학문으로 천하를 안정시킬 수 있다면 이것이 바로 진정한 학문입니다.

당신은 지식인이 맞습니까?

468.

당신이 선(善)을 행하면

뇌파(腦波)가 달라집니다.
지혜가 열리기 시작합니다.
관상(觀相)과 손금이 바뀝니다.
당신 머리 위에서 발사되는 빛의 색이 달라집니다.
기(氣), 맥(脈), 명점(明點; 精의 일종)이 열립니다.

당신 몸에서 온화하고 길상(吉祥)스러운 기운이 방사됩니다.

전염병에 잘 걸리지 않습니다. 채식까지 겸하면 더욱 그렇습니다.

우울증이나 불면증 속 쓰림, 피부 가려움의 질병이 점점 낫게 됩니다.

침 냄새는 물론 땀 냄새, 심지어는 남자의 경우 정액 색깔까지 바뀌게 됩니다.

당신의 걸음걸이·표정·자세 등도 바뀌는데, 본인은 물론 이 사실을 알지 못합니다.

선정(禪定; 昏沈과 散亂이 없는 고요한 집중 상태)에 쉽게 들 수 있습니다.

당신을 도와주려는 사람이 생기고 당신을 보호해 주는 선신(善神)이 늘어납니다.

시문(詩文)을 지으면 명문(名文)이 나오고, 작곡을 하면 탁월한 곡이 만들어지고, 음식을 만들면 맛이 나고, 수학·과학·연구 등에 몰두하면 누구도 생각하지 못한 법칙이나 공식을 만들어내는데 이는 신(神)이 도와주거나 영안(靈眼)이 열리기 때문입니다.

선행은 자식이 부모에게 할 수 있는 최고의 효도이며, 선정(禪定)과 함께 죽음 이후 좋은 곳에 태어나게 하는 정인(正因; 직접 원인)입니다.

469.

의롭지 못한 재물

뇌물, 장물(贓物), 강탈한 재물, 편취(騙取)한 재물, 절취(竊取)한 재물, 남이 분실한 물건이나 재물, 공직에 있을 때 얻은 정보를 이용하여 벌어들인 재물, 부당한 이권(利權)에 개입하여 벌어들인 재물, 국고를 횡령하여 취한 재물, 부당한 수단(도박, 밀수, 보험사기, 불법 제조 및 유통, 사장으로서 도산 직전에 주식을 팔아 번 돈 등)으로 벌어들인 재물, 출처가 수상한 물건이나 재물 등을 혹시 집안에 두고 계십니까. 또 이런 재물로 당신의 의식주를 마련하고 자녀를 학교 보내고 자녀에게 집을 사주고 자녀가 결혼할 때 보태주십니까.

백성을 수탈하여 얻은 재물로 조상님 제사를 모시고, 남을 밀고하여 출세해서 번 돈으로 땅을 사고, 충신을 역모로 거짓 고변(告變)하여 공신 작위를 받은 자가 거열형(車裂刑)으로 죽은 충신의 아내나 딸 등을 노비로 하사받아 데리고 살고, 아버지가 데리고 살던 첩을 자식이 취하고, 아래 사람들을 부당하게 괴롭히고 고생시켜서 번 돈으로 외제 자가용을 장만하고, 교사가 학부모에게 받은 부당한 촌지로 부모님을 해외여행 보내드리고, 뇌물을 받은 사람이 사 주는 술이나 음식을 얻어먹고, 남을 사기 친 사람과 고급 술집에 가서 술 등을 마시고, 성매매나 도박 사이트를 만들어 번 돈을 부모에게 갖다 드리고…

이렇게 얻은 돈이나 집이나 음식이나 지위 등은 부정(不淨)하고 사악한 기운을 강하게 내뿜고 하늘의 노기(怒氣)까지 더해져 집안사람들에게 질병이나 불의의 사고나 실패 등 불행을 반드시 초래합니다.

의롭지 않은 재물, 흐르지 않는 재물은 재앙의 단초(端初)가 된다는 사실을 알아야 합니다.

일찍이 한 선인(先人)께서 일갈하셨습니다.

「무릇 재화(財貨)란 재화(災禍)다. 의롭지 못한 방법으로 재물을 얻고서 그 복을 오래 누릴 수 있을 거라 보는가.」

470.
인생이란

몰래카메라를 보는 시청자들은 속아 넘어가는 사람의 말과 행동을 보고 재미있어합니다. 속아 넘어가는 사람은 '가짜'에 속아 화를 내거나 무서워하거나 몹시 당황해합니다. 또, 죽은 지 한참 지난 영화배우가 나오는 옛 영화를 보고 관객들은 울고 웃습니다. 이런 모습들이 우리네 인생과 닮았습니다. 우리는 헛것이라는 가상(假相)에 속아 실상(實相)을 못 보고 평생을 살아갑니다.

무서운 꿈을 꿉니다. 꿈속에서 도망가고 추락하고 울고 분노합니다. 놀라기도 하고 사람을 죽이기도 하며 가위에 눌려 숨이 멎을 듯한 고통을 맛보기도 합니다. 그런데 그 옆에 잠을 안 자는 사람이 그를 보면 그저 평온하게 잠자고 있는 모습으로 보입니다.

돼지가 먹는 음식은 우리 인간이 보기에 더럽고 역겹습니다. 하지만 우리 인간이 먹는 음식을 천인(天人)들이 보면 역시 역겹게 보일 겁니다.

자기 아이가 싼 똥은 더럽게 보이지 않고, 미인은 마음씨까지 착해 보이며, 비싼 커피가 싼 커피에 비해 맛도 좋을 거라 착각하고, 부자들은 아무 걱정이 없을 거라고 믿습니다.

한 달 전까지만 해도 멀쩡하던 내 친구가 자살로 생을 마감했다는 비보가 들려 옵니다.

20년 전에 떠나온 고향을 가보았더니 옛 자취는 거의 남아 있지 않고 삭막한 아파트만 즐비하게 늘어서 있습니다.

1년 전에 장관 자리에 올라 권세를 누리던 사람이 지금은 감옥에 가 있고, 6개월 전 혼인한 부부가 며칠 전에 동반 자살하였으며, 자식이 서울대에 들어갔다고 기뻐하던 어느 부모가 두 달 전에 교통사고로 함께 숨졌는가 하면, 히트곡을 연속으로 내놓아 유명세를 치르던 어느 가수는 그 곡이 표절곡으로 판명되어 하루아침에 대역 죄인으로 매도당하는 신세가 되었으며, 신체가 굉장히 건강하여 남부러움을 샀던 어느 22살 청년은 갑자기 백혈병에 걸려 죽었습니다.

어느 스님은 평생 지껄인 입이 부끄럽다고 말했고, 또 누구는 죽음이란 본래의 고향으로 되돌아가는 것이라 말했으며, 어느 스님은 인연 따라왔다가 인연 따라 떠난다고 고백하였고, 어느 사문(沙門)은 인생은 난로 위에 떨어지는 한 송이 눈이라고 하였으며, 어느 고승은 (세상과 중생이 베푼) 은혜를 다 갚지 못하고 떠나감을 한스러워한다고 하였고, 어느 선사(禪師)는 "내 죽은 육신으로 남의 땅 한 점도 더럽히지 마라."는 유언을 남겼으며, 어느 도인(道人)은 생사(生死)란 가고 옴이 아니라고 말하였고, 어느 스님은 "죽음이란 죽음이 아니다."라고 말했습니다.

471.

맹자의 말씀

「사람의 병통은 남의 스승이 되는 것을 좋아하는 데 있다.[人之患 在 好爲人師]」

「사서(史書)를 모두 믿는다면 사서(史書)가 없는 것만 못하다.[盡信書 則不如無書]」

「만물이 모두 나에게 갖추어져 있다. 나는 나에게 있는 것을 구한 다.[萬物皆備於我矣 求在我者也]」

「대인(大人)인 자가 있으니, 자기를 바르게 하고 나서 남을 바르게 하 는 자이다.[有大人者 正己而物正者也]」

「마음을 수고롭게 하는 자는 남을 다스리고, 힘을 수고롭게 하는 자 는 남에게 다스림을 받는다.[勞心者治人 勞力者治於人]」

「말은 간이(簡易)하지만 그 함의(含意)가 심오한 것이 선언(善言)이요, 법령은 단순명료하나 백성에게 큰 혜택을 주는 것이 선도(善道)이 다.[言近而指遠者善言也 守約而施博者善道也]」

「사람 중에 덕(德)이나 지혜나 기술이나 지식을 가진 자는 항상 고난 속에 있다.[人之有德慧術知者 恒存乎疢疾]」

난세에서 인격과 처세를 얻다

「먹이기만 하고 사랑하지 않으면 돼지로 사귀는 것이요, 사랑하기만 하고 공경하지 않으면 짐승으로 기르는 것이다.[食而弗愛 豕交之也 愛而不敬 獸畜之也]」

「현명한 자가 (정책을 의결하는) 높은 지위에 있고 유능한 자가 (정책을 집행하는) 직책에 있어 나라가 태평할 때 이들이 정사와 형벌을 의결하여 집행한다면 강대국이라도 반드시 이 나라를 두려워할 것이다.[賢者在位 能者在職 國家閒暇 及是時 明其政刑 雖大國必畏之矣]」

「덕이 있는 자를 높이고 재능이 있는 자를 부려 준걸(俊傑)들이 (적재적소의) 자리에 있으면, 천하의 선비들이 모두 기뻐하여 그 조정에서 벼슬하기를 원할 것이다.[尊賢使能 俊傑在位 則天下之士 皆悅而願立於其朝矣]」

「남을 사랑해도 가까워지지 않으면 자기가 인(仁)하였는지를 돌아보고, 남을 다스려도 다스려지지 않으면 자기의 지(智)가 어떠했는지를 돌아보며, 남을 예(禮)로써 대하여도 반응이 없으면 자기에게 경(敬)이 있었는지를 돌아본다.[愛人不親反其仁 治人不治反其智 禮人不答反其敬]」

「어떤 일을 행하고서도 뜻대로 되지 않으면 모두 돌이켜 자기 자신에게서 그 원인을 찾아보아야 할 것이니, 자신이 바르게 되면 온 천하가 귀의해 올 것이다.[行有不得者 皆反求諸己 其身正而天下歸之]」

「"무엇을 지언(知言; 말에 대한 이해)이라 합니까."

맹자께서 말씀하셨다.

"편향된 말을 들으면 그가 (돈·명예·고민·관계 등에 의해) 덮여 있음을 알고, 지나친(과장되고 장황하며 군더더기가 많은) 말을 들으면 그가 (어딘가에) 빠져 있다는 것을 알고, 부정한 말을 들으면 그의 말이 (이치에) 올바르지 않은 바를 알고, 도피하는(화제에서 벗어나거나 본질을 흐리는) 말을 들으면 그가 궁하다는 것을 알 수 있다."[何謂知言 曰 詖辭知其所蔽 淫辭知其所陷 邪辭知其所離 遁辭知其所窮]」

「천하의 넓은 집에 살고 천하의 올바른 자리에 서며 천하의 큰 도(道)를 행한다. 관직에 오르면 백성과 함께 도(道)를 행하고 그렇지 못하면 홀로 도를 행한다. 부귀로도 그의 마음을 어지럽히지 못하고 빈천하여도 그의 행을 바꾸도록 하지 못하며 위세와 무력으로도 그의 지조를 꺾지 못한다. 이런 사람을 대장부라 한다.[居天下之廣居 立天下之正位 行天下之大道 得志與民由之 不得志獨行其道 富貴不能淫 貧賤不能移 威武不能屈 此之謂大丈夫]」

「자로(子路)는 다른 사람이 그에게 과실이 있다고 말해 주면 기뻐하였다. 우(禹)임금은 선언(善言)을 들으면 절을 올렸다. 대순(大舜; 순임금에 대한 존칭)은 이보다 더 위대하였는데, 선(善)을 다른 사람과 함께하였으니 자신을 버리고 다른 사람을 따랐으며 다른 사람에게 선(善)이 있으면 그것을 본받아 행하기를 좋아하였다.[子路 人告之以有過則

난세에서 인격과 처세를 얻다

喜 禹聞善言則拜 大舜有大焉 善與人同 捨己從人 樂取於人以爲善]」

「공손추(公孫丑)가 말하였다. "시경(詩經)에서 말하기를, '공짜 밥을 먹지 않는다.' 하였는데 군자는 밭을 갈지 않는데도 왜 밥을 먹습니까."

「맹자께서 말씀하셨다. "군자가 그 나라에 사는데 군주가 그를 등용하면 나라가 평안하고 부유해지고 번영하고, 젊은이들이 그의 가르침을 따르면 부모에게 효도하고 공경하며 충성스럽고 진실하게 된다. '공짜 밥을 먹지 않는' 것 중에 이보다 더 위대한 일이 또 있는가."[公孫丑曰 詩曰 不素餐兮 君子之不耕而食何也 孟子曰 君子居是國也 其君用之則安富尊榮 其子弟從之則孝弟忠信 不素餐兮孰大於是]」

472.

운명

말이 운명입니다.
인격이 운명입니다.
태도가 운명입니다.
학문이 운명입니다.
인과(因果)가 운명입니다.

개인주의와 소승도(小乘道)

사람 만나는 일이 끔찍하고 사람 많은 곳에는 안 가고 싶고 남 시선이 늘 불편하고 마음이 안 맞으면 눈길조차 거두고 싫은 사람을 혐오하고 의견을 달리하는 사람과는 동석(同席)도 하기 싫고 남 돕는 것이나 도움받는 것이나 다 거부하고 늘 사람 없는 한적한 곳에 살고 싶고 물건을 사도 무인(無人) 점포만 이용하고 세상이 온통 모순덩어리로 보이고 불의(不義)한 사람과 섞이기는 죽어도 싫고 썩은 인간들과는 한시도 같이 있지 못하고 다음 생에 벌레로는 태어나도 인간으로는 안 태어나고 싶고 상대의 장점보다는 단점을 먼저 그리고 오래 기억하고 부정(不淨)한 자를 원수처럼 바라보고 남의 실수를 용서해 주는데 서툴고 마음에 안 드는 사람의 잘못엔 불같이 화를 내고 신념이나 사상이 다른 상대나 상대 당을 사람 이하로 본다면, 당신은 지독한 개인주의에 함몰돼있는 것이거나 아니면 병증(病症)이 있는 겁니다.

어제와 오늘이 같고 지금이나 1년 전이나 똑같은 일상의 반복, 무료하기 짝이 없는 인생, 이번 생은 망했다고 여겨 어떤 일도 시도조차 않으려는 나태함, 세상이 자기를 몰라준다고 여기는 서운함, 피와 땀과 눈물의 가치를 저주하고 폄훼하는 사고방식, 아침에 눈을 떠야 할 이유를 알지 못하고 무조건 편안함만 누리려 하며 남의 성공이나 행복은 눈곱만큼도 봐주기 싫고 삶이 온통 무기력하고 귀찮기만 하다면, 이 역시 정신에 문제가 있는 겁니다.

한국의 개인주의는 이미 심각한 수준에 도달해 있는데, 사람 만나는 일을 싫어하고 극단적인 편의성만 추구하며 남이 자기를 조금만 불편하게 하는 것조차 참아내지 못하는 단계에 와 있습니다. 세계에 유례없는 1인 가구의 폭발적인 증가, 결혼해도 자식을 낳지 않는 풍조, 무인(無人) 편의점·카페·모텔·식당·빨래방·노래방·셀프주유소 등의 빠른 보급, 노인을 불편해하거나 혐오하는 젊은 세대들의 시선, 노키즈존(No kids zone; 아이 출입 금지)의 출현 등은 우리 사회가 이미 위험수위에 와 있다는 증표입니다.

만약 당신이 한없이 정의롭고 착하지만 시비(是非)나 선악(善惡)을 너무 분명히 하거나 자비와 인욕(忍辱)이 없어 대중을 용납할 수 없거나 세상의 악을 원수처럼 바라보거나 불법으로 권세를 틀어쥔 자들을 인간 이하의 존재로 여기거나 문(文)으로 세상에 아부하는 자들을 지옥 종자로 여기거나 권력으로 세상을 주무르려는 자들을 백안시(白眼視)하거나 인간 세상이 원래 더럽고 추하다는 사실을 끝내 받아들일 수 없다면 당신은 소승도(小乘道)입니다.

이는 마치 〈맹자〉에 나오는 「백이(伯夷)는 섬길 만한 군주가 아니면 섬기지 않았고, 벗할 만한 사람이 아니면 벗하지 않았으며, 악한 사람이 있는 조정에는 서지 않았고, 악한 사람과는 말을 섞지 않았다.」라는 백이(伯夷)의 됨됨이나, 「어찌 청결한 몸으로 더러운 사물을 받아들일 수 있겠소? 차라리 상강(湘江)에 가서 물고기 뱃속에 장사 지내지, 어찌 결백한 몸으로 세속의 먼지를 뒤집어쓸 수 있겠소?」라고 읊은 굴원(屈原)의 한탄과 같습니다.

조선 세조의 권력 찬탈을 계기로 탄생한 생육신(生六臣)의 행동거지나 조광조(趙光祖)의 조급한 도학(道學) 정치도 역시 소승도(小乘道)에 지나지 않습니다.

불교의 소승도(小乘道)는 대승도(大乘道)와는 달리 공(空)을 구경(究竟; 궁극의 경지)이라 여겨 유위법(有爲法)이나 작위(作爲)를 두려워하고 세간(世間)을 속히 떠나려 하며 중생 구제는 관심이 없고 자기의 해탈에만 관심이 있습니다.

하지만 대승도(大乘道)는 유위법(有爲法)을 버리지 않으며 산속으로 숨지 않으며 사람들을 피하지 않으며 온갖 선(善)을 부지런히 닦습니다.

이수광(李睟光)은 「세상 사람들은 시끄러운 곳을 싫어하여 고요히 살기를 생각하고 혼탁한 곳을 떠나 깨끗하게 살기를 힘쓰는 것을 은자(隱者)의 고상한 정취로 여기는데, 시끄러운 곳에 있으면서도 능히 고요한 자가 참으로 고요한 자이고 혼탁한 곳에 있으면서도 절로 깨끗한 자가 지극히 깨끗한 자라는 것은 전혀 알지 못한다.」라고 말했고, 어느 시인은 「소은(小隱; 가짜 隱者)은 산속에 숨고, 대은(大隱; 진정한 隱者)은 저잣거리에 숨는다.[小隱隱陵藪 大隱隱朝市]」라고 읊었으며, 성인께서 「세간(世間)의 행위가 바로 출세간법(出世間法)을 닦는 것이요, 출세간법을 닦으려면 세간에 들어갈 수 있어야 한다. 고로 대승도(보살)는 대 지혜를 갖추어서 삼계(三界)에 머물되 물들거나 집착하지 않고, 대자비심(大慈悲心)이 있어서 영원히 열반에 들지 않는다.」라고 말했습니다.

진리

일체는 오직 자기 자신이 만든 것입니다.

일체를 오직 자신에게 의지하여야 합니다.

오직 '나'만이 '나'를 구원해줄 수 있습니다.

믿을 게 못 됩니다

당신의 지식을 믿지 마십시오. 그 지식은 너무 편협하고 얕으니까요.

당신의 생각을 믿지 마십시오. 그 생각은 옳은 것들이 거의 없으니까요.

당신의 지혜를 믿지 마십시오. 그 지혜는 너무 보잘것없고 형편없으니까요.

당신의 주관(主觀)을 믿지 마십시오. 그 주관은 거짓된 것 위에 세워졌으니까요.

당신의 판단을 믿지 마십시오. 당신이 생각하는 만큼 당신은 대단하지 않으니까요.

당신의 깨달음을 믿지 마십시오. 그 깨달음은 진리와는 정반대의 지점에 있으니까요.

당신의 인생을 믿지 마십시오. 당신의 인생은 불성실함과 죄악(罪惡)

밖에 없으니까요.

476.
성숙의 징표

틈나는 대로 복을 지음

상대의 말을 끊지 않음

성찰을 게을리하지 않음

배우기를 싫어하지 않음

주저 없이 선(善)을 행함

모든 이를 평등하게 대함

남의 충고에 기분 나빠하지 않음

내 지식을 남과 나누는 것을 좋아함

남의 착한 행위를 기뻐함

남의 착한 행위를 칭찬하거나 널리 알려줌

남의 말이나 행위에 즉각 반응하지 않음

자기 주변을 늘 깨끗이 치움

머문 자리에 흔적을 남기지 않음

남에게 손가락질받는 행위는 하지 않음

잘못했으면 재빠르게 사과함

자기 견해가 옳다는 생각을 버림

내려놓고 물러나고 버리는 일에 익숙해짐

살아 있는 모든 존재를 불쌍히 여김

내가 이 사회에 공헌한 것이 하나도 없음을 알아차림

위기에 처한 사람이나 동물을 보면 그냥 지나치지 않음

이런 사람이 되지 않게 하소서

습관적으로 음식을 남기는 사람

식당에서 소리 내어 코를 푸는 사람

음식 많이 먹는 것을 자랑하는 사람

음식 빨리 먹는 것을 자랑하는 사람

툭하면 음식을 쓰레기통에 버리는 사람

음식이 맛없으면 얼굴을 찡그리는 사람

자기 손으로 밥을 차릴 줄 모르는 사람

밥상에 고기가 없으면 투정을 하는 사람

반찬 가짓수가 적으면 불평을 해대는 사람

아침에 나온 반찬이 점심에 다시 나오는 걸 못 참는 사람

이 음식이 어디서 왔는지를 한 번도 생각해 본 적 없는 사람

'내가 밥을 먹을 자격이 있는가'를 한 번도 생각해 본 적 없는 사람

앞과 뒤도 중요하지만

앞만 보고 사는 것도 일리가 있고 뒤를 돌아보며 사는 것도 의미 있지만 옆을 보고 사는 것도 중요합니다. 앞이 미래를 뜻하고 뒤가 과거나 이력(履歷) 또는 전철(前轍)을 말한다면, '옆'은 바로 우리 이웃들을 가리키는 것이니 이웃의 수고와 도움 없이 우린 단 하루도 살아가지 못한다는 것을 알아야 하겠습니다. 정말 그렇습니다.

당장 우리가 매일 먹는 밥은 다른 이의 수많은 수고 덕분에 가능한 일이고, 우리가 매일 내다버리는 쓰레기를 다른 누군가가 수거해가지 않는다면 우리 삶은 악취와 파리 떼에 금방 점령당합니다.

버스나 지하철이 있으니 이동할 수 있고, 저자와 출판사가 있으니 책을 사서 읽을 수 있습니다. 가수는 노래를 불러주어 우리를 위로하고, 강사는 탁월한 강의로 우리의 지적 욕구와 호기심을 충족해 줍니다.

편의점이 있으니 새벽에도 물건을 살 수 있고, 택배 종사자들이 있으니 택배 물건을 쉽고 편하게 받을 수 있습니다.

도로 위에서 위험천만하게 일하는 노동자들, 전깃줄에 올라 전선을 수리하는 노동자들, 아파트 건설 현장에서 고된 노동을 하며 살아가는 일용직 노동자들, 가전제품을 수리해 주는 기사들, 비닐하우스에서 깻잎을 따서 가지런히 묶는 이주노동자들, 반도체 회사 내의 독한 화학물질 속에서 일하는 노동자들, 하루 14시간을 일해 먹고 사는 장거리 물류(배송) 기사들.

우린 매일매일 이웃의 노고를 먹고 살아갑니다.

처신(4)

남을 부끄럽게 만들지 말고

사소한 일로 원수 맺지 말고

남이 말할 때 가로채지 말고

소송(訴訟)하는 걸 좋아하지 말고

꾸짖거나 해고할 때 퇴로를 열어주고

실수 하나로 그 사람을 평가하지 말고

남이 한 말을 다른 사람에게 전달하지 않습니다.

유죄

인과(因果)를 믿지 않으니 당신은 유죄입니다.

자기 마음을 항복시키지 못하니 당신은 유죄입니다.

참회를 하는 일이 좀처럼 없으니 당신은 유죄입니다.

죽음 이후에 관해 관심이 없으니 당신은 유죄입니다.

성인(聖人)의 말씀을 믿지 않으니 당신은 유죄입니다.

작고 사소한 불편조차 참지 못하니 당신은 유죄입니다.

덕(德)을 쌓는 일에는 관심이 없으니 당신은 유죄입니다.

잘못을 빨리 인정하는 것에 인색하니 당신은 유죄입니다.

고통이 닥치면 무조건 하늘을 원망하니 당신은 유죄입니다.
내려놓는 일 그리고 물러나는 일에 서투니 당신은 유죄입니다.

481.
철없음

철없는 사람은 이렇게 말합니다.
"죽으면 다 소용없는데, 쓸데없이 공부를 왜 해?"

게으른 사람은 이렇게 말합니다.
"건강한 사람도 병에 잘 걸리는데, 그깟 운동은 안 해도 돼."

돈만을 최고로 여기는 사람은 이렇게 말합니다.
"돈이 곧 인격이고 운명이야. 나머지는 다 쭉정이야."

무식한 사람은 이렇게 말합니다.
"채식만 하는 사람들이 더 단명하고 병에 더 잘 걸려."

무지한 사람은 이렇게 말합니다.
"죽으면 끝이야. 어차피 인생은 한 번뿐이니 즐기다 가는 게 최고야."

인색한 사람은 이렇게 말합니다.
"남을 돕는 놈들은 다 위선자야. 지 앞가림이나 잘하라고 해."

악한 사람은 이렇게 말합니다.

"착하게 살 필요 없어. 인생은 이래도 좋고 저래도 좋은 거야."

참회(2)

죄악을 없애는 가장 좋은 방법은 '참회'입니다. 참회 다음으로 좋은 것은 '고역(苦役)'을 스스로 떠맡는 것입니다. 궂은일을 남보다 먼저 하고, 남들이 꺼리는 일을 먼저 나서서 하는 것이지요. 절에 가서 대가를 받지 않고 1년간(또는 3년간) 화장실을 도맡아 청소하는 일이 좋은 예가 됩니다.

고난이 닥치면 이를 순순히 받아들이십시오. 남들이 아무 이유 없이 나를 비방하고 욕하면 묵묵히 참으니 고로 죄악이 줄어들게 됩니다.

이 세상에 대해 자주 이렇게 말하십시오.

"정말 부끄럽습니다."
"참으로 미안합니다."

이 두 가지만으로도 참회가 됩니다. '참회'는 불가사의한 공덕이 있습니다.

당신에게 복이 없는 이유

천지자연은 당신에게 생명을 주고 부양해 주며 늘 보살피는데, 당신은 비바람을 꾸짖고 내리는 눈을 욕하고 벌레와 곤충을 죽이고 나뭇가지를 꺾고 강산에 쓰레기를 버립니다.

또, 태풍이 불어닥치고 가뭄·홍수가 발생하고 지진·해일이 일어나고 전염병이 생겨나고 북극의 빙하가 녹고 동식물이 멸종하는 등 하늘의 기상이변에 신(神)을 저주하고 하늘에 대항하고 '자연의 질서가 처음부터 엉망진창이었다', '지구는 저주받은 행성'이라고 말합니다.

또, 부모에게 막말을 일삼고 부모를 원망·냉대하고 부모를 번뇌케 하고 부모가 아플 때 돌보지 않고 조상과 부모에게 감사하는 마음이 일절 없습니다.

또, 사람을 함부로 대하고 얕잡아보고 잘난 척하고 교만하고 혐오·차별 발언에 익숙하고 남의 공(功)을 깎아내리는 데 능합니다.

또, 육식을 즐기고 낚시와 사냥을 자주 다니고 생명을 죽이는 일에 죄책감이 없고 한 생명이 꺼져가는 것에 수수방관하고 댐이나 터널·간척지 등 자연을 크게 해치는 일에 적극 찬동하고 지구나 생태계의 변화에 일말의 관심조차 없습니다.

또, 절약을 강조하는 사람을 비웃고 채식하는 사람들을 경멸하고 힘든 노동일을 하는 사람들을 하찮게 보고 못 배운 사람들과 섞이는 것을 혐오하고 타인이 행복해하면 배 아파하고 가난하게 사는 사람을 역겨워합니다.

또 착하게 살았음에도 불행에 빠지는 사람들을 보며 인과응보는 거

짓이라 말하고, "부처님을 오래 믿었는데 나는 왜 여전히 가난하지?"라
고 말하고, "공자(孔子)가 죽어야 나라가 산다"라고 말하고, 성현(聖賢)
이나 인자(仁者)·고승(高僧)·의인(義人)·선인(善人) 등을 공경하지 않습
니다.

484.

불법(佛法) 비방

소승불교가 대승불교보다 뛰어나다, 대승(大乘) 경전은 부처님의 친
설(親說)이 아니다, 원각경·능엄경·대승기신론 등은 중국에서 찬술된
위경(僞經)이다, 선종(禪宗)은 불설(佛說)이 아니다 등과 같은 견해는
사견(邪見)이자 대망어(大妄語)로서 불법을 비방하는 대죄입니다.

또, 불경에서 말하는 지옥·천상은 전부 가짜다, 대승 경전에 나오는
믿기 어려운 말씀들은 실제 그렇다는 게 아니라 어디까지나 비유(比
喻)에 불과하다, 부처님께서 49년간 그렇게나 많은 경전을 설(說)하셨
을 리 없다, 불교를 믿는 나라는 전부 못 산다, 부처님은 육식(肉食)을
금하지 않으셨다, 윤회 같은 것은 없다 등과 같은 견해 역시 사견이자
중생을 오도(誤導)하고 법신(法身)의 혜명(慧命)을 줄이는 큰 죄입니다.

또 절의 화재로 대웅전이 불에 타고 불상과 종(鐘)들이 녹아 사라지
는데 호법신(護法神)들이 정말로 있다면 왜 나타나지 않는가, 수많은
청정 비구(比丘; 남자 스님)들이 전쟁통에 죽임을 당하고 비구니(比丘
尼; 여자 스님)들은 겁탈을 당하는데 부처님은 왜 내버려 두시는가, 하

고 생각한다면 이는 반야(般若) 지혜가 없고 업장이 두터워 실상(實相)을 보지 못하는 당신에게 큰 문제가 있는 것입니다.

또 부처의 공덕과 자비와 지혜는 실로 불가사의하다고 하는데, 무고한 수천의 아이들이 학살당하고 강력한 태풍이 불어 수십만의 사상자가 생기고 강한 지진으로 사원(寺院)이 무너지거나 스님들이 다치거나 불교를 국교로 삼는 나라에 큰 피해가 생기는데, 부처는 이것을 왜 막지 않고 수수방관하고 있는가, 운운(云云)합니다.

또 만법(萬法)은 공(空)이라서 선행이나 인욕(忍辱) 같은 것들은 굳이 할 필요가 없고, 계율을 지키는 일에 집착할 필요도 없으며, 고행(苦行)이 없으면 진정한 수행이 아니라고 믿고, 30년간 부처님을 믿고 공부했지만 내 삶은 하나도 달라진 것이 없다고 생각하며, 부처님은 왜 내 앞에 나타나지 않으실까, 나 같은 중죄인이 아무리 기도하여도 부처님은 전혀 상관하지 않으실 거야, 하고 생각한다면 당신의 무지(無知)와 어리석음을 탓해야 합니다.

또, 부처를 진실로 믿은 사람이 요절하거나 비참하게 죽임을 당하는 경우가 흔하다, 팔만대장경을 조판했음에도 고려는 몽골의 침입을 당해 100여 년간 몽골의 지배를 받았다, 삼세인과(三世因果)나 육도(六道) 윤회와 같은 교리는 허망한 방편에 지나지 않는다고 하는 등등의 말이나 가르침은 불법(佛法)을 비방하는 대죄임을 알아야 합니다.

전(前)과 후(後)

지식이 없으면 당신은 이 세상이 살기 좋은 곳이라 여길 겁니다. 하지만 지식이 많아질수록 이 세상은 재난과 고통이 많고 모순으로 가득한 곳임을 알게 됩니다.

불교를 배우기 전에는 자신의 운명이나 신세가 좋다고 여길 겁니다. 하지만 불교를 공부하고 신앙생활을 착실히 해 나갈수록 당신에게 번뇌와 역경이 늘어나게 됨을 알게 됩니다.

평범한 인생을 살아가면 근심과 질병이 나를 찾아오는 일이 드물 겁니다. 하지만 권세를 쥐거나 높은 명예를 얻게 되면 근심과 질병이 수시로 찾아와 당신을 괴롭힐 겁니다.

성현의 가르침을 알기 전에는 부끄러움이나 배움·절제와 같은 말에 큰 의미를 두지 않았지만, 성현의 가르침을 알고 나면 자신이 얼마나 초라한 존재인지 그리고 그간 얼마나 막 살아왔는지를 깨닫게 됩니다.

그럼, 지식도 쌓지 말고 불교도 공부하지 말고 성현의 가르침도 등한시할까요? 아닙니다. 지식이 늘고 불교를 공부하고 성현의 가르침을 가까이하게 되면 번뇌가 늘고 시대를 아파하고 세상을 걱정하고 사회를 비판하는 건 맞지만, 사실 이런 일들은 큰 공덕이 됩니다.

세상이 더 나아지기를 빌고 좋은 사람·어진 사람이 많이 태어나기를 소망하고 전쟁이나 자연재해로 고통을 당한 사람들에 대해 연민(憐愍)을 갖고 살신성인한 의인(義人)이나 훌륭한 책을 펴낸 작가나 세상을 이롭게 하는 데 큰 공을 세운 과학자·기술자·발명가를 흠모하거나 알리는 일은 큰 공덕이 됩니다.

486.

준칙(準則)

사관(史官)의 붓은 임금조차 빼앗지 못하고
하늘이 내린 복은 다른 이가 빼앗지 못하고
군인은 자기의 총을 그 누구에게도 건네서는 안 되고
윗사람에게 쓰는 편지는 대필(代筆)을 맡기지 아니하고
효자는 부모님 병간호나 약재(藥材) 마련을 남에게 맡기지 않고
군자는 제수(祭需) 준비를 비복(婢僕)이나 형제에게 맡기지 않고
임금은 종친(宗親)에게 지위와 녹(綠)만 줄 뿐 실직(實職)은 주지 않고
문장가나 학자에게는 문한직(文翰職)만 줄 뿐 실직을 주어서는 안 되고
정교분리(政敎分離)는 만세의 법칙이니 성직자들에게 권력을 주지 말고
관후(寬厚)와 포용력이 부족한 사람에게 대임(大任)을 맡겨서는 안
되고
판결이나 수사(搜査)를 오래 해 온 사람에게 집행권을 주어서는 안
되고
음주운전 이력이 있거나 교통사고를 많이 냈거나 교통 법규 위반을
자주 범한 사람을 고위직으로 승진시켜서는 안 됩니다.

위험한 사람(2)

배우기를 거부하는 사람

늘 확신에 차 있는 사람

닫힌 사고(思考)의 소유자

각박하고 포용력이 없는 사람

다른 이의 수고에 둔감한 사람

종교(2)

신(神)에게 기도하거나 헌금하거나 독경하는 것보다 불쌍한 사람을 도와주는 일이 훨씬 큰 공덕이 됩니다.

신에게 기도하면서 한바탕 요란하게 우는 것보다 조용히 앉아 자기 죄를 참회하는 일이 더 큰 공덕이 됩니다.

자기가 누리는 것들에 늘 감사하면서 '내가 과연 이런 것들을 누릴 자격이 있는가.' 하고 부끄러운 마음을 내는 것이 종교입니다.

날씨가 춥거나 지진·홍수·가뭄·전쟁 등의 재난이 생기면, 이런 일들을 당한 사람들에게 연민의 마음을 내는 것이 종교입니다.

오직 악을 끊고 선(善)을 닦는 것만이 진정으로 문제를 해결하는 길입니다. 현실을 피하려고 해서는 안 되며 현실을 대면하여 운명을 바꾸어야 합니다. 이것이 종교입니다.

489.
불언(不言)

부모는 자식의 잘난 점이나 성공을 떠벌리지 않습니다.
출가한 딸은 친정에 와서 시댁의 일을 꺼내지 않습니다.
자식은 부모의 허물이나 그름에 대해 입을 열지 않습니다.
부모는 자식 앞에서 배우자를 비난하거나 욕하지 않습니다.
이혼한 후 상대의 단점이나 은밀한 비밀을 절대 누설하지 않습니다.
패자(敗者)는 결과에 승복한다는 말 외엔 입을 꾹 다물어야 합니다.
벼슬에서 물러나면 시국(時局)이나 정사에 대해 입을 열지 않습니다.
후임자는 전임자의 허물이나 실책을 발설하지 않으며 전임자에게 책
임을 돌리지 않습니다.

490.
부모가 기뻐하는 일

자식이 올바르고 건강하게 자라는 것이 가장 큰 효도입니다.
자식이 선(善)을 행하면 이 세상 그 모든 부모가 기뻐합니다.

난세에서 인격과 처세를 얻다

자식의 글 읽는 소리를 싫어하는 부모는 이 세상 어디에도 없습니다.

자식이 세상 사람들로부터 칭송이나 존경을 받으면 부모까지도 그 덕(德)을 입습니다.

자손이 큰 덕을 쌓으면 이미 돌아가신 조상님들에게도 그 덕의 일부가 돌아가니, 세상에 이보다 더 길상(吉祥)스럽고 거룩한 일은 없습니다.

불법(佛法)이 위대한 이유

일찍이 원효 대사가 말했습니다.

「백가(百家)의 설(說)이 옳지 않음이 없고 팔만법문(八萬法門)이 모두 한 이치로 들어간다. 그런데 견문이 적은 사람은 좁은 소견으로 자기의 견해에 찬동하는 자는 옳고 견해를 달리하는 자는 그르다 하니, 이것은 마치 갈대 구멍으로 하늘을 본 사람이 그 갈대 구멍으로 하늘을 보지 않은 사람들을 보고 모두 하늘을 보지 못한 자라고 하는 것과 같다.」

서산(西山) 대사는 다음과 같은 말씀을 기록으로 남겼습니다.

「대장부라면 부처나 조사(祖師)를 원수처럼 보아야 한다. 부처의 경계에 집착하여 구하는 것이 있으면 부처의 경계에 얽매이는 것이요, 조사의 경계에 집착하여 구하는 것이 있으면 조사의 경계에 얽매이는 것이다. 구하는 것이 있다면 이는 모두 괴로움의 뿌리가 되니 아무런 애도 쓰지 않느니만 못하다.[大丈夫 見佛見祖如冤家 若着佛求被佛縛 若着祖求被祖縛 有求皆苦不如無事]」

　그는 또 이런 말씀도 남겼습니다.

　「만약 불(佛)을 구하는 데 집착하면 불박(佛縛; 부처가 되겠다고 집착하는 것)을 당하게 되고, 조사(祖師)를 구하는 데 집착하면 조박(祖縛; 조사가 되겠다고 집착하는 것)을 당하게 된다.[若着佛求被佛縛 若着祖求被祖縛]」

　〈금강경〉에서는 「모든 법이 다 불법이다.[一切法 皆是佛法]」라는 말씀이 보이고, 〈법화경〉에서는 「모든 세간법이 다 불법이다.[一切世間法 皆是佛法]」라고 하였으며, 〈화엄경〉역시 「세간법이 곧 불법이다.[世間法 卽佛法]」라고 하였고, 〈유마경〉엔 「모든 법 그대로가 해탈의 모습이다.[一切諸法是解脫相]」, 「모든 법이 도량이다.[一切法是道場]」라는 말씀이 있거니와 제법(諸法)이 그대로 실상(實相)이라는 뜻의 제법실상(諸法實相)은 불법의 종지(宗旨)를 온 법계(法界; 十法界를 말함. 곧 불계·보살계·연각계·성문계·천상계·아수라계·인간계·축생계·아귀계·지옥계)에 여실히 드러내고 있습니다.

　또, 중국 선종이 낳은 위대한 인물인 육조(六祖) 혜능(慧能) 선사는 "불법은 세간에 있으니 세간을 떠나지 않고 깨닫는다. 세간을 떠나 깨달음을 구하는 것은 마치 (있지도 않은) 토끼의 뿔을 구하는 것과 같다.[佛法在世間 不離世間覺 出世覓菩提 猶如求兔角]"라고 했습니다.

또, 「바른 도(道)와 그릇된 도가 다르지 않고 범부와 성인이 같은 길임을 명백히 알라.[正道邪道不二 了知凡聖同途]」, 「미혹과 깨달음은 본래 차별이 없으니 열반과 생사가 같다.[迷悟本無差別 涅槃生死一如]」라는 말씀들도 있습니다.

위 말씀들은 불교가 다른 종교와 구별되는 가장 큰 특징입니다. 모든 것들이 다 불법에 속합니다. 이른바 대도무문(大道無門)입니다. 대도(大道)에 다다르는 길에 정해진 특정한 수행법은 없습니다. 어떤 길로 가든 대도에 이를 수 있습니다. 예컨대, 염불로도 해탈할 수 있고 참선으로도 해탈할 수 있으며 간경(看經)이나 배불(拜佛)로도 해탈할 수 있습니다. 그야말로 보문(普門)입니다. 다만 그 정도나 깊이 또는 다다르는 시간에 차이는 있습니다. 거듭 말하지만, 정도(正道)로도 대도에 이를 수 있고 비도(非道)나 역도(逆道) 또는 좌도(左道; 이단)로도 지도(至道)에 이를 수 있습니다.

우리가 이단(異端) 등을 사갈시(蛇蝎視)하거나 부정해서는 안 되는 이유 중의 하나는 그것들이 선(善)한 도리를 구하고 있기 때문이며, 사람들에게 착하게 살 것을 가르치고 있기 때문입니다. 다만, 직선이라는 길이 있음에도 그들은 먼 길을 빙빙 돌아서 갈 뿐입니다.

길가에 핀 꽃 하나에도 법신(法身)이 있음을 보아야 하고, 이 더러운 세상이 불국토임을 알아차려야 하며, 졸졸 흐르는 시냇물을 보고 저것이 반야(般若)임을 깨달아야 합니다. 심오한 경전에만 도(道)가 있는 것이 아니며, 절에 가야만 부처를 뵐 수 있는 게 아닙니다. 도처가 도(道)입니다.

여기서 '일체법(一切法)'이니 '세간법(世間法)'이니 하는데, '법(法)'이라는 말은 일체의 모든 사물·존재·사건·번뇌·현상·물질·정신·학문·사상·제도·생멸·선악 등을 포괄하는 광범위한 개념입니다. 즉, 인생과 생명 그리고 우주에 관한 그리고 우주에서 벌어지는(만들어지는) 모든 것들을 뜻합니다.

이 우주에서 벌어지는 그 어떠한 사건이나 존재나 학문이나 현상이나 생멸은 모두가 옳습니다. 태풍이 생기는 것도 옳고 겨울에 서리가 생기는 것도 옳습니다. 기생충이나 바이러스가 생겨나 인간을 괴롭히는 것도 옳고, 기상이변이 생겨 동식물계에 대변이(大變異)가 일어나는 것도 옳습니다. 생명이 끊임없이 생겼다가 사라지는 것, 인종 대학살이 일어나는 것, 한 사상(思想)이 한 시대를 풍미하는 것 등도 모두 의미가 있습니다. 모든 것이 실상(實相)이며 해탈상(解脫相)입니다. 집착과 망상을 걷어 내면 됩니다. 법도(法度)를 따르되 법도에 구속되지 않고, 세간에 살되 세간에 물들지 않는 이치와 같습니다.

맹자가 말한 「(맨 먼저) 친족을 사랑하고(가까이하고) 난 후 다른 사람을 어질게 대하며, 사람을 어질게 대하고 난 후 동물을 아낀다.[親親而仁民 仁民而愛物]」는 층차(層次; 次序)가 있는 유교의 사랑을 표현한 말인데 이것도 옳고, 불교의 보시(布施; 친족이건 타인이건 동물이건 똑같이 사랑하며 대가를 바라지 않는 무조건적인 베풂)도 옳습니다.

세종조 명재상이었던 황희(黃喜)는 여종(女從) 둘이 다투면서 그에게 자기주장을 하소연하자 이렇게 말했습니다.

「네 말도 옳고 네 말도 옳다.」

나이를 먹어 보니, 황희는 후흑(厚黑)의 달인도 아니고 처세에 능한 기회주의자도 아니며 줏대 없는 노인은 더더욱 아님을 알게 됩니다. 황희가 고작 이런 못난 인물에 불과했다면 조선의 수많은 선비가 그를 명재상의 반열에 올렸을 리 만무합니다.

　이것도 옳고 저것도 옳습니다. 내 의견도 옳고 네 의견 역시 옳습니다. 내가 믿는 종교도 옳고 다른 이들이 믿는 종교도 옳습니다. 그리고 일체 모든 중생은 절대 평등합니다. 부처와 중생 역시 평등합니다. 일체를 평등하게 그리고 의미 있는 존재로 바라보아야 합니다.

　이 세상엔 선인(善人)도 필요하고 악인(惡人)도 필요합니다. 예컨대, 악인(惡人)은 여래의 화현(化現)일 수도 있고 나를 단련시켜 주기 위해 나타난 존재일 수도 있으며 나의 아뢰야식(阿賴耶識)이 반영되어 나타난 것일 수도 있습니다.[唯心所現, 一切唯心]. 나의 편견과 집착 그리고 업장(業障)이 말끔히 걷히면 그 사람은 악인(惡人)이 아닙니다. 마찬가지로 이 세상엔 독초(毒草)나 해충(害蟲) 그리고 바이러스도 필요하며 심지어는 마구니(사탄)도 필요합니다. 또 짙은 어둠도 필요하고 매서운 겨울도 필요하며 굵은 우박도 필요합니다. 한 생명이 태어나는 것 그리고 한 생명이 사멸하는 것에는 큰 의미가 있습니다. 이 세상에 의미 없는 존재는 없습니다. 마치 사람에게 시련이나 고난·질병·가난·실패 등이 필요한 것처럼 말입니다.

　전염병이 번져 수만 명이 죽고, 전쟁이나 대학살로 수십만 명이 떼죽음을 당하고, 지진·해일·태풍과 같은 천재지변으로 무고한 수천 명이 떼죽음을 당하고, 기상이변으로 곡물 수확량이 감소하여 수백만 명이 희생을 당하는 일들은 얼핏 보면 나쁘고 일어나서는 안 되는 일이지만 반드시 그렇지는 않습니다. 모두 의미가 있습니다.

새 왕조가 들어서는 일, 성인(聖人)이 태어나는 일, 천재(天才)나 수재(秀才)들이 한꺼번에 태어나는 일, 천지개벽이 이루어지는 일, 무수히 많은 사람을 죽이는 독재자의 등장, 특정 동물이나 식물이 이 땅에서 완전히 자취를 감추는 일 등은 모두 의미가 있습니다.

한 시대가 지나가면 평화로운 시대가 찾아오며, 한 나라가 멸망하고 나면 태평성대를 구가할 새로운 나라가 세워집니다. 한 겁운(劫運)이 다하면 착한 사람들만 태어나는 이상적인 세상이 펼쳐지기도 하고, 우주의 재앙인 삼재(三災)가 다하면 평화로운 시대로 접어듭니다.

우주의 질서나 시스템은 자의적(恣意的)·무계획적인 것처럼 보이지만 사실은 정교하게 짜인 질서 속에서 움직이고 있음을 알아야 합니다.

인간의 눈은 편벽(偏僻)하고 좁습니다. 게다가 지혜롭지도 않고 통찰력도 없습니다. 그러기에 인간의 안목(眼目)은 결함이 많습니다. 인간의 안목으로 보면, 세상사가 모두 불완전하고 이해가 안 가는 일이 수두룩하며 공평하지도 않습니다. 이 세상이 얼마나 더럽습니까.

하지만 현실이 그대로 진실입니다. 세상은 조금도 부족하지 않습니다. 세상을 바라보는 당신의 안목과 판단이 오염되어 있을 뿐입니다.

진정한 불법(佛法)은 '정해진 법'이 없습니다. 예컨대, '부처'라는 말을 하지 않고도 얼마든지 불법을 전파할 수 있습니다. 불법은 불교 경전에 있는 것이 아니라 착하게 사는 것 또는 모든 중생을 부처님처럼 공경하는 것 또는 자신의 언행을 늘 보살피고 조심하는 것 등에 있습니다. 진정한 불법은 일체의 종교나 철학을 초월하며 일체의 형식도 벗어납니다. 부처[佛]니 보리(菩提)니 선(禪)이니 반야(般若)니 하는 것을 넘어서야 비로소 불법이 보입니다.

말빚

'말빚'이란 '말의 인과(因果)'를 말합니다. 우리가 내뱉는 말이나 손으로 쓴 글에는 모두 인과(因果)가 있습니다. 책에 실린 글이든 바위에 새긴 글자든 편지글이든 폐지에 장난으로 쓴 글이든 기자가 신문에 쓴 기사든 모든 글에는 엄정(嚴正)한 과보(果報)가 뒤따릅니다.

요즘 유튜브에 보면, 무당이 나와 특정 연예인이나 정치인의 점괘를 예언해 주는 모습을 자주 보게 됩니다. 그네들이 미리 짜고서 그렇게 하는 것인지 아니면 진짜로 사주만 보고 알아맞히는 것인지 모르겠으나, 이미 그런 가당치도 않은 짓을 세상에 보여 주는 것만으로도 그들은 큰 죄를 짓고 있는 것입니다.

또, 요즘 정치평론가니 논객(論客)이니 칼럼니스트니 하는 사람들이 상대 진영을 매섭게 비난하고 비방하는데, 이들의 말빚은 훗날 큰 문제가 됩니다.

독설(毒舌)·저질 발언·살벌하고 섬뜩한 발언·정제되지 않은 표현·음해성 발언·사실에 근거하지 않은 루머성 발언·혐오성 발언·저주와 증오로 점철된 발언·한(恨)풀이식 표현·지역감정을 조장하는 말·이간질하는 말·여성이나 장애인을 혐오하는 발언·친일파나 일제 강점기의 부역자

(附逆者)들을 두둔하는 발언·몇십 년 전의 사소한 잘못을 들춰 공격하는 파렴치함·일단 내뱉고 보는 태도·세상을 온통 악(惡)으로 보는 편협하고 옹졸한 발언 등을 속사포처럼 쏘아대는 그들은 상대를 저주하거나 인간 이하의 존재로 보는 오만방자한 태도를 지녔습니다.

특히나 걱정스러운 것은, 이들의 자극적이고 경솔한 발언을 미디어들이 앞다투어 보도해 주고 있다는 사실입니다. 얼핏 들으면 통쾌하고 시원한, 하지만 하늘과 우주와 인류에 크나큰 죄를 짓는 그네들의 저질 발언들은 훗날 큰 재앙이 되어 그들을 몹시 고통스럽게 할 겁니다.

정약용이 아들에게 말했습니다.

「편지 한 장을 쓸 때마다 모름지기 두 번 세 번 읽어 보면서 기원하기를, "이 편지가 사거리의 번화가에 떨어져 있어 원수진 사람이 열어 보더라도 나에게 죄가 없을 것인가."라고 하고, 또, "이 편지가 수백 년 뒤까지 유전(流傳)되어 허다한 식별력 있는 사람들에게 보여도 나에게 비난이 없을 것인가."라고 한 뒤에 봉함(封函)해야 하니, 이것이 군자가 근신하는 태도이다. 나는 젊은 시절에 글씨를 빨리 썼으므로 이 계율을 많이 범하였다. 중년에는 화란이 두려워 점차로 이 법도를 지켰더니 매우 유익하였다.」

윤증(尹拯)이 아들에게 말했습니다.

「너의 편지를 보고 네가 서울에 잘 도착했다는 것을 알았으니 위안이 된다. 일절 출입하지 말고 모쪼록 방에 앉아서 책을 읽는 것 외에는 시사(時事)를 함부로 말하지 마라. 세도(世道)와 인심(人心)을 이토록 시끄럽게 한 것이 모두 나의 경거망동 때문이고 또 말을 삼가지 않은 죄이니 스스로 반성할 따름이다. 너 또한 십분 삼가서 함부로 말하지 말도록 해라.」

남한테 함부로 말을 하면 안 되는 이유 중의 하나는 상대의 흉중(胸中)에 고결한 인격 또는 원대한 포부 또는 높은 학문이 있을지 모르기 때문입니다.

"말을 잘하는 자는 함부로 말하지 않는 법이고, 종은 치지 않으면 울리지 않으며, 물은 잔잔하지 않으면 비치지 않는다." 하였습니다.

이덕무(李德懋)가 말했습니다.

「남의 문장에 대해 함부로 논해서는 안 된다. 이것은 지극히 미세한 일이지만 일찍이 큰 화(禍)가 여기에서 일어나지 않은 것이 없다.」

말을 아예 하지 않는 것이 상(上)이요, 삼가고 공손히 하는 것이 중(中)이며, 말을 많이 하는 것과 말을 통쾌하게 내뱉는 것과 분노에 휩싸여 내뱉는 말이 하(下)라면, 상대의 안색이나 분위기를 살피지 않고 말하는 것이나 험담이나 이간질을 하는 것이나 자기 자랑을 늘어놓는 것이나 말을 독점하는 것은 하지하(下之下)이니 곧 최하(最下)입니다.

특히 "세상이 말세(末世)다!", "망할 놈의 세상!", "전쟁이나 났으면 좋겠다!", "저게 인간입니까?", "저런 인간은 도대체 왜 태어난 걸까요?"와 같은 말들은 절대 해서는 안 됩니다.

〈논어〉에 「덕이 있는 사람은 반드시 훌륭한 말을 한다.[有德者必有言]라는 말씀이 보이고, 말이 많으면 도를 해친다.[多言害道]·말을 많이 하면 폐(肺)가 상한다.[多言傷肺]·말이 많으면 자주 궁지에 몰린다.[多言數窮]·말을 많이 하면 기(氣)가 손상된다.[多言損氣]·길흉과 영욕은 오직 입이 부른다.[吉凶榮辱 惟其所召]·나라를 다스리는 도(道)는 말을 많이 하는 데 있는 것이 아니요, 임금의 도는 남의 말 듣기를 으뜸으로 여긴다.[治國之道不在多言 人君之道貴在聽言]·한마디의 말이 맞지 않으면 천 마디의 말이 쓸데가 없다.[一言不中 千語無用]·새들 중의 앵무새도 말을 할 수 있으니, 말 잘하는 사람을 좋은 사람이라 하지 마라.[鳥中鸚鵡能言語 莫把能言許可人]·입을 닫고 혀를 깊이 간직하면 가는 곳마다 몸이 편안하다.[閉口深藏舌 安身處處牢]·상사(上士; 훌륭한 선비. 군자)는 마음을 닫고, 중사(中士; 보통의 선비. 세속의 선비)는 입을 닫고, 하사(下士; 못나고 어리석은 선비)는 문(門)을 닫는다.[上士閉心 中士閉口 下士閉門] 등의 말씀도 있습니다.

493.

알아야 할 진실

고려는 거란이나 몽골이나 왜구의 침입으로 망한 것도 아니고 무신(武臣)의 장기 집권으로 망한 것도 아닙니다. 국가가 불교를 지나치게 숭상하여 불사(佛事)를 크게 벌였고 왕실이 불교와 지나치게 밀착한 것이 고려의 멸망 원인입니다.

조선은 외환(外患)으로 망한 것이 아니라 붕당과 당론(黨論; 노론에 의한 일당독재)으로 망한 것입니다.

　예전엔 관리들의 부패로 나라를 망쳤다면, 지금은 불공정한 판결이나 수사 등 불평등한 법의 적용이나 집행 때문에 나라가 혼란해지고 있습니다.

　옛 선인이 말했습니다.

「벼슬살이에는 세 가지 어려운 직임(職任)이 있다. 첫째는 10만의 군대를 통솔하는 장수이고, 둘째는 한림학사(翰林學士; 외교문서나 국가 중요 문서 작성·왕의 顧問 역할·科擧 시험 주관·史書와 서적 편찬·왕에게 강의하는 일 등 최고의 엘리트 코스)이고, 셋째는 정무가 번다한 고을의 수령이니, 이 세 가지는 참으로 적임자가 하지 않으면 반드시 일이 어그러지게 된다. 이 세 가지 외에는 재상이라 할지라도 평범한 재주로 겸할 수 있다.」

　겉으로는 대통령을 비롯한 위정자(爲政者)들의 무능과 사익(私益) 추구가 이 사회를 좀먹는 것처럼 보이지만, 실제로는 남자들의 감투에 대한 지나친 욕심이 이 사회를 갉아먹고 있습니다.

　궁중의 암투와 모략 그리고 권세를 장악하기 위한 당쟁과 고변(告變)·투서(投書) 등의 이면에는 인간의 원초적 본능인 '질투'가 숨겨져 있습니다. 이것이 인간 사회의 갈등과 혼란의 단초입니다.

　고래(古來)로 국가·사회의 변천과 숱한 전쟁의 원인은 정치와 경제의 동란(動亂)에 있는 것으로 보이지만, 실은 문화·학술·사상에 그 근인(根因)이 있습니다.

알 수 없는 인생

시성(詩聖) 두보(杜甫)는 이름이 원래 알려지지 않았으나 왕안석(王安石)에 의해 비로소 빛나게 되었고, 대유(大儒) 주희(朱熹)는 명(明) 태조 주원장(朱元璋) 덕분에 맹자 다음가는 성인의 반열에 올랐으며, 급기야 조선 사대부들에 의해 공자보다 더 위대한 성인으로 추앙받게 되었습니다. 맹자는 한유(韓愈)와 주희에 의해 비로소 성인의 반열에 올랐고, 순자(荀子)는 주희 때문에 빛을 잃게 되었습니다. 한유의 문장이 중시되기 시작한 것은 송나라 구양수(歐陽修)에 의해서였고, 관중(管仲)이 빛을 발한 것은 공자 덕분이었으며, 소동파(蘇東坡)가 아니었으면 도연명(陶淵明)은 위대한 시인의 반열에 오르지 못했을 것입니다.

소동파는 고려 때 모든 귀족이 최고로 선망하는 인물이었지만 조선에 들어오면서 배척을 받기 시작하였고, 조선 중기 때 권력을 잡은 노론(老論)은 소동파를 특히 경멸했습니다. 그의 시문이 선학(禪學)에 물들어 있는 데다 자기들의 스승인 주자(朱子)와 정이(程頤)를 비판했다는 이유에서였습니다.

조선이 낳은 천재 중의 한 분인 윤휴(尹鑴)와 조식(曹植)의 수제자였던 정인홍(鄭仁弘)은 순종 때 이완용(李完用)에 의해 최종 복권(復權)되었고, 백이(伯夷)와 숙제(叔齊)는 공자에 의해 칭송되었으며, 중국 진(晋)나라 때 진수(陳壽)가 쓴 〈삼국지〉와 북송 시대 사마광이 쓴 〈자치통감(資治通鑑)〉에서는 위(魏)를 정통으로 보아 조조(曹操)를 높이 평가했지만, 남송의 주자가 쓴 〈자치통감강목(資治通鑑綱目)〉은 춘추(春

秋) 사관에 바탕을 두고 유비(劉備)의 촉한(蜀漢) 정통론을 강하게 주장했습니다. 이때부터 조조는 간웅(奸雄)과 난신(亂臣)의 이미지로 고정되었습니다.

항우(項羽)는 한때 자신이 데리고 있던 유방(劉邦)에게 패망하였고, 궁예(弓裔)는 자신이 키우다시피 한 부하 왕건(王建)에 의해 쫓겨났습니다.

사도(邪道)

특정 신(神)을 믿어야만 구원받을 수 있다거나, 우리가 사는 이 세간을 벗어나야만 도(道)를 얻을 수 있다거나, 남자의 몸으로 태어나야만 부처가 될 수 있다고 하거나, 고행(苦行)을 닦아야만 천상에 태어날 수 있다거나, 다른 종교를 믿는 사람을 많이 죽여야 천국에 태어날 수 있다고 믿거나, 계율만 철저하게 지키면 영원한 불사(不死)의 몸이 된다거나 하는 가르침들은 모두 사도(邪道)이자 이단(異端)입니다.

496.

몰락하는 이유

역사를 공부하면 많은 의문점이 생겨나는데, 그중 하나는 조선 연산군과 중종 때 수많은 명사(名士)나 준재(俊才)들이 왜 한꺼번에 처참한 죽임을 당했는가 하는 점입니다. 이 점에 관해 필자는 오랜 기간 의문을 품어 왔습니다.

두 왕에 의해 떼죽음을 당한 당시 사대부들(이들을 士林이라 부름)은 유독 삼사(三司; 사헌부·사간원·홍문관을 말함)에 집착하였는데, 이들은 대부분 타고난 자질이 호탕하고 빼어나 풍모와 지조로 당세에 우뚝 섰으며 경사(經史)에 통달하였고 소학(小學)을 중시했으며 시문(詩文) 또한 우아했습니다.

하지만 그들은 19년이라는 짧은 기간에 세 차례의 사화(士禍), 즉 무오사화·갑자사화·기묘사화를 거치면서 참혹하게 죽임을 당했습니다.

그것은 그들이 아래와 같은 속성들을 지녔기 때문이 아닌가 추측해 봅니다.

남의 공로를 쉽게 깎아내림
남의 인생을 함부로 단정 지음
훈구파(勳舊派)를 정적(政敵)으로 대함
조선을 '사대부의 나라'로 만들려고 함
남을 좀처럼 허여(許與; 인정)하지 않음
자기들만이 진정한 선비[眞儒]라고 여김
동류(同類)끼리 파당(派黨) 짓기를 좋아함

현자(賢者)나 대신(大臣)들을 우습게 여김

세상이나 제도를 쉽게 바꿀 수 있다고 생각함

자기들만이 이 세상을 바로잡을 수 있다고 여김

고집이 세서 왕이나 훈구파에게 꺾이려 하지 않음

명분(名分)이나 절조(節操)를 목숨 이상으로 중하게 여김

엄격한 신분 질서와 화이관(華夷觀), 예(禮)를 전면에 내세움

공리공담(空理空談)이나 현학(衒學; 지식이나 학문을 뽐냄)을 즐김

삼사(三司)와 경연(經筵)을 통해 왕권을 억누르거나 제한해야 한다고 여김

인간은 본래 이기적인 존재이며 세상은 원래 혼탁하다는 걸 인정하지 않음

왕은 어디까지나 '사대부의 대표'라 여겨 왕권의 신성함을 인정하려 하지 않음

신권(臣權)의 강화 그리고 향촌 자치와 향약(鄕約) 실시 등을 강력하게 주장함

삼사(三司)의 권한을 강화하여 왕권을 견제하는 과정에서 왕의 역린(逆鱗)을 건드림

세상을 쉽고 만만하게 보는 어리석음, 자기들만이 이 세상을 바로잡을 수 있다고 여기는 오만, 자기들만큼 이 세상을 정확히 간파하는 자들은 없다고 생각하는 아집이 그들을 그런 지경에 빠뜨리지 않았을까 하는 생각을 해봅니다.

게다가 그들은 사농공상(士農工商)으로 대변되는 수직적 신분 질서를 견지·옹호하였고, 중국이 세계의 중심이고 주변 국가들은 미개한

오랑캐라고 낮추어 보는 화이관(華夷觀)에 푹 젖어 있었는데, 명나라가 망하면서 이것이 소중화(小中華; 이제 조선이 中華임을 자처함. 조선이 중국 문화를 계승했다고 봄)로 변질된 채 조선 사대부들의 지배 이념으로 확고하게 자리 잡았습니다.

이러한 그릇되고 편벽한 이데올로기에 사로잡힌 조선의 사림파와 그 계승자인 서인 그리고 노론은 조선을 폐쇄적이고 경직된 사회로 만든 일등 공신이었습니다.

497.

인생의 어려움

어느 날 정말 우연히 만난 어떤 한 사람 덕분에 당신의 인생이 활짝 펴질 수 있습니다.

어느 날 당신에게 우연히 찾아온 사소한 사건 때문에 당신 앞날이 비참해질 수 있습니다.

어느 날 당신의 실력을 알아본 누군가가 당신을 세계적인 인물로 만들어 줄 수 있습니다.

어느 날 당신 회사에 입사한 새 직원에 의해 그 회사가 문을 닫는 일이 생길 수 있습니다.

어느 날 정말 우연히 만난 어떤 누군가에 의해 당신 인생이 송두리째 무너질 수 있습니다.

관건은 실력과 덕행입니다. 특히 덕행은 당신이 위기에 빠져 있을 때 당신을 구해 줄 유일한 희망이 되기도 합니다. 그러니 틈나는 대로 덕행을 쌓으십시오. 그리고 어디를 가든 누구를 만나든 당당하되 겸손하게 처신하십시오. 우쭐대거나 무시하거나 잘난 척하지 마십시오. 하나 더 추가한다면, 막대한 부(富)나 명성을 얻게 되거든 이 세상을 위해 아낌없이 베풀고 떠나십시오.

본인 또는 자기 가족만을 위해 사는 인생이야말로 가장 헛되고 부질없는 인생이니까요.

가난한 사람(2)

구차하게 사는 사람

가난한 생각을 지닌 사람

가난한 행동을 하는 사람

남을 깎아내려 자기 수준에 맞추려 하는 사람

자기 연민에 빠져 자기보다 더 힘든 사람은 없다고 여기는 사람

499.

노자의 백미(白眉)

「학문을 배우면 날로 늘어나고 도를 닦으면 날로 줄어들거니와, 줄이고 또 줄이면 무위(無爲)에 이르게 되고 무위(無爲)에 이르면 하지 못하는 바가 없게 된다.[爲學日益 爲道日損 損之又損 以至於無爲 無爲而無不爲]」

위 말씀은 노자의 전편을 통하여 가히 백미라 할 만합니다.

노자(老子)는 「학문을 끊어버리면 근심이 없다.[絶學無憂]」라고 말한 바 있습니다. 모든 지식을 내려놓으면 근심이 없어집니다. 지식은 분별과 편견 그리고 우월감 등 번뇌의 원인이 됩니다. 더 나아가 집착과 욕심마저 내려놓으면 경안(輕安)이나 정(定)에 쉽게 들 수 있습니다. 그럼으로써 마침내 무위(無爲)에 도달합니다. 무위(無爲)는 노장(老壯)사상의 가장 중요한 핵심 용어입니다. '무위(無爲)'는 앞에서도 말했지만 '아무 일도 하지 않음'이 아니라, 오히려 '모든 일을 미리 준비·계획하여 일에 적극적으로 개입하되 흔적(또는 자랑)을 남기지 않는다'는 의미입니다. 부지런히 행하되 마음속에 일이 없고 남이 알지 못하게 하는 것이 무위입니다.

학문을 끊어버리면 근심이 없어진다고 해놓고 여기서는 반대로 학문을 하면 날로 늘어난다고 했습니다. 뭐가 늘어날까요. 지식이 늘어나고 기술이 늘어나고 예절을 알게 되고 처세의 도리를 알게 됩니다. 충효를 알게 되고 문화를 알게 되며 인간이 나아가야 할 길을 알게 되고 궁극적으로 성현의 가르침을 알게 됩니다. 그러니 학문은 여러모로 쓸모가 있습니다. 학문을 많이 쌓으면 세상을 이롭게 할 수 있는 유리한 고지에 서게 됩니다.

사실, '절학(絶學)'은 성현의 경지에 이른 사람에게나 해당하는 말이지 범부에게는 가당치도 않은 말입니다. 범부는 무조건 부지런히 배워야 합니다. 그래야 사람다운 사람이 됩니다. 열심히 배워 일정한 경지에 이른 후 비로소 학문을 내려놓는 겁니다.

참고로, 학문과 도덕이 고도의 경지에 이른 사람을 '선비'라 부릅니다.

공자가 말했습니다.

「학문을 배우면 녹(祿; 국가가 관리에게 3개월마다 지급했던 급여로, 쌀·콩이나 베·비단 등을 말함)이 그 가운데 있게 된다.[學也祿在其中矣]」

학문을 배우면 녹(祿)뿐만 아니라 노자가 말한 「문을 나가지 않고도 천하를 알고, 창문으로 엿보지 않고도 하늘의 도(道)를 알게 되고[不出戶知天下 不窺牖見天道]」, 품격·가운(家運)·부귀·입신(立身)·처세(處世)·도리(道理) 등도 그 가운데 있게 되며 심지어는 미인(美人)도 그 속에 있게 됩니다.

하지만 수도(修道)는 다릅니다. 수도는 학문과 달리 서서히 줄이고 내려놓는 것이 관건입니다. 내려놓는 것을 방하착(放下着) 또는 방심(放心)이라 합니다. 욕심도 줄이고 집착도 줄여나갑니다. 분별심·아상(我相)·분노 등을 내려놓는 수행을 지속해 나갑니다.

하지만 불행하게도 범부는 학문을 배워도 잘 늘지 않습니다. 성격만 나빠지고 더 빨리 타락합니다. 더 이기적이고 더 교활해집니다. 많이 배운 사람의 나쁜 심리나 성격은 어떻게 고칠 방법이 없습니다. 또, 범부는 도(道)를 닦아도 줄어들지 않습니다. 인내력이나 실천력이 부족하기 때문입니다. 조금 하다가 힘들면 중단해 버립니다. 우리는 도를 닦을수록 아만(我慢)이나 분별심만 늘어납니다.

500.
진정한 선진국이란

양심수(良心囚)가 없는 나라
어린이와 노인이 존중받는 나라
과로(過勞)로 죽는 노동자가 적은 나라
자살로 생을 마감하는 사람이 적은 나라
길거리에서 장애인을 쉽게 볼 수 있는 나라
군인과 경찰관과 소방관 등이 우대받는 나라
학식이나 재능을 기부하는 사람이 많은 나라
존엄하게 죽음을 맞이하는 사람이 많은 나라
사회를 위해 크게 공헌한 사람들이 우대받는 나라
힘들거나 위험한 노동을 하는 사람들이 그에 합당한 대우를 받는 나라

허튼 짓거리

임금이 시서화(詩書畫)에 뛰어난 것

대통령이 연설에 탁월하다는 평을 듣는 것

고위 공직자가 이재(理財)에 밝은 것

조직 사회에서 파벌이나 당(黨)을 결성하는 것

성직자가 시세(時勢)나 세평(世評)에 예민한 것

사문(沙門)의 서예가 묘품(妙品)이라는 평을 듣는 것

영향력이 큰 권력자에게 연줄을 대거나 안면을 트려고 하는 것

출가 수행자가 음악이나 그림·요리·방송 출연 등으로 명성을 얻는 것

노년에 들어서서 사냥이나 낚시에 재미를 붙여 사는 것

늙어서 말이 많거나 인색하거나 공부 안 하고 놀러 다니는 것

성직자가 시집(詩集)을 내거나 문단(文壇)에 가입하는 것

조직 내에서 주량으로는 대적할 자가 없다는 평을 듣는 것

모임 만들기를 좋아하거나 사람들 만나기를 즐겨 하는 것

직함이나 감투에 목을 매는 것

풍수(風水)나 전생(前生)·명리학(命理學) 등에 심취하는 것

폐가(廢家)나 흉가(凶家)·공동묘지·집단학살지 등을 즐겨 찾는 것

퇴마(退魔)나 해몽(解夢)·차력술(借力術) 등의 괴벽(怪癖)에 빠지는 것

위험하고 스릴있는 익스트림 스포츠(Extreme Sports)를 즐기는 것

명성(名聲)을 얻는 데 혈안이거나 자기 이름 석 자 남기는 일이 인생의 전부인 것

502.

귀한 가르침

음덕(陰德)은 후손들을 잘 되게 하는 특효약입니다.

힘들고 불편한 노동은 산패(酸敗)와 질식을 막아 주는 명약입니다.

불효(不孝)와 음란(淫亂)은 하늘이 가장 미워하는 최고의 악행입니다.

독서는 정신적 해이(解弛)나 산화(酸化)를 막아 주는 상약(上藥)입니다.

자원봉사는 먼 훗날 나의 든든한 자량(資糧; 밑천)이 되는 공덕입니다.

보시(布施)는 불면증이나 소화불량을 앓는 사람에게 큰 효험이 있습니다.

참회는 모든 수행의 첫걸음이며 업장(業障)을 녹이는 뛰어난 수행입니다.

성인이 남기신 가르침을 의심 없이 믿는 것만으로도 큰 복덕(福德)이 됩니다.

방생(放生)은 인간이 지을 수 있는 몇 안 되는 불가사의한 선법(善法)입니다.

503.

나는 뭔가

인도 북부나 네팔·몽골 등 문명의 혜택이 거의 없는 곳에서 고단하게 살아가는 사람들의 모습을 TV나 유튜브로 자주 봅니다. 한국에 태어난 우리는 문명의 큰 혜택을 받고 자랐습니다. 물질은 풍족하고 몸이 아프면 언제든지 약국이나 병원에 갈 수 있으며, 먹고 싶은 음식은 얼마든지 아무 때나 사 먹을 수 있습니다. 또 억울한 일이 있으면 공정한 재판을 통해 침해당한 이익을 돌려받을 수 있고, 노력만 하면 고등교육을 받을 수 있으며, 피선거권이 있기에 각종 선거에 출마하여 국회의원이나 시장·군수가 될 수 있습니다.

여하튼 우린 너무나도 복이 많은 존재입니다. 그런데 저들은 궁핍한 집안 환경과 척박한 기후와 땅 위에서 힘겹게 살아갑니다. '그들은 뭐고 또 나는 뭔가.'라는 생각이 계속 스쳐 지나갑니다.

「모든 것은 서로 연결되어 있다. (Everything is interconnected.)」라는 명구(名句)나, 장횡거(張橫渠)의 「이(理)는 하나이지만 만물의 현상은 각각 다르다.[理一分殊]」는 말씀이나, 〈주자어류(朱子語類)〉의 「물건마다 하나의 태극이 있고, 사람마다 하나의 태극이 있다.[物物有一太極 人人有一太極]」는 말씀이나, 「중생은 동일한 법신(法身)에서 나온 화신(化身)」이나 「일체 산하와 수목이 모두 불보살의 몸을 나타내 설법한다.」라는 불가(佛家)의 말씀 등은 심오한 철리(哲理)를 함축하고 있습니다.

인간을 포함한 모든 생명체에 햇빛·공기·물, 이 세 가지는 절대적으로 필요한 것이지만 이외 흙·풀과 나무·곤충·지구의 자전과 공전·소금·오존층 등이 없으면 역시 살지 못합니다. 또 태풍이나 해류(海流)·꿀벌 등이 없으면 인간의 삶도 큰 곤경에 처하게 됩니다. 더 나아가 인간에게 사랑·자유·연대(連帶)·꿈·다른 이의 노고·타인의 지지와 격려 등이 없으면 역시 살지 못합니다.

어버이의 은혜와 스승의 은혜 속에서 우리는 삽니다. 더 나아가 성인(聖人)의 가르침이나 교화가 없다면 인간의 삶은 금수(禽獸)와 다를 게 없습니다.

사람의 마음이나 짐승의 마음이나 같습니다. 사람이 죽음을 두려워하듯이 동물이나 벌레도 죽음을 두려워합니다. 또 사람에게 불성(佛性)이 있듯이 동물이나 곤충·벌레 등에도 불성이 있음을 알아야 하겠습니다. 새들이 숲을 떠나면 인간도 이 땅에서 살지 못하며, 초목이 사라진 들판이나 물고기가 떠난 강은 죽음의 땅으로 변한다는 사실을 알아야 합니다.

504.

산다는 것이 뭘까

신흠이 말했습니다.

「사람이 살아가면서 하루에 착한 말을 한 가지라도 듣거나 착한 행동을 한 가지라도 보거나 착한 일을 한 가지라도 행한다면, 그날이야말로 헛되게 살지 않았다고 할 것이다.」

정약용이 말했습니다.

「산에 살며 일이 없어서 사물의 이치를 가만히 살펴보니 세상에서 부지런히 왔다 갔다 하며 바삐 움직여 노심초사하는 것들 모두 부질없는 일이다. 누에가 알에서 깨어나면 뽕잎이 먼저 움트고, 제비 새끼가 알에서 나오면 날아다니는 벌레가 들에 가득하고, 어린아이가 갓 태어나 울음을 터뜨리면 젖이 분비된다. 하늘이 만물을 낳을 때는 아울러 그가 먹을 양식도 준다. 그런데 어찌 깊은 근심과 지나친 염려 때문에 정신없이 바쁘게 돌아다니며 잠을 기회를 놓칠까 두려워하는 것인가. 옷은 몸을 가리면 그만이고 음식은 창자를 채우면 그만이다. 봄에는 보리가 나올 때까지 쌀이 있고 여름에는 벼가 익을 때까지 낟알이 있다. 말지어다, 말지어다. 올해 내년을 위해 일을 꾀하지만 어찌 수명이 그때까지 붙어 있을지 알 수 있겠는가.」

중국의 어느 고승이 말했습니다.

「시전(市廛)을 지나가다 보면 좌상(坐商)이나 행상(行商)이 다만 조그만 엽전을 가지고 와글와글 떠들면서 시장의 이익을 독점하려고 다툰다. 수많은 모기가 항아리 속에서 어지러이 앵앵거리는 것과 무엇이 다른가.」

정약용이 읊었습니다.

「우리 몸은 떠다니는 사대(四大; 地·水·火·風을 말함)가 우연히 응결된 것이니 다만 운명대로 맡겨두는 게 합당하다. 훈훈한 세상맛은 모두가 그림 속의 떡이요, 번뇌와 고통으로 가득한 인생, 결국 바람 앞의 등불이다.」

당나라 한유(韓愈)의 시 일부를 보겠습니다.

「일 년 중 밝은 달 오늘 밤이 제일이다. 인생이란 운명을 따를 뿐 다른 무엇 있겠는가.」

위 '일 년 중 밝은 달 오늘 밤이 제일이다.'라는 구절은, 누구나 인생에서 가장 좋은 날은 바로 오늘 지금 이 순간이란 뜻으로 이해됩니다. 오늘 밤이 가장 밝고 오늘 밤이 가장 즐겁습니다. 지금 만나는 사람이 가장 소중하고 지금 느끼는 감정이 가장 절실하고 순수합니다. 오직 오늘이 가장 좋은 날입니다. 지나가 버린 과거에 집착하지도 말고 오지도 않은 미래를 불안해하거나 억측하지도 마십시오. 가는 사람 붙잡지 않고 오는 사람 막지 않습니다. 오직 '지금'에만 충실할 뿐입니다.

열자(列子)가 말했습니다.

「어리석고 귀먹고 말 못 하는 사람의 집은 호화롭고 부유하나, 지혜 있고 총명한 사람은 도리어 가난하다. 운수(運數)는 해와 달과 날과 시(時)가 모두 처음부터 정해져 있으니, 계산해 보면 부귀는 명(命)으로부터 말미암는 것이지 사람으로 말미암지 않는다.」

어느 선인(先人)이 말했습니다.

「(힘들게) 밭 가는 소에게는 묵은 꼴이 없지만, (놀고먹는) 창고의 쥐에게는 남는 식량이 있구나. 모든 일엔 분수가 이미 정해져 있건만 덧없는 인생 부질없이 스스로 바쁘네.[耕牛無宿草 倉鼠有餘糧 萬事分已定 浮生空自忙]」

허목(許穆)이 말했습니다.

「인생이란 것이 산에 있는 지각없는 돌만도 못한 것을 스스로 탄식하는 바이니, 죽고 사는 것을 모두 운명에 맡기고 허물없이 살다가 허물없이 돌아갈 수 있다면 족하다네.[自嗟人生不如山石之無知知覺 不如任死任生 生而無過 無過而歸足矣]」

고서(古書)에 이런 말씀이 있습니다.

「인생은 관 뚜껑을 덮어야 결론이 나는 법이니, 하루라도 아직 죽지 않았다면 그 하루만큼의 책임이 아직 끝나지 않은 것이다.[人生蓋棺論定 一日未死 卽一日憂責未已]」

소동파가 말했습니다.

「인생은 글을 알면서 우환이 시작된다.[人生識字憂患始]」

누가 한탄했습니다.

「나는 악(惡)이 나쁜 건 알았지만 악을 미워하지 않았고 악을 끊지도 못했으며 악을 멀리하지도 못했고 악을 겁내지도 않았다.」

누가 고백합니다.

「내 나이 지금 마흔 살인데, 80살 생일을 집에서 맞이할 수 있을까.」

이런 분석도 재미있습니다.

「이 세상 인구를 100명이라 치면, 이 중 80명은 표준 이하의 거주 환경에 살고 있고 70명은 글을 아예 읽지 못하며 50명은 영양실조로 고통받고 있다. 냉장고에 먹을 것이 있고 입을 옷이 있고 머리 위에 지붕이 있고 잘 집이 있다면 당신은 75명보다 행복한 사람이다. 당신이 기아·전쟁·내전·테러·불법 체포·고문 등을 걱정하지 않아도 된다면 당신은 47명보다 복이 많은 존재이다.」

현재 우리 대한민국 국민이 누리는 자유와 권리·사법부의 독립성·법적 안정성·정치 민주화(선거의 공정성과 정권교체 가능성)·언론 및 표현의 자유·물질적 풍요·의료 인프라·치안망(治安網)·문화 혜택·문맹률 등은 세계 최상층부에 해당합니다.

또, 우리나라는 (소승불교가 아닌) 대승불교 문화권에 속해 있어서 수준 높은 대승 경전을 공부할 수 있고, 유교 문화가 널리 퍼져 있어 지성(至聖)인 공자의 가르침을 배울 수 있습니다. 또 동이족의 후예답게 세계가 찬탄할 만한 문화와 전통을 가지고 있고, 선조들이 남겨놓은 기록문화유산인 조선왕조실록이나 승정원일기·팔만대장경은 물론 선비들이 남긴 수준 높은 문집(文集) 등을 얼마든지 열람하거나 공부할 수 있습니다.

하지만, 우리나라의 사회갈등지수·행복지수·정치의 질·고위 공직자의 인격 수준·갑질·사기(詐欺) 건수·자살률·노인 빈곤율·노동시간 등 역시 세계 최상층부에 속합니다.

〈공자가어(孔子家語)〉에 이런 말씀이 나옵니다.

「공자가 태산(泰山)을 유람하던 중, 영계기(榮啓期)라는 사람이 초라한 복장으로 거문고를 타면서 노래하는 것을 보고 "선생은 무엇 때문에 그리도 즐겁습니까?"라고 묻자, 영계기가 대답하기를 "나는 즐거운 일이 매우 많지만 그중 가장 큰 즐거움을 세 가지만 들어보겠습니다. 하늘이 만물을 낸 가운데 사람이 가장 귀한 존재인데 나는 사람으로 태어났으니 이것이 첫 번째 즐거움이요, 남자는 존귀하고 여자는 비천한데 나는 남자로 태어났으니 이것이 두 번째 즐거움이요, 사람으로 태어나서 어린 나이에 죽기도 하는데 나는 아흔다섯 살이 되도록 살았으니 이것이 세 번째 즐거움입니다. 가난은 선비라면 누구나 겪는 일상이요, 죽음은 사람이라면 누구나 겪는 마지막이니 일상의 삶을 살다가 인생의 마지막을 맞게 되었으니 내가 무엇을 근심하겠소?" 하였다. 이 말을 듣고 공자가 "참으로 훌륭한 분이다. 그는 자신에게 관대한 사람이다."라고 칭송하였다.」

〈구당서(舊唐書)〉에 이런 얘기가 나옵니다.

「곽자의(郭子儀)가 한번은 집의 담장을 수축하는 장인(匠人)에게 좀 더 튼튼하게 해달라고 하자, 장인은 들고 있던 저울추를 내려놓으며

"제가 수십 년 동안 장안에서 현달(顯達)한 관리들의 집을 지었는데, 그들 중 어떤 사람은 이미 죽었고 어떤 사람은 이미 쇠락하였습니다. 주인은 이렇게 끊임없이 바뀌었지만 제가 지은 집은 지금까지도 아무런 문제가 없었습니다."라고 대답하였다. 이에 곽자의는 깨달은 바가 있어 즉시 황제에게 퇴직을 청하였다.」

곽자의는 중국 당나라 때의 인물로, 관후한 인품으로 모든 사람의 경애를 받았고 출정(出征)하고 귀환할 때마다 황제가 직접 맞이하는 등 특별한 대우를 받았습니다. 역사서에는 「권세가 천하를 기울게 할 만하였지만, 조정은 그를 꺼리지 않았고, 공적은 한 시대를 덮었음에도 황제는 그를 의심하지 않았으며, 그의 사치스러움이 사람의 욕망을 다 누렸음에도 군자들은 이를 죄라 하지 않았다.」라는 최고의 찬사를 붙였습니다. 청나라 말의 인물인 증국번(曾國藩)과 함께 황제와 권력을 나란히 했던 역사상 몇 안 되는 인물 중의 한 명입니다.

사람이 살아가는 것을 보면, 마치 누군가 싼 똥에 조금씩 보이는 옥수수 알갱이를 서로 차지하기 위해서 이를 악물고 달려가는 것 같기도 하고, 또 술을 잔뜩 마시고 토한 토사물에 보이는 작은 고기 건더기를 먼저 건져 먹으려고 다투는 것과 닮았습니다.

일찍이 영토를 차지하기 위한 국가 간의 전쟁은 일찍이 와각지쟁(蝸角之爭; 달팽이 뿔 위에서의 싸움)이라는 고사(故事)로 불렸으니, 이 세상에서 벌어지는 온갖 것들이 다 보잘 게 없고 시시하며 무의미합니다. 특히나 권력을 틀어쥔 고위 공직자들이 권위주의와 특권의식·교만으로 국민 위에 군림하고 으스대는 꼴은 정말 한심스럽고 추합니다. 마치 세상을 다 가진 것처럼 세상을 만만하게 보고 그의 권세가 영원할 것처럼 오만방자하게 구는 걸 보면 몹시 역겹습니다.

인생은 첫 출발부터 우리가 무엇이든지 할 수 있다는 자신감이 차츰 줄어드는 과정입니다. 나이를 먹게 되면 누구나 보수주의자가 되고, 나이를 먹게 되면 누구나 운명론자가 됩니다.

모든 게 공(空)이고 제행무상(諸行無常)이라지만 끝내 인과(因果)와 덕행(德行; 自利와 利他)은 남는다는 걸 꼭 알아야겠습니다.

못난 사람

술만 들어가면 각박해지거나 거칠어지는 사람

남의 공로(功勞)나 인생을 자기 멋대로 평가하는 사람

작은 불편 또는 가벼운 노동조차 감당하지 못하는 사람

가족은 함부로 대하면서 남들은 친절과 예절로 대하는 사람

자신이 믿는 종교와 다른 종교를 믿는 이들을 도와주길 꺼리는 사람

새해 다짐했던 계획을 지키지 못하면 자책하면서 남은 1년을 되는대로 사는 사람

다른 사람을 만나면 그의 장점보다는 단점을 먼저 보고 또 그것을 오래 기억하는 사람

506.

한 끼 식사

당신의 '밥 한 끼'를 위해 봄부터 소쩍새는 울었고 바람은 거세게 불었으며 꿀벌은 쉬지 않고 날아다녔습니다. 당신에게 밥 한 끼를 제공하기 위해 다른 곳에 사는 사람들은 태풍을 맞았으며 지진으로 집이 무너졌는가 하면 또 어떤 이들은 전쟁통에 한쪽 다리와 여동생 둘을 잃어야 했고 돼지는 자기 목숨을 잃고 뜨거운 물에 내던져졌습니다.

이처럼 한 끼 식사에 수많은 이들의 노고와 희생이 들어있습니다. 또, 한 끼 식사에 천지의 선한 기운과 알맞은 기후가 스며 있고, 또 이 땅 위에 태어나 살다가 돌아가신 수많은 분의 희생과 공덕이 녹아 있습니다. 더 나아가 한 끼 식사에 당신이 태어날 때 가지고 온 복과 당신의 선대 조상님의 음덕이 섞여 있다면 믿으실 건가요?

음식이 맛이 없다고 투정 부리고, 반찬 가짓수 적다고 불평하고, 툭하면 음식 남겨서 버리고, 먹을 때마다 배부르게 먹고, 고기반찬 없으면 화를 내는 일은 차마 예의가 아닙니다.

햄버거든 컵라면이든 주먹밥이든 간장 밥이든, 당신 앞에 놓인 음식에 무조건 감사하십시오. 그리고 한없이 겸허해지십시오. 그리고 마지막으로 미안해하십시오. 그런 음식조차 먹지 못하는 이 세상의 빈민들과 병자들과 고통으로 신음하고 있는 사람들에게 말입니다.

밥 한 끼조차 먹지 못하고 굶주리며 신음하는 사람들이 얼마나 많은지, 그리고 그들 삶이 얼마나 비참한지를 알고 나면, 우린 우리의 처지에 천번 만번 고마워해야 합니다.

〈사기(史記)〉에서 말합니다.

난세에서 인격과 처세를 얻다

「통치자는 백성을 하늘로 삼고, 백성은 먹을 것을 하늘로 삼는다.[王者以民人爲天 而民人以食爲天]」

행복

#1 과거에 연연하지 않고 미래를 기대하지 않습니다.
"오늘로 충분해."

#2 행위 자체에만 집중할 뿐 결과에는 신경 쓰지 않습니다.
"내 일에 충실할 뿐"

#3 지나간 일들을 떠올리면 웃음만 납니다.
"지금 일도 마찬가지."

#4 모든 일에 의미를 부여하면 오해와 상처만 생겨납니다.
"세상일의 99%는 무의미한 일"

#5 당신이 불우(不遇)하게 사는 것은 당신을 알아보는 이가 없어서이지 당신이 무능해서가 아닙니다.
"그날을 위해 실력을 쌓아 놓자."

#6 죄지은 사람을 미워하지 맙시다.

"나 역시 그랬을 거니까."

#7 인생이 힘겨울 땐 이렇게 생각하십시오.

"이 고비만 넘기면 좋은 일이 기다리고 있을 거야."

508.
두 가지

부처는 될 수 있지만 마구니가 될 수 없다면 이는 진정한 도(道)가 아닙니다.

학문과 문장에는 능하지만 인정세태(人情世態)를 훤히 알지 못한다면, 진정한 식자(識者)가 아닙니다. 백면서생(白面書生; 책상물림, 책벌레)일 뿐입니다.

일체만유(一切萬有)가 공(空)하다는 것만 알고 불공(不空)의 이치는 알지 못한다면, 그 지혜는 원만하지 않은 겁니다.

자기가 모시는 신(神)과 직접 교류하고 소통하면서 인간과 세상에 대해서는 밝지 못하다면, 그 소통은 박제(剝製)된 소통에 불과합니다.

남을 돕는 일에는 열심이지만 수신(修身)이나 계신(戒身)에 소홀히 한다면, 그 선행은 큰 공덕이 없습니다.

독실하고 깨끗한 신앙을 지니고 있어도 공덕이 부족하거나 공덕은 부족함이 없지만 지혜가 충분치 못하다면, 그 신앙은 많은 장애를 만

난세에서 인격과 처세를 얻다

나게 됩니다.

출가 수행자가 출세간(出世間)에만 관심이 있고 입세간(入世間)에는 무관심하다면, 그의 수행은 진척이 없을 겁니다.

성깔이 대쪽같이 곧으며 몹시 정직하고 시시비비(是是非非)를 가리는 일을 좋아한다면, 죽어 아수라(阿修羅)가 될 가능성이 크니 조심해야 합니다.

자기가 믿는 신(神)만 공양하고 받들 뿐 다른 존재는 거들떠보지 않는다면, 이런 종교나 신앙은 대단히 위험하고 나쁩니다.

〈졸고천백(拙藁千百)〉을 지은 고려의 최해(崔瀣)가 말했습니다.

「유도(儒道)만 알고 불교를 모르면 부처가 되는 데 지장이 없지만, 불교만 알고 유도를 알지 못하면 부처가 될 수 없다.[知儒而不知佛 不害爲佛 知佛而不知儒 則不能爲佛]」

아주 조금이라도 또는 아주 잠깐이라도 남을 도울 수 있다면 도와야 합니다.

가난한 사람이 10만 원을 기부하는 것이 부유한 사람이 10억 원을 기부하는 것보다 더 큰 공덕입니다.

고생·고난·번뇌 속에서 남을 돕는 사람이 부유함·한가함·복락 속에서 남을 돕는 사람보다 훨씬 더 큰 복을 받습니다.

509.

신앙인의 조건

자비심이 없는 사람은 신앙인이 아닙니다.

자기반성이 없는 사람은 신앙인이 아닙니다.

독서를 하지 않는 사람은 신앙인이 아닙니다.

큰 뜻[志; 發願]을 세우지 않은 사람은 신앙인이 아닙니다.

어떠한 작은 동작이라도 곳곳마다 모두 자기를 버리고 남을 이롭게 합니다. 틈만 나면 선(善)을 행합니다. 하지만 모두 내려놓아야 합니다. '상(相)'이 없어야 합니다. 상(相)이 없다는 말은 무엇인가를 바라고 행하거나 자기가 좋은 일을 했다고 여기는 마음이 남아 있거나 남이 알아주기를 바라거나 하는 마음이 없는 것을 말합니다. 잘난 척하는 마음, 티를 내는 마음이 없는 겁니다. 그냥 하는 겁니다. 인간이니까 하는 겁니다.

510.

인사 철학

〈논어〉나 〈맹자〉 등의 유가 경전은 고도의 정치 철학과 인사(人事) 철학을 담고 있습니다. 인사(人事)는 정치 철학의 중심이자 국가 통치의 근간(根幹)이며 요체입니다.

〈논어〉에 나오는 말씀 몇 개를 보겠습니다.

「(군주는) 오래 함께 일한 사람은 큰 잘못이 없다면 내치지 않으며, 한 사람이 모든 것을 다 갖추기를 바라지 않는다.[故舊無大故則不棄也無求備於一人]」

「군자는 말만을 근거로 사람을 천거해서는 안 되고, 사람을 근거로 말을 버려서도 안 된다.[君子不以言擧人 不以人廢言]」

「군자란 작은 일에서는 그 장점을 알아볼 수 없지만 큰일은 감당할 수 있고, 소인이란 큰일은 감당할 수 없지만 작은 일에서는 그 장점을 알아볼 수 있다.[君子不可小知而可大受也 小人不可大受而可小知也]」

「많은 사람이 미워하더라도 반드시 살펴보아야 하고, 많은 사람이 좋아하더라도 반드시 살펴보아야 한다.[衆惡之必察焉 衆好之必察焉]」

맹자는 '임현사능(任賢使能)'을 말했습니다. 어진 인재에게는 일을 맡기고 유능한 인재에게는 일을 시키면 된다는 뜻입니다.

조선 성종(成宗)이 인사권을 쥔 이조(吏曹)와 병조(兵曹)에 하교했습니다.

「국가와 강상(綱常)에 관계되는 죄를 지은 사람만 아니면 한때의 작은 과실로 인해 종신토록 (그 인재를) 폐기해서는 안 된다. 근래에 사람에게 한 가지 잘못이 있으면 전조(銓曹; 이조와 병조를 말함)가 그를 가리켜 하자가 있다고 하면서 끝내 주의(注擬; 후보자 3명을 왕에게 올림)하지 않고, 어쩌다 쓰더라도 대각이 곧바로 들추어내곤 한다. 사람을 쓰는 대체(大體)로 보아 매우 온당하지 않으니, 지금부터는 전철을 밟지 말도록 하라.」

옛 왕조 시대에 '불차탁용(不次擢用)'이라는 인사 제도가 있었습니다. 실력만 따질 뿐 경력이나 서열·절차 등은 따지지 않고 인재를 등용하는 제도입니다.

1589년 왜란(倭亂)의 조짐이 보일 때, 선조(宣祖)는 전국 장수들 가운데 그 계급에 구애받지 말고 유능한 인재를 천거하라는 '무신불차탁용(武臣不次擢用)'의 명을 내렸습니다. 이에 류성룡이 이순신을 천거하였고, 선조는 류성룡이 추천한 이순신 장군을 불차탁용을 통해 종6품 현감에서 정3품으로 파격 승진시켰습니다. 이 점에서 보면 선조의 안목이나 결단은 높은 평가를 받을 만합니다.

조선 선조 때의 인물인 이탁(李鐸)이 경연에서 말했습니다.

「조모(曹某; 남명 조식을 말함) 같은 사람은 지금 세상의 버려진 인재입니다. 그에게 제배(除拜; 시험이나 추천을 거치지 않고 왕이 관리를 직접 임명함)한 벼슬이 별 볼 일 없는 벼슬에 불과했기에 끝내 한마디 말도 하지 못하고 죽었습니다. 이런 것이 전하께서 불러도 선비들이 오지 않는 까닭입니다.」

정약용이 정조에게 말했습니다.

「인재를 얻기 어렵게 된 지 오랩니다. 온 나라의 훌륭한 영재를 뽑아 발탁하더라도 부족할까 염려되는데, 하물며 8~9할을 버린단 말입니까. 온 나라의 백성을 다 모아 배양하더라도 진흥시키지 못할까 두려운데, 하물며 그중의 8~9할을 버린단 말입니까.

소민(小民)이 그중에 버림받은 자이고, 중인이 그중에 버림받은 자입니다. 평안도와 함경도 사람이 그중에 버림받은 자이고, 황해도·개성·강화 사람이 그중에 버림받은 자입니다. 관동과 호남의 절반이 그중에 버림받은 자이고, 서얼이 그중에 버림받은 자이고, 북인(北人)과 남인(南人)은 버린 것은 아니나 버린 것과 같으며, 그중에 버리지 않은 자는 오직 문벌 좋은 집 수십 가호뿐입니다. 이 가운데에도 사건으로 인해서 버림을 당한 자가 또한 많습니다. 무릇 버림을 당한 집안사람은 모두 스스로 폐기하여 문학·정치·농업·군대 등의 일에 마음을 쓰려하지 않고, 오직 분개하여 슬픈 노래를 부르고 술을 마시며 스스로 방탕합니다. 이 때문에 인재도 마침내 일어나지 않습니다…(중략)…한위공(韓魏公; 북송의 재상인 韓琦를 말함)은 청주 관비(官婢)의 아들이었고, 범문정(范文正; 범중엄)의 어머니는 추잡한 행실이 있었으며, 소강절(邵康節)의 형제는 셋이었는데 그 성(姓)이 각기 달랐습니다. 이와 같은 자들을 모두 버릴 수 있겠습니까.」

〈사기〉에 한나라 고조(高祖)의 말이 실려 있습니다.

「장막 안에서 작전을 세워 천 리 밖 승부를 결정짓는 것으로 말하자면 나는 장량(張良)을 따르지 못한다. 나라를 안정시키고 백성들을 다독이며 군량미를 공급하고 보급로가 끊어지지 않게 하는 일이라면 내가 소하(蕭何)를 따르지 못한다. 백만 대군을 모아 싸우면 반드시 승리하고 공격했다 하면 반드시 취하는 일에서는 내가 한신(韓信)만 못하다. 세 사람 모두 걸출한 인재인데, 내가 이들을 잘 기용했기 때문에 천하를 얻은 것이다. 반면, 항우는 범증(范增) 한 사람도 제대로 쓰지 않았기 때문에 내게 사로잡힌 것이다.」

중국 후한(後漢)의 인물인 반고(班固)가 전한(前漢)의 역사를 논한 역사서인 〈한서(漢書)〉에도 고조(高祖)에 대한 평이 실려 있습니다.

「남들의 말을 들어 받아들이기를 잘했으며, 좋은 것을 보면 마치 '자신이 그 수준에 도달하지 못하면 어떻게 하나'라는 간절함으로 했고, 사람을 쓰는 것을 마치 자신의 몸을 쓰듯이 했으며, 간언하는 말을 따르는 것이 마치 물이 흘러가듯 했고, 때에 딱 맞추기를 마치 서둘러 달려가는 듯했다. 또 먹던 음식을 뱉어 가면서 장량(張良)의 계책을 받아들였고, 발을 들어 올리고 세수를 중단하면서까지 역이기(酈食其)의 말에 읍(揖)했으며, 수졸(戌卒) 출신 누경(婁敬)의 말에 깨닫는 바가 있어 낙양에 도읍을 정하겠다는 생각을 접었다.」

중국 학자 오함(吳晗)은 명(明)을 세운 주원장(朱元璋)을 이렇게 묘사했습니다.

「부지런하면서도 세심하게 일을 처리했으며, 또한 과감해야 할 때는 과감하게 나갔다. 명령을 받으면 처리가 아주 빨랐고 마무리 또한 깔끔했다. 전투할 때는 다른 병졸보다 앞장을 섰고 전리품을 얻으면 금은, 의복, 가축, 양식을 가리지 않고 원수에게 바쳤으며 상을 받게 되면 공로는 모두의 것이라고 겸양하며 함께 작전에 나갔던 전우들에게 공평하게 분배했다. 평소에는 말수가 적었지만 말을 하면 모두 무게가 실려 있었다.」

제갈량은 지나치게 세심해서 모든 일을 자신이 직접 관장하려는 병폐가 있었고 아랫사람을 잘 믿지도 않았습니다. 또, 권세를 잡은 27년 동안 자신을 대신할 인재를 찾지도 않았고 후계자를 키우지도 않았는데, 이것이 그의 가장 큰 실수였습니다.

이익(李瀷)은 류성룡(柳成龍)의 공적이 아무리 많다 해도 이순신을 조정에 천거한 사실만큼 중요한 것은 없다고 보았습니다.

예전에 나라에서 선비를 등용할 때는, (관직에서) 물러나는 것을 쉽게 여기고 (관직으로) 나아가는 것을 어렵게 여기는 사람 가운데서 취했습니다.

나라가 어려울 때는 유능한 자를 발탁하고, 나라가 평화로울 때는 덕이 있는 자를 등용합니다.

세상이 태평하면 적장자(嫡長子)를 세자(世子)로 먼저 세우고, 세상이 어지러우면 공(功)이 있는 아들을 먼저 세웁니다.

만약 어떤 사람이 유능하다면 과감하게 발탁하여 쓰되, 그의 흠 있는 과거는 덮어두고 더는 추궁하지 않습니다.

부자들이 해야 할 일

정격(正格)의 오케스트라 2~3개를 조직 또는 강력히 후원하여 이들이 학교나 교도소, 교회, 공장, 군대, 시민공원 등을 자주 찾아다니며 사람들에게 고급 클래식 연주를 자주 선보일 수 있도록 해 주는 일.

명심보감이나 논어, 노자, 소학, 국조보감(國朝寶鑑), 사기(史記) 등의 동양고전을 강의하는 실력 있는 강사들을 발굴·후원하여 이들이 시민들에게 쉽게 찾아가 강의할 수 있는 자리나 기회를 제공해 주도록 도와주는 일.

지방의 소도시에 도서관이나 체육관, 강의실·연극장·아트홀·문화센터 등을 지어 줌으로써 지방의 시민들이 문화와 예술을 흠뻑 누리도록 해 주는 일.

훌륭한 양서(良書)가 나오면 이 책을 십만 권쯤 구매해서 전국의 도서관이나 학교 등지에 기부하는 일.

강이나 바다에 버려진 쓰레기나 폐그물을 사명감 하나로 치우는 사람들이나 단체에 거액을 기부하는 일.

도로변이나 아파트·건물 주변 등지에 세워진 투명방음벽이나 유리벽에 새들이 날아와 부딪혀 죽는 일이 해마다 수십만 건 발생하고 있는데, 이들 벽에 필름이나 스티커·테이프를 붙이는 자원봉사자나 단체를 강력하게 후원해 주는 일.

권력기관이나 영향력 있는 사람·단체들의 비리를 감시하고 고발함으로써 이 사회가 건전하게 유지될 수 있도록 노력하는 시민단체나 개인들을 크게 후원해 주는 일.

이른바 '소액생계대출은행'을 세워 저소득자·저신용자·빈민들이 소액 (보통 50만 원 이하)을 쉽게 빌릴 수 있도록 해 주는 일.

의로운 일을 하다가 어려운 처지에 빠지거나 심신이 망가지거나 죽음에 이르게 된 의인(義人)과 그 가족들을 두텁게 보살펴 주는 일.

노벨상보다 상금이 훨씬 많은 상(賞)을 제정하여 인류나 우리 사회를 위해 공헌한 과학자나 기술자, 연구자·예술인·학자·의인(義人)·발명가 등에게 거액의 상금을 지급하는 일.

512.
반응

택시 기사가 만날 손님들은 미리 정해져 있는 걸까요? 아니면 우연히 만나는 걸까요? 필자 생각은 단연 전자입니다. 택시 기사는 그날 만날 손님들을 '통제'하지 못합니다. 그날 만날 손님들은 이미 오래전부터 예정되어 있었습니다. 즉, 택시 기사는 그날 만날 손님을 피할 도리가 없습니다. 우리는 이걸 '숙명'이라 부릅니다. 그러나 택시 기사가 손님들을 만나 어떤 인연을 맺을지는 통제할 수 있습니다. 우리는 이걸 '운명'이라 부릅니다.

또, 컵이 우연히 떨어져 깨지는 것은 예측하거나 통제하지 못합니다. 하지만 그 사건에 어떻게 반응할지는 통제할 수 있습니다.

또, 당신이 사기를 당해 1억 원을 날리는 사건은 도저히 피할 수 없습니다. 오래전부터 이미 예정되어 있었기 때문입니다. 하지만 그 사건을 빨리 잊느냐, 계속 되새김질하느냐, 찾아내 보복하느냐, 수용하느냐, 다른 누군가에게 불똥을 옮기느냐는 얼마든지 선택·통제할 수 있습니다.

요컨대, 운명이 앞에서 날라오는 화살이라면 숙명은 뒤에서 날아오는 화살입니다.

어느 현자(賢者)가 말했습니다.

「다른 사람들이 어떻게 하는가는 그들에게 카르마[業]가 되지만, 그들의 행위에 대해 당신이 어떻게 반응하는가는 당신의 카르마다.」

불교에서는 "두 번째 화살을 맞지 마라."라고 말합니다. '두 번째 화살'이란 첫 번째 화살에 대한 당신의 반응을 말합니다.

첫 번째 화살은 당신에게 실제로 일어난 사건이고, 두 번째 화살은 당신 안에서 일어난 보이지 않는 사건입니다. 고로, 첫 번째 화살은 남이 만든 것이고 두 번째 화살은 자신이 만든 것입니다.

첫 번째 화살에 분노하거나 울부짖거나 괴로워한다면 그건 당신의 몫입니다. 두 번째 화살은 당신이 당신 자신에게 쏜 화살인 겁니다.

예컨대, 어리석은 사람은 자기가 억울한 일을 당했다고 자살을 해버립니다. 이는 두 번째 화살로 자신을 죽인 것입니다.

더 나아가, 정말 어리석은 사람은 두 번째 화살로 생긴 감정이나 반응을 제삼자에게 옮기기도 하는데, 이는 세 번째 화살이라 할 수 있습니다.

숙명은 피할 수 없지만, 운명은 얼마든지 피할 수 있고 개척할 수 있습니다. 불가피한 것, 저항할 수 없는 것들이 당신의 삶을 통제하지 않도록 하십시오. 당신이 통제할 수 있는 일에만 시간과 노력을 쏟아부으십시오.

못난 사람들

다섯 명의 여자가 카페에 모여 수다를 떱니다.
A가 말합니다.

「우리 애는 욕심이 너무 없어서 걱정입니다.」

B가 말합니다.

「우리 애는 도통 공부를 안 해요. 맨날 밖에 나가 놀기만 해요.」

그러자 C가 말합니다.

「말도 말아요. 우리 큰애는 착해빠져서 큰일이라니까요.」

D가 말합니다.

「우리 남편은 하루 세끼를 집에서 먹는답니다.」

마지막으로 E가 말합니다.

「우리 딸은 (배우자로) 효자는 안 만났으면 좋겠어요.」

'욕심이 없는 자식'은 욕심이 많은 자식보다 부모 속을 훨씬 덜 썩입니다. 그리고 불교에 따르면, 욕심이 없는 사람은 전생에 수행을 많이 한 사람인 경우가 많습니다. 따라서 이런 사람은 심령(心靈)이 상당히 정화(淨化)되어 있고 인격도 일반 사람보다 더 나을 것입니다. 따라서 이것은 칭찬받을 일이지 결코 비난받을 일이 아닙니다.

또, 공부하지 않고 나가 놀기만 하는 자식은 대단히 건강하고 바람직한 경우입니다. 어려서는 신체를 활발하게 움직여주고 놀리는 것이 정신건강에도 좋습니다. 자식이 나가 놀지는 않고 집안에 틀어박혀 공부만 하려 한다면 이것이 과연 그 아이에게 훗날 좋은 결실이 생길까요?

또, 착해빠진 자식이 그토록 문제가 되는 것일까요? 그러면 영악하고 어른 같은 자식이 좋은 건지 묻고 싶습니다. 철이 일찍 든 자식, 세상의 인심을 간파해버린 자식, 권력의 속성을 알아챈 자식이 과연 건강한 것입니까?

또, 하루 세끼를 집에서만 먹는 남편은 문제가 많은 건가요? 세끼를 매일 챙겨 먹는다는 것은 일단 그 사람이 건강하다는 징표이고 사람들과 자주 밖에서 어울리면서 식사를 하게 되면 지출도 상당하거니와 건강에도 문제가 생길 가능성이 큰 데다 식당에서 반주를 곁들여 식사할 경우 다른 손님들과 싸운다든지 음주운전을 하고 귀가한다든지 하는 골치 아픈 문제가 수반될 수 있습니다.

마지막으로, 효성이 지극한 사위와의 결혼을 반대하는 장모는 자기 아들은 자기에게 불효하는 자식이기를 바라는 걸까요?

왜 다들 속 좁게 세상을 바라보는지 알 수 없습니다. 너무나 이기적이고 몰염치하며 편협합니다. 또, 작은 불편함조차 참아 내지 못하고 자신의 인생을 조롱하거나 한탄하는 그네들의 마음을 이해할 수 없습니다. 세상이 '나' 중심으로 돌아가는 것도 아니고 당신의 재주나 능력이 탁월한 것은 더더욱 아닐 텐데 말입니다. 우린 자기가 가진 것에 만족하지 못한 채 끊임없이 '더 가진 남'과 비교하며 살아갑니다. 잘난 사람이든 못난 사람이든 대동소이(大同小異)합니다. 더욱 슬픈 것은, 그네들이 그 못된 유전자를 대대로 자식들에게 세뇌(洗腦)하고 유전시킨다는 사실입니다.

514.

당신은

당신은 지금까지 쉬운 길을 놔두고 굳이 어려운 길을 걸어왔을 겁니다.

당신은 작은 성취에 득의양양(得意揚揚)하면서 세상을 만만하게 보고 있을 겁니다.

당신은 꼭 필요한 지식은 제쳐놓고 불필요한 지식을 쌓느라 고생이 많았을 겁니다.

당신은 공덕을 쌓을 기회가 많았음에도 이를 외면한 채 복을 누리기만 했을 겁니다.

당신은 육신을 수고롭게 하면서 정작 중요한 인생 공부나 마음 공부는 도외시했을 겁니다.

당신은 세상이 당신을 알아주지 않는 것에 대해 서운함과 억울함을 가지고 있을 겁니다.

당신은 초연(超然)이니 담박(淡泊)이니 방하착(放下着)과 같은 말들은 금시초문일 겁니다.

당신은 병이 오면 고칠 수 있고 죽음은 아직 멀었다고 여기며 여유만만하게 살아왔을 겁니다.

당신은 오직 자기가 노력하고 잘나서 이만큼의 성공과 부(富)를 얻었다고 자평하고 있을 겁니다.

당신은 '그래도 나 정도면 잘살았다.'라고 자부하고 있을 것인데, 사실 당신이 이 세상에 공헌한 바가 얼마나 될까요?

515.

지옥

소유는 원 없이 누릴 수 있지만, 관계는 맺지 못한다.

성숙이니 발전이니 개선이니 철듦과 같은 변화를 보지 못한다.

즐거움은 한없이 누릴 수 있지만, 노동이나 고생은 절대 맛볼 수 없다.

불안, 공포, 우울, 고독. 이 네 가지는 절대 그리고 영원히 경험하지 못한다.

행복은 늘 어디서나 만끽할 수 있지만, 고통이나 번뇌는 어디에서도 겪지 못한다.

AI(인공지능)·TV·VR(가상 현실)·인터넷·유튜브·여행·게임·도박·음주 등은 얼마든지 허용되나 독서만큼은 절대 허용되지 않는다.

배려, 헌신, 친절, 봉사, 기부, 양보, 도덕, 동정, 사유(思惟), 공동체와 같은 단어들은 이전에도 없었고 앞으로도 절대 만날 수 없다.

516.

선(善)

이 세상이 공(空)이라고 하지만 선(善)은 공(空)이 아닙니다.

독서를 많이 해도 선(善)을 닦지 않으면 지혜가 늘지 않습니다.

어떠한 일에도 집착하지 말라고 하지만 선(善)에는 집착해야 합니다.

공(空)에 집착하는 것은 허물이 크지만 선(善)에 집착하는 것은 허물이 없습니다.

제행(諸行)이 무상(無常)하다고 하지만 선(善)은 무상(無常)하지 않습니다.

불가(佛家)에서는 선(禪)을 닦아 견성(見性) 하려 하지만 선(善)을 닦아야 선(禪)입니다.

선(善)을 닦지 않으면 불가(佛家) 최후의 관문인 공(空)을 얻지 못합니다.

선(善)을 닦고 나서 부처의 깨달음인 보리(菩提)에 '회향(廻向)'하면 그 공덕이 불가사의합니다. 그렇지 않으면 인천(人天; 인간계와 천상계)에 태어나는 과보(果報)만 얻을 뿐입니다.

선(善)을 행하되 무구(無求; 구하지 않음)·무주(無住; 머물지 않음)·무아(無我; 我相이 없음)·무위(無爲; 흔적을 남기지 않음)로써 합니다.

선(善)에는 자리(自利; 자신의 단점을 고쳐나가고 성찰하고 단속함)와 이타(利他; 다른 중생을 이롭게 함)가 있습니다. 지악(止惡; 악행을 그침)도 자리(自利)이지만, 마음을 담박(淡泊)·졸박(拙朴)·질직(質直)하게 가지는 것과 정좌(靜坐)하는 것과 산란(散亂)·혼침(昏沈)이 없게 하는 것과 분별심(分別心; 평등하게 보지 않거나 비교하는 마음)을 내려놓는 것 등도 자리(自利)입니다.

이타(利他)란 다른 존재들을 이롭게 하거나 세상을 구하거나 전쟁·기아·질병·사고 등이 생기지 않도록 하는 것입니다.

속세를 벗어나려 하는 것은 선(善)이 결코 아닙니다. 중생과 부대끼면서 또는 고통 속에서 선(善)을 닦아야 합니다.

보리(菩提)만 구할 뿐 선(善)을 닦는 일에 등한시하거나, 지혜만 구할 뿐 선(善)을 닦는 일에 무관심하다면 이는 크게 잘못된 겁니다.

진정한 보살도(菩薩道)는 입으로는 늘 공(空)을 말하지만, 곳곳마다 유(有)를 행하느라 바쁩니다.

똥에 대한 단상(斷想)

우리는 똥을 대장(大腸) 속에 늘 넣고 다니면서도 더럽다고 생각지는 않습니다. 하지만 일단 이것이 밖으로 나오면 혐오와 기피의 대상이 됩니다.

똥은 누가 준 것이 아니라 우리가 즐겁게 먹고 마시고 한 것들이 몸속에서 잘 소화된 후 남은 찌꺼기인데, 우리 머릿속은 똥보다도 더 더럽고 역겹고 탐욕스러운 생각들로 늘 가득 차 있거늘, 이런 나쁜 생각들은 더럽거나 역겹다고 생각하지 않으면서 왜 똥은 뱀이나 벌레 보듯 혐오하는 걸까요.

허접스러운 음식 찌꺼기나 썩은 음식들을 맛있게 먹고 있는 돼지들을 보면 '역시 짐승은 짐승이구나!'라고 하면서 멸시와 조롱이 섞인 눈빛으로 쳐다볼 겁니다. 그런데 우리 인간이 먹는 음식을 하늘에 사는 천인(天人)들은 더럽고 혐오스러운 눈으로 본다면 믿으시겠습니까.

똥이 더럽고 악취를 뿜어내는 것의 대명사가 되어버렸지만, 자기 아이가 싼 똥은 하나도 더럽게 보이지 않습니다. 오히려 사랑스럽게 여겨질 정도입니다. 그런데 자기 부모님이 싼 똥은 생판 모르는 타인이 싼 똥보다 더 더럽고 역겹게 느끼니, 참 희한한 일입니다.

518.

3할(2)

100을 말하고 싶어도 70만 말하십시오.

100을 알더라도 70만 안다고 말하십시오.

100을 가졌어도 70을 가졌다고 말하십시오.

100의 수입을 벌어들이면 30은 베푸십시오.

100을 다 가질 수 있더라도 70만 갖고, 나머지 30은 동료나 아래 사람들에게 나누어 주십시오.

가장 높은 자리에 앉을 수 있더라고 두세 단계 낮은 자리에 앉으십시오.

519.

태도

독일 철학자 니체가 말했습니다.

「그 사람의 의견에 반론도 없고 관심도 없었지만, 그가 말하는 태도가 기분 나빠서 논쟁을 벌인다.」

옷차림, 말투 그리고 태도. 이 세 가지는 인간관계에서 절대적입니다. 마음가짐이나 인성이나 됨됨이가 말투와 태도를 통해 적나라하게 드러납니다. 첫인상이나 얼굴이나 화술이나 지식은 그리 중요하지 않습니다.

태도는 성격보다 중요하고 때론 일 처리 능력을 앞섭니다. 능력 부족은 커버할 수 있지만, 나쁜 태도는 어쩔 도리가 없습니다.

기업 인사담당자의 74.3%가 '면접에서 답변을 잘했음에도 불구하고 태도나 행동 때문에 지원자를 탈락시킨 경험이 있다고 털어놓았습니다.

사람의 인간성은 약자(弱者)를 대하는 태도에서 여실히 드러나며, 사람의 됨됨이는 상처나 실패를 대하는 태도에서 나타나며, 그 사람의 가치는 이해(利害)관계가 충돌했을 때 이를 해결하는 태도를 보면 알 수 있습니다.

주는 자가 받는 자에게 교만함이나 시혜(施惠) 의식을 보인다고 생각해 보십시오. 또 이익이나 명예 앞에서 구차하거나 비굴한 태도를 보이는 사람은 어떠신가요?

임신부나 노약자가 택시에 탔을 때 조심스럽게 운전하는 택시 기사, 어떠신가요?

야구에서 아웃(out)이 뻔한 상황에서 1루까지 전력을 다해 질주하는 타자(打者)의 태도는 얼마나 아름답습니까?

도로에 큰 방해물이 떨어져 있을 때 이걸 한쪽으로 치워놓고 가는 운전자의 태도는 얼마나 멋있습니까?

국회 국정감사장에서 피감(被監)기관장의 답변 태도가 불성실하거나 건방지면 그 기관의 내년도 예산이 삭감되는 경우가 종종 일어납니다.

영국 엘리자베스 여왕의 만찬에 초대받은 중국 관리들이 핑거볼(Finger Bowl; 식사할 때 식탁에서 손을 씻을 수 있도록 물을 담아 놓은 그릇)에 담긴 물을 차(茶)인 줄 알고 마시자 여왕도 아무렇지도 않은 듯 자신의 핑거볼에 담긴 물을 마셨다고 합니다.

어느 기업의 사장이 말했습니다.

「나는 직원들을 만날 때마다 그들이 '나는 존중 받고 싶다.'라고 쓰인 목걸이를 하고 있다고 생각하고 그들을 대한다.」

솔선수범하는 태도나 궂은일에 먼저 나서는 태도야말로 가장 중요한 태도입니다. 먼저 인사하고 먼저 고개를 숙이면 큰 문제는 생겨나지 않습니다.

능력은 뛰어나나 태도가 별로인 직원은 혼자 일하는 공간에서 근무하게 하고, 능력은 뛰어나지 않으나 태도가 우수한 직원은 다른 직원들과 같이 일하게 합니다.

교통사고의 가해자가 차에서 내린 후 보이는 첫 태도는 향후 보상 절차나 협상 과정에서 굉장히 중요한 역할을 합니다.

법정에서 변호사가 판사에게 보이는 태도 하나가 이길 수 없는 재판을 이기는 재판으로 만들 수 있습니다.

강사가 강의장에 들어올 때 또는 강단에 섰을 때 보이는 첫 태도를 보고 청중은 그 강의를 들을지 말지를 결정합니다.

자녀는 부모가 하는 말보다 부모가 자녀 앞에서 보이는 태도나 행위를 보고 가장 많이 배웁니다.

타인의 행복을 보고 함께 기뻐할 줄 알고 타인에게 말할 기회를 충분히 주고 타인의 처지에 진지하게 공감하고 아파하고 자기보다 남을 우선시하는 것을 습관화하는 태도가 바람직한 태도입니다.

또, 의롭지 않은 방법으로 재산을 일군 사람을 가까이하지 않고, 떳떳하지 못한 사람이 여는 잔치에는 가지 않으며, 출처가 분명하지 않은 음식이나 선물은 취하지 않고, 부모에게 함부로 하는 사람을 친구로 두지 않으며, 악한 사람을 미워해도 너무 미워하지 않고 여지를 남겨 두는 사람이 훌륭한 사람입니다.

태도와 관련하여 〈논어〉에 나오는 말씀 몇 개를 보겠습니다.

「(스승께서는) 서 계실 때는 문 가운데 서 있지 않으시고 다니실 때는 문지방을 밟지 않으셨다. 임금 앞을 지나가실 때는 태도를 장중하게 하시고 발걸음을 빨리하셨으며 말씀은 제대로 못 하는 사람같이 하셨다.」

「상복(喪服)을 입은 사람을 만나면 비록 친한 사이라 할지라도 반드시 태도를 바꾸셨고, 예모(禮帽; 조정에서 관리들이 머리에 쓰는 冠)를 쓴 관리와 눈먼 사람을 만나면 비록 허물없는 사이라 할지라도 반드시 예의 있는 용모를 갖추셨다.」

「(세상일에) 통달한 사람이란 바탕이 정직하여 의로움을 좋아하고 남의 말을 살피며 남의 태도를 관찰하고 겸손하게 남을 대할 것을 생각하는 사람이다.」

「훌륭한 사람을 보면 (나의) 태도를 바꾼다.[賢賢易色]」

「어진 사람을 보면 그와 같아질 것을 생각하고, 어질지 못한 사람을 보면 안으로 자신을 반성한다.[見賢思齊焉 見不賢而內自省也]」

520.
먹방

남이 3일간 먹을 음식을 단 한 번에 먹어 치웁니다. 라면 10봉지 심지어 열여덟 봉지를 한 번에 먹는 사람도 있습니다.

쇠고기 5kg을 한 자리에서 먹고, 한 끼에 곱창을 10kg씩 먹거나 한 자리에서 삼겹살 20인분을 먹기도 합니다.

왜 그래야만 합니까?

먹방은 이 세상에 대한 모독이자 조롱입니다. 그 음식을 만드는 과정에 참여한 사람들의 노고에 대한 감사함은 증발하여 온데간데없습니다. 먹방이 유행하는 사회는 병들었다는 징후입니다. 먹방이 유행한다는 건 이 세상이 각박하고 폐쇄적으로 변해간다는 강력한 증거입니다.

이 사회에 대한 무관심이나 혐오나 차별이 먹방에 대한 선호 또는 갈망으로 나타나기도 합니다.

귀찮은 일은 조금도 하기 싫고 불편한 일은 조금도 참지 못하며 타인이 나와 조금만 달라도 싫어하고 타인과 섞이길 거부하거나 타인의 접근이나 관심을 거부하는 개인주의적인 풍조의 만연은 먹방에 대한 관심을 증폭시킵니다.

먹방을 자주 보게 되면 우울증, 불안, 외로움, 고립감 등을 불러온다는 연구 결과도 있습니다.

521.
욕받이

이 책의 원고 집필을 끝내가던 중, 우연히 '욕받이'라는 단어를 알게 되었습니다.

씨받이, 응석받이, 정액받이, 총알받이와 같이, 어떤 단어 뒤에 '받이'가 붙으면 부정적인 의미로 쓰인다는 것을 알 수 있습니다.

정부민원 콜센터, 건강보험 콜센터, 가전제품 콜센터, 핸드폰 서비스센터, 홈쇼핑·은행·보험사·카드사·통신사·대출 콜센터 등 우리 주변엔 수없이 많은 콜센터가 있는데, 이 콜센터에서 상품을 팔거나 민원 또는 문의·상담을 해 주는 하는 사람들이 자신들을 가리켜 욕받이로 부른다고 합니다. 이들은 고객한테서 고함·비아냥·떼쓰기·폭언·협박·지속적인 전화질·성희롱 등에 시달리고 회사로부터는 실적 압박 스트레스를 받습니다. 정부(기획재정부, 보건복지부, 고용노동부, 국민연금, 우체국 등)나 지자체(서울시, 경기도, 시·군·구 등)·은행·카드사 등으로부터 구체적인 사항이나 방침 등을 전달·교육받지 못한 상황에서 이들에게 수없이 걸려 오는 문의나 항의성 전화는 이들을 미치게 만듭니다. 그러다 보니 우울증이나 불면증과 같은 질병에 시달립니다. 또한 이들은 하청·비정규직이어서 고용 불안에 시달리고 있고 게다가 이들이 받는 임금은 거의 최저임금(2020년 월 205만 원) 수준입니다.

우리나라 사람들은 일단 자기보다 을(乙)의 위치에 있는 사람은 무시하려 들거나 쉽게 갑질을 해대는 몹쓸 병폐가 있는데, 이들은 그 을(乙), 아니 병(丙)의 정점에 있습니다.

상담노동자의 48%는 "죽고 싶다고 생각해 본 적이 있다."라고 합니다. 이들은 화장실에 가는 것조차 순번제이거나 관리자의 허락하에 다녀올 수 있는 환경에 처에 있습니다.

남을 괴롭히면서 또는 툭하면 갑질을 해대면서 살아가는 사람들은 대체 뭔가요.

좀 불편하다고, 좀 언짢다고 생판 모르는 사람에게 욕설을 내뱉을 자격이 우리에게 있기라도 합니까.

우리나라 인구의 상당수가 남을 괴롭히면서 또는 사기(詐欺)를 쳐가면서 생계를 유지해 나가고 있다면 지나친 말일까요? 필자는 지나친 말이 아니라고 봅니다.

거듭 말씀드리지만, 당신이 이 땅 위에서 생존해 나갈 수 있는 이유는 타인의 희생이나 노고 덕분임을 기억해야 합니다. 물이나 햇빛, 공기만 중요한 게 아닙니다. 타인의 희생이나 노고가 없으면 우리는 절대 생존할 수 없습니다.

비교(2)

태양과 달을 비교하지 않듯
하늘과 땅을 비교하지 않듯
봄과 가을을 비교하지 않듯
나무와 풀을 비교하지 않듯

태양과 달 사이엔 '우열(優劣)'이 있을 수 없습니다. 강과 바다 역시 그러합니다. 각자 저마다의 고유한 역할이 있고 존재 이유가 각자 있습니다.

A집 아빠와 B집 아빠 사이에 비교란 있을 수 없으며, A집 아기와 B집 아기는 똑같이 귀하고 똑같이 평등합니다.

'비교'의 '비'는 비참함이요, '교'는 교만함을 뜻하니 내가 타인보다 우월하면 교만해질 것이고, 내가 타인보다 열등하면 비참해질 겁니다.

남의 떡이 커 보이고 남의 아내가 예뻐 보이는 법입니다. 아들 둘만 둔 가정은 딸을 낳은 집안을 부러워하고, 자녀를 서울대 국문과에 보낸 학부모는 자녀가 서울대 법대나 의대에 들어가지 못한 것을 못내 아쉬워합니다.

비교에는 반드시 질투나 교만이 따라다니는데, 이것들은 인간을 불행하게 하고 인성(人性)을 파괴합니다.

아이들을 대상으로 한 실험 연구가 있습니다. 연구자들이 미취학 아동들에게 고장 난 장난감을 주며 가지고 놀게 했습니다. 예를 들면, 수화기가 없는 전화기나 책상 없는 의자 또는 물에 띄울 수 없는 보트 등의 물건들을 주고는 아이들의 반응을 살폈습니다. 아이들은 고장난 장난감들을 가지고 신나게 놀았습니다. 하지만, 곧 옆방의 친구들이 완전한 그리고 최신식 장난감을 가지고 노는 것을 유리문 너머로 보게 됩니다. 이 광경을 본 아이들은 그들의 환경에서 아무것도 달라진 게 없는데도 불구하고 갑자기 칭얼대거나 실망하는 등의 이상한 행동을 보이기 시작했다고 합니다.

자존심은 비교를 먹고 살고 자존감은 '만족'에서 나옵니다. 내가 세상의 칭찬과 비난에 울고 웃으면 불행에 빠지게 되고, 남의 시선이나 평가로부터 자유로워진다면 행복해집니다.

523.

쉬운 수고

부끄러운 마음만 내도 공덕이 됩니다.
죄악을 뉘우치기만 하여도 공덕이 됩니다.
'지금껏 잘못 살았구나!'라는 잠깐의 참회만으로도 공덕이 됩니다.
성인의 말씀은 귓가에 스치기만 해도 공덕이 됩니다.
성인의 가르침에 약간의 신심(信心)을 내기만 해도 공덕이 됩니다.
경전의 글귀를 종이에 한 번 쓰기만 하여도 공덕이 됩니다.
불쌍한 사람을 보고 동정심을 가지기만 해도 공덕이 됩니다.
남이 한 좋은 일을 지지하거나 칭찬하기만 하여도 공덕이 됩니다.
'착한 사람들이 많아졌으면 좋겠다.'라는 생각만 하여도 공덕이 됩니다.

'어떤 사람이든지 똑같이 귀하다.'라고 생각만 하여도 공덕이 됩니다.

이 세상이 베푼 은혜에 고마워하는 마음을 내는 것만으로도 공덕이 됩니다.

국가나 대의(大義)를 위해 희생하신 분들에게 고개만 숙여도 공덕이 됩니다.

'나는 초라한 존재이지만 실은 위대한 존재이다.'라고 여기면 공덕이 됩니다.

성현(聖賢)이나 인자(仁者)를 그린 초상화를 바라보기만 하여도 공덕이 됩니다.

살아오면서 먹은 고기에 미안한 마음을 내는 것만으로도 공덕이 됩니다.

사고로 죽은 사람들에게 '명복을 빕니다.'라고 비는 것만으로도 공덕이 됩니다.

'이 세상에 무의미한 존재는 하나도 없다.'라고 생각하는 것만으로도 공덕이 됩니다.

'짐승이든 식물이든 벌레든 곤충이든 다 죽음을 싫어한다.'라고 생각하면 공덕이 됩니다.

죽을 위기에 처한 동물이나 물고기를 보고 '내가 도와주지 못해 미안하다.'라고 생각하는 것만으로도 공덕이 됩니다.

524.

공부하지 않는 사람들

우린 의식주(衣食住)의 빈곤에서는 벗어났어도 '지식의 빈곤'에선 벗어나지 못했습니다. 필자는 한국 영화를 볼 때마다 그 부실한 시나리오(특히, 역사 영화)에 절망하곤 합니다. 배우들의 연기는 최고 수준인데 영화 대본은 형편없기 때문입니다. 단언컨대, 이는 시나리오를 쓰는 작가들이 공부를 많이 하지 않아서입니다.

한국에서 소위 '전문가' 축에 끼는 판·검사나 변호사·의사·약사들 역시 공부하지 않습니다. 자기들의 전공 분야만 공부를 안 하는 것이 아니라 역사나 문학·철학 등도 공부하지 않습니다. 변호사들의 경우, 대법원 판례를 달달 외우는 일 외에 법 이론을 깊이 공부하거나 외국법·외국 판례를 연구하거나 경국대전·조선경국전과 같은 조선의 법전 등을 공부하는 일은 먼 남의 나라 얘기입니다. 전문직에 종사하는 사람들이 자기 전공 분야만큼은 해박한 지식을 가지고 있을 거라 여기는데 실상은 딴판입니다.

공부하지 않았기에 중심 사상이나 차원 높은 세계관이 있을 리 만무합니다. 자기 철학이나 경륜·소신이 없다 보니 예컨대, 회사를 운영할 경우 구멍가게식 운영에 불법·탈법을 자행하고 직원들을 머슴이나 수족(手足)으로 여기는 데서 한 발짝도 벗어나지 못합니다.

필자는 여러 회사를 전전하면서 중소기업을 운영하는 CEO들의 사고방식이나 교양을 살펴볼 기회가 많았는데, 그네들은 회계나 세법은 말할 것도 없고 근로기준법조차 알지 못하며 관심도 없습니다. 법적인 문제가 생기면 돈을 주고 변호사나 회계사·법무사 등한테 물어보면 그만이기 때문입니다. 대신 시간이 나면 골프를 치러 가거나 술판을 벌이거나 각종 모임에 참석하거나 자가용을 자주 바꾸거나 해외여행을 가기 바쁩니다.

무식하다 보니 사유나 성찰도 없고 공감 능력도 떨어집니다. 게다가 새로운 무언가에 도전하려고 하는 시도도 하지 않습니다. 내면이 충실하지 못하니 명품이나 사치품 구매에 막대한 돈을 쓰고 을(乙)의 위치에 있는 사람들에게 툭하면 갑질을 합니다. 내면은 텅 비어 있는데 자존심은 높으니 갑질밖에 할 줄 아는 게 없는 소위 '진상'으로 전락해 버립니다.

'아는 만큼 보인다'는 말은 진리이며, '아는 만큼 생각한다'라는 말 역시 진리입니다. 거리는 더 이상의 성장을 멈춰버린 사람들로 넘쳐 나고, 먹방이나 마약·사치품 중독에 빠진 사람들은 증가일로에 있습니다.

배움에 대한 욕망이 사라지고 지적 호기심이나 교양에 대한 욕망은 갈수록 떨어지고 있습니다. TV 토론회나 토크쇼 또는 인터뷰에 나오는 교수나 전문가들의 발언 수준을 보면 일반인들의 수준과 다르지 않다는 사실에 놀랍니다.

정치가 실종되고 대화가 실종된 한국 정치의 수준은 우리 국민의 수준을 그대로 반영합니다. 억박지르고 고함치고 떼쓰고 협박하고 야단치고 비꼬는가 하면 반말과 무식한 발언이 흘러넘칩니다. 우리는 이런 정치인들을 욕할 자격이 없습니다. 그네들을 제치고 우리가 정치 전면에 나서면 그들과 똑같은 모습을 보일 테니까요.

무식하면 말을 쓸데없이 길게, 장황하게, 어렵게 하게 됩니다. 더 나아가 자기 유명세만 믿고 책을 덜컥 내다보니 곳곳이 오류투성이입니다.

전문가가 펴낸 책 한 권에 오류가 200곳이 넘는다면 문제가 보통 심각한 게 아닙니다. 그럼에도 그 저자는 부끄러워하기는커녕 곳곳에 불려나가 강연을 하고 있습니다.

한국의 목회자(牧會者)들은 유교 경전을 아예 공부하지 않습니다. 그러니 설교에 깊은 울림이 없고 겉돕니다. 출가한 스님들은 불교 경전만 공부할 게 아니라 유교 경전이나 노장(老莊)사상을 반드시 공부해야 합니다.

사실, 성직(聖職)이야말로 공부를 가장 많이 해야 하는 직군(職群)입니다. 고달픈 인생뿐만 아니라 영혼 또는 내세와 관련하여 공부할 게 얼마나 많습니까. 성직자들은 까다롭고 수준 높은 신자(信者)들의 질문에 지혜롭게 답할 의무가 있습니다. 더 나아가 자기가 믿는 종교의 경전만 공부할 게 아니라 다른 종교 경전들도 공부해야 합니다. 다른 종교의 경전을 공부할 때 비로소 자기가 믿는 신(神)의 가르침이 훤히 보이기 때문입니다. 다른 종교 경전을 공부하지 않으니 '예수천국 불신지옥'과 같은 저질 발언들이 나오거나 이를 암묵적으로 지지하는 것입니다.

또, 공직자라면 〈목민심서〉나 〈국조보감〉등은 반드시 공부해야 합니다. 평범한 직장에 다니는 사람일지라도 우리나라 헌법은 공부해 두는 것이 좋습니다. 판·검사라면 대명률(大明律)이나 경국대전 등은 알고 있어야 합니다.

〈논어〉 전편(全篇)을 관통하는 일관된 주제는 '입신(立身)'입니다. 즉 올바른 사람이 되는 것 또는 사람 노릇을 잘하는 것이 입신이며, 입신을 위해 가장 중요한 것이 바로 학문을 하는 것[爲學] 또는 배우기를 좋아하는 것[好學]입니다.

〈논어〉의 첫 문장은 '학(學)'이라는 글자로 시작하고 있고, 〈논어〉의 맨 마지막 말씀은 '무언가를 알지 못하면 안 된다'고 강조하면서 끝을 맺고 있습니다.

〈논어〉의 대미(大尾)는 이렇습니다.

「명(命; 天命. 이 우주와 생명을 낳고 움직이게 하는 그 무엇)을 알지 못하면 군자가 될 수 없고, 예(禮; 문화·교육·학문·도리 등)를 알지 못하면 꿋꿋이 설 수 없으며, (성현의) 말씀[言]을 알지 못하면 올바른 사람됨이 무엇인지 알 수 없다.[不知命無以爲君子也 不知禮無以立也 不知言無以知人也]」

이 책에는 〈논어〉의 말씀들이 많이 인용되어 있는데, 〈논어〉해석은 필자가 한 것이 아니라 중국이 낳은 위대한 인물인 고(故) 남회근 선생께서 하신 것을 그대로 옮겨 왔음을 밝힙니다. 〈논어〉뿐만 아니라 〈맹자〉, 〈중용〉, 〈노자〉도 마찬가지입니다.

〈논어〉는 사서(四書) 중에서 가장 중요합니다. 왜냐하면 지성(至聖)인 공자의 말씀이기 때문입니다. 〈맹자〉는 아성(亞聖)인 맹자의 말씀이고(至聖과 亞聖의 차이는 하늘과 땅처럼 懸隔합니다). 〈대학〉은 공자의 제자인 증자(曾子)가 썼으며, 〈중용〉은 공자의 친손자인 자사(子思)가 쓴 경전입니다. 이들의 학문과 도덕과 재주가 아무리 뛰어나도 스승인 공자를 절대 능가하지 못합니다. 그럼에도 우린 〈논어〉보다 〈대학〉과 〈중용〉을 더 높이 받드는 경향이 있습니다. 이는 이 두 경전의 말씀이 〈논어〉보다 어렵고 현란하기 때문일 겁니다. 표현이 어렵거나 문장이 현란하면 그 책의 수준이 더 높을 것이라고 여기는 것은 인간의 고질적인 병폐입니다.

대저 〈대학〉과 〈중용〉은 공부하지 않아도 무방하지만, 〈논어〉만큼은 반드시 공부해야 합니다. 출가한 스님이나 목사가 되려는 신학생, 비교 종교학을 연구하는 학자들 역시 〈논어〉를 공부해야 하며, 강단에서 철학이나 윤리를 강의하는 선생들은 〈논어〉를 거의 암기하는 수준에 이르러야 합니다. 그리고 〈논어〉를 공부한다면 반드시 눈 밝은 명사(明師)나 개사(開士; 聖賢이나 高僧이나 再來人)가 풀이한 〈논어〉를 공부해야 합니다.

소위 대학교수나 학자들 또는 자칭 저술가들이 해설한 〈논어〉들이 서점가에 많이 나와 있는데, 이 책들은 오류로 가득 차 있어서 가능한 한 읽지 않는 것이 좋습니다. 이 책들이 오류투성이인 데에는 일차적으로 그들이 공부를 많이 안 했기 때문입니다. 또, 한문 실력이 대단히 탁월한 사람이라 해서 또는 중국 역사나 중국 고전에 대한 방대한 지식을 가지고 있는 사람이라고 해서 〈논어〉를 정확히 풀이한다고 보장하지 못합니다. 〈논어〉 등의 유교 경전이나 노장(老莊) 등의 경전을 제대로 풀이하려면 한문과 자전(字典)과 고어(古語; 옛 방언 포함)에 통달해 있어야 하고, 중국 고전(諸子百家 포함)과 문학에 대한 해박한 지식은 물론 유불도(儒佛道)에 관한 깊은 공부 말고도 '다른 그 무엇'을 가진 사람이어야 합니다. 그렇지 않으면 해석에 있어 숱한 오류를 만들어 낼 수밖에 없습니다.

요컨대, 〈논어〉는 누구나 공부해야 하는 경전이지만 누구나 함부로 해석할 수 없는 경전이며, 또 유교 전체를 통틀어 가장 중요한 경전입니다.

참고 문헌

    아래 문헌(文獻)들은 필자가 이 책에 인용한 글들의 출전(出典)입니다. 이들 문헌은 한국고전번역원에서 번역하였고, 필자는 그 번역문을 '한국고전번역원DB'에서 인용하였으며 귀원(貴院)의 동의하에 이 책에 전재(轉載)했음을 거듭 밝힙니다. 독자분들께서도 한국고전번역원DB에 들어가 우리 조상님들이 남긴 귀한 말씀들을 많이 읽으시길 소망합니다.

	문 헌	저 자
1	간이당집(簡易堂集)	최립(崔岦)
2	갈암집(葛庵集)	이현일(李玄逸)
3	계곡집(谿谷集)	장유(張維)
4	고산유고(孤山遺稿)	윤선도(尹善道)
5	국조보감(國朝寶鑑)	조선 왕실
6	금역당집(琴易堂集)	배용길(裵龍吉)
7	기언(記言)	허목(許穆)
8	기옹만필(畸翁漫筆)	정홍명(鄭弘溟)
9	농암집(農巖集)	김창협(金昌協)
10	다산시문집(茶山詩文集)	정약용(丁若鏞)
11	동국여지지(東國輿地志)	유형원(柳馨遠)
12	대동기문(大東奇聞)	강효석(姜斅錫)
13	대산집(大山集)	이상정(李象靖)
14	대산집(臺山集)	김매순(金邁淳)
15	동소만록(桐巢漫錄)	남하정(南夏正)
16	동춘당집(同春堂集)	송준길(宋浚吉)

17	목민심서(牧民心書)	정약용
18	무명자집(無名子集)	윤기(尹愭)
19	묵재일기(黙齋日記)	안방준(安邦俊)
20	문곡집(文谷集)	김수항(金壽恒)
21	번암집(樊巖集)	채제공(蔡濟恭)
22	백호전서(白湖全書)	윤휴(尹鑴)
23	사변록(思辨錄)	박세당(朴世堂)
24	상촌집(象村集)	신흠(申欽)
25	서계집(西溪集)	박세당(朴世堂)
26	석담일기(石潭日記)	이이(李珥)
27	성소부부고(惺所覆瓿藁)	허균(許筠)
28	성호사설(星湖僿說)	이익(李瀷)
29	송와잡설(松窩雜說)	이기(李墍)
30	역옹패설(櫟翁稗說)	이제현(李齊賢)
31	연려실기술(燃藜室記述)	이긍익(李肯翊)
32	오산집(五山集)	차천로(車天輅)
33	완당전집(阮堂全集)	김정희(金正喜)
34	임하필기(林下筆記)	이유원(李裕元)
35	조선왕조실록(朝鮮王朝實錄)	조선 왕실
36	존재집(存齋集)	위백규(魏伯珪)
37	졸고천백(拙藁千百)	최해(崔瀣)
38	죽창한화(竹窓閑話)	이덕형(李德泂)
39	지봉유설(芝峯類說)	이수광(李睟光)
40	청성잡기(青城雜記)	성대중(成大中)
41	청장관전서(青莊館全書)	이덕무(李德懋)
42	추강냉화(秋江冷話)	남효온(南孝溫)
43	치평요람(治平要覽)	정인지(鄭麟趾) 등
44	통색촬요(通塞撮要)	작자 미상
45	포저집(浦渚集)	조익(趙翼)
46	필원잡기(筆苑雜記)	서거정(徐居正)
47	한강집(寒岡集)	정구(鄭逑)
48	한정록(閒情錄)	허균(許筠)
49	향산집(響山集)	이만도(李晚燾)
50	해동잡록(海東雜錄)	권별(權鼈)
51	홍재전서(弘齋全書)	정조(正祖)

난세에서 인격과 처세를 얻다